UN

Née à Budapest (... faisant de solides ... l'enfance pour la ... C'est ainsi qu'elle vient tout naturellement se fixer en France quand, avec ses parents, passant la frontière à pied, elle quitte la Hongrie. Les seuls biens qu'elle emporte avec elle sont, cousus dans son manteau, les feuillets qu'elle a écrits tandis qu'elle vivait la guerre à Budapest. Ces feuillets du temps du siège seront publiés sous le titre : *J'ai quinze ans et je ne veux pas mourir.* Le Grand Prix Vérité a couronné ce récit unanimement célébré par la critique, traduit dans le monde entier et devenu livre scolaire dans plusieurs pays. En 1957, paraîtra une suite autobiographique : *Il n'est pas si facile de vivre.*

Christine Arnothy commence alors une brillante carrière d'écrivain français, notamment avec ses romans : *Le Cardinal prisonnier, La Saison des Américains, Le Jardin noir* (Prix des Quatre Jurys), *Aviva, Chiche !, Un type merveilleux, J'aime la vie, Le Bonheur d'une manière ou d'une autre* et avec un recueil de nouvelles : *Le Cavalier mongol* (Grand Prix de la Nouvelle de l'Académie française).

Christine Arnothy a également écrit pour le théâtre, ainsi que des œuvres pour la radio et la télévision. Elle a publié un pamphlet sous le titre : *Lettre ouverte aux rois nus.* Son nouveau roman : *Toutes les chances plus une* est paru en septembre 1980.

ŒUVRES DE CHRISTINE ARNOTHY

Dans Le Livre de Poche :

CHRISTINE ARNOTHY

Un type merveilleux

ROMAN

FLAMMARION

A mon Claude

« Ma petite fille a quelque chose à me demander ? »

Son café vient d'être servi par le maître d'hôtel dans une ravissante tasse chinoise.

« Papa... »

Elle s'arrête et relance la demande aussitôt.

« Dites-moi enfin oui pour ce voyage à Washington. Vous nous avez promis, à Robert et à moi, de payer notre voyage de noces... »

Le bout du cigare du père, fraîchement coupé avec l'aide d'une mini-guillotine en argent, vient de tomber dans le cendrier en onyx.

« Je vous ai promis Venise... Moins onéreux et plus romantique que Washington... »

Il laisse une longue flamme sulfureuse lécher le cigare. Il ne l'allume pas encore. La flamme taquine le cigare comme une langue agile.

« Quant à votre voyage de noces, vous vous y prenez tard. Vous êtes mariés depuis treize mois. »

Elle livrait une vraie bataille. Elle savait que, pour de l'argent, elle devrait jouer. Faire semblant d'être une jeune fille mariée normalement. Pour son argent, Papa désirait l'apparence d'une famille unie. C'était un vrai jeu de patience.

« Auriez-vous oublié la maladie subite de petite Maman ? Elle a failli y laisser sa peau... Pardon. Excusez-moi. Je voulais dire qu'elle avait failli mourir... L'auriez-vous oublié ?... Elle se tenait à peine debout à la

9

mairie, et elle était pratiquement dans le coma après le mariage religieux. »

Enfin, le bout du cigare envoie les habituels signaux de morse. Selon le rythme de la respiration de Papa. Parfois, il se creuse les joues, lorsqu'il tire très fort sur l'engin cubain dont la bague est imprimée à son nom. Il aurait eu des difficultés dans le cas du décès de sa femme. Elle était prête-nom pour quelques délicates opérations financières. En tant qu'héritière, Anouk aurait pu avoir accès à certains dossiers. Et c'était vraiment la dernière chose à souhaiter. De la voir plongée dans les secrets financiers de Papa.

Maman, si peureuse, entre; elle vient d'abandonner les aiguilles et le tricot; sa main tremble; elle désire camoufler sa faiblesse. Elle intervient avec sa voix fluette.

« Soyez gentil avec Anouk. Payez-lui ce voyage... Lors de mes parties de bridge, je serai enchantée d'annoncer aux amies que ma fille est partie avec son mari à Washington... Les gens voyagent de plus en plus... Même les gens simples... Et Washington est un endroit encore très chic... Plein d'ambassades...

— Vous m'aurez à l'usure », prononce-t-il.

Tout marche selon ses désirs. Les deux femmes se traînent à ses pieds. Il exécute maintenant le numéro qu'il chérit, celui du seigneur qui donne :

« Combien, en première ?

— Je vous ai demandé la classe économique... Robert a son voyage payé par la firme qui l'envoie... Vous le savez bien... »

Le père contemple son cigare.

« Si c'est un voyage de noces... Si tu es une fille riche... Autant aller en première...

— Comme vous êtes adorable! » s'exclame Maman, plus pattemouille que jamais.

Une serpillière de haute couture.

Anouk guette son père. Chaque fois qu'elle est confrontée à lui, elle a des regrets de ne pas pouvoir l'admirer. Ni l'aimer. Mais de devoir le considérer comme un médiocre. Il a hérité des milliards de grand-père. Et il restera, lui, pendant toute sa vie, un mégoteur.

« Je vous offre les billets. A Robert, son supplément; à toi, ta place. Ma fille et mon gendre ne peuvent partir aux Etats-Unis qu'en première classe. »

Elle se lève de son fauteuil. Son père se dirige vers elle, passe à côté d'elle, et l'attrape par le menton. Tout son corps ressent le contact qui la hérisse. Mais ce n'est pas le moment de crâner. Ni de se montrer agressive. « Doucement, se dit-elle. Encore un peu, et on y arrive. »

Elle offre son visage ouvert, nu d'expression. Un masque enfantin. Elle balaie aussi son regard; elle en chasse toutes les ombres. Lisse, claire et limpide. Gentille petite Anouk. Transparente comme un verre d'eau. Au goût de strychnine.

« Avec un peu d'effort, qu'est-ce qu'on est gentille... »
Ne pas lui cracher dans la figure.

« Ma petite progressiste... Faute de Moscou, elle se contente de Washington.

— Vous utilisez des mots déplaisants, intervient Maman, ahurie par sa propre audace. Progressiste... Et vous parlez de Moscou, vous m'énervez... A quoi bon nous fatiguer avec des mots effrayants ? »

Immobile, Anouk s'imagine à Washington. Y arriver... A n'importe quel prix.

Il la lâche soudain.

Elle attend. La tête haute. Elle avale tout juste le surcroît de salive, ce qu'elle n'a pas envoyé dans le visage de son père.

Il s'adresse à sa fille avec une certaine bonhomie :
« Qu'as-tu oublié ? »
Désorientée, Anouk réfléchit. Que dire ?
« Oublié ? »
Papa se tourne vers la serpillière de luxe et lui dit :
« Clotilde ? Qu'a-t-elle oublié, votre fille ? »
Clotilde se précipite sur la réponse :
« Le merci à Papa... »
Elle les contemple, la bouche amère.
« Merci. »
Mais l'impatience gagne Anouk. Elle attaque :
« J'ai quémandé, j'ai espéré, j'ai remercié. Mais je n'ai rien encore... Que de bonnes paroles...

« — Viens, dit le père à Anouk. Je te montrerai l'emplacement du nouveau coffre-fort. »

Anouk obéit.

Il savoure le goût particulier de ces instants de paix si rare, le lent passage dans le couloir dont les murs sont couverts de tableaux de maîtres et où les pas s'évanouissent sur les tapis d'Orient. Il aime cette arrivée devant son bureau, il se délecte lorsqu'il effleure la boiserie de la porte à double battant. Sous le regard froid d'Anouk, il déplace délicatement un tableau. Le portrait d'une femme de la période bleue de Picasso. Avec ses grandes mains soignées, il manipule la porte blindée cachée jusqu'ici derrière le tableau. Il ouvre enfin le coffre-fort pour y puiser une liasse de billets. Il pose la liasse sur une épinette incrustée de nacre. L'instrument de musique aurait, dans un musée, une place d'honneur. L'opération terminée, il remet à sa place la Femme bleue.

« Es-tu fille de milliardaire ?

— Considérée comme telle... répond-elle.

— Ne démentons donc pas la belle légende... »

Il rit de sa plaisanterie. Il se trouve aussi fin que spirituel. Il est persuadé qu'il remportera la victoire finale sur sa fille récalcitrante.

« Tu vois, dit-il — attendri de sa propre générosité, en quête aussi d'apaisement —, à quoi bon vociférer contre l'argent ? L'argent, c'est la puissance. Tu dis le mépriser, l'argent. Mais comment irais-tu, sans cela, aux Etats-Unis ? »

Il lève la liasse presque à la hauteur du visage d'Anouk.

« Ce qui m'agace, dit-elle sans haine, dans ce moment de trêve apprécié par tous les deux, ce qui m'agace c'est que vous achetez ou bien vous croyez pouvoir acheter tout le monde. Et vous me faites mendier. D'une manière vicieuse. J'ai cédé deux fois. Deux fois vous avez gagné. Il n'y aura pas une troisième fois. »

Elle continue :

« Avant de mourir, grand-père m'a tenue au courant d'énormément de choses. Je sais que notre fortune est estimée à trente milliards. Grand-père m'a avoué l'exis-

12

tence des chambres fortes remplies de tableaux de maîtres. Aux Etats-Unis. Et en Suisse. Des Vermeer, plusieurs Rembrandt, des Van Gogh...

— A la fin de sa vie, il était gâteux, dit le père, agacé.
Mégalomane, comme souvent les vieillards qui sentent
la mort et qui ne veulent pas lâcher prise.

— Grand-père n'était pas plus gâteux à sa mort que
vous et moi, répond Anouk. Vous avez échappé à un
codicille à son testament. Concernant le musée qu'il
aurait créé... J'aimerais savoir jusqu'à quand vous allez
m'en faire baver. Me priver de cette fortune.

— Jusqu'au moment où tu céderas, dit-il.

— J'ai cédé... répond Anouk.

— Non. Pas vraiment. Je voudrais que tu cèdes par
conviction. Voilà vingt mille francs. Deux millions d'anciens francs... Tu vois comme ça tient peu de place ? »

Anouk s'exclame :

« Tout cela ? Je n'ai même pas besoin d'un cinquième
de la somme pour le voyage...

— Ne demande jamais pourquoi lorsque tu reçois
plus que prévu... N'exige des explications que des mauvais payeurs !

— Merci. Vous êtes désorientant. Votre générosité
me permettra de rester peut-être quelques jours de plus
à Washington... »

Il lui dit avec une certaine tendresse :

« Voudrais-tu reconnaître — personne ne le saura,
nous sommes en tête-à-tête — que tu pourrais aimer
l'argent ? L'aimer d'amour ? T'intégrer enfin dans ma
vie, dans mes affaires... Ne pas te comporter en enne-
mie... Une toute petite promesse dans ce style me per-
mettrait de lâcher du lest... Je pourrais te traiter
mieux... »

Elle l'observe.

« Que voulez-vous ? Dites-le-moi très exactement.

— Tout. Tu prends un bol d'air aux Etats-Unis. Et
tu me reviens, changée. Disponible. On met un trait
sur le passé... Et j'aurai enfin le sentiment d'avoir une
fille. »

Elle se referme comme une palourde. Aucun couteau
ne l'ouvrira.

Lui, berçant l'idée d'une grande réconciliation, continue :

« Je pourrais, et avec quelle joie, t'initier au métier. Te faire connaître notre affaire tentaculaire. Cette pieuvre, avec de la fortune dans chaque ventouse... On lui coupe un bras ? Le temps qu'il repousse, les autres agissent. Ayant exploré l'ensemble, tu pourrais choisir le domaine qui t'intéresse le plus : les tableaux, par exemple, ou bien les éditions de livres d'art. La marche des galeries est passionnante. J'aimerais avoir ton aide... Tu pourrais me combler, en manifestant ton intérêt pour l'Entreprise. Tu n'as pas la moindre idée, par exemple...

– De quoi ? se renseigne-t-elle, froidement.

– De la volupté qu'on ressent lors des ventes aux enchères – évidemment de très grande classe – pour ne citer qu'un nom, disons chez Sotheby à Londres. La salle surchauffée de l'électricité qui se dégage des acheteurs. Les signes d'enchères sont pratiquement invisibles. Ton grand-père pianotait avec l'index sur le pommeau de sa canne. Son index sur le pommeau a fait valser des sommes colossales. Tu vas avoir vingt ans le mois prochain. Juste au moment où ton mari entrera dans l'Affaire... Deviens plus raisonnable... Tu ne le regretteras pas...

– Vous voudriez une reddition sans conditions ? Que je sois votre esclave. Et que ferez-vous, dans ce cas-là, avec le mari que vous m'avez choisi ?

– Il deviendra en tout cas mon administrateur. »

Anouk ajoute, distraite :

« Le fait que je ne l'aime pas ne vous intéresse pas...

– Non. A l'époque où tu as dû choisir entre le mariage ou bien... »

Il marque un temps. Il est prudent. Il ajoute :

« A l'époque de ton choix, l'idée de l'amour n'avait guère passé dans ton esprit... Alors, à quoi bon en parler treize mois plus tard ? L'amour n'a jamais été essentiel dans un mariage. Tu n'as aucune raison d'être mécontente. Il a énormément de qualités...

– Jusqu'ici, j'ai toujours cédé, dit-elle, paisible. Toujours. J'ai cédé pour Londres. Et pour le mariage. Par lâcheté. Je ne peux pas aller plus loin. Ni tomber plus bas. Je suis profondément contaminée. Je trouve l'Affaire immorale. Il y a trop d'argent et trop de pouvoirs dans vos mains. Vous en abusez. Lorsque je deviendrai votre héritière, je donnerai les tableaux. Je distribuerai les chefs-d'œuvre pour créer des musées. Je ne garderai pour moi que « la Femme bleue ». Savez-vous pourquoi je garderai « la Femme bleue » ? Parce que, devant votre coffre vidé, dénoncé par moi au fisc, elle rigolera, « la Femme bleue ». J'aurai le portrait d'une femme rigolarde. Le reste ira au peuple. Je dirai même, à cause des endroits divers où vous avez planqué votre fortune : « Aux peuples ! » Au pluriel !

— Ne compte pas sur un infarctus. J'ai le cœur solide », dit le père.

Pâle, il continue :

« Je liquiderai tout avant de mourir...

— Il resterait l'argent... dit-elle. Il me restera toujours l'argent... Vendre tout ce que vous avez, facile à dire... Le plus grand souci de grand-père était la disparition progressive des gens très riches. Il y en a de moins en moins...

— Le petit vieux est mort à quatre-vingt-huit ans, répond Papa. Si j'ai le même bail que lui, j'ai trente-huit ans devant moi pour trouver la solution en ce qui te concerne... Pour te dépouiller...

— Je reconnais que vous n'avez pas de veine avec moi, dit Anouk d'un ton confidentiel. Mais on ne peut pas tout avoir... »

Elle ajoute, avec le désir de le blesser :

« J'aimerais tellement être une salope intégrale pour vous plaire...

— Tu en es une, dit le père, glacé.

— Alors, ajoute-t-elle avec un petit sourire, disons que je suis une salope dans le mauvais sens. »

Revenue au salon vers sa mère, Anouk l'embrasse. Elle aime bien ce tas de chiffons parfumé. Elle aimerait presque la protéger.

« Ne t'en fais pas pour moi, Maman... Un jour, tout s'arrangera...

— Je te vois avant ton départ ? s'inquiète sa mère. C'est loin, Washington... »

Une seconde d'hésitation et elle embrasse les cheveux blonds de sa fille. L'odeur est connue. Familière. Sortie de son ventre. Anouk. Une étrangère. Une femme. Elle était un si joli bébé. Elle avait souri à trois mois. « C'est rare, madame, un bébé de trois mois qui sourit. » L'odeur de ses cheveux...

Anouk est un peu étonnée de la tendresse ouvertement manifestée par sa mère. Un goût bizarre sur les lèvres d'Anouk. Elle a le souvenir précis d'un rêve. Elle s'est déjà vue exactement dans la même situation, penchée sur sa mère. Ici même. Au salon. Comme si elle assistait à une répétition. « Tu te dégages de ta mère, voilà, tu te diriges vers ton père. »

En effet, elle se dirige vers lui. Après leur accrochage, comme d'habitude, elle éprouve le besoin d'une amnistie. Elle s'épuise dans ces affrontements. Elle aurait tellement désiré l'aimer. Elle esquisse deux baisers. Elle n'arrive même pas à effleurer les joues paternelles. C'est le rêve. Elle sait qu'elle parviendra jusqu'à la porte du salon sans que quiconque lui adresse la parole. La porte. La main sur la poignée en cuivre ciselé. Selon le souvenir qu'avait laissé le rêve, il dira...

Et son père prononce :

« Si tu avais un moins sale caractère... »

Fatigué, il s'arrête. Ça ne vaut vraiment pas la peine de vouloir aider davantage cette sotte. « Qu'est-ce que j'ai commis comme péché pour avoir une fille pareille ? »

« Je vous enverrai une carte, dit Anouk. Merci. »

Elle attend paisiblement la remontée de l'ascenseur dans la cage d'escalier lorsque le maître d'hôtel rouvre la porte d'entrée de l'appartement et lui tend ses gants blancs oubliés.

En bas, étourdie par le soleil, elle s'arrête une seconde sur le trottoir, les yeux fermés, pour offrir à la lumière chaude son visage. Peu après, lentement, elle se dirige vers son véhicule, l'automobile la plus surveillée de Paris. Anouk est obligée de circuler en Rolls.

Son grand-père, fondateur de l'Entreprise, lui a laissé ce cadeau avec, dans son testament, la clause suivante : « Je désire que ma petite-fille Anouk circule pendant trente-neuf mois dans ma Rolls. Ma petite-fille qui déteste les signes extérieurs de la richesse se verra ainsi dans l'obligation de s'afficher dans la voiture la plus coûteuse du monde. Au bout de trente-neuf mois d'obéissance, elle pourra entrer en possession de trente-neuf millions d'anciens francs, cadeau personnel que je lui lègue à titre de dot. Qu'elle n'essaie pas de se déplacer en métro, ni en vélo, encore moins en taxi ou à pied. Maître Vateau, huissier, devra faire, aux frais de mon fils, des constats selon son gré, aux moments évidemment les plus inattendus. Un seul écart suffira pour priver la petite tête brûlée de ces trente-neuf millions, dont mon fils hériterait aussitôt. »

« Tu n'arriveras jamais au bout de ces trente-neuf mois. Je te connais..., avait dit son père.

— Mal... avait-elle répondu. Je vais suer pendant trente-neuf mois et après, à moi la liberté! »

Stoïque, Anouk ouvre la portière de sa cage roulante. Elle n'a jamais pu en chasser l'odeur des cigares du petit vieux, cette odeur fade de tabac refroidi qui, dès qu'elle s'installe dans la voiture, la rejette dans le passé. Elle tourne la clef de contact; le tableau de bord en acajou est digne comme une vieille église. Le petit vieux avait tout prévu, sauf l'apport de certains objets à fixer sur le véhicule. Ainsi, Anouk avait fait mettre, le jour de la prise de possession du véhicule, un klaxon reproduisant la fameuse musique du film *le Pont de la rivière Kwaï*, et, sur le pare-brise, elle avait attaché un monstre vert en plastique. Une espèce de pieuvre qui se balance au moindre mouvement.

Anouk manie brutalement le levier de changement de vitesse dont la tige trouve encore ses racines dans une sorte de soufflet en caoutchouc noir. La voiture démarre. La mort dans l'âme, Anouk a renoncé à toute idée de panne. « Même si je mettais de la dynamite sous le capot, elle roulerait... »

Tout cela est arrivé par sa faute à elle. Elle subissait les conséquences d'une farce qu'elle avait préparée à seize ans, à l'intention de son grand-père, « le petit vieux ».

Fascinée par la distraction féerique de son grand-père, Anouk avait combiné une plaisanterie macabre. Elle avait profité de la première occasion qui s'était présentée. Le chauffeur habituel du petit vieux ayant été obligé de prendre quelques jours de congé de maladie, il avait trouvé, lui-même, un remplaçant, un jeune Espagnol, à qui, avant de partir, il avait montré le trajet entre l'hôtel particulier et l'immeuble qu'on appelait « Entreprise » dans la famille. Il lui avait recommandé de conduire lentement, sans heurt aucun. La veille de son premier jour de service, Anouk était allée trouver le remplaçant et lui avait expliqué la surprise préparée pour le lendemain.

« Frédérico, si vous ne comprenez pas bien ce que je vous dis, dites-le, et je vais tout répéter.

— Si, mademoiselle.

— Demain, *mañana,* Frédérico, on va attacher une couronne mortuaire sur le toit de la Rolls et une croix en fleurs sur le coffre. Une fois par an, mon grand-père fait ainsi une sorte de pèlerinage entre sa maison et son bureau. »

Frédérico s'était signé :

« Qui est mort ?

— Personne. C'est une vieille habitude française, Frédérico. Pratiquée dans les familles riches.

— Si, mademoiselle. »

Ce fameux matin-là, perdu dans l'élaboration de ses combines, le petit vieux était sorti de l'hôtel particulier, comme d'habitude, les yeux rivés au sol. Sans lever la tête, il avait pris place dans la Rolls.

Il avait marmonné un « partons vite » dans le micro qui le reliait au chauffeur. La Rolls avait démarré et le petit vieux s'était installé confortablement, calé dans son siège de cuir, avec une petite table à la hauteur de ses genoux où il avait, selon ses habitudes, étalé ses papiers.

Le chauffeur suivait l'itinéraire prévu, et le petit vieux avait constaté que les agents devenaient plus cléments qu'ils ne l'étaient jadis ; parfois, ils avaient laissé même passer la Rolls en priorité. Aux feux rouges, lorsque le petit vieux levait la tête, certains passants soulevaient légèrement leur chapeau, comme pour le saluer.

« C'est ça, la puissance, avait pensé le petit vieux. Passer dans une Rolls, et se faire saluer ! »

Il avait aperçu une femme se signer, elle paraissait entamer une prière. Le petit vieux s'était toujours pris pour un génie chanceux, pour un homme d'affaires hors pair, mais jamais encore pour Dieu. Intrigué par le comportement de la vieille femme, il avait donné l'ordre à Frédérico de s'arrêter. Le petit vieux était descendu de sa Rolls pour découvrir, attachées sur le rabat du coffre, la croix en fleurs et, sur le toit de la voiture, la couronne de roses rouges. Saisi d'émotion, il avait lu l'inscription dorée d'un ruban qui se terminait par un joli nœud : « A notre chéri. » Parce qu'ils s'étaient trouvés juste devant l'église, il avait fait déposer par l'Espagnol le décor mortuaire sur les premières marches de la Madeleine.

L'enquête avait été rapide. La fleuriste, vite repérée et convoquée aussitôt, avait décrit minutieusement la jeune fille qui avait fait la commande. Selon la fleuriste, le chagrin de la jeune fille avait été pénible à voir; elle avait caché la moitié de son visage derrière un mouchoir, elle avait sangloté; elle hoquetait et elle avait payé comptant.

« Je n'ai pas beaucoup de possibilités de te punir... avait dit le petit vieux à Anouk lorsque le conseil de famille s'était réuni. Donc, tu peux me dire la vérité sans trop de risques... Je désire connaître le ressort profond de tout acte. Pourquoi as-tu agi de cette manière immonde ?

— Je ne puis vous le dire... avait répondu Anouk.

— Grand-père aurait pu mourir du choc... Tu aurais pu le tuer, avait dit Maman.

— Parfois, je vous vois tous morts, avait-elle répondu.

— Je ne peux pas... » avait dit Clotilde.

Et elle s'était arrêtée brusquement au milieu de la phrase.

« Vous ne pouvez pas quoi ? s'était exclamé le petit vieux.

— Lutter contre cette époque qui abîme les enfants...

— Les parents aussi, ils sont entamés ! Ce sont eux

qui, en cédant toujours, décomposent la mentalité des gosses! avait soudain proclamé le petit vieux. Vous êtes ahurissants de bêtise... Vous et votre mari... Ahurissants d'impuissance... »

Anouk s'était mise à parler :

« Souvent, je suis injuriée à cause de vous... Il suffit que je prononce mon nom et les gens sont aussitôt à rebrousse-poil... Vous êtes trop riches, trop puissants, trop connus... »

Sur le tapis d'Orient qui étouffait le bruit, le petit vieux tapait avec sa canne.

« Et pourquoi ne fréquentes-tu pas exclusivement d'autres riches, puissants et connus?... »

Il s'était tourné vers son fils :

« Enlevez-la de son établissement qui doit être révolutionnaire... Collez-la dans un couvent en Espagne. Ou bien attachez-la à une gouvernante châtrée qui s'occupera d'elle à la maison... Faites quelque chose... Merde... C'est notre héritière...

— Père!... Vous venez de déverser sur nous une poubelle. Je me sens sali, Père...

— Et moi? Hier, devant la Madeleine, je me suis senti cadavre. »

Retourné vers Anouk, comme s'il avait la certitude qu'elle était la seule partenaire possible dans ce duel, il s'était écrié :

« Qu'est-ce qui ne va donc pas?... On t'a tout donné : un nom célèbre, une fortune qu'il est à peine possible d'estimer à sa juste valeur, un Dieu, le luxe, la sécurité. Qu'est-ce qu'il te faut de plus?... »

Anouk se rongeait les ongles.

« Tes ongles, chérie! avait dit petite Maman.

— Qu'est-ce qu'il te faut de plus? » avait redemandé le petit vieux.

Elle avait inspiré profondément :

« Il m'est difficile de discuter avec vous... Vous avez autant d'arguments que d'argent...

— Parle!

— J'aimerais croire qu'il existe des gens que vous ne pourriez pas acheter... J'aimerais porter un nom inconnu. Ne pas dépendre de vous. En rien. »

Le petit vieux, pâle, avait ajouté encore :

« Parbleu ! Cette conne voudrait être pauvre...

— Père ! »

Petite Maman était au bord d'un malaise.

Hilare, le petit vieux avait déclaré :

« Je sais ce qu'elle voudrait... Se fabriquer une vie à elle, elle-même. Mais je l'ai fait, ça, moi ! Je l'ai fait... »

Il s'était mis à taper sur sa maigre cage thoracique, comme un vieux Tarzan :

« J'ai fait tout le boulot de trois générations. Vous n'avez plus rien à foutre dans la vie que de conserver la fortune... Et ce n'est pas assez ?

— C'est trop, avait dit Anouk, sereine. Quand les gens me regardent, leurs yeux sont remplis de chiffres. Je n'existe pas, moi, en tant qu'être humain. Je représente un chiffre... »

Il s'était penché en avant.

« Petite conne.

— Père !

— Taisez-vous.

— Oui, grand-père...

— Tu t'imagines que tu n'es pas à acheter ?

— J'imagine, grand-père...

— Tu te trompes... Et je te le prouverai... Tu ne perds rien à attendre... »

Anouk avait longuement regardé ses chaussures. Elle avait commencé à être épuisée.

Le petit vieux l'avait provoquée :

« Que voudrais-tu encore ?

— Me consacrer à une cause, avait-elle dit.

— A quelle cause ?

— Une cause généreuse... »

Le petit vieux s'était desséché à vue d'œil.

« Je donne chaque année une vraie petite fortune pour « les causes »... »

Elle s'était mise à crier :

« Et vous vous achetez avec ça des privilèges... Vous donnez et, de l'autre côté, on vous le rend. Vous faites chanter des gens... Indirectement...

— Le fruit de vos entrailles, avait dit le petit vieux en se tournant vers petite Maman. Merci... N'avez-vous pas lu Marx, par hasard, pendant votre grossesse ?

— Elle n'aurait rien compris, était intervenu père. Même moi...

— C'était une plaisanterie ! » avait hurlé le petit vieux.

Anouk avait ajouté :

« Je voudrais me consacrer à quelqu'un... ou à quelque chose... Servir... Je veux servir... Ne pas vivre d'une manière inutile...

— Servir à quelque chose ? avait répété le petit vieux. Mais dans quel bon Dieu de milieu avez-vous fourré votre fille ?... Qui est le criminel qui lui a inculqué l'idée de l'utilité ? Qui ? Je veux le savoir. »

Il tapait encore avec sa canne, mais moins fort. Il commençait à se fatiguer.

Clotilde s'était redressée.

« C'est quoi, être utile, petite sotte ? »

Anouk avait eu un moment de tendresse pour sa mère. Pour cette pauvre chose digne qui camouflait ses souffrances avec la vigilance d'un Sioux.

Anouk s'était jetée maintenant à pleines brasses dans les vagues familiales.

« Utile, ou bien à la société, ou bien... »

Le vieux avait été pris par une quinte de toux. Mais il avait chassé avec violence son fils qui avait voulu lui taper dans le dos.

« Qu'est-ce que c'est que cette manie de vouloir taper dans le dos des gens...? Donc, tu veux être utile à la société ?... Et nous, nous faisons quoi ?... »

Elle parlait maintenant dans un rêve.

« L'argent... »

Elle était douce. Peut-être allaient-ils la manger.

« Petite conne, avait dit grand-père, presque aphone.

— Père, ne pourriez-vous pas la désigner différemment ?

— Oui, grand-père...

— A tes yeux, je devrais être un Dieu. J'ai réussi en partant de rien... En achetant des tableaux dont personne ne voulait... J'ai monté un empire... A dix-sept ans, on ne m'aurait même pas laissé nettoyer les chaussures d'un propriétaire d'une galerie de tableaux. Et

22

maintenant, j'en ai neuf... Neuf galeries... Je devrais t'impressionner...

— Vous m'impressionnez... Mais tout ceci est trop lourd à porter...

— Je tendrai la main hors de ma tombe pour te taper sur la tête... Tu es trop injuste, ma petite fille... Infiniment, sottement injuste. »

« Bêcheuse ! hurle un motocycliste qu'elle a serré un peu trop à droite. Salope, tu n'es pas en chômage, toi !... »

Et lorsqu'on passe au feu vert, le motocycliste frappe avec son poing sur la vitre de la Rolls.

« Je souffre pour mes trois cent quatre-vingt-dix mille francs, pense-t-elle. Et dans une semaine, nous serons à Washington. Le premier pas vers la liberté... Grand-père avait raison... Il m'a tapé sur la tête... Pourtant, pourtant, avant sa mort, nos relations étaient idylliques... »

« LES deux derniers fauteuils à droite, s'il vous plaît, dit Robert.

— Ils vous sont réservés, répond l'hôtesse en souriant. Je peux ranger votre manteau, madame ? »

Anouk lui abandonne son manteau d'été.

« Si vous voulez... »

Robert garde à ses pieds sa serviette lourde bourrée de papiers d'affaires.

Anouk, fébrile, aussi sensible qu'un radar — la moindre sensation est enregistrée, commentée et analysée par son épiderme — prend sa place avec un évident bonheur.

« Retourne-toi et regarde un peu... Derrière la cloison, se trouve la classe dite économique. Elle est parfaite, dit Robert. Nous aurions pu aussi bien...

— Peut-être conçue davantage pour les hommes d'affaires que pour les amateurs de voyages de noces, répond Anouk. Notre voyage de noces est cocasse. Fiévreux, la main dans la main, nous devrions nous dévorer les lèvres et chuchoter : « Chéri, chéri, je brûle d'impatience. Au secours ! Un lit ! » »

Robert est agacé par l'ironie. Souvent, l'humour lui échappe. Egaré dans le domaine des plaisanteries, il se sent vulnérable. Une tortue qui serait nue. Il devine le moment où il faut rire, ou bien hocher la tête avec un air entendu. Il y a aussi une sorte de hennissement mondain. Réservé aux connaisseurs.

Il pose sa main sur celle d'Anouk.

« Laissons-nous un peu vivre... Sois moins acerbe... Accepte un cessez-le-feu de quelques jours... »

Anouk prend un bonbon sur le plateau que l'hôtesse tend vers eux. En déballant soigneusement la petite boule jaune, elle étouffe un rire.

« De quoi ris-tu? demande Robert. J'aimerais rire aussi.

— Je pense aux trucs de mon grand-père. Il était marrant. Quand même marrant... Sa vendeuse d'esquimaux... »

Elle se plonge dans ses pensées et constate : « Grand-père était le plus sympa de la famille. Il me fait un drôle de pied de nez de sa tombe. Mais je ne lui en veux pas. J'aurais fait de même. Ou pire... »

A l'époque où son entreprise était enfin amenée par le petit vieux au sommet de la gloire, Grand-père, las des charmes trop explorés de son épouse, avait enlevé, aussitôt après une représentation, l'héroïne fragile de *La Mort du cygne,* une ballerine désossée... Une fée sans cartilages.

Pour simplifier sa double vie, le petit vieux avait, en face de son hôtel particulier, installé un autre hôtel particulier, celui-ci pour la ballerine. L'étroite rue où les deux immeubles se trouvaient face à face, était à sens unique. Le petit vieux arrivait donc toujours par le même côté et se bornait à lancer au chauffeur à la dernière seconde un très sec « à droite », « à gauche ». Selon le désir qu'il éprouvait de passer la soirée avec la ballerine ou avec l'épouse. Fallait-il encore que le chauffeur ne se trompe jamais... Les deux hôtels particuliers avaient été, à l'intérieur aussi, organisés de la même manière. Les salons de la ballerine se trouvaient au même étage que les salons de l'épouse; la chambre avait été meublée avec le même genre de mobilier. Le coloris des salles de bains était le même. Jusqu'au verre à dents en opaline bleu ciel, chaque objet devait être identique aux objets qui se trouvaient dans l'hôtel particulier de l'épouse légitime. Le petit vieux n'aurait pu accepter d'être distrait par un détail quelconque. Par un changement sournois qui l'aurait fait réfléchir ou hésiter avant de faire un geste.

Le petit vieux circulait la tête baissée pour se livrer à son aise à son jeu favori qu'il avait baptisé : « Les pas comptés. » Hanté par la rentabilité, obsédé par les économies à inventer, il se penchait avec une attention extrême sur ses propres pas. Parfois, il se réconciliait avec l'idée qu'il valait mieux faire des petits pas rapides d'un nombre strictement déterminé plutôt que de s'efforcer de produire des enjambées plus longues mais moins nombreuses. Chaque matin, depuis sa sortie du lit, jusqu'à l'arrivée à l'Entreprise, il comptait ses pas.

Sa distraction entretenue et savamment soignée lui avait joué, dans sa longue vie, bien des farces. Un jour, il était revenu dans la rue à sens unique avec un écrin à la main. L'écrin contenait une éblouissante rivière de diamants destinée à la ballerine. Ayant lancé l'ordre au chauffeur, le petit vieux brûlait d'impatience. Il avait quitté la Rolls précipitamment et avait, la tête baissée, franchi le seuil de l'hôtel particulier. Selon la coutume, sans qu'il ait eu à faire le moindre geste, la porte lourde s'était ouverte devant lui; les mains habiles du valet lui avaient ôté presque simultanément le chapeau, le manteau, la serviette et la canne surmontée d'un pommeau en argent massif.

Allègre — c'était le jour des pas courts et rapprochés — il avait traversé le hall — trente-deux petits pas —, il avait monté le large escalier en marbre, tout en sifflotant de gaieté : « Deux, quatre, six, huit, dix, douze... » Sans avoir perdu le rythme normal de son souffle, au bout de la seizième marche, il était arrivé dans le couloir du premier étage et, peu après, il s'était enfin trouvé au salon. Sûr de son effet, ébloui par sa propre magnificence, il avait tendu l'écrin vers la femme aimée et, enfin, il avait levé la tête pour se trouver en face de sa femme qui — en poussant un cri de victoire — lui avait aussitôt arraché l'écrin de la main : « Vous vous repentez. Il était temps. Je vous pardonne ! »

Trépignant de colère, le petit vieux avait fait voler le collier par un valet qui, au lieu de lui remettre le butin, comme c'était prévu dans le « contrat », était parti pour l'Amérique du Sud.

Pour ne jamais plus se tromper d'hôtel particulier, le

petit vieux avait transplanté la ballerine au Vésinet, mais, peu après, il avait trouvé que le trajet prenait trop de son temps et il avait rompu.

La passion du petit vieux pour le music-hall ne cessait d'augmenter avec l'âge. Il y avait aperçu, pendant l'entracte, une ouvreuse rousse qui vendait des friandises. Ayant oublié ses soixante-douze ans, saisi par un coup de foudre, il avait aussitôt acheté le contenu de tout le plateau; il avait aussi exigé le plateau en osier dont le prix approximatif avait été fixé par un caissier que les témoins hilares de la scène avaient appelé au secours. L'affaire conclue, le petit vieux avait conduit l'ouvreuse vers sa Rolls, l'y avait reçue comme dans un salon, et lui avait fait la proposition suivante : « Madame, je vous achète un appartement à votre nom, je vous comblerai d'aises. Vous n'aurez plus jamais d'autre souci dans la vie que de me supporter... Vous ressemblez prodigieusement à la Goulue, à vingt ans. Du fait de votre jeune âge, votre qualité primordiale doit être une attitude naturelle et robuste vis-à-vis de la vie. Lorsque je serai mort, vous serez déjà vulgaire. C'est le destin des rousses costaudes... »

Sans écouter l'analyse de son Don Juan inattendu, l'ouvreuse avait trouvé la Rolls et le pommeau d'argent de la canne séduisants. Ses dernières hésitations avaient été vaincues par un chèque d'un montant confortable.

Le petit vieux avait acheté un appartement au cinquième étage d'un immeuble sans ascenseur, classé monument national. Ainsi, il avait été obligé de grimper chaque fois les cinq étages à pied, ce qui lui donnait un temps large pour réfléchir et savoir où il se trouvait. Le coup du collier lui était resté sur l'estomac. Il avait pris ses précautions pour ne plus jamais se tromper ni de maîtresse ni de maison.

Les écriteaux lumineux avertissent : « Attachez vos ceintures. Ne fumez pas. »

« C'est le départ, dit Robert. Il est 14 h 15. »

L'avion s'élance sur la piste et, assez vite, il arrive à un tournant. Les réacteurs se déchaînent dans un bruit gigantesque. L'avion avance dans un paysage plat. Les champs se transforment en carreaux de couleur pastel et Paris apparaît comme un puzzle splendide éparpillé des deux côtés de la Seine.

« Champagne ou jus de fruit ? demande l'hôtesse.

— Champagne, dit Robert.

— Jus de fruit. »

Et Anouk ajoute :

« S'il vous plaît. »

Le steward fait la démonstration de l'utilisation de la ceinture de sauvetage et de celle du masque à oxygène.

L'hôtesse distribue le menu. Anouk le lit attentivement. Foie gras, homard gratiné, gigot accompagné de légumes printaniers, salade, fromages, desserts, glace, café, friandises, alcools de toutes sortes y sont énumérés et, pour arroser cette symphonie, du vin blanc, un bordeaux de grande qualité, du champagne et du cognac. Au cours du repas, Anouk évoque l'image d'un chat raffiné qui, en ronronnant, goûterait, avec une distinction et une lenteur presque agaçantes, chaque mets. Elle savoure, elle apprécie jusqu'au tréfonds de son être ce festin à dix mille mètres d'altitude.

« Désirez-vous un alcool ? demande l'hôtesse à Anouk.

— Juste un café, dit-elle.

— Un armagnac », dit Robert qui préférerait être seul.

Jusqu'à ce jour, les nombreux voyages qu'il a effectués pour Washington ont été ses échappées. Sa liberté sans condition. Cette liberté est entamée par la présence d'Anouk.

« Nous survolons la rade de Brest, annonce une voix devenue déjà familière. A 16 h 30, un film vous sera présenté.

— Formidable ! s'exclame Anouk. Un film !

— C'est l'habitude. »

Et Robert ajoute :

« C'est ton premier grand voyage ?

— Le premier, dit-elle. Je ne me suis beaucoup déplacée qu'entre Paris et l'Angleterre.

— Avec autant de... »

Il se tait.

« D'argent ? reprend-elle.

— Non, je voulais dire : de possibilités.

— C'est que je ne suis pas très vieille, dit-elle. Il ne me semble pas avoir perdu trop de temps... Mes parents n'ont jamais accepté que je voyage seule... Et eux, ils n'aiment pas l'avion, ni le train... Ils ont peur de se déplacer...

— Peur de quoi ?

— De mourir... Dans un accident... Ils ont trop à perdre...

— Personne n'aime mourir... »

Et plus tard :

« Nous aurons, plus tard, peut-être les mêmes tics, les mêmes manies... Et nos enfants nous critiqueront.

— Je n'aurai jamais d'enfant », réplique Anouk.

Robert tente d'effleurer la main d'Anouk.

« C'est vite dit... Il nous arrive, à nous tous, de dire des choses graves sans trop y croire... Tu es très jeune, il est évident que tu voudrais profiter de la vie, te sentir libre... Ton père m'a prévenu qu'il nous offrira la nurse...

— Offrira quoi ? s'exclame-t-elle.

— La nurse. Tout le budget d'une nurse : son salaire, sa nourriture, la cotisation de Sécurité sociale... La part patronale de la cotisation n'est pas négligeable... Donc, sur ce plan-là, tu serais vraiment aidée...

— Ne compte pas sur le coup du « petit Américain », s'exclame Anouk. Nous faisons l'amour comme on fait la marche, la natation, le golf... L'orgasme est un facteur d'équilibre... Mais nos exercices n'ont rien à voir avec un mioche qui vous tape après sur le système... Ça ne vaut pas la peine de prendre cet air condescendant, d'emballer vos phrases dans du coton hydrophile... Pas de mioches pour mademoiselle T. »

En colère, elle le vouvoie :

« Je peux être plus grossière, mais pas plus claire. Je vous prie de bien vouloir ne plus insister. Et je souligne que mes sentiments sont loin d'être distingués... »

Robert est choqué par la violence de sa femme. Pour s'apaiser, il allume une cigarette. L'arôme du tabac est différent. Il jette un coup d'œil sur sa cigarette — non il ne s'est pas trompé de marque. Si le goût n'est pas le même, c'est que lui, il a mal à la gorge. Prudemment, il avale sa salive, pour tester sa douleur. Il lui semble avoir absorbé une poignée de gravillons. Le spectre de l'angine apparaît dans toute son horreur.

« Mademoiselle, demande-t-il à l'hôtesse, auriez-vous l'amabilité de me donner quelques aspirines?

— Bien sûr, monsieur. »

Anouk se tourne vers lui :

« Vous avez mal à la gorge? »

Et elle ajoute avec un soupçon d'irritation :

« De nouveau? »

Il avale trois comprimés à la fois et vide son verre d'eau.

« Cesse de me vouvoyer, c'est grotesque. Quant à ma gorge... Oui, figure-toi, elle me fait mal. Il y a des gens qui louchent, qui toussent, qui se mouchent tout le temps, ou bien qui ont les pieds plats. Moi, j'ai la gorge sensible. »

Et peu de temps après, il se demande : « Que diable ai-je fait avec mes antibiotiques? » Il est saisi de panique. Il est attaqué à son point faible qu'est sa gorge. Juste en voyage. Depuis qu'il existe, il entend parler de ses amygdales. Plus le temps passe, plus on lui dit que l'opération est délicate. A la trentaine, l'idée de se faire opérer des amygdales le rebute. Il se trouverait ridicule vis-à-vis de sa nouvelle famille dans laquelle il est entré il y a treize mois. Chez ces milliardaires, il semble n'y avoir aucune place pour quelque faiblesse. Sa belle-famille est constituée d'êtres robustes. La verdeur du beau-père fait rêver. A cinquante ans, il est aussi fringant que certains à trente-cinq. La belle-mère est d'une délicatesse adorable; frêle d'apparence, mais costaude en vérité; une vraie femme d'intérieur; ravissante à vingt ans, elle fait illusion à quarante-neuf. Une gravure de mode. Leur fille, Anouk? Dure comme un quartz, nourrie d'idées qui devraient être étrangères à cette famille richissime, elle apparaît à chaque seconde hostile. Robert n'a pas encore trouvé la solution de ce qu'il appelle : ses mots croisés. Il se penche sur cette famille comme sur des mots croisés. Certaines cases restent vierges de toute lettre. Il ne trouve absolument pas la solution qu'il cherche, en vain, depuis treize mois. Il avait désiré épouser une jeune fille aussi plaisante qu'aisée; il a été servi à l'extrême. Anouk est belle et sera, un jour, milliardaire. Pourtant elle est traitée par son père d'une manière assez chiche. Elle n'a pas plus de possibilités matérielles que n'importe quelle jeune bourgeoise argentée. A peine une petite somme mensuelle et un appartement acheté au nom de belle-maman et mis à leur disposition. « Après ma mort, tout est à vous », avait dit celle-ci, aussi sûre de sa santé qu'émue par l'idée de son propre décès.

Tout au début, Robert avait célébré sa propre chance. Il avait été heureux comme un enfant. « Pour une fois, c'est dans le mille... » Devenir le gendre d'un des plus grands marchands de tableaux du monde, avoir eu sa fille belle comme un jour beau, l'ensemble représentait vraiment les aspects terrestres du paradis. Aucune paternité n'avait dû être endossée; Anouk ne se droguait pas; elle n'avait pas en secret des crises d'épilepsie. Elle était saine, sportive et lumineuse de haine à l'égard de son propre monde.

Mais, depuis quelques mois, Robert était tourmenté. Sans savoir quoi que ce soit, il avait la certitude d'avoir été manipulé, téléguidé. Peu de temps après son entrée dans la famille d'Anouk, il avait perdu une grande partie de sa liberté.

Le rétrécissement de son champ d'opération avait d'abord été à peine perceptible. A la demande de son beau-père, il avait donné son préavis à la firme mondiale d'ordinateurs dont il était un des jeunes piliers. Il s'était mis à participer aux déjeuners familiaux du dimanche; il y écoutait avec un vrai intérêt les histoires feutrées de sa belle-mère; avec un respect tout neuf, il guettait l'équilibre de la cendre qui s'allongeait au bout du cigare de son beau-père et, parfois, son regard enthousiaste rencontrait le regard moqueur d'Anouk. « Vous marchez comme un enfant de chœur », lui avait dit Anouk, après un de ces déjeuners. « Je ne sais pas à quoi tu fais allusion. » Il avait rejeté ce premier signe d'une éventuelle complicité. Il avait trop peur de déplaire. Les mensonges quant à son passé l'inquiétaient. Aux aguets, il devait plaire à tout prix. Plaire et réussir. Jeté dans l'arène, entouré de grands bourgeois exigeants, pour vivre il devait vaincre comme un gladiateur. La lutte continue était fatigante. A chaque seconde, il se sentait surveillé. Sur le plan physique et moral. Ses chemises étaient aussi impeccables que ses ongles. Ses dents auraient pu inciter à l'achat de n'importe quel dentifrice. Son sexe toujours alerte ne cessait guère son va-et-vient avant une bonne demi-heure dans les jeunes muqueuses de sa femme ironique qui participait à l'amour, amusée, les yeux ouverts.

« Dans les affaires, avait dit un jour le beau-père, il faut être increvable. Le moindre bruit sur une faiblesse cardiaque, et c'est la curée. Parler de vertèbres ? Et on vous propose aussitôt une chaise roulante... Si je quittais une réunion pour uriner, on raconterait aussitôt que je vais passer sur le billard avec une prostate malveillante... Que je ne me montre pas aux endroits à la mode ? A la seconde, on clamerait : « Il a des difficultés; « il n'y a pas de fortune qui tienne lorsque les achats, « comme les siens, sont démesurés. Il a l'air fatigué; il « a eu un coup de vieux... » Mon cher Robert, vous êtes encore très jeune, je vous parle de l'avenir, méfiez-vous des « coups de vieux »... A partir de cinquante ans, il faut prendre trois jours de repos — et la lampe à bronzer n'est pas faite pour les chiens — avant de se montrer à ses adversaires. »

Dans son énumération des faiblesses à éviter, il avait oublié la gorge. Heureusement.

Depuis son mariage, Robert n'avait eu que trois jours de liberté relative : son voyage, il y a six mois, à Washington. « Cette fois-ci, ce sera le dernier », constate-t-il avec un grand soupir. Quittant la firme qui lui a permis de montrer en quelques années toutes ses qualités, il allait se priver aussi de ses voyages. Pour ce voyage d'adieu, il aurait dû venir seul, sans sa femme. Mais Anouk tenait à l'accompagner... « D'accord, avait-il dit dans un moment de faiblesse. Si ton père paie le voyage... » Et, malheureusement, il avait payé...

L'oubli des antibiotiques tourmente Robert. Et puis, il a la certitude d'avoir oublié davantage. Il s'interroge en vain. Il a mauvaise conscience, et il cherche à s'apaiser. « Qu'est-ce que j'ai pu oublier ? »

— Il est 16 heures, dit Anouk. Nous arriverons à Washington à 19 h 30, heure locale. Donc, à minuit heure de Paris... J'adore l'idée du décalage horaire... Le dépaysement va être total. Que j'aime ce voyage... Si je pouvais...

— Pourriez-vous me donner une couverture ? » demande Robert à l'hôtesse.

Elle distribue aussi des chaussons et des masques pour ceux qui veulent dormir.

« As-tu froid ? » se renseigne Anouk.

L'avion avance dans une lumière éclatante.

« Des frissons... Ce n'est rien... »

Depuis leur mariage, il avait eu une seule fois la grippe. Anouk avait fait aussitôt chambre à part et l'avait regardé avec frayeur, comme s'il avait contracté la peste.

L'hôtesse distribue des écouteurs stérilisés, présentés dans des housses de plastique. Le steward déroule l'écran et le film commence. C'est *le Point de non retour*.

Robert adore les films comme celui-ci : violent et plein d'imprévus. Une action précipitée où les coups de poing volent, les mâchoires craquent, les crans d'arrêt claquent, et une mitraillette, subrepticement glissée, supprime en quelques ta-ta-ta-ta-ta-ta-ta-ta toute une bande rivale. Gros plan d'un visage ensanglanté et, de loin, surgit un car de police accompagné du bruit de sa sirène lancinante.

Il jette un regard sur Anouk qui, le visage impassible, fixe l'écran. Elle n'aime que les trucs que Robert trouve « rasoirs », le cinéma dit « intelligent », des histoires linéaires où, à peu près toujours, une idéologie de gauche est discutée avec un sérieux que, lui, il trouve insupportable. Elle aime une littérature « de règlements de comptes » avec des fascistes poursuivis par des justiciers coriaces.

« Ma petite, lui avait-il dit au début de leur mariage, je te trouve ridicule avec ton idéologie en matière plastique. Il est vrai que tu es suffisamment riche pour jouer à la contestation, mais avec moi ce numéro éculé ne prend pas. Moi, je désire une femme-femme; je veux profiter de la vie et de ses agréments, rentrer chez moi et y trouver une ravissante — toi — qui me tend un whisky bien tassé. Le social, j'en ai ras le bol; le niveau de vie, je m'en tape; le Vietnam? Va donc voir si j'y suis... Tu vois que je peux utiliser ton langage... Alors, ton numéro de la « parfaite petite contestataire »...? A d'autres...

— As-tu aimé ce film? » l'interroge Anouk.

La voix est mondaine et l'œil goguenard.

« Enormément, dit Robert. Evidemment, tu es blousée, chérie. Aucun fasciste n'a été puni; la pollution : tintin; et pas un mot sur le Vietnam. Une vraie misère. »

Elle hausse les épaules :

« Vous vous défendez si mal, commente-t-elle. Je ne vous ai pas attaqué... »

Il est profondément agacé par la douleur dans sa gorge. Traverser l'Atlantique pour se mettre au lit avec une température de cheval, ce serait le comble du ridicule. Et il a été jusqu'ici tout, ou à peu près tout, dans sa vie : misérable, menteur, arriviste, beau garçon, génie de poche pour ordinateurs, fiancé se pâmant d'orgueil, jeune mari prévenant, gendre de rêve... Il a été tout cela. Mais jamais, au grand jamais, il n'a été ridicule.

Il se tourne vers Anouk.

« Attention à ce que tu vas raconter aux Etats-Unis. Les Américains — ceux que je connais — se méfient de toutes provocations. Surtout lorsque celles-ci viennent de l'extérieur. M'écoutes-tu?

— Mais oui...

— Ne découvre pas l'existence des Noirs. Tout ce qui les concerne n'est qu'un problème strictement américain. Personne n'a le droit de débiter des sornettes sur les Noirs sans avoir l'expérience des Américains. N'essaie pas de militer contre la guerre du Vietnam. Le président Nixon s'en occupe; il trouvera la solution. Lui, et pas toi. »

Anouk fait le signe de croix.

« Au nom du père et du fils et du président Nixon, ainsi soit-il. »

Il a envie de la gifler. Il attrape la main blasphématoire d'Anouk et la serre.

« On ne dirait pas que tu as tant de force dans le poignet, dit Anouk, ravie de l'effet obtenu.

— Je te prie de ne provoquer aucun scandale. Et de ne pas choquer mes amis. Je n'accepte pas qu'ils soient agressés par une charmante ignare comme toi...

— Oh! là! là! là!... dit-elle. Ça se corse... Si je pense aux vingt ans de garantie.

— Quelle garantie?

— Le matelas... Notre matelas conjugal... Il a vingt ans de garantie. On aurait pu acheter un truc au rabais... »

Elle pouffe de rire.

« Excuse-moi, dit-il, en se dominant. Excuse-moi, je suis un peu énervée. Et je supporte mal les sottises politiques. Quant à la situation de Washington... De cette belle ville... »

Peiné, il ne sait pas comment aborder le sujet.

« Si on te parle d'agressions et de difficultés à circuler dans certains quartiers de Washington, au lieu de répondre, contente-toi de sourire. Si on insiste, tu dis que tout cela ne nous concerne pas parce que nous sommes français.

— Désires-tu que je fasse « le beau »? Animal domestique bien dressé accompagne son maître. Il suffit de claquer des doigts et il fait le beau...

— Avec les femmes de mes confrères, tu trouveras des sujets de conversation pour femme... Tu parleras de problèmes domestiques... Tu parleras d'enfants, d'éducation en général.

— Nous n'aurons jamais d'enfant, dit-elle. Quant à l'éducation, je peux parler de la mienne. Mais le résultat ne semble pas te satisfaire. »

Elle est pensive.

« Je peux aussi bien leur raconter comment j'ai craché la bouillie au visage des nurses...

— Anouk, dit-il, ne sois pas stupide. Dans quelque temps, je quitte cette affaire pour celle de ton père... Je voudrais qu'on me regrette. Je désirerais leur montrer ma jeune femme distinguée, issue de la grande bourgeoisie française, portant un nom si connu...

— Voulez-vous boire quelque chose, madame?... Ou désirez-vous manger?... Dans quelques instants, nous vous servirons des canapés avec du foie gras et, après, des petits fours. Monsieur?...

— Un whisky, s'il vous plaît. »

Il grelotte. Il vient de fermer la bouche d'air au-dessus de son siège.

« Et si vous pouviez me donner encore deux aspirines, mademoiselle?

— Bien sûr, monsieur.

— Un café pour moi, dit Anouk. Juste un café... »

Robert s'énerve. Jusqu'à ce jour, ses départs pour Washington étaient des escapades, des bouffées d'oxygène, volées à sa vie. A cette vie préméditée et méticuleusement calculée dans le moindre détail. Avant, il lui avait suffi de voir une publicité d'Air-France pour se sentir l'âme en feu et s'imaginer à la frontière d'un bonheur dont le nom était : l'aventure.

Il se remémorait les moments grisants de ses échappées antérieures. Lorsqu'il prenait l'avion seul, le monde lui appartenait. Il s'enfonçait dans son siège confortable et, attentif et insatiable comme un enfant gourmand, il mangeait et buvait autant qu'il pouvait.

Anouk lui montre des pages d'une revue américaine :

« Regarde!

— Et alors!... s'exclame-t-il. Que voudrais-tu que je fasse?

— Evidemment, le Vietnam t'est égal, prononce Anouk d'une voix neutre. Pourquoi t'intéresserais-tu soudain au Vietnam? »

S'il en avait le courage, avec quel plaisir il se retournerait vers elle pour lui dire : « J'en ai marre de mentir sans cesse. Ecoute-moi, petite gonzesse gâtée, pourrie d'argent, tout ce que tu imagines savoir de moi est faux. Depuis treize mois, je mens. Plus de treize mois, parce qu'avant, je mentais à ton père pour pouvoir entrer dans votre clan. Mon Vietnam à moi, c'était ma jeunesse. Je ne crevais pas de faim, mais d'autres misères.

De toutes sortes. Alors, fous-moi la paix avec le Vietnam. »

« Ne pourrais-tu pas t'occuper moins des problèmes mondiaux ? l'interroge-t-il délicatement.

— J'ai simplement ouvert une revue... »

Et après une trêve de quelques minutes :

« Dans une heure, nous serons à Washington », prononce Anouk d'une voix douce.

Et elle s'étire sur son siège comme un chat qui, dans un seul mouvement, ralenti à l'extrême, peut allonger et assouplir ses articulations.

Alors, soudain, Robert a le souffle coupé. Il sait maintenant ce qu'il a oublié. L'essentiel. Il a oublié d'annuler le jour supplémentaire, l'habituelle journée qui est à lui, ses vingt-quatre heures de liberté. Lors de ses précédents voyages à Washington, il a toujours volé, de sa vie surchargée, vingt-quatre heures pour lui-même. Il s'est constamment arrangé pour arriver dans cette ville attirante avec vingt-quatre heures d'avance. Donc, demain, il n'a strictement rien à faire. Ses confrères étrangers, les Allemands, les Suédois, les Belges et les autres n'arriveront que demain soir... Sa première réunion est après-demain matin à dix heures.

Combien de fois il avait raconté aussi bien à Anouk qu'à ses beaux-parents son emploi du temps dont le rythme leur devait apparaître hallucinant : « A l'hôtel, j'ai à peine le temps de me changer, de me raser. Souvent, le jour même de mon arrivée, je dois me précipiter dans la salle de conférences. Parfois, je ne déballe même pas ma valise. Je me contente d'en sortir des chemises propres, à la sauvette, entre deux réunions. »

Ce maudit demain... Que dire à Anouk demain matin ? Comment supporter l'ironie, l'enquête ? Faire croire à Anouk qu'il avait préparé pour eux deux, comme surprise, une grande journée réservée à eux deux... « Je me suis libéré pour te montrer la ville moi-même... » Cela sonnerait faux. Totalement faux. Il n'avait eu de cesse de vouloir dissuader Anouk de ce voyage en invoquant, comme prétexte, son emploi du temps surchargé. Tenter de présenter cette journée comme un cadeau de noces tardif ? Peut-il considérer, honnêtement, que sa présence puisse être estimée en tant que « cadeau » ? Qui affirmerait qu'Anouk serait plus heureuse avec lui pendant toute une journée ? Elle a ses projets, ses manies, sa passion un peu exagérée pour les musées... Il se trouverait à court d'arguments en face de sa femme hostile. « Alors, on va visiter Washington la main dans la main ? N'essaie pas de nous faire prendre pour un couple, nous ne sommes que des gens mariés... Il était convenu qu'on n'allait pas jouer aux sentiments... »

Il regarde : un peu inerte, le regard perdu, elle évoque l'idée d'un poupée posée sur un fauteuil. Elle est blonde ; par moments, son visage est assez beau. Ses mains reposent sur la couverture écossaise négligemment jetée sur ses genoux. Ses lèvres sont charnues et fermées comme celles de certaines statues antiques.

Lors de leur première rencontre, il avait été frappé par le caractère dur d'Anouk, par sa franchise insolente. Par son cynisme affiché. Et aussi par une agressivité derrière laquelle même un homme sans trop d'imagination pouvait deviner la tristesse.

Il s'était fait, lui, d'autres idées des bourgeois. D'une fille issue de cette grande bourgeoisie à laquelle il avait tellement rêvé. Il s'était attendu à une rencontre classique, à un baisemain qu'il aurait exécuté à l'ancienne. Il aurait aimé se sentir dans un cadre social cher à Guitry. Il aurait désiré l'accomplissement de ses rêves, fidèle à une tradition que lui-même il n'aurait jamais connue. Il avait trop espéré de cette jeune fille qu'il présumait délicate et fine. Il avait été ramené à la vérité très quotidienne par la poignée de main vigoureuse d'Anouk qui lui avait lancé :

« Que je vous regarde bien ! L'homme courageux qui n'hésite pas à me rencontrer en vue d'un mariage... »

Elle avait ajouté :

« La guerre doit vous manquer drôlement si vous voulez vivre avec moi. »

Petite Maman avait gémi.

« Cher monsieur, ne lui en veuillez pas... Elle plaisante. Anouk a sa manière de tourner les phrases au désavantage des autres. Que voulez-vous ?... Elle a dix-neuf ans... L'âge des contradictions... »

Robert s'était imaginé une jeune fille réservée, timide, pas trop jolie, une fille rassurante, pudique. Une femme qu'on trompera sans remords et qui vous restera fidèle. Il avait soif de la bourgeoisie. Il avait espéré pénétrer dans un milieu social comme on entre dans les ordres. Enfant, il en avait rêvé. Adolescent, il en avait souffert. Combien de fois, il avait été, faute de *pedigree*, refusé par ce milieu...

Il avait projeté de faire la cour à Anouk, de la combler avec des bouquets de fleurs et de l'amener parfois à la Comédie-Française. Avec la permission des parents.

« Je vous laisse seuls, avait bredouillé Maman. Soyez indulgent, cher monsieur; notre petite a un humour très particulier... Comme fut celui de son regretté grand-père. »

Elle avait refermé la porte doucement. Anouk avait désigné d'un geste une boîte en argent contenant des cigarettes.

« Vous fumez ?

— Non, merci. Je suis navré si on a brodé quant à mes éventuelles intentions... Votre père a désiré que nous nous rencontrions...

— Parce que vous voulez baiser à ses frais ? » avait-elle dit d'une voix calme.

Il avait cru mal comprendre. Mal entendre. Etre la proie d'une hallucination.

Il avait continué :

« Je vous ai imaginée différente... Plus adulte... Vous n'êtes qu'une très jeune fille.

— C'est la première fois que je vois un chasseur de dot, avait-elle dit.

— Je ne chasse rien du tout », avait-il répliqué.

Furieux, il avait rougi.

De quel droit le traitait-elle ainsi ?...

« J'ai une très belle situation. Votre père a besoin de moi dans son affaire. J'entrerai dans son Entreprise bientôt. Il a exprimé le désir que je fasse votre connaissance... C'est fait. »

Il s'était levé.

« D'où qu'elle vienne, la grossièreté m'a toujours déplu. Votre manière de vouloir choquer m'a déplu aussi... Vous vous comportez comme une gosse débile.

— Si on concluait un accord ? Appelez-le mariage, si vous voulez. Me laisseriez-vous assez libre ? avait-elle dit.

— Je vous libère déjà, mademoiselle. A ne plus jamais vous revoir !

— Non, avait-elle dit, en le rattrapant par le bras. S'il vous plaît. Ne partez pas. »

Elle avait fait semblant d'être séduite. Elle mentait à chaque seconde, mais elle était vraiment jolie. Même davantage. Touchante.

« Vous êtes très sympathique, avait-elle dit. Auriez-vous l'amabilité de m'embrasser ?

— Aux frais de votre père ?

— Excusez-moi. Je parle souvent sans réfléchir. Embrassez-moi... »

« Mais pourquoi donc ? » avait pensé Robert. « Pourquoi fait-elle ça ? »

Elle avait joué à la chatte mystérieuse. Une vraie petite putain devant une liasse de billets.

Et Anouk avait continué :

« Mes parents voudraient que je me marie. Je voudrais bien leur faire plaisir. Mais à moi aussi. En même temps. Si on se marie, on fera l'amour. Il faut voir si ça colle sur le plan physique... Embrassez-moi...

— Une autre fois, ma petite. Si jamais je vous revois... Je ne le crois pas. »

Et le père qui avait répété :

« Je vous assure, vous lui avez plu. Mais les jeunes actuellement ont un langage particulier... Revoyez-la donc... »

Et quelques semaines plus tard :

« Vous appelez ça embrasser ? Embrassez-moi carrément. »

Il l'avait embrassée comme s'il avait fait une démonstration pour une étude filmée concernant l'éducation sexuelle. Anouk s'était détachée de lui. Elle avait sorti un agenda de son sac en crocodile. En crocodile rouge.

« On peut aller faire l'amour n'importe quel jour de la semaine prochaine dans l'auberge de... — elle avait dit le nom — sauf le samedi et le dimanche. Pendant le week-end, je pourrais tomber sur un de mes amis encore fringants de mon père qui s'y trouverait avec une jolie fille...

— Parce que vous voulez faire l'amour, comme ça, tout de suite ? »

Ses beaux rêves. Les bourgeois pudiques. Les cuisses serrées...

« Je n'ai pas dit tout de suite, mais la semaine prochaine... »

Ne pas se montrer rétrograde. L'idéal serait une surenchère. Mais que dire de plus ?

Il avait sorti aussi son carnet, acheté dans un endroit très chic à Paris. Pour lui, ce carnet avait été une promotion ; pour elle, c'était l'élément normal qui doit se trouver dans un sac. En crocodile rouge.

« Tel jour », avait-il dit.

Et il avait caché une gêne profonde. On était loin des bouquets de fleurs à offrir.

Dans la chambre, habillée en cretonne fleurie, de l'auberge, Anouk s'était déshabillée avec la rapidité extrême de la cliente qui sait ravir, par cette qualité même, n'importe quel médecin.

« Déjà ? avait-il dit, ébahi.

— Pour ce que j'ai sur moi !... Pour le strip-tease, il faut aller voir ailleurs. Vous êtes un vieux de trente ans, mais vous n'espérez quand même pas la comédie avec les bas lentement enlevés, tout en montrant une bande rose de ma cuisse ? »

Robert l'avait prise dans ses bras avec une certaine frayeur. Qu'attendait-elle, cette espèce de robot déguisé en femme ? Une éventuelle virtuosité, surannée certainement au goût de la petite Anouk, une sorte de viol, pour qu'elle s'imagine dans les bras de quelque sauvage. Il l'avait prise comme une prostituée. Sans oublier la note à payer. Elle avait eu un orgasme rapide et discret dans les bras de Robert.

Elle avait l'habitude de l'amour physique. Elle avait même dit à Robert : « Vaut pas la peine de faire attention, je suis parée. »

Un vrai monstre. Le contraire absolu de tout ce que

Robert avait pu désirer. Une dose de dédain difficilement supportable se dégageait d'elle. Pourtant, elle était tentante. Davantage que celle qui aurait gardé ses cuisses serrées, tout en balbutiant : « Nous sommes à Venise, chéri. Imaginez que c'est ici où Musset... » Il s'en serait moqué de Musset; il aurait choyé, d'une manière assez fraternelle, la jeune fille retardée qui se serait écriée au moment critique : « Ah! ah! chééériii... vous me faites mal. » C'en était fini avec Venise; il restait Anouk.

« Quant à moi c'est d'accord, avait-elle dit. On peut se marier. Je ne suis pas commode à vivre, mais je ferai des efforts. Je ne suis pas toujours odieuse. Les questions matérielles seront à régler avec mon père. Quant à moi, selon le testament de mon grand-père, je dois conduire pendant trente-neuf mois une Rolls. Il me reste trente-deux mois et vingt et un jours. Après ce délai, je vais avoir trente-neuf millions d'anciens francs hérités dudit grand-père, que je ne partagerai évidemment pas avec vous. Ni sur le plan légal ni sur le plan amical. »

Il l'avait regardée, fasciné.

« Je connais l'histoire de la Rolls : ton père me l'a racontée. Il en avait presque ri...

— Jaune, avait ajouté Anouk. Il n'aurait pu que rire jaune. Les trois cent quatre-vingt-dix mille francs lui passent sous le nez. Il espère un faux pas de ma part. Il se trompe. Je l'aurai, mon argent. Et après...

— Et après? »

Elle l'avait regardé avec curiosité. Ne comprenait-il vraiment rien?...

Robert s'était senti sur un terrain miné :

« Si on parlait d'autre chose! Tu as des épaules larges. Un beau corps sportif.

— En effet, j'ai fait beaucoup de sport, avait répondu Anouk. La natation et l'escrime développent la cage thoracique. Le golf aussi. »

Il avait hésité une seconde :

« Qui était le premier?

— Sur le plan sexuel, je suis amnésique. Je couche et j'oublie.

— Il y a beaucoup à oublier ? »

Presque jaloux, il avait l'impression qu'on avait entamé son bien.

« Ne cherchez pas midi à quatorze heures. Ramasser quelqu'un dans la haute société ou dans un port, les risques sont les mêmes. »

Alors, elle lui avait lancé avec le désir de choquer :

« Je me suis tapé pas mal de types, pour en savoir davantage sur le problème. »

Il s'était exclamé :

« J'ai horreur de la vulgarité. Tu as un vocabulaire de putain.

— Vous vous y connaissez ? avait-elle lancé avec un petit sourire sournois. Ce qui vous met à rebrousse-poil, c'est que je suis sincère. J'aurais pu mentir. »

Il s'était levé; il était allé chercher son étui à cigarettes.

« Je serai un de plus sur ta brochette. Mais je ne t'épouserai pas.

— Ne songez pas à l'honneur de la mère de vos futurs enfants... Avec moi, pas de danger. Pas de gosses. Je les hais.

— Ça se dit quand on n'aime pas... » avait-il dit, songeur.

C'était le moment de partir, de laisser cette cinglée ici. De reprendre ses vêtements, sa voiture, de continuer sa vie libre. Librement. Il ne va pas s'embarquer dans une opération qui se soldera par un échec total. Et une fille de ce genre ne s'épouse pas...

Alors, elle s'était mise à jouer. Et lui, il avait su à chaque seconde qu'elle jouait, et il cherchait désespérément le pourquoi de cette affaire...

« Venez près de moi », avait-elle dit d'une voix qu'elle avait essayé de rendre un peu rauque.

Debout, à côté du lit, il l'avait considérée avec un certain mépris.

« Voilà, avait-elle déclaré. Vous connaissez maintenant mon côté odieux. »

Elle avait rejeté ses cheveux blonds en arrière. Une vraie scène de séduction.

« Je peux être gentille, mais gentille à ne pas le croire...

— Pourquoi veux-tu m'épouser ? »

Elle s'était mise à ronronner comme une chatte qui a la conscience mauvaise, et qui voudrait se racheter, le dos courbé et l'œil en amande, avant qu'on découvre ses méfaits.

« Le désir de Papa est sacré. Et puis, notre affaire partie sur une simple boutade peut devenir vraie... Je désire m'appuyer sur quelqu'un qui n'est pas de la famille... Vous ne me garderez pas en cage ? J'ai assez d'expérience sexuelle derrière moi pour ne plus être trop curieuse. Donc, je ne vous tromperai pas. Si vous m'aimez un peu... »

Attirante en diable ! Elle filait autour d'elle son propre coton de mensonge; visiblement, elle avait besoin de se marier. Mais pourquoi ?

Elle avait ouvert ses grands yeux bleu foncé, couleur de violettes, à cause des ombres mauves sur ses paupières.

« Ayez un peu de patience avec moi... »

Avec toute sa colossale fortune à venir, avec son nom internationalement connu, avec son corps de vingt ans, cette belle fille était en train de quémander le mariage...

Robert avait été pris par une profonde curiosité, mêlée, sans qu'il en fût conscient, de jalousie.

Il avait dit :

« Tu pourrais attendre un amour... Le grand amour... Pourquoi es-tu pressée ?... Si pressée ?...

— L'amour ? Avec le grand A ?... C'est pour la génération de Maman. Pas pour moi. »

Il avait ajouté :

« Tu ne veux pas me faire encaisser un gosse ? »

Elle s'était exclamée :

« Comment peut-on être aussi vieux jeu ?... Imaginer qu'on se marie encore pour caser un mioche ? Et puis, encore une fois : nous n'aurons jamais d'enfant... Tant pis pour votre nom !

— Mon nom n'est pas beau... avait-il dit.

— Il est parfait pour un homme dont l'avenir est dans le domaine des ordinateurs. Brehmer... Ça fait

aussi un peu expédition dans le Grand Nord. « Le capi-
« taine Brehmer a réuni ce qui restait de son équipage.
« L'un avait le nez gelé, l'autre le pied, le troisième
« venait de perdre ses deux oreilles, qui sont tombées,
« « clac! », gelées, sur la surface de cette terre inhospi-
« talière. « En avant, mes frères, cria le capitaine
« Brehmer. »

— Tu te paies ma tête? avait demandé doucement
Robert.

— Non. Je m'offre la mienne. Je joue avec votre
nom. Avec celui qui sera le mien. Il faut quand même
pouvoir le prononcer avec nonchalance, chez le coiffeur... Brehmer... Ça me va... »

Il s'était penché sur elle et l'avait immobilisée en la
tenant par les épaules.

Pour éviter de le regarder en face, elle avait détourné
la tête.

« Pourquoi vouloir m'épouser? »

Et soudain, les grands yeux bleu foncé s'étaient tour-
nés vers lui, s'étaient offerts à lui.

« Qu'est-ce qu'il y a eu dans ta vie, avait demandé
Robert, pour te comporter avec autant de férocité?

— Certains s'évadent à vingt ans; moi, je désire
m'emprisonner. Mais, si vous continuez à m'interroger,
alors je m'habillerai, je m'en irai et je ne vous reverrai
jamais.

— Le mariage est une chose sérieuse, avait-il dit, pensif.

— Ai-je l'air de m'amuser? »

Il n'avait pas su quoi répondre. Elle s'était levée. Il
l'avait suivie du regard.

Elle était allée à la salle de bain en marbre rose et
noir.

Il l'avait accompagnée.

Elle avait pris une longue douche. Son corps était
harmonieux.

L'eau dégringolait sur sa tête, en torrent. Tout en
l'observant, Robert se tenait dans l'embrasure de la
porte de la salle de bain.

Comme pour se purifier, elle avait cueilli l'eau dans sa
bouche ouverte et elle l'avait rejetée aussitôt. Et puis,

elle avait offert encore une fois son visage au torrent.

Ressortie de la douche, elle avait dit :

« Je vous serais bien obligée si vous me faites grâce des sentiments. Je n'en veux aucun. Je ne désire pas qu'on suppose qu'ils puissent me manquer. Ni qu'on cherche pourquoi éventuellement ils me manqueraient. »

Elle s'était essuyée avec une serviette de bain mauve.

« Nous pourrions peut-être dîner ensemble ? avait suggéré Robert. Et pourquoi ne pas passer la nuit ici ? »

Il avait pris goût à ce corps souple et musclé. Il l'aurait bien repris dans ses bras.

« Non, avait-elle dit, ça ne vaut pas la peine. Pour l'amour physique, on le sait. Pour la conversation, on verra plus tard. Quant à passer la nuit ensemble... C'est ce qui va être le moins commode dans le mariage. Dormir avec un inconnu. »

Robert s'était mis à rire.

« Inconnu ? »

Elle venait d'enfiler son pull-over.

« Ne portes-tu jamais de soutien-gorge ? » avait demandé Robert.

Elle s'était mise à se brosser les cheveux.

« Non. »

Et soudain :

« Etes-vous de droite ou d'extrême-droite ?

— Tu sais, moi et la politique... Je ne m'en occupe pas...

— Moi si... avait-elle dit, tout en rejetant ses cheveux blonds en arrière. Choisi par mon père, vous ne pouvez être qu'un homme de droite... Mais j'aimerais bien savoir à quel degré vous êtes de droite. Si vous êtes de la sale droite ou de la droite tout court...

— C'est quoi, pour toi, la droite ? »

Elle s'était tournée vers lui et l'avait regardé bien dans les yeux.

« Vous allez être choqué... »

Il avait essayé de plaisanter :

« Mais non, mais non... vas-y...

— Ceux qui sont plus curés que les curés, les lèche-culs du pouvoir, qu'il soit divin ou tout simplement républicain. Le milieu où je suis née. »

Elle avait essayé de minimiser la brutalité du langage.

« Tu es très jeune. Tu utilises les expressions grossières avec plaisir.

— Je les utilise selon les sujets. Et lorsque j'ai envie de dégueuler, je le dis, au lieu de demander un sac pour vomir discrètement. Un catholique intégriste me donne le mal de mer...

— Pourquoi s'acharner sur eux ? Ils ont bien le droit de...

— D'être plus réactionnaires que le pape ? Le catholique intégriste réclame les soutanes disparues, râle lorsqu'il voit une croix sur la veste d'un curé à la place de la Légion d'honneur, et se met en transe quand un prêtre se marie. Au lieu de faire le signe de croix et de la boucler.

— Mais que veux-tu ?, s'était exclamé Robert. De son point de vue, il a raison, le catholique intégriste. Il ne peut pas blairer le curé nouvelle vague, c'est bien son droit, non ? Il veut de la soutane, mais ne veut-il pas aussi de l'uniforme pour les militaires ?

— Ce n'est pas avec quelques mètres de tissu de plus qu'on va sauver une âme !

— L'âme a besoin de décor pour s'ouvrir. D'où les églises décorées.

— Pouah ! fit-elle. Je vois très bien pourquoi mon père vous a choisi...

— Il ne m'a pas choisi...

— Disons, alors : pourquoi vous lui avez plu. Si cela vous arrange mieux...

— On n'a pas parlé de religion avec votre père...

— Alors, écoutez-moi bien, reprit-elle d'une voix calme. On se marie, d'accord. Mais pas de baratin sur la famille, patrie, religion, etc. Je nie l'utilité de ces trois éléments. Je nie leur droit à l'existence. Et surtout, je refuse le fait qu'on exploite le peuple au nom de tout cela.

— Comme tu es jeune ! » avait-il dit, amusé.

D'un coup d'épaule assez violent, elle s'était dégagée de lui.

« Foutez-moi la paix avec ma jeunesse ! »

Il l'avait attrapée et s'était mis à la secouer. Plutôt gentiment.

« Comporte-toi d'une manière plus civilisée. Je t'ai écoutée. Écoute-moi. J'ai horreur de la grossièreté! Surtout dans la bouche d'une femme. La grossièreté est une forme d'impuissance intellectuelle. La grossièreté n'est pas une arme, mais une défaite. »

Elle l'avait interrompu :

«Parce que vous vous sentez plus bourgeois en appelant la merde « excrément »?

Il s'était exclamé :

« Et toi, plus révolutionnaire en faisant le contraire? Tu n'imagines quand même pas que je vais t'épouser pour écouter ça toute la journée? Mon seul désir politique, c'est de ne pas vivre dans un régime communiste. Pour le reste...

— Et si mon seul désir était d'avoir enfin un tel régime? Pour balayer toute la saleté que je vois... que je côtoie... Tous les jours...

— Tu confonds le parti communiste avec le Club Méditerranée, ma petite », avait-il dit.

Et il s'était étonné de sa capacité de réplique. Il avait su qu'il aurait dû se sauver. Que c'était une fille à ne causer que des ennuis. De grands ennuis. Mais elle était si attirante dans sa bête révolte contre le vent. Il avait ajouté :

« Ils forment un drôle de balai, tes amis communistes; d'un côté, ça nettoie peut-être dans ton sens, mais de l'autre côté, ce que leur balai amène...

— Mettons-nous bien d'accord. Vous ne toucherez pas à mes convictions politiques. Elles ne changeront pas.

— Mais je m'en moque, c'est toi qui en parles.

— Deuxièmement, vous me donnez une liberté totale...

— En quel sens?

— Vous ne me demanderez jamais ce que j'aurai fait dans la journée... »

Il en avait eu assez de cette aventure. Il s'était rhabillé et avait dit :

« Ma petite, tu as — pour utiliser ton langage — une trop grande gueule pour que je t'épouse. Je gagne très,

très bien ma vie; je n'ai aucune raison de me ligoter à un petit monstre! Dis bien bonjour de ma part à ton pauvre père; transmets-lui mes sentiments pleins de compassion; il doit en baver, ton papa... En baver avec les exploits de sa chère fille... J'ajoute que l'heure passée avec toi a été agréable. Heureusement, tu te tais quand on fait l'amour. Voilà. Le plaisir était pour moi, et toi, profite donc de la leçon... »

Sa main était déjà sur la poignée de la porte, lorsqu'elle était venue vers lui; elle s'était transformée à vue d'œil. Mime excellent, elle s'était composé, en modifiant l'expression de ses traits, un masque. Ses yeux mauves n'étaient que douceur.

« S'il vous plaît, pardonnez-moi... »

La fille de milliardaire était là, près de lui, en lui demandant pardon pour les sottises qu'elle avait débitées. Elle n'était que palpitation; elle s'était offerte presque : « Ne me dites pas que vous n'avez plus envie de coucher avec moi. » Elle ne l'avait pas dit, mais elle l'avait largement exprimé avec son regard. Sa belle bouche pleine s'était entrouverte; ses dents avaient un éclat de santé. « S'il vous plaît, ne soyez pas fâché. » Comment résister donc à cette fille qui avait voulu... oui, qui avait tenu à ce mariage? Sans avoir été une seconde bègue, bossue, syphilitique ou enceinte. Pourquoi avait-elle voulu l'épouser?

L'énigme avait retenu Robert. Et la beauté d'Anouk aussi. Et l'idée que lui, qui était sorti de si bas, qui avait à peine frôlé la première marche de l'échelle sociale, que lui, il avait été supplié.

« Alors, avait-il dit, je vais poser aussi mes conditions à moi... Tout d'abord, pas de discours politiques. Je crois à la famille, tu deviendras raisonnable quant à nos enfants à venir... »

Elle s'était mordu la lèvre inférieure; elle avait avalé de justesse une phrase qu'elle avait pu ne pas prononcer...

« Je crois aux institutions, à la religion... Tu peux me traiter d'intégriste, mais, si le prêtre qui nous mariera était, par hasard, dans un pull à col roulé, je quitterais l'église... »

Elle s'était oubliée une seconde et une remarque lui avait échappé.

« Nous les Français, nous sommes presque aussi conservateurs et cabotins que les Espagnols. Aussi catholiquards et sectaires... »

Elle avait plaqué sa main gauche devant sa bouche.

« Je vous jure que je n'ouvrirai plus la bouche pour parler de politique. Je vous le jure, sur votre tête...

— Merci ! avait-il dit. Tu me condamnes à mort... Dis donc, sur ton cou, c'est quoi ?

— Une profession de foi...

— De quelle foi ?

— Je suis pacifiste... Et j'ai fait tatouer le signe des pacifistes sur mon cou...

— Qu'est-ce que tu n'es pas ? avait-il dit en se moquant d'elle. Le registre entier ! De la petite gauchiste jusqu'au pacifiste !... »

Elle avait posé sur lui un regard si froid qu'il lui avait semblé entendre la phrase : « Ce que je ne suis pas ? Amoureuse de vous... Et je ne le serai jamais. »

« Je veux me ranger, avait-elle dit.

— Et pourquoi moi ?

— Vous me plaisez... »

Elle avait menti, délibérément.

« Tu mens ! avait-il dit à regret.

— Tiens. Deviendriez-vous psychologue ?...

— Donc, je ne te plais pas !

— Pour être distinguée, selon vos souhaits, ai-je joui dans vos bras ?

— J'imagine.

— Vous pouvez en être certain. Donc, vous me plaisez. »

Elle était allée à la recherche de son sac ; elle y avait pris l'étui en or et elle avait allumé une cigarette...

Et elle avait prononcé d'un ton presque enfantin :

« Je fais tout pour qu'on me déteste...

— Pourquoi ?

— Parce que je suis mal à mon aise. »

Et, après un silence :

« Vous risquez de le payer cher, notre mariage. Vous

entrez dans la cage aux fauves. Et vous n'êtes pas dompteur.

— Admettons, avait dit Robert, que j'aie fait ta connaissance en raisonnant. Et supposons qu'au lieu d'un contact tiède, j'aurais été touché par toi. Bouleversé et intrigué.

— Bof..., avait-elle répondu. Dans notre famille, on n'est ému que par l'argent. Et on n'admire que les gens forts. En m'épousant, vous entrez dans une cage où les tigres se mettent à baver de plaisir. Moi, je connais mes raisons de vous épouser. Mais vous, que vous rapporte ce mariage? Vous n'aurez jamais un réel pouvoir dans l'Entreprise.

— Tu me plais, avait-il dit. J'aime l'épreuve de force. Tu as de la carrure. Moi, j'ai des muscles. Et si cela m'amuse, hein? »

Il était déjà persuadé qu'il ne devrait jamais s'attacher à cette fille, que leur vie future allait être une drôle de bagarre, jusqu'au moment où il arriverait à la vaincre. « Elle méprise les sentiments? Je vais faire semblant d'être indifférent à son égard. Aime-t-elle la force brutale? Je me transformerai en bulldozer, je lui ferai demander grâce. Elle me considère comme arriviste? Je vais arriver, et encore plus loin que j'aurais voulu. Je prendrai de l'importance dans leur Entreprise. Je suis condamné à la lutte. »

Elle l'avait dévisagé.

« Vous allez me plaquer? »

Elle s'était corrigée :

« M'abandonner? »

— Au contraire. Tu es aussi épuisante qu'intéressante...

— Rentrons à Paris, si vous voulez », avait dit Anouk.

Ils avaient traversé le petit parc miteux de l'auberge spécialisée en adultères. Le bruit d'un train qui passait au loin les harcelait. Un train composé d'une multitude de wagons fantomatiques, dont les roues métalliques résonnaient au contact des rails.

A la sortie de l'auberge de luxe, cinq poubelles attendaient les éboueurs et un gros chat myope était en train de digérer quelques souris suralimentées devant le poteau qui signalait le parking. La vieille Rolls d'Anouk et la Porsche toute neuve de Robert étaient garées cote à côte.

Anouk venait d'entrouvrir la portière de la Rolls. Elle s'était retournée vers lui :

« Entre vous et le suicide... »

Affolé, parce que pris à son propre piège, Robert se retourne. Comment se tirer de son mensonge ? Comment camoufler la journée de demain ?

Essayer de passer le lendemain dans Washington même ?...

Elle sent le regard de son mari et se tourne vers lui :
« Tu veux me dire quelque chose ? »

Il improvise; les phrases sortent de sa bouche en même temps que naissent les idées.

« Demain, je dois aller à Boston pour une réunion spéciale. Je prendrai l'avion à Washington aux alentours de huit heures du matin. Je rentrerai vers neuf heures du soir. Je n'ai pas les horaires en tête.

— Demain ? A Boston ? Tu n'as rien dit de tel à Paris. »

Il joue au personnage surchargé de problèmes :
« Je ne dis pas non plus combien de fois je change de chemise, non ? Je voulais t'installer à Washington. Et te laisser une grande journée de repos. Le décalage horaire est fatigant. Demain, toute la journée, tu pourras te reposer. A l'hôtel, il y a une piscine. Profite donc du soleil... »

Sans savoir exactement pourquoi, Anouk se méfie de ce changement de programme. L'idée que Robert soit demain dans une autre ville l'énerve.

« Si j'allais avec toi à Boston ? Je ne connais pas Boston. En une journée, je visiterai Boston... »

Robert a très mal à la gorge. Maussade, il dit :

« Non. Tu resteras à Washington. Je ne peux pas me consacrer à une réunion tout en imaginant ma femme seule dans les rues de Boston. Je dois avoir l'esprit dégagé de tout ce qui ne touche pas à mon travail.

— Tu devrais me laisser mon passeport et des dollars... Si ton avion tombait? demande-t-elle, lucide. Que je puisse rentrer à Paris, même en cas d'accident. »

Robert grelotte.

« D'accord... »

Anouk interpelle l'hôtesse qui passe à côté d'eux.

« Pourrais-je avoir un café, mademoiselle?

— Bien sûr, madame.

— Avec autant de café, tu n'arriveras pas à dormir. En arrivant, il faudrait se mettre au lit, dit Robert.

— Dormir? Non, merci. Voir. Voir la ville, le soir, dit-elle. Traverser un des quartiers noirs... Je suis folle d'envie de tout voir...

— Non, dit-il. Non. Ce soir, nous resterons à l'hôtel. Je devrai me soigner un peu. J'ai vraiment mal à la gorge... »

Soudain, elle commence à aimer l'idée de sa journée libre du lendemain.

« Ce serait dommage, si tu ratais ta réunion à Boston à cause d'une angine stupide... » prononce-t-elle, apparemment sans aucune ironie.

A l'arrivée, ils se laissent porter par le flot de voyageurs. Anouk, prête à absorber les détails comme un papier buvard, observe l'officier de l'immigration, qui cherche minutieusement dans un registre impressionnant. Il compare les noms qui figurent sur les passeports avec les noms qui remplissent son livre. « Brehmer ».

L'officier jette un regard sur Robert et aussitôt après sur son livre.

« C'est pour voir si je ne suis pas un dangereux trafiquant de drogue », dit Robert.

Dans le hall de l'aérodrome, ils récupèrent leurs valises et Robert fait signe à un taxi. Dehors, le crépuscule est enveloppant.

« A l'hôtel Cosmos », dit Robert.

Et il pense : « Où diable vais-je aller demain?

Au milieu des forêts sombres qui semblent s'étendre

à l'infini, la route large, entretenue admirablement, se déroule comme un gigantesque ruban.

« Et si je lui disais la vérité? s'interroge Robert. Mais elle sera plus méfiante encore. Que faire de cette maudite journée de demain? J'ai de la fièvre et ma gorge brûle... Si je prenais une autre chambre dans un autre hôtel? J'y passerais ma journée au lit. En me soignant. Encore faudrait-il trouver une chambre libre. Le mois de juin est, à Washington, la période des conventions. Voir ce soir même un médecin? Y en a-t-il un attaché à l'hôtel? Aucun autre médecin ne se déplacera pour une angine. »

Anouk lui dit avec douceur :

« Ne t'en fais pas... On peut toujours en sortir... »

« Elle fait allusion à ma gorge. Mentir. »

« Ce n'est rien, dit-il.

— Un mariage de raison n'est rien ? »

Il se reprend :

« De raison... C'est beaucoup dire... Un mariage réfléchi. Un mariage bien pesé. Il y a tant de jeunes qui...

— Jeunes, de mon âge?

— Oui. Ils se marient pour divorcer. Alors?

— Nous divorcerons aussi, vraisemblablement, dit-elle. Tu m'as tirée d'affaire. Je n'ai plus envie de me couper les veines.

— Que c'est gentil! répond-il avec une politesse glaciale. N'oublie pas que nous sommes deux à être embarqués dans ce mariage. J'existe aussi. Ma vie à moi, elle compte aussi. Notre mariage me convient. Et j'imagine qu'un jour, peut-être justement en vieillissant, nous deviendrons, l'un à l'autre, indispensables.

— Tu as peut-être tort, dit Anouk.

— Tort? Pourquoi tort?

— Tu as tort de ne pas être plus curieux...

— Tu sais, fait-il, tu n'encourages pas les conversations intimes. Tes réponses, il faut les encaisser... Tu n'es pas une femme de tout repos. Et tu n'as aucune pitié. Aucune tolérance. Pour personne. Il m'est impossible d'imaginer pouvoir t'expliquer quelque chose de grave. Tu te bats contre les détails et l'essentiel, tu le fuis...

— As-tu des secrets ? » l'interroge-t-elle.

Avouer que tout ce qu'il a pu raconter de lui-même et de sa famille n'était que mensonge ? Serait-ce le moment ? Deviendrait-elle une alliée ou se transformerait-elle en un ennemi direct ? « Papa, Papa, on nous a trompés. Robert n'est pas le fils de riches colons massacrés par des fellaghas; du tout; on n'a massacré personne dans sa famille... Papa, papa, ton gendre pied-noir vient d'un patelin du Nord... »

« Cette chaleur doit te rappeler l'Algérie... dit Anouk.

— Ce n'est pas la même chaleur, dit-il. La chaleur en Algérie était une chaleur sèche, tandis qu'ici, le degré d'humidité... »

La porte de la cage des mensonges est verrouillée. Il ne vaut pas la peine d'en secouer les barreaux. Il y est. Pour la vie.

Dans le flot de voitures, leur taxi avance à bonne allure. Anouk reçoit la ville illuminée en pleine âme. Tout l'enchante : les avenues larges, la couleur rose et gris de ce crépuscule lent, le pont impressionnant qui, au milieu de la ville, chevauche une petite vallée bourrée d'arbres. La nuit tombe dans un doux vertige. Le taxi arrive sur la plate-forme éclairée du grand hôtel.

Le taxi à peine arrêté, le portier les accueille. Deux jeunes Noirs se précipitent sur le coffre et y prennent les bagages, Robert paie, leur taxi démarre avec d'autres clients; des gens arrivent et d'autres partent. Ce va-et-vient aimable crée un gentil tourbillon. Happée par une des portes tournantes, Anouk se trouve à l'intérieur de l'hôtel. Séparée de Robert.

Elle le cherche et l'aperçoit. Il a ôté son masque mondain et ne surveille pas ses traits. Le tenace petit sourire de l'homme qui se veut aimable est effacé. Robert, soucieux, cherche du regard les bagagistes. Dépouillé de ses biens, fripé, il apparaît triste.

Alors, son regard s'accroche à celui d'Anouk, et voilà, Robert est transformé ! Il se redresse, et retrouve son petit sourire habituel.

Il pénètre dans l'hôtel et il saisiat Anouk par le bras. « Viens... »

Il la dirige vers la réception.

Robert remplit la fiche et Anouk contemple le monde qui l'entoure : le hall est bourré d'une faune diverse. Un groupe de Japonais le traverse, les *hi, ni, nin, ai-to, moti, iti* fusent. Un message morse oriental.

Les fiches remplies, ils se dirigent vers l'ascenseur.

« Fatiguée ?

— Au ralenti », dit Anouk.

Ils passent à côté de fauteuils occupés. La fumée d'un cigare et les bribes d'une conversation en italien les effleurent.

Anouk se retourne

« Quoi ? demande Robert. Tu cherches les bagages ?

— Non, dit-elle. J'ai cru qu'on m'appelait...

— Ne compte pas ici sur ton « Tout Paris », lui rétorque Robert. C'est un hôtel pour hommes d'affaires. »

Ils traversent une galerie peuplée de boutiques élégantes. Ils arrivent vers l'ascenseur manipulé par une femme noire coiffée à l'africaine. Elle écarte machinalement la grille de l'ascenseur, les y laisse pénétrer et, lorsque la cage est au complet, elle se met à pianoter sur les boutons qui correspondent aux étages.

« *Eleven* », dit Robert.

A côté d'eux, trois Japonais bavardent. *Ohihohaitotita.* L'un d'eux s'incline devant l'autre avant de le quitter. Anouk observe autour d'elle. L'autre Japonais au regard indifférent; une femme blanche et ridée et un monsieur gras, au visage recouvert de veinules dilatées...

L'ascenseur s'immobilise, juste le temps de les laisser descendre au onzième étage. Anouk s'engage dans un couloir décoré de stuc doré. Sur les murs sombres, de couleur marron ou bleue, se trouvent quelques appliques d'allure funèbre. Ils avancent sur une épaisse moquette.

Le bagagiste s'arrête au bout du couloir devant la dernière porte. Il les précède; il les introduit dans la chambre, y dépose aussitôt les valises et se dirige vers la télévision qu'il met en marche. Il prend son pourboire avec un *Thank you, sir,* et les quitte.

Sur l'écran, un groupe de cow-boys pourchassés par

des Indiens galope. Les chevaux bavent d'écume, les Indiens poussent des « Hou... hou... hou... » stridents. Robert ouvre sa valise, un des Indiens, transpercé par une flèche, tombe. Il s'accroche à la flèche plantée dans sa poitrine. « Ah !... ah !... », dit-il. Et il meurt.

« Si tu veux changer de chaîne, dit Robert, tu n'as qu'à tourner le bouton à droite, au-dessous des chiffres. »

Il songe au bonheur inaccessible que serait, ce soir, la solitude. Rester au lit, commander une boisson chaude, et regarder la télévision. Ebloui par sa diversité, il adore la télévision américaine.

« Si je disais que je renonce au voyage à Boston à cause de l'angine... » Toute sa belle prestance d'homme d'affaires surchargé s'effondrerait. Qui pourrait prendre au sérieux, dans la famille d'Anouk, un type qui traverse l'Atlantique en première classe, en partie aux frais de beau-papa, et qui, en arrivant à destination, se déclare malade ? Non.

Il découvre avec joie dans sa trousse de toilette un tube d'aspirine.

Il prend trois comprimés. Il se dirige vers la salle de bain où il laisser couler l'eau du robinet dans le creux de sa main. Penché en avant, il boit comme à une source. »

Anouk s'organise. Elle vient d'ouvrir sa valise. Elle se sentirait mieux si elle était seule.

Les traits tirés, les vêtements défraîchis, Robert revient de la salle de bain.

« Je t'embête, constate Anouk. Tu préférerais être seul...

— Ma gorge m'énerve, dit-il. Je ne suis pas en voyage d'agrément. Je dois faire face à mes réunions. Et je ne me sens pas en forme.

— Dans quel lit je dois dormir ? A droite ou à gauche ?

— Comme tu veux... Regarde par ici... »

Robert l'amène vers la fenêtre.

« Tu veux me montrer la ville ?

— Non. Le bouton de l'air conditionné... »

Il le tourne.

« C'est au plus fort. Si tu veux l'atténuer, c'est le sens inverse. »

Les Indiens sont partis. Une femme énumère les mérites d'un produit de nettoyage.

Anouk ne peut guère se détacher de la fenêtre. En bas, la ville scintille. Si Robert voulait se coucher, avec quelle allégresse elle le descendrait pour explorer l'hôtel...

« Je vais prendre un bain », déclare Anouk.

Pour se dégager de l'atmosphère pénible, elle ferait n'importe quoi.

« Adieu à la soirée, pense Robert. Le bain d'Anouk est une odieuse cérémonie. »

« Si tu voulais te coucher ? »

Elle n'est pas convaincante.

Un vrai cauchemar ! Ecouter les différents bruits d'eau et la petite mélopée, ce « pa-pa-pa-pam, pam, pam, pa-pam » incohérent.

« Je vais me dégourdir les jambes. »

« Raté, pense Anouk. Zut. Me voilà condamnée à la chambre. Tant pis. »

« Je vais demander à la réception s'il est possible d'avoir un massage... » annonce-t-elle d'un ton suave.

Les goûts de luxe d'Anouk irritent Robert.

« Le massage doit être coûteux aux Etats-Unis.

— Une fois n'est pas coutume... Et j'ai de l'argent... »

Elle s'installe près du téléphone. Elle examine le dépliant de l'hôtel avec les numéros proposés aux clients. Déconcertante d'aise, à peine arrivée, elle commande. Déjà. Tout ce qu'on peut commander.

Elle converse longuement; elle fait même du charme à un interlocuteur invisible. « Huit heures d'avion, monsieur, je suis moulue; un masseur, ou une masseuse, comme vous voudrez, vous serez bien gentil... Le numéro de ma chambre est... » Aussitôt après, elle se commande de l'eau minérale et des fruits. « Pour grignoter, dit-elle, en regardant la télévision. »

Elle s'aménage la soirée qui eût été le paradis de Robert. Celui-ci éprouve une vénéneuse admiration pour la prononciation si parfaite d'Anouk... Lui, il a dû s'initier à l'anglais assez tard. Plonger dans les abîmes de différents cours coûteux. A la fin, sa propre firme lui avait offert une « immersion » dans la langue anglaise. L'aisance d'Anouk est due à une gouvernante.

« Tu parles bien l'anglais », dit-il.

Pour se faire souffrir.

« A sept ans, j'étais bilingue. Je me suis perfectionnée après, comme ça se fait normalement, dans une *Finishing-school*. J'y suis restée un an... »

« Normal! Tu parles que c'est normal!... Joue donc, mon pote, se dit-il. Tu l'as voulu. Tu l'as... la fille de la haute... »

La fille « de la haute » se promène, ravie de sa vie, de sa chambre. Elle change de chaîne. *F.B.I. Story.* Le titre éclate sur le petit écran en couleur.

« Du suspense en vue! Ç'aurait été pour toi... dit Anouk. N'empêche, je le sens, ce soir, tout me plaira. Je vais m'habituer à la prononciation américaine. Ce serait facile si tout le monde parlait comme à Boston. Il est indéniable que l'accent de Boston est très proche de l'accent d'Oxford. »

Sur l'écran, un paysage de haute montagne. L'avance d'une voiture, suivie par une autre. Un homme se penche de la première auto et : ta-ta-ta-ta, sa mitraillette se met à crépiter. Les pneus de la seconde voiture crèvent; elle perd l'équilibre, dégringole une falaise et se consume dans le bas d'une vallée aride. Des flammes.

« Pourquoi pas? dit Anouk. Ce genre d'amusement est, ma foi, possible... »

Un blondinet, avec une tête à gifler, interrompt l'action. Il débite les mérites d'une marque de pneus antidérapants.

« Assommante, leur publicité.

— Tout m'amuse, répond Anouk. Tout est neuf.

— A tout à l'heure », dit Robert.

Et, navré, il quitte la chambre au moment où les gens du F.B.I. se penchent sur les restes calcinés de la voiture écrasée dans la vallée aride.

Enfin seule, Anouk s'étire. La grande chambre est aimable d'aspect : les lits jumeaux, la grande fenêtre, cachée derrière les rideaux tirés; une penderie avec une glace à l'intérieur d'une de ses portes.

Anouk se prépare un bain. Et plus tard, dans la baignoire, elle contemple son corps. Il serait injuste de s'en plaindre. Il est long, lisse, et admirablement organisé pour tout genre de plaisir. Anouk se dégage de ses souvenirs pénibles; elle les chasse avec violence. Confortablement installée dans le moment fugitif qu'elle vit, elle décide de ne plus jamais souffrir. « Plus jamais. Bénis soient l'indifférence et la mémoire courte, le corps libre et l'âme dure comme le ciment. Le but? Devenir comme Grand-père, un géant sublime d'égoïsme et de réussite. Compter mes pas et mon argent jusqu'à la mort. »

Elle se ment à elle-même; elle lutte contre le vilain petit malaise moral qui la poursuit. « Ah! non, c'est fini. Plus d'émotions, plus de sentiments. Vivre! »

Elle est entrée dans le mariage comme on pénètre dans un magasin chic. La tête haute, les narines légèrement pincées, la voix nasale, sûre de son choix et de son argent. Ce ne fut qu'une association mondaine, un pacte conclu à l'église. Pour elle, la robe de mariée de haute couture, blanche évidemment, était une source de franche rigolade. Pendant la cérémonie, elle avait serré la mâchoire et les poings. Encore un peu, et elle aurait envoyé sa couronne de fleurs d'oranger dans la face béate du curé. « C'est fini, je suis à Washington », se dit-elle.

Après son bain, elle revient dans la chambre.

Un gangster maltraite sa victime, une jeune fille apeurée. « Que savez-vous de votre père? » hurle le gangster. « Rien, dit la fille en gros plan. Rien c'est un père comme les autres pères. »

« Veinarde! s'exclame Anouk. Le mien serait un sujet de film pour Fritz Lang. »

Le gangster vient de gifler la fille.

« Bang, crie Anouk. C'est formidable... la violence des autres... »

Et rebang. C'est l'autre gifle.

Anouk aimerait que le masseur promis soit un Noir silencieux.

On frappe à la porte. Elle répond :

« Oui. »

Puis, elle va ouvrir.

Dehors, un homme grand et pâle s'incline :

« Bonjour, madame. Je suis le masseur.

— Entrez », dit-elle, déçue.

Elle referme la porte et le masseur se dirige vers la salle de bain.

« N'oubliez jamais de mettre la chaîne, madame. Elle peut vous sauver la vie... La chaîne de sécurité. »

Et puis, de la salle de bain :

« Si on veut enfoncer la porte, la chaînette vous permet d'appeler par téléphone au secours... »

Il réapparaît.

« Je suis obligé de me changer avant chaque massage. Le travail me fait ruisseler de sueur. Je vous masse entièrement ou seulement le dos ?

— Le dos et les jambes », dit-elle.

Elle s'allonge sur le lit. Elle pose son visage sur un petit oreiller doux. Pas de beau Noir. Dommage.

« Aïe ! s'exclame-t-elle. Vous y allez fort...

— Vous avez un corps de sportive, madame, dit le masseur. Sans une ombre de cellulite, tout en muscles. Je vous masse en profondeur. Je suis lithuanien. Depuis trente-cinq ans aux Etats-Unis. Ça va comme ça ?... Ce n'est pas trop dur ?

— Ça va. Mes mollets sont comme noués.

— On va les dénouer... Française ?

— Ça s'entend, non ?

— Non. A peine. Vous avez moins d'accent en anglais que moi... Touriste ?

— Mon mari est en voyage d'affaires. Je l'accompagne.

— J'espère qu'on vous a bien prévenue qu'il ne fallait pas sortir le soir... Ou seulement faire le trajet de porte à porte, en taxi. Washington est la ville des agressions... »

Elle écoute à peine.

« La ville est belle, dit-elle, plus tard. De larges avenues, beaucoup d'arbres... Elle est merveilleuse au crépuscule...

— Washington est la ville la plus verte des Etats-

Unis, répond le masseur. En effet, une très belle ville...
Le jour, elle est belle... Mais, dès que la nuit tombe,
on tue...

— Qui tue qui ? demande-t-elle.

— Les Noirs tuent les Blancs, les Blancs tuent les
Noirs, les drogués tuent ceux qui ne paient pas, ceux
qui n'ont pas d'argent tuent ceux qui en ont...

— Toujours les Noirs, évidemment, dit-elle en bâil-
lant. Tout le monde est raciste, ici... Les pauvres Noirs,
qu'est-ce qu'ils peuvent souffrir en Amérique...

— Qu'en savez-vous ? demande le masseur, irrité.
Vous n'en savez rien... Parmi les touristes, ce sont les
Français qui sont les plus agaçants... A peine arrivés, ils
débitent des discours sur le racisme; ils prétendent tout
savoir sur les Etats-Unis au bout de quelques jours...
Sous de Gaulle ils étaient encore plus assommants...
Maintenant qu'il est mort...

— Je ne vois pas pourquoi de Gaulle... dit Anouk.

— Mais oui, madame... Il a donné aux Français un
sentiment de supériorité... Ils étaient odieux, les clients,
de son temps. Tenez, il y a quelques mois, une de mes
clientes de passage, une Française d'un certain âge, m'a
affirmé ne pas avoir peur à Washington. « Cher mon-
« sieur Linstrom, les Français ne sont pas sensibles à
« cette forme d'hystérie; nous sommes trop rationnels
« pour nous laisser prendre par la peur... Et puis, tout
« cela ne me concerne pas, monsieur Linstrom... Nous,
« les Français, nous sommes réputés pour notre man-
« que de racisme... »

— Ce n'est pas vrai, dit Anouk, on est aussi racistes,
sinon plus, que les autres... Mais différemment...

— Je le sais, madame... Mais que voulez-vous que je
vous dise ?... Une cliente est une cliente... Elle est allée
rendre visite à une de ses amies... Elle a été assommée
dans l'ascenseur et laissée sur place. Dépouillée de ses
bijoux, de son sac et de ses illusions. Maintenant, elle
en veut à tout le monde; elle maudit l'Amérique et elle
jure de ne plus jamais revenir.

— Et vous ? demande Anouk. Pourquoi restez-vous
dans une ville aussi dangereuse ?

— L'argent, madame. Je gagne beaucoup d'argent. Je

travaille à l'européenne. Je ne m'arrête pas à dix-sept heures comme mes confrères américains. Et je me déplace même le dimanche. Ça se paie. Ma femme est kinésithérapeute; elle a eu son propre cabinet; elle a été obligée de l'abandonner. Il y a juste un an, on a sonné chez elle, à l'heure d'un rendez-vous. C'était un gangster. Elle a été dévalisée et assommée. On ne bâillonne pas à Washington, on donne un coup sur la tête. Et hop!... la victime est dans les vapeurs... C'est plus rapide... Ma pauvre femme a été choquée; elle a essayé de reprendre son métier, mais elle n'osait plus ouvrir la porte... Alors, vous comprenez, ce n'est pas commode... Il y a dix ou douze ans, c'était une ville en or... Maintenant... c'est une autre paire de manches... Par exemple, Georgetown, vous connaissez?...

— Non, dit-elle. C'est mon premier voyage... »

Le masseur travaille maintenant les hanches d'Anouk.

« Tout en muscles souples, remarque-t-il. Un corps formidable...

— Quoi, Georgetown?

— Jadis, Georgetown était un des plus beaux quartiers de Washington. En quelque sorte, le quartier général des gens très riches... Les sénateurs s'y installaient, les grands banquiers, disons, aussi bien la grosse, grosse galette que les titres. Un monde fermé, huppé, qui se tenait à l'écart... Même pour y aller masser, j'imaginais, moi, pauvre Lithuanien, à mes débuts, qu'il fallait un passeport. Montrer patte blanche... J'en ai vu, dans ma vie, des fesses de milliardaires... Je vous affirme qu'elles sont comme les autres... Plus molles, peut-être... Parce qu'on est assis sur de l'argent... »

Il s'arrêta soudain.

« Qu'avez-vous là, au cou?

— Ne vous occupez pas, réplique Anouk.

— Mais on dirait...

— Je vous ai dit que cela n'était rien...

— Pourtant...

— Allez-y... »

Furieux d'avoir été rabroué, le masseur continue son travail.

« C'est maintenant la pourriture... Ce qui était le plus beau devient le plus moche... Les fils de famille se contemplent dans leur saleté; ils se laissent bouffer par la crasse et par la drogue... Ils sont monstrueux...

— Une réaction peut-être normale, dit Anouk. A partir d'un certain moment, on en a marre, des gros cigares et des portefeuilles.

— Ils dégueulent sur le trottoir même. Le manque... quand le manque les travaille... Ou bien ils se laissent aller, l'œil tourné, en tenant la main d'une fille qui a l'air de sortir d'une poubelle... Ils se laissent aller dans la drogue... Je les foutrais tous au service militaire... Ici, madame, on peut tout faire au nom de la liberté... »

Anouk dit d'une voix claire :

« C'est bon, la liberté... Mais il en faut pour tout le monde...

— Vous croyez qu'on est libre en crevant de peur ? demande le masseur.

— Vous savez, dit Anouk, nous, les Français... »

Les deux mains font maintenant un aller et retour énergique sur le corps d'Anouk. Celle-ci a l'impression d'être livrée à un jet d'eau puissant qui déferlerait sur elle...

« Je n'ai pas d'argent, dit-elle, soudain lucide. Mon mari ne m'a pas laissé de dollars. »

Le masseur se redresse :

« Vous pouvez me payer demain. Voulez-vous que je passe demain vers vingt heures ?... Que je vous masse encore ?... J'ai, en tout cas, un autre rendez-vous ici, à l'hôtel, à dix-neuf heures...

— Non, merci, dit Anouk. Je ne désire pas être massée demain. Si vous pouviez juste passer pour que je vous paie... »

Le masseur consulte son carnet :

« Je viendrai demain à vingt heures précises...

— Combien je vous devrai ?

— Dix dollars...

— C'est ce que je paie à Paris... » répond Anouk.

Le masseur se change déjà dans la salle de bain d'où il ressort quelques instants plus tard.

« Alors, à demain, madame... Faites bien attention à vous... Ne portez aucun bijou sur vous lorsque vous sortirez... Ni un sac... Rien... »

Anouk le regarde, goguenarde :

« Je me promènerai les mains dans les poches... Faut-il encore que j'aie des poches... »

Le masseur lui dit :

« Je critique souvent les Américains... Mais eux, à la longue, ils comprennent... Tandis que les Français... Il faut leur défoncer le crâne pour qu'ils cèdent... Au revoir, madame... Bonne chance, madame... »

« Vous devez comprendre, je dois voir un médecin. Je suis un habitué de l'hôtel. Ne me dites pas qu'il n'est pas possible de trouver un médecin à cette heure-ci... »

L'un des nombreux employés de la réception subit d'un air soucieux les assauts de Robert. Le travail de l'employé consiste en la manipulation des clefs : les donner et les remettre sans cesse dans les casiers qui portent des chiffres. Le fait que quelqu'un ait besoin d'urgence d'un médecin est possible, mais ne le concerne pas.

« J'ai une angine, explique Robert.

— Le 202, s'il vous plaît... »

Une voix enfantine. Un accent zozotant. Les paupières opérées à l'européenne et le corps emmailloté dans un somptueux kimono, une ravissante Japonaise tend sa petite main vers l'employé.

« Merci.

— Demain... Téléphonez demain matin à la secrétaire du docteur de l'hôtel. Prenez rendez-vous avec elle.

— Un médecin attaché à l'hôtel ! s'exclame Robert. Appelez-le tout de suite !...

— Pas pour une angine... »

Robert est hors de lui. De nouveau, il avait parlé trop vite. Angine... Qu'est-ce qu'il avait dans la tête de dire à ce crétin-là pourquoi il avait besoin du docteur ?

Il crie presque :

« Et si j'avais une angine de poitrine, une crise cardiaque ? »

Il avait maintenant effrayé l'employé.

« Le cœur, vous savez ce qu'est le cœur. Bang, bang, bang... A gauche. Vous courez le risque que je meure à l'hôtel!

— Ça peut arriver, dit l'employé. Pour éviter ça, faites-vous hospitaliser, monsieur. Prenez un taxi et allez à l'hôpital. »

Robert repart à l'attaque :

« Je suis venu pour une série de réunions qui commencent après-demain matin... Ici, à l'hôtel même... Dans vos salles...

— Nous avons quatre réunions qui commencent après-demain matin dans nos salles... »

Lui sauter à la gorge. Le hacher. En petits morceaux. L'étriper. Il ne comprendra jamais que, cette fois-ci, c'est important.

« Alors, le numéro du docteur. Je l'appellerai. Je le convaincrai.

— Je ne l'ai pas, le numéro.

— Mais regardez donc dans l'annuaire. Savez-vous son nom ?

— Je ne crois pas qu'il soit dans l'annuaire. Demain matin, vous le trouverez par le standard de l'hôtel.

— Et une pharmacie où je pourrais avoir des antibiotiques sans ordonnance ? Une pharmacie que connaît l'hôtel... »

A Paris, un portier peut tout faire. Trouver un médecin, des médicaments, un éléphant peint en arc-en-ciel. N'importe quoi... Il se dé... b... r... o... u... i... lle!

« Débrouillez-vous ! »

Le mot équivalent en américain est moins explicite.

« J'irai le voir, votre sacré docteur...

— Il habite en Virginie.

— Virginie, Virginie... Il faut traverser un pont et on est en Virginie... L'adresse!

— Allez à l'hôpital... »

Robert abandonne la bataille. En Amérique, on respecte la liberté du médecin, inaccessible aux appels après son travail.

« Il reste Dieu pour les malades, pense Robert. C'est pour ça, peut-être, qu'il y a tant de religions différentes aux Etats-Unis. »

Réconforté un peu par sa boutade, il se mêle à la foule qui tourbillonne dans le hall. Il prend le chemin connu qui mène au bar. Que lui réserve le lendemain ? Il devrait être brillant, nonchalant, apte à conquérir. Il éprouve le besoin d'une femme qui serait sa complice, son alliée. Son mariage ne lui permet pas une seconde de relâche. La vie quotidienne avec Anouk est une vraie représentation de cirque. Pour plaire, il lui est indispensable d'apparaître, rutilant de strass, au milieu de la piste, et de poser sa tête, en gardant l'expression souriante de son visage, dans la gueule d'un lion à l'haleine puante. Et, dans la grande famille qui l'avait accueilli, ils applaudissent ! Ils éprouvent un plaisir vif d'avoir trouvé un gendre sur mesure.

A Mulhouse, lorsqu'il allait en classe, petit enfant grelottant, la gorge en feu, il avait tenté de refuser la vieille écharpe de laine à frange miteuse. « Je n'en veux pas, Maman. Ça fait fille. » Pourtant, l'écharpe l'avait accompagné dans ses misères pendant des années. En ce moment, une torpeur chaude irradie sa nuque; son sang bat à l'oreille comme sur un tambour. L'incertitude croît.

Dans le bar sombre, il s'affaisse au fond d'un fauteuil. Au garçon qui passe, Robert commande un double scotch.

« Vite, s'il vous plaît... Je ne me... »

L'autre s'éloigne.

Bu en gorgées avides, le whisky l'échauffe. Il paie aussitôt et fuit.

Dans l'ascenseur, un vieux liftier noir aux cheveux blancs l'accueille avec un « B'soir monsieur ».

De toute sa force, Robert espère découvrir, pour une fois, une Anouk dolente de fatigue. Endormie. Brusquement réveillée de son sommeil, peut-être même plus compréhensive. « J'ai supprimé le voyage à Boston. Je ne bouge pas demain matin », lui dira-t-il. « Il vaut mieux que je reste au lit et que je me soigne. Je couve une grippe. » Il regrette aussitôt l'expression « couver une grippe ». Il se voit en mère poule dont les ailes seraient tendues sur une multitude de microbes.

Pendant l'ascension, le liftier fixe le haut de la cabine. Robert lui dit bonsoir en le quittant. Il arrive rapidement au bout du long couloir et il glisse sa clef dans la serrure de la porte. Celle-ci est bloquée à l'intérieur par la chaîne de sécurité. On ne peut que l'entrouvrir.

« J'arrive...

La voix d'Anouk émerge de l'univers sonore de la télévision.

Elle ôte la chaîne et Robert pénètre enfin dans la chambre imprégnée d'un doux désordre et du parfum d'Anouk. Un déshabillé en dentelle, bleu comme le ciel, gît au pied d'un des lits; une petite pantoufle bleue, elle aussi, est oubliée au milieu de la pièce.

« Tu ne dors pas ? »

Il constate le fait, déçu.

« Dormir ? Non. Ça va ?

— Ça va. »

Il ouvre la penderie et se met à ranger ses vêtements. « Il me reste peu de cintres... »

Sur l'écran, un bateau sombre dans une mer déchaînée. Gros plan du capitaine. « Non », crie-t-il. Et il continue, les yeux embués et le visage humide : « Je ne quitterai jamais mon bateau. »

Dans un faisceau de lumières, au creux des vagues, émerge un homme : « Je ne sais pas nager. » Il hurle. Gros plan de ses mains distordues de terreur. « Nettoyez le sol avec « Sidoux », dit une femme. « Sidoux » est si... doux... »

« C'est toujours au moment où c'est le plus passionnant qu'ils interrompent l'émission avec leur publicité, dit Anouk. Je me demande si on va sauver l'homme qui ne sait pas nager... Tu permets que je regarde encore un peu ?

— Evidemment...

— Demain, dit Anouk, ça va être plus facile... Tu n'es pas là demain... Le masseur était parfait. Laisse-moi de l'argent pour le payer... Dix dollars... Ou je changerai mon argent. »

D'un geste coléreux, Robert ouvre sa serviette remplie de papiers d'affaires. Il y prend le passeport d'Anouk et sort aussitôt après de son portefeuille trois billets de vingt dollars.

« Voilà... Soixante dollars et ton passeport.

« — Demain, tu t'en vas à quelle heure ? »

Il dit n'importe quoi.

« A neuf heures. Ma première réunion commence à onze heures à Boston. »

Rêveuse, déjà installée dans sa journée à elle, Anouk dit :

« J'ai connu une fille de Boston. La fille d'un sénateur... Elle était dans la même *Finishing-school* que moi... »

Une mauvaise humeur, difficile à déguiser, monte en lui.

« Evidemment, la fille d'un sénateur... »

Il boutonne son pyjama.

« Tu pourrais lui téléphoner, continue Anouk.

— A qui ?

— A la fille...

— Pour lui dire quoi ?

— Bonjour de ma part... Et lui annoncer notre mariage.

— Je m'en balance, de tes petites amies... Appelle-la si tu veux. D'ici... »

Maussade, il sacrifie au rite d'une minutieuse toilette. Il se frotte longuement les dents. Sa gorge brûle. Il sort démoralisé de la salle de bain. Il éteint les lumières à son passage.

« Tu peux regarder... dit-il à Anouk. Moi, j'ai besoin de dormir. »

Il tire la couverture légère jusqu'à son menton. Et après, presque jusqu'à son nez.

Polie, Anouk éteint la télévision. Elle se couche. Un temps. Et la petite voix :

« Tu dors ?

— H... H... H...

— Je suis si heureuse que je n'ai pas sommeil. Robert ?...

— H... H... H... »

Et un effort :

« Oui ?

— Dis...

— Quoi ?... »

Décidément, elle le réveille de force.

« Si on restait... Après.

— Après quoi ?...

— Ta réunion... Si on restait à Washington... Un peu... Un peu plus... »

Etonné, il serait plus aimable s'il avait moins mal.

« Je ne suis ni un rentier aisé ni un lord anglais qui voyage au gré de son propre plaisir... Je suis venu pour mon travail et je repartirai à cause de mon travail. Si tu voulais dormir... »

Il tourne ostensiblement le dos à Anouk. Entre leurs lits, la frontière est une table de chevet.

Accoudée sur l'oreiller, Anouk s'adresse au dos musclé d'un technocrate, à un pyjama rayé.

« Un vrai pachyderme, dit-elle. Avec une peau pare-balles. Je n'hésiterais guère à tirer sur toi. Rien ne peut t'entamer. Même pas une mitraillette. »

Recroquevillé et malheureux, il serait tenté de lui parler. Franchement. Mais le risque est trop grand. Il n'a qu'une très étroite marge pour être lui-même. Il se demande si ce n'est pas le moment...

« J'irai demain à la *National Art Gallery*... »

Elle se parle à elle-même :

« Si tu pouvais venir avec moi... On vit depuis si peu de temps ensemble que tes goûts quant à la peinture me sont encore inconnus. »

Le terrain devient glissant. Fille et petite-fille de marchands de tableaux, Anouk connaît les peintres sur le bout des doigts. Elevée parmi les chefs-d'œuvre, elle en parle avec naturel. Au-dessus de son lit de jeune fille, se trouve encore maintenant « le Portrait d'une jeune fille » de Clouet.

Elle continue :

« Si tu devais choisir entre un Picasso période bleue ou un Cézanne, tu choisirais quoi ? Instinctivement. Je ne parle ni des dimensions des tableaux ni de leur sujet. Je resserre la question : entre un Picasso et un Cézanne, tu choisis quoi ?

— Le sommeil... »

Il se sent diminué par la boutade grossière. Il aurait dû fignoler une élégante phrase, un soupçon sophistiquée, truffée d'adjectifs qualificatifs réservés aux connaisseurs. Il aurait dû épater. Il en a marre de son cirque habituel, de la lutte quotidienne. Le lion a fermé la gueule, et lui, en tricot de corps, est en train de s'essuyer dans sa loge. Il n'y a pas de deuxième séance aujourd'hui. Le sommeil, *please!*

« Si tu t'entends bien avec mon père, chuchote-t-elle, c'est que tu ne connais guère la peinture. Tu sais dominer les ordinateurs. Tu vas faire le travail comme un épicier...

— Un épicier de luxe, répond-il, mal à l'aise.

— Mon grand-père, dit Anouk, le fondateur de l'empire, il adorait la peinture, lui! Mon père n'est qu'un revendeur. Les petits livres d'art qu'il veut lancer, c'était aussi l'idée de mon grand-père... Mon grand-père était un seigneur. Mon père est un conservateur. Il conserve. Il surnage. Et toi?... C'est le plan technique... L'envergure? Mon grand-père est dans sa tombe. Lui, il était l'envergure de l'Empire. Lui seul. »

Il sent qu'il est passé à côté d'une occasion d'entente. Anouk avait envie de se livrer. Et il la lui a refusée. Mais l'heure est pénible et il repousse l'idée d'une perpétuelle disponibilité. Attendre les éventuelles minutes de grâce qui le rapprocheraient de sa femme? Non.

« Le réveil est à huit heures. En même temps que le petit déjeuner », dit Anouk.

Pour Robert, c'est le cache-cache avec le sommeil. Gorge douloureuse. Sentiments divers. Il se sent humilié par le mensonge qui l'oblige, demain, à partir Dieu sait où. Un semblant de sommeil. L'air conditionné. Le moteur ronfle. Silence.

Et soudain :

« C'est une chance », dit Anouk à mi-voix.

Il bouge pour montrer qu'il entend.

« Que ça se soit arrangé avec ta gorge... Rien n'est plus bête que d'être malade en voyage... Surtout pour un jeune homme d'affaires comme toi, la santé est obligatoire. »

Elle a insisté une seconde sur le « jeune homme d'affaires ».

« Etre comme mon père, increvable. »

Une pensée déjà rejetée une multitude de fois rejaillit

dans l'esprit de Robert : « Il vaut mieux se marier dans le milieu social auquel on appartient. Les frontières sociales qui séparent les différents milieux sont bien distinctes. S'incruster dans un milieu supérieur au sien, est une aventure périlleuse... « Moi, songe-t-il, je me suis laissé choisir avec un sentiment de béatitude. Mais ceux-là sont riches, trop riches, avec un taux d'or dans le sang qui les projette dans le bouillon de culture des *happy few*. »

L'aisance des autres avait toujours fasciné Robert. Il avait débuté dans ce monde difficile non seulement grâce à sa réussite professionnelle mais aussi par ses mensonges. Il avait tenté d'imiter les « super êtres humains » qui ne l'avaient pas seulement accueilli, mais attiré dans leur univers clos.

Robert souffrait des manières décontractées d'Anouk. Celle-ci avait comme pain quotidien l'exceptionnel à sa portée, tandis que lui avait à peine longé, à Mulhouse, les rues où habitaient les riches. L'anglais d'Anouk était une perfection musicale : « J'avais des gouvernantes anglaises... Elles n'étaient pas drôles. »

Elle osait manifester son mécontentement; elle avait l'immense culot de les avoir abhorrées. « Tu comprends, avait-elle dit à Robert, mon père est très à cheval sur la qualité d'un accent. C'est lui-même qui avait choisi ma *Finishing-school*. Papa est parfois odieux, mais son oreille habituée à la musique refuse une prononciation abrupte. Pourquoi le faire râler, lorsque je peux lui répondre sur le ton de Stratford-on-Avon ? »

Lui, il avait appris l'anglais au lycée de Mulhouse. Il avait bredouillé le *I am, you are, he is*, comme si on lui avait dit de sucer des cailloux. Au début de sa brillante ascension dans le domaine des ordinateurs, son patron avait décidé de lui offrir, aux frais de l'entreprise, « sa plongée dans l'anglais ». Robert Brehmer était vite devenu leur *coming man;* jeune technocrate doué d'une sorte de génie, il s'était vite découvert comme l'enfant chéri de la haute direction. On lui avait alors inculqué l'anglais selon les méthodes du lavage de cerveau. Des sbires, soudés à lui jour et nuit, l'avaient obligé à parler et à penser en anglais pendant quatre semaines. L'allemand, il le savait de naissance, le seul héritage venu de ses parents. Et encore, au début de sa vie, il avait débité ses phrases en patois. Il s'en était défait rapidement.

Tandis qu'Anouk avait eu ses premières doses de culture avec le biberon, lui, il en avait bavé pour acquérir le minimum. Le lycée était le tremplin; la grande école, le couronnement. Il restait à apprendre comment subsister dans la haute société. Les déjeuners familiaux chez ses beaux-parents l'avaient fait souffrir. La présence du maître d'hôtel l'indisposait. Il se souvient encore d'avoir soulevé son assiette au passage du maître d'hôtel; avec un geste ancestral empli d'humilité, il avait voulu l'aider, lui faciliter la tâche. Anouk et ses parents étaient figés d'étonnement. Il lui était arrivé la mésaventure d'avoir écarté l'un des quatre verres posés devant son assiette pour manifester qu'il ne voulait pas de vin blanc. Ses joues brûlaient de gêne. « Je suis très distrait, avait-il dit, pour sauver la face. Et je touche à tout. Quand j'ai des problèmes à résoudre, je range. » « Comme mon grand-père, avait répondu Anouk. Mais sa distraction à lui, était différente. Il aurait oublié de boire, mais il n'aurait jamais touché à un verre. »

Il y avait eu aussi le haras où ils avaient été invités, juste après le mariage. Robert détestait les chevaux; il avait appris à monter à l'âge de vingt-quatre ans dans un manège près de Paris. Ces sales bêtes snobs l'avaient — sans aucune exception — plongé dans la terreur, mais le cheval et le tennis étaient indispensables dans le monde qu'il avait désiré conquérir.

« Tu montes depuis quel âge ? »

Il avait répondu à Anouk avec une feinte désinvolture :

« Depuis toujours... »

Et, à l'approche de sa monture, ses muscles fessiers s'étaient resserrés d'angoisse.

Anouk avait dit :

« Moi, j'ai abandonné sur l'ordre de mon grand-père. »

Ravissante poupée sportive sortie d'un magasin de sport de grand luxe, elle avait semblé s'amuser un peu trop sur le compte de Robert.

« Pourquoi ?

— A l'époque, grand-père venait d'acheter un haras près de Deauville. Les courses, et surtout le fait de voir ses couleurs sur les jockeys, l'amusaient. Lui-même, à la fin de sa vie, il était aussi petit et maigre qu'un vieux jockey. Or, il avait failli mourir à cause du faux mouvement d'un *yearling*... Celui-ci l'avait renversé. Relevé par les palefreniers, grand-père avait violemment manifesté sa colère : « Je savais que les chevaux sont des « imbéciles, je le savais, mais à ce degré... Je les entre-« tiens, je les chéris, et ils osent me bousculer. Que le « cheval soit une conquête noble, je veux bien. Mais il « est con aussi. Trop con. Je vends. »

Quelle nuit pénible ! Etre en proie à un sommeil agité. Devenir le héros de cauchemars. Odieux. Robert imagine parfois qu'on frappe à la porte. Il y va, en titubant. Peut-être le médecin, alerté par l'hôtel. Le désenchantement. Le couloir désert. Un sommeil sans rêve le prend en pitié.

Une voix lointaine :

« Réveille-toi ! Mais réveille-toi ! »

Il ouvre un œil. Anouk est penchée sur lui.

Il perçoit l'image de sa femme. Mais pourquoi ce réveil brutal ?

« Toc, toc, toc... » On frappe à la porte.

« Service d'étage, annonce du dehors une voix d'homme.

— Quelle exactitude ! » s'exclame Anouk.

Elle se précipite vers la porte.

« As-tu de la monnaie ? Pour le pourboire ?

— Dans la poche de ma veste », répond Robert.

Le garçon pénètre dans la chambre et dépose le plateau du petit déjeuner sur la table. Le regard perdu, il désigne d'un geste la note à signer; machinalement, il tend aussi son crayon.

« Je signe, dit Anouk.

— Signe... »

Les contours de la chambre sont incertains.

« Il te faudrait une bonne douche glacée pour te réveiller, conseille Anouk. Voilà ton jus d'orange... »

Elle observe son mari.

« J'espère que tu vas bien... »

La phrase prend l'allure d'un avertissement. Partir, aller n'importe où, mais surtout ne pas s'exposer à l'œil vigilant d'Anouk. Léger, déjà en sueur, il se rase méticuleusement.

Lorsqu'il est habillé, il boit une tasse de thé tiède.

« Un toast ? »

Anouk est serviable, elle ressemble soudain à une femme aimable, elle désire précipiter le départ de son mari.

« L'angine n'était heureusement qu'une fausse alerte. »

Elle constate. Comme si elle voulait empêcher son mari de déclarer sa maladie. Muet, il se verse une autre tasse de thé.

« Vers quelle heure reviens-tu ?

— Je ne sais pas. »

Il ira à l'aéroport. Il prendra peut-être l'avion qui va en quarante-cinq minutes à New York. Passer la journée à New York.

« Tu es déjà absorbé par ta réunion... »

Elle l'enfonce dans le mensonge. Pourtant, elle ne le fait pas exprès. Mais instinctivement. C'est pire.

Robert se lève. Anouk, avec toute sa bonne volonté — cette fois-ci, indiscutable — se transforme en parfaite épouse. Elle soulève même la lourde serviette bourrée de papiers d'affaires.

« Voilà... C'est lourd ! Et bonne journée. »

Est-ce sa dose d'ironie quotidienne ? Devinerait-elle la vérité ? Mal à l'aise, il la freine :

« Tu es bien pressée...

— Empressée ! Je te souhaite vraiment une bonne journée... »

La serviette déjà en main, il s'assure qu'il n'a pas oublié son portefeuille; il est bien là, dans la poche intérieure de son veston.

« A ce soir, dit-il, un peu perdu. Fais attention à toi...

— Si je reçois un couteau dans le dos, on l'offrira à Papa... Comme coupe-papier. »

L'amertume l'envahit. L'ironie d'Anouk est parfois insupportable. L'embrasser ? Non. Trop dangereux. Une tendresse superflue à avouer, c'est se diminuer. Même pas un baiser dans le style copain-copain. Par exemple, sur le front. Le contact de ses lèvres brûlantes trahirait sa température. Se restreindre dans la sauvegarde d'une fausse dignité. Il éprouve un regret profond de ne pas pouvoir lui parler. La quitter... Lui laisser cette belle liberté. Dommage! Il refuse d'analyser ses sentiments. Il hésite, et cette hésitation l'énerve.

« Au revoir », dit-il.

Et il ajoute :

« Je reviens. Le plus tôt possible. »

Elle sourit. Robert s'arrache de la chambre. Dehors, dans le couloir, il entend la porte se refermer doucement. Et les deux petits tac-tac des chaînettes de sécurité. En haut et en bas...

Sur la plate-forme de l'hôtel, la chaleur humide le fait aussitôt transpirer.

« Taxi? monsieur? demande le portier.

— Taxi... »

Quoi dire d'autre?

Coup de sifflet. Le taxi est là. Robert glisse une pièce dans la main du portier et il s'installe dans le véhicule. Le chauffeur attend l'ordre. Robert hésite. L'aérodrome.

La dépense que représente le déplacement inutile l'effraie. « Plutôt louer une chambre dans un hôtel modeste. »

« A F-Street, dit-il au chauffeur. Là-bas, je vous dirai. Je ne sais pas exactement où je vais... »

Le taxi s'élance, Robert s'appuie contre le dossier. Ne pas oublier sa serviette. La beauté de Washington éclate au soleil. Sur les larges avenues bordées d'arbres et ponctuées de feux rouges, la circulation est dense. C'est l'heure où tout le monde se rend au travail.

Le taxi tourne parfois, se faufile dans le flot des véhicules. Robert s'apaise. A quoi bon s'en faire à chaque seconde? Par la 14e Rue, ils arrivent directement dans F-Street.

« Il y a quelque part, là, un hôtel, dit Robert au chauffeur de taxi; si je me souviens bien, peut-être dans la 11e Rue... »

Le taxi, qui roule maintenant dans F-Street, dépasse la 13e et la 12e Rues pour arriver dans la 11e.

« Hôtel de Londres », dit le chauffeur.

Le mot à peine prononcé, le taxi s'arrête devant l'hôtel.

« Un dollar dix », dit le chauffeur.

Robert pense machinalement que cela fait, avec le pourboire, environ six francs français.

Nourri de l'espoir de trouver un refuge, il pénètre dans l'hôtel. Il imagine déjà sa grande journée de repos. Bourré de médicaments, sans être obligé de jouer, il serait presque heureux. Il regardera la télévision. Il se guérira. La trêve.

Il s'adresse à l'employé de la réception :

« Je voudrais une chambre avec T.V.

— Pour quand ?

— Pour la journée... »

Il réfléchit vite et ajoute, pour ne pas paraître suspect :

« Jusqu'à demain matin...

— L'hôtel est complet », répond l'employé.

Il jette un coup d'œil sur le registre.

« Un groupe s'en va demain. On va avoir quelques chambres libres.

— Regardez bien, s'il vous plaît, insiste Robert. Une toute petite chambre... Même sans salle de bain... Mais pour tout de suite...

— Toutes nos chambres sont avec salle de bain et aucune n'est libre aujourd'hui... Je regrette, monsieur... Nous avons beaucoup de monde au mois de juin... »

Des familles nombreuses passent dans le hall, des hommes d'affaires aussi. Ce monde grouillant est peuplé de gens sûrs d'eux-mêmes, ils ont tous un toit, une clef qu'on peut réclamer à un portier, un havre, un lit où se coucher.

Robert quitte l'hôtel. L'air chaud s'abat sur lui, l'enveloppe dans sa compresse humide. Le costume de Robert est d'une pure laine, légère en Europe, mais, ici, accablante de lourdeur. Son dos est ruisselant de sueur. La doublure de la veste, mouillée de transpiration, va déteindre sur sa chemise blanche. Il possède, dans l'armoire de leur chambre, à l'hôtel Cosmos, un costume léger. Ce matin, il a oublié de changer de vêtement.

Il traverse E-Street pour se retrouver de nouveau dans la 11ᵉ Rue qui mène vers la rue principale qu'est F-Street. En avançant, au hasard, il passe à côté d'une des entrées de l'*International Safeway*. C'est le super-marché chic de Washington où l'on trouve même les produits des pays étrangers : la bière allemande, les fromages hollandais et français, des ananas fraîche-ment débarqués des pays tropicaux. Robert se réjouit à l'idée d'y passer un peu de temps et d'y retrouver l'air conditionné. Il erre parmi les ménagères. Les yeux brûlants, la nuque humide, il se laisse porter par la foule. Il ne sait pas s'il peut ressortir de l'autre côté les mains vides.

Il aperçoit un étalage chargé de parts de gâteaux au fromage. Chacune est sous cellophane; il adore ce *chee-se-cake* américain. Il en prend un et, rassuré, se dirige vers la sortie. Au passage, il prend un chariot obliga-toire en cas d'achat; il y pose délicatement son *cheese-cake*. Il attend parmi les ménagères. Il passe enfin devant une caissière et paie le gâteau. Aussitôt après, il se retrouve dans la rue.

Il se sent mal et léger. Un balayeur noir avance vers lui. Le balai se promène à droite et à gauche. Selon un rythme qui paraît immuable. Où pourrait-il aller ?... Il découvre la vitrine d'un magasin de chaussures... S'il achetait des chaussures ? Il avance lentement. « Vête-ments pour enfants », lit-il sur un panneau publicitaire. Pas d'enfants. Plus loin : cinéma. Passer sa journée au cinéma ?... Au petit matin, ce sont surtout les cinémas « pornos » qui sont ouverts.

Lors de ses premiers voyages, il avait été encore excité par ce genre de film. Le premier l'avait boule-versé. Sorti d'une famille ouvrière, arrivé dans les para-ges des grandes firmes où la moralité apparente et la connaissance allaient de pair, il n'avait pas eu beaucoup d'occasions de mener une vie — qu'il aurait aimée — un peu plus dévergondée. « On ne peut déjouer les règles d'une classe sociale que lorsqu'on y est né. » Ne connaissant pas les lois d'une jungle qui prend encore l'allure d'un parc dessiné par Le Nôtre, les intrus, les rescapés d'un autre milieu doivent se tenir à carreau. Robert, condamné à la vertu par prudence, avait profité de ses voyages pour goûter l'interdit. Il avait vu un bon nombre de spectacles crus; il s'était trouvé aussitôt après dans des bras complaisants. Ces aventures lui avaient constitué un passé qu'il estimait indispensable. Mais, ce matin, malade, il n'a aucune envie de contempler des fesses. D'aucune couleur.

Devant ses yeux, apparaissent de gigantesques vagins, palpitants et rouges, déchirés de convulsions. Râles, respirations saccadées, gémissements. Une grande bouche ouverte. Les soubresauts d'une épaisse langue violette. Le bout de cette langue se promène. Au creux du ventre de cette femme en agonie — dont la langue n'est plus qu'une petite bête frétillante — la tête d'un homme. Sa langue fouillant le sexe de la femme distordue dans les spasmes de la jouissance. Gros plan. Pareil à un singe lisse, un autre homme bondit; il s'agenouille auprès de la tête de la femme en agonie. Il se balance en avant et en arrière. Quelques secondes plus tard, il prend la tête de la femme dans l'étau de ses genoux; il l'immobilise, et lorsque celle-ci, dans un violent orgasme, pousse un cri sauvage, l'homme plante son sexe dans la bouche grande ouverte de la femme. Jusqu'à la gorge...

« Très peu pour moi, ce matin », se dit-il. Et soudain, il s'imagine devant un écran où tous les personnages connus des dessins animés célèbres défilent. « Je ne pourrais supporter que des dessins animés... »

Quelqu'un touche son bras.

« C'est vous qui avez oublié ça sur le chariot du supermarché ? »

Il reconnaît aussitôt sa serviette dans les mains de la jeune femme.

« Ma serviette ! » s'exclame-t-il.

Et un vertige le bouscule.

« Ça ne va pas ? » l'interroge la femme.

Il baisse les paupières. Plus de belle prestance. La sueur s'accumule sur son dos; bientôt, les gouttelettes dégringoleront sur ses jambes.

« Vous devriez aller vous reposer... »

L'anglais de la femme est rocailleux.

« Merci, madame », dit-il en français.

Il répète en anglais :

« Merci, madame, vous êtes bien aimable.

— Français ?

— Oui...

— A votre place, je rentrerais à mon hôtel et je me coucherais...

— Non, madame. A ma place, vous ne rentreriez pas à l'hôtel et vous ne vous coucheriez pas...

— Pourquoi ?

— Parce que, à ma place, vous auriez mes difficultés... »

Il la regarde vraiment pour la première fois.

Un visage lisse et régulier. Une quarantaine d'années. Belle encore. Les yeux gris, aux pupilles noires, qui observent Robert sont d'une intelligence redoutable.

« Au revoir, dit-elle, incertaine. Et bonne chance !

— Pourrais-je vous demander un service ? »

Les buildings de F-Street semblent fluides. Ils s'allongent, ils rapetissent. C'est le vertige. Le visage de l'inconnue. Ces yeux prêts à absorber toutes vérités. Ce n'est pas une femme à qui on peut mentir.

« Madame, pourriez-vous m'indiquer l'adresse d'un médecin ?

— Qu'avez-vous ? dit-elle. Je ne désire aucun désagrément... J'ai suffisamment d'embêtements dans la vie... »

La valse avec le trottoir.

« Hé », dit la femme.

Et elle le retient par les épaules.

« Ne tombez pas... »

Elle effleure le visage de Robert.

« Vous êtes brûlant...

— J'ai une angine... J'ai besoin d'antibiotiques... Donc, d'un médecin...

— Et votre hôtel ? dit-elle. On n'arrive pas à Washington sans réserver une chambre dans un hôtel.

— J'ai une chambre, s'exclame-t-il, désespéré. Mais j'ai aussi une femme, dans cette chambre. La mienne. »

Il hausse les épaules, désespéré.

« Excusez-moi... C'est trop compliqué... »

Et il tente de s'en aller. Il fait même un écart de quelques pas pour laisser passer le balayeur de rues qui avance vers lui comme un destin stupide.

Dans une rue transversale, un marteau-piqueur commence à dévorer le trottoir. Prendre un jus de fruit glacé.

« Attendez une seconde... »

La femme vient le rejoindre.

« Ivre ?...

— Je ne suis pas ivre, dit-il, indifférent. Je ne suis pas ivre, je suis malade. Mais, aux Etats-Unis, ce n'est pas facile... d'être malade ! »

Il s'imagine allongé sur le trottoir, avec sa serviette sous la tête. Les gens l'enjamberont ou l'éviteront. Personne ne l'aidera. C'est la règle. Pour éviter des complications.

« Donnez-moi votre serviette et suivez-moi, dit la femme. Je vais vous amener chez un médecin...

— Ne vous croyez pas obligée...

— Allez, allez », dit la femme.

Et lorsqu'elle prend la serviette :

« Il n'y a pas de drogue dedans ? Tout est suspect autour de vous. Et je ne veux pas me mêler à une sale affaire...

— Pas de drogue, dit-il. Ouvrez-la... Il n'y a que des papiers. »

Elle s'arrête devant la vitrine d'un magasin « Layette pour bébés ». Elle pose la serviette sur le rebord de la vitrine et l'ouvre. D'une main agile, elle tâte les dossiers, elle semble satisfaite de ses investigations, elle referme le porte-documents.

« Allons-y... »

Ils repassent devant l'*International Safeway*. Elle s'engage dans la première rue à droite, et le fait attendre devant un immeuble qui n'est qu'un immense garage.

Elle tend un ticket à un des employés et, quelques secondes plus tard, un jeune garçon noir arrive au volant d'une petite Volkswagen blanche.

Elle prend place dans sa voiture et y invite Robert.

« Venez. »

La serviette lourde atterrit sur la banquette arrière.

Elle conduit machinalement. A un feu rouge, elle tend la main :

« Votre passeport...

— Mon quoi ?

— Votre passeport... Si vous n'en avez pas, je vous débarque. »

Il fouille la poche intérieure de sa veste, humide de sueur :

« Voilà.

— Ouvrez-le à la page où il y a le nom... Brehmer, Robert, né en 1942, à Mulhouse... Ingénieur... »

Feu vert. Elle continue son chemin.

« Alsacien ?

— Oui...

— Vous parlez allemand ?...

— Oui.

— Et moi, je suis allemande », dit-elle, un peu plus détendue.

Elle continue en allemand :

« N'avez-vous pas reconnu mon accent allemand ?

— Non.

— Pourquoi ne pas dire la vérité ? s'exclame-t-elle, impatiente. Ce n'est pas une honte que d'avoir un accent et vous n'êtes pas sourd... Alors... »

Il est fatigué.

« Il m'était indifférent, votre accent, madame. L'accent des autres est le cadet de mes soucis... Votre mari ne va-t-il pas être furieux ? Dépanner un inconnu...

— Je n'ai pas de mari », dit-elle.

Ils roulent maintenant dans une belle, large rue, bordée d'arbres des deux côtés.

« On ne peut pas tourner ici, explique-t-elle. Autrement, on m'enlève un point...

— Quel point ?

— Chaque conducteur a un certain nombre de points lorsqu'il commence à conduire... Une faute grave, et hop, vous avez un point de moins... Plus de points, plus de permis ! Il faut aller en taxi ou à pied... Ce qui n'est guère faisable à Washington... Les distances sont grandes et les taxis reviennent, à la longue, très cher. »

Elle tourne maintenant autour d'un monument à un carrefour.

« C'est mon ami Scott, dit-elle. C'est toujours ici que je tourne quand je viens de F-Street. Savez-vous qui était Scott ?

— Non, dit-il en grelottant. Franchement...

— Un explorateur... »

Ils remontent maintenant la 16ᵉ Rue.

« C'est après Church-Street que j'habite », dit-elle.

Il voit Church-Street sur un panneau qui indique le nom d'une petite rue transversale.

« Voilà, dit-elle. Descendez... Entrez. Dans le hall, ne faites pas attention à la Portoricaine; ne vous laissez pas interroger; je dois chercher une place à ma voiture...

— Où ? dit-il. Je rentre où ?

— Mais juste ici, c'est la maison en brique... Devant vous... »

La maison où habite l'Allemande est entourée, comme les autres immeubles de trois ou quatre étages de cette 16ᵉ Rue, d'un jardinet. Robert le traverse et monte les quelques marches qui conduisent vers le perron de la maison. Il pénètre dans un petit hall crasseux. Il aperçoit une porte vitrée sur laquelle un rideau usé masque l'intérieur d'une loge.

En bas de l'escalier, une cabine téléphonique et des meubles rescapés d'une autre époque s'accumulent en tas : une commode au marbre ébréché, des chaises dont la paille s'effiloche, deux fauteuils crapaud grisâtres, et une table branlante, prête à s'effondrer sous le poids des vieux annuaires de téléphone.

L'endroit est d'une rare saleté. Fasciné, Robert fixe le lustre dont les branches sont couvertes de poussière. Il se sait surveillé. Une rousse épaisse, la nuque flanquée d'un chignon, le guette par la porte vitrée. D'un mouvement de tête, il la salue. La femme entrouvre la porte :

« Vous cherchez quelqu'un ?

— J'attends la dame allemande.

— Elle sait que vous venez ?

— Oui.

— Pourtant, dit la Portoricaine méfiante, elle ne m'a pas dit qu'elle attendait une visite...

— C'est-à-dire... »

Et puis, il enchaîne :

« Elle est en train de garer sa voiture.

— Je ne vous ai pas encore vu ici », dit-elle.

Elle disparaît dans les ténèbres de sa loge et revient aussitôt avec un petit carton et un crayon. Elle essaie de garder fermée sa robe de chambre fleurie qui, à chacun de ses mouvements, s'ouvre sur sa large poitrine.

« Votre nom... dit la femme. Et votre adresse... Là. Ecrivez-les.

— Pourquoi ? demande-t-il.

— Parce que tout peut arriver à Washington... Je dois renseigner la police... Je suis toujours en règle... Je garde une trace écrite de tous ceux qui passent ici. »

« Je suis tombé dans un bordel », pense-t-il.

« C'est une maison parfaitement convenable », dit la Portoricaine.

Un temps.

« Connaissez-vous depuis longtemps Mlle Muller ? »

Enfin le nom de celle qui le sauve.

« Nous sommes des amis d'enfance...

— Vous êtes allemand ?

— Non. Français.

— Alors, comment pouvez-vous être ami d'enfance avec une Allemande ? »

Un garçon aux longs cheveux apparaît à la hauteur du premier étage. Il descend lentement, en laissant glisser sa main sur la rampe épaisse. Goguenard, il salue la Portoricaine et pénètre dans la cabine téléphonique.

Peu après, l'Allemande arrive.

« Bonjour, madame Agero, dit-elle à la gardienne. J'ai amené un ami... »

Robert lui lance en allemand :

« J'ai dit que nous étions amis d'enfance...

— ... que j'ai retrouvé au bout d'une longue séparation.

— La vie est curieuse », dit la Portoricaine.

Et elle insiste :

« Il faut marquer votre nom ici. »

Elle plante le crayon dans la main de Robert.

« Je veux votre nom et votre adresse à Washington...
On ne sait jamais... Je ne veux pas être mêlée à une
histoire de drogue...

— Vous plaisantez ? »

Mlle Muller est visiblement agacée.

« Je vous ai dit...

— Vous avez dit... Vous avez dit... On peut tout dire...
Il faut se méfier des Français. »

Son regard s'attarde sur la serviette de Robert.

« Les Français... continue-t-elle... Jusqu'au moment
où on va saloper leur jeunesse aussi... Ils font n'importe
quoi ! Je veux son nom... »

Elle désigne Robert.

Hésitant, celui-ci écrit : « M. Dupont. »

Elle regarde en se penchant sur le papier et répète :
« Dupont. Pas un bon nom. Nom mal famé ! »

Robert se retourne vers l'Allemande.

« Mal famé ? Dupont ? Qu'est-ce qu'il lui faut ? »

Mlle Muller se met à sourire et dit :

« Il y a le Dupont-Square pas loin d'ici. Plein de drogués pendant la nuit. Personne n'oserait le traverser...

— Quel est votre hôtel ? » insiste la grosse femme.

Elle serait capable d'y téléphoner pour vérifier si les
renseignements sont exacts.

« Je n'ai pas d'hôtel à Washington. Ce soir, j'irai à
Baltimore, dit-il. Là-bas, j'aurai une chambre. Washington est surchargé de touristes.

— Où, à Baltimore ?

— Au hasard. »

Mlle Muller glisse un billet de cinq dollars dans la
main de la Portoricaine...

« Pour vos bonbons préférés... »

Du bout de sa langue épaisse, la Portoricaine mouille
ses lèvres.

« Vous êtes toujours délicate, mademoiselle Muller...
Allez-y, montez avec votre ami... Un peu de bonheur
pour vous. »

L'Allemande, piquée au vif, s'exclame :

« Toujours vos histoires sentimentales. Vous serez

déçue. Ce n'est pas pour « un peu de bonheur », comme vous dites. Mais parce qu'il est malade.

— Malade ? »

La Portoricaine s'énerve.

« Je ne veux pas d'ennuis... Ce n'est pas bon d'avoir un Français malade dans la maison. Malade de quoi ? »

Robert, vaseux, plane au milieu du bavardage. On pourrait tout dire de lui, qu'il a quatre pattes, qu'il mord, qu'il a la rage, tout cela lui est égal. Sa seule ambition, c'est de se coucher quelque part. N'importe où et à n'importe quel prix.

« Venez », l'interpelle l'Allemande.

Elle semble combative. La sottise insistante de la gardienne l'agace.

Elle précède Robert; au fur et à mesure qu'ils avancent, l'escalier sombre semble les absorber. Leurs silhouettes s'évanouissent dans l'obscurité.

Le chevelu en blue-jeans abandonne enfin la cabine téléphonique. Voûté, presque recourbé sur lui-même, il s'appuie au mur et défie d'un regard mauvais la gardienne. Celle-ci tente de garder sa dignité; elle rassemble les deux côtés de sa robe de chambre fleurie sur son décolleté; elle essaie d'apparaître en tant qu'autorité indiscutée; son rêve impossible est de se faire respecter. Elle n'y a jamais réussi.

« Vous étiez nombreux, cette nuit, dit-elle. Je vais écrire à vos parents. Il y a trop de monde chez vous... Pour faire quoi ? On le sait bien. Ça va se terminer mal. »

Le jeune garçon gratte, avec son pied droit, son pied nu gauche. Tout son visage se rétrécit dans une moue de mépris. Il se gratte le cuir chevelu aussi. Longuement.

« Vos parents ont loué le studio pour vous et non pour une foule... de misérables... »

Elle hésite et dit :

« ... drogués... »

Le garçon hausse les épaules et lui adresse un geste obscène.

Elle recule. Choquée.

« Pourri ! Vous ne me faites pas peur. Je suis bien

avec la police. Je ne les ai pas alertés. Vos parents sont très généreux avec moi... Mais il y a des limites. La police constatera comme ça pue chez vous. Votre saloperie de cigarette...

— Ne connaissez-vous pas l'odeur du tabac blond ? demande le garçon. Evidemment, une rousse puante, comme vous, ne sait rien des blondes, ni de leur odeur, hein ?... Vieille taupe, peau de vache... Faut avoir du temps pour appeler la police... Si avant, on vous fait... »

Un autre geste. Qui signifie : « On vous trucide. »

Ils se dévisagent. Se contournent. Deux fauves.

Mlle Muller s'arrête sur le palier du troisième étage.

« C'est là. »

Elle ouvre la porte, Robert fixe, fasciné, le balancement du porte-clef de l'Allemande.

« Venez... »

Il pénètre dans une grande pièce aux murs blancs. Des rideaux orange encadrent la baie vitrée. Il perçoit les bruits lointains de la rue. Toute une partie du studio est occupée par un canapé large recouvert d'une couverture en fourrure. Sur l'épaisse moquette marron s'étend un tapis aux dessins modernes.

Un vertige s'empare de Robert.

« Asseyez-vous, lui dit l'Allemande. Et enlevez vos chaussures... Votre veste aussi... »

« Que m'arrive-t-il ? pense Robert. Que m'arrive-t-il ? »

Lorsqu'il se penche pour ôter ses chaussures, un gouffre brûlant semble s'ouvrir devant lui.

« Attention... »

L'Allemande le retient.

« Si vous tombez, je ne pourrai pas vous mettre sur le lit. Bougez pas... Je m'occupe de vos chaussures. »

Il aimerait se confondre dans des « mais non », « mais non ».

Mlle Muller se met à genoux. Les nœuds des lacets ont été trop serrés.

« Pas de risque de les perdre... »

Les chaussures par terre, l'Allemande se redresse.

« Debout, dit-elle. Allons, allons, un peu de volonté. »

Il se lève. Il ôte sa veste. Elle la pose aussitôt sur un cintre.

90

« Elle est toute mouillée, votre veste... »

Robert est séparé de sa veste, de cette forteresse sociale, bourrée de cartes.

« Votre chemise... Vite... »

Humide, la chemise porte des tâches difformes. La doublure a déteint.

« Je vais la tremper dans l'eau froide... »

Elle s'énerve.

« Mais j'ai tant de choses à faire pour moi, aujourd'hui. C'est mon jour libre.

— Je suis tout à fait navré, dit-il... Et reconnaissant ! »

Elle entrouvre une penderie dont le côté droit est occupé par un rayonnage. Du linge méticuleusement rangé s'y trouve dans un ordre militaire. L'Allemande y prend un pyjama.

« Vous mesurez combien ?...

— Un mètre soixante-dix...

— Vous retrousserez les manches parce que, lui, il mesurait au moins un mètre quatre-vingt deux... Votre pantalon... »

Déboutonner sa braguette devant cette femme, enlever son pantalon, a un goût de détention préventive.

Il enfile le pyjama; il doit en attacher le pantalon avec une épingle de nourrice. Il retrousse les manches.

L'Allemande ôte le couvre-lit en fourrure. Elle le plie soigneusement.

« Si vous avez froid, je peux arrêter l'air conditionné. Couchez-vous. »

Le contact du lit inconnu. La fraîcheur du drap et de la taie. Une sorte de reconnaissance agacée. De tumultueuses images l'assiègent. L'enfance bannie surgit des ténèbres. Il tient la tête de cette enfance sous l'eau. Il voudrait la noyer. L'ordre de cet appartement l'apaise. Tout y est organisé, rationnel.

« C'est joli ici... » prononce-t-il.

Avec Anouk, souvent les choses sont égarées. Une nurse et, plus tard, des gouvernantes avaient l'habitude de tout ranger autour d'elle. Sans être désordonnée, elle laisse traîner des affaires. Quelqu'un les rangera...

L'Allemande se met à sourire et dit :

« Après la guerre, l'ordre est devenu une compensation. Il faut que tout soit ordonné et propre autour de moi... J'ai vu trop d'horreurs et de tumultes... »

Elle circule, elle organise, elle revient avec un thermomètre.

« Ouvrez la bouche... »

Comme un petit sifflet, le très fin thermomètre dans sa bouche.

« Trente-neuf deux, dit-elle, en allemand. Je parle convenablement l'américain. Mais je dois compter dans ma langue maternelle. Les chiffres apparaissent devant moi, toujours, en allemand. Pourvu que vous n'ayez pas la fièvre typhoïde. Il faudrait tout désinfecter et je viens de payer la dernière traite de mon mobilier... Ne parlons même pas du tapis... Avez-vous vu mon beau tapis ? »

Elle s'assoit sur le canapé, le regarde.

« Dites...

— Oui, que désirez-vous savoir ? »

Elle hésite.

« N'avez-vous pas tué votre femme ? Votre comportement est si suspect.

— La tuer ? Non. »

Elle continue :

« Il faut me dire la vérité. Je ne supporte plus les bobards... Vous êtes inquiétant. Pourquoi cette fuite ? L'avez-vous battue ?

— Nous ne nous sommes même pas disputés. J'ai été pris dans un enchaînement de mensonges... »

Elle hoche la tête.

« Vous n'êtes pas recherché par la police ?

— Non. Je ne suis ni un trafiquant de drogue ni un criminel. J'étais, ce matin, lâche. C'est tout. Je n'ai pas voulu affronter ma femme... »

Helga se mit à sourire. Comme après un rapide orage, son visage s'éclaire.

« J'ai souvent eu affaire à des êtres faibles... Je dois les attirer... »

Elle se lève.

« Tant pis. Chacun son destin. Je vais m'en aller. N'ouvrez la porte à personne. Si on frappe, vous vous en moquez. Je rentrerai avec mes clefs. A Washington, il y a beaucoup de *hold-up*. On sonne, vous ouvrez, et on vous assomme. Les vrais Américains ne vous le diront pas. C'est une plaie ici, l'agression. A tout de suite. Le docteur habite à côté. Il est impossible de lui expliquer tout cela par téléphone. Il vaut mieux que j'y aille... A tout de suite... »

Soulagé, Robert écoute le silence de l'appartement inconnu. Une fois de plus, il se trouve dans une impasse. Sa vie avance dans des sens uniques. Il lui faut souvent pratiquer la marche arrière pour se dégager d'un piège. Il se revoit : gosse pauvre qui longe, la tête baissée, les rues résidentielles de Mulhouse. D'immenses portails l'intimident. Des grimaces envoyées aux valets, aux soumis. Tirer la langue et prononcer des injures. Tumultueuse adolescence. Gonflée de haine comme un ballon. Et puis, vers dix-huit ans, la minute de vérité. Cette société est immuable, et elle aura toujours à son service des valets. Ecumer de rage et changer d'optique. Tenter de devenir le premier. Partout. Travailler sur une table de cuisine et lui, fils d'ouvrier, vaincre avec son savoir les fils d'industriels. Enregistrer le fait que le savoir n'est pas encore suffisant. Sans pedigree, il vous reste l'entrée de service. On a beau être précepteur de gosses paresseux, on ne vous invitera pas à déjeuner. Sauf avec l'élève. Manger avant les autres. Incendier le passé, en inventer un, et épouser une des filles les plus en vue de Paris avec la perspective de la direction de l'Affaire. Faire exprès un mariage de raison. S'allier à ceux qu'il admire et qu'il hait. Se projeter à l'intérieur de la forteresse. Devenir un *snob* qui a réussi, et enterrer le souvenir du militant qu'il a refusé d'être.

Elle en a assez de la télévision, Anouk. De la fuite éper-
due du Mickey poursuivi par un chat vengeur.

Il est neuf heures moins le quart. Elle met son bikini
mauve. Du côté du sexe, une immense margerite jaune
s'étale sur le tissu, sa tige verte monte en ligne droite
vers le nombril.

« Comment voir le mieux possible Washington ? Evi-
ter le troupeau des touristes entassés dans des cars ? »

Deux marguerites emboîtent ses seins.

« Je me baigne et je me précipite aussitôt après au
musée. Je vais marcher, regarder, respirer. Exister ! »

Vêtue d'un ensemble pantalon-chemisier, le visage à
moitié caché derrière les lunettes de soleil, elle part
pour la piscine.

Dans le hall, elle se dirige vers la chambre forte où se
trouvent les coffres. Elle en prend un et y laisse son
argent. Elle garde dans son sac les soixante dollars que
Robert lui a donnés.

« Ne perdez pas la clef, madame. »

Elle fait rouvrir son coffre pour y laisser, aussi, son
passeport.

Elle revient dans le hall. L'abandon de ses papiers
l'allège. Dorénavant tout est permis. Tout est possible.

Après avoir parcouru les dédales des couloirs de l'hôtel, elle arrive enfin à la porte qui débouche à l'extérieur.

Une sensation de chaleur. Une forme de bonheur.
Dehors, elle ruisselle aussitôt de sueur. Pas loin de la

jouissance. Le ciel est d'un bleu délavé. L'air étincelle.

Elle aperçoit, ici et là, des matelas libres. Allongés, souvent le ventre dégoulinant d'un slip trop juste, de gras hommes d'affaires lisent le *Washington Post*. Une fillette se plonge dans l'eau bleue de la piscine. Ses cheveux châtains flottent dans l'eau cristalline. L'enfant émerge et se frotte les yeux.

Anouk s'imagine observée. Elle cherche du regard; personne ne semble lui prêter attention.

Pourtant, la sensation d'être regardée avec insistance demeure. Alors, elle se veut gracieuse. Elle cache ses cheveux sous un bonnet bleu, elle glisse dans l'eau et s'élance en exécutant un impeccable crawl sur le dos. Elle est consciente de la beauté des mouvements de son corps svelte; elle chasse l'eau avec la virtuosité d'une ballerine aux pieds cambrés.

Elle se cogne la tête contre la paroi de la piscine. Humiliée, elle pousse un petit cri de douleur.

Gênée par sa propre maladresse, elle quitte l'eau, s'assoit sur le bord de la piscine, ôte son bonnet et se met à se sécher les cheveux sous le soleil torride. Quelques minutes plus tard, elle se dirige vers un matelas libre qui gît sous un parasol rouge.

En passant, elle aperçoit l'homme qui a dû l'observer. Comme un appareil de photo, elle fixe l'image. Il est blond, âgé de vingt-cinq ou vingt-six ans.

Anouk s'allonge sur le matelas. Elle ressent la présence de l'homme. Elle serre les paupières.

« Vous vous êtes cogné la tête... »

Il est presque penché sur elle.

Anouk répond à mi-voix, en jouant à la paresseuse qui ne veut guère bavarder :

« Ce n'est pas grave...

— Elle n'est pas large, la piscine, et vous nagiez vite », dit l'homme.

Il s'allonge près d'elle. Il croise ses bras devant lui, et il tourne la tête vers Anouk.

Qu'importent les deux chiffons noués sur les hanches et sur les seins. Elle se sent à peu près nue. Barricadée derrière ses lunettes de soleil, Anouk observe son interlocuteur.

« J'ai l'habitude de nager dans une grande piscine.

— Je vous ai aperçue hier. Vous bavardiez avec votre mari devant la réception. Je parle français... »

Et il continue en français :

« Il n'est pas là, votre mari ?

— Il a une réunion à Boston.

— Il vous a laissée seule...

— Oui. Il revient tard ce soir. »

Pourquoi dire : tard ?

« C'est votre premier voyage à Washington ?

—Oui. Je suis sur le point de partir. Je vais à la *National Art Gallery*.

— Les musées n'ouvrent pas avant dix heures. Il est à peine neuf heures ving-cinq...

— Je ne dispose que de trois petits jours à Washington. Alors, chaque minute compte. Et vous ?

— Je suis venu juste pour vingt-quatre heures. De New York.

— C'est quoi ? Cette longue cicatrice ? demande Anouk.

— Un coup de baïonnette entre deux côtes. Souvenir du Vietnam. Ç'aurait pu être pire. »

Il allonge le bras droit et il touche délicatement le cou d'Anouk.

« Hippie ? »

Elle sent le sang galoper dans le signe de la paix qu'elle s'est fait tatouer sur le cou.

« Non.

— Alors ?

— Quoi alors ? »

Il laisse une seconde sa main sur la nuque d'Anouk.

« Une femme qui se fait tatouer... Et juste ce signe... »

Elle lui dit doucement :

« Otez votre main... »

Il obéit.

« Savez-vous comment on peut se débarrasser des tatouages ?

— Non, dit-elle. Je n'en ai aucune idée.

— Avec du lait de femme... qu'on injecte dans chaque petit point bleu incrusté dans la peau... Paraît-il... »

Anouk se lève et jette un rapide coup d'œil sur l'homme. Il a un corps long, lisse, et une tête intelligente. Il se lève aussi, il est beaucoup plus grand qu'Anouk. Il se tient si près d'elle qu'elle sent une seconde l'odeur d'une peau ensoleillée.

« Je suis là depuis huit heures. J'ai déjà nagé, dit-il. Hier, j'ai loué une voiture pour aller voir un ami qui vit à quelque quarante kilomètres d'ici. En Maryland. Je suis libre jusqu'à trois heures. Je peux vous conduire au musée... »

Elle réfléchit. Aurait-elle plus ou moins de liberté avec lui ?

« Je pourrais vous montrer Washington...

— Ne perdez pas votre temps avec moi, répond-elle, prudente.

— Je dois revoir mon ami à quatre heures. Aussitôt après, je rentre à New York. »

Gênée, elle se défend.

« Je ne voudrais pas être pressée au musée », dit-elle. Elle lève la tête et le regarde en face.

« Je ne suis pas une aventure. »

L'Américain hoche la tête :

« Ces Français ! Toujours l'esprit tourné vers le sexe... Un Américain qui dispose de quelques heures veut bien vous montrer sa ville natale, aussitôt vous imaginez qu'il drague. Moi, je dirai ce soir à ma femme que j'ai amené une touriste française au musée. A mon fils aussi, je le raconterai. Pourtant, il est petit, mon fils. »

Elle le jauge du regard.

« Vous avez une famille ? dit-elle. Femme et enfant ?... »

Elle se dirige lentement vers l'entrée de l'hôtel.

« L'Américain moyen se marie tôt, dit-il.

— Quel âge avez-vous ?

— Vingt-neuf ans. Marié depuis six ans. Ma femme s'appelle Dorothy. Une bonne fille. »

Elle imagine l'Américain en train de ranger les assiettes dans la machine à laver la vaisselle ; un mioche entre en hurlant dans la cuisine : « Daddy, daddy, j'ai fait pipi dans ma culotte ! »

« Je me débrouillerai aussi bien seule », conclut Anouk.

Et elle pense : « Qu'il aille au diable pour acheter des hochets au mouflet. »

Il ne la lâche pas du regard.

« Vous vous méfiez, dit-il doucement.

— Non, répond-elle, franchement. J'ai horreur des hommes mariés.

— Donc, dit l'Américain, vous ne pouvez même pas imaginer une relation autre que sexuelle ? »

Elle tourne la tête, gênée.

« Ce n'est pas ça... monsieur...

— Pas de monsieur. Steve. Mon nom est Steve Dale. Et le vôtre ?

— Anouk.

— A... A... Anjouk.

— Non. Anouk.

— Anouk, répète-t-il. Je n'ai jamais entendu un nom comme ça. Pas très joli. Enfin...

— Au revoir, Steve.

— Ne partez pas... J'attends la réponse. Ne pouvez-vous pas imaginer d'autres relations entre un homme et une femme que sexuelles ?

— Mais si », dit-elle, ennuyée.

Et elle ajoute en français :

« Les trucs platoniques me rasent...

— Vous font quoi ?

— Je m'en vais, Steve. Bien le bonjour à Dorothy et à votre petit garçon. Comment s'appelle-t-il donc ?

— *Lucky*...

— Ce n'est pas un prénom...

— Non, c'est un surnom. Ça veut dire « chanceux ». Timothy a eu beaucoup de chance.

— Quel âge ?

— Cinq ans...

— De la chance à cinq ans ?...

— Oui... Sortir d'un poumon d'acier et recommencer à respirer... Ne trouvez-vous pas que c'est une chance ?

— Si, dit-elle, si. Excusez-moi...

— Il a eu la poliomyélite...

— Je m'en vais, Steve... »

Il l'attrape par le bras.

« Je connais cette ville comme ma poche. Si vous voulez, on passe au musée et, après, je vous conduis au monument Lincoln, au Capitole, je vous montre le Potomac. Mon ami Fred, avec qui j'ai rendez-vous à quatre heures, possède un hors-bord garé dans un hangar au bord du fleuve. Je l'emprunterai et je vous amènerai sur le Potomac à la maison natale de Washington. A Vermont... »

Elle fait un rapide calcul. Il lui restera encore deux jours à Washington, ponctués des cocktails de Robert. Elle pourrait en sécher deux, au moins.

« Vous ne demandez pas que j'enlève ma main de votre bras, dit-il. J'attends que vous me le disiez. »

Elle le dévisage une seconde. Steve a un regard grave et affectueux; il doit être scrupuleux et honnête. Un honnête méticuleux.

« Lâchez mon bras », dit-elle.

Son regard suit une seconde la main de Steve. C'est une grande main rassurante, aux doigts allongés. La bouche de l'Américain est séduisante. Des lèvres bien dessinées, provocatrices. Un corps condamné à l'élégance parce qu'allongé et légèrement voûté. Une peau bronzée et soyeuse. Des gouttelettes de sueur perlent autour de la petite chaîne accrochée à son cou. Il faut oublier Dorothy, et considérer l'Américain comme un grand frère. L'utiliser comme garde du corps.

« Pas encore décidée ? interroge-t-il avec un petit sourire.

— D'accord et merci, dit-elle. Je vais aller m'habiller. Je suis très rapide. Il me faut juste dix minutes. Plus le trajet pour arriver à ma chambre.

— A tout de suite, dit l'Américain. *By, by,* Anouk...

— *By,* Steve... »

Elle en rougit. D'abord, elle se fait remettre à sa place. « Pas d'aventure, madame, pourquoi toujours le sexe ?... » Après, elle devient polie et, presque soumise, elle accepte Dorothy et le pauvre mioche. Puis, elle rougit. Mauvais signe.

Pourquoi courir ainsi dans ces couloirs glacés ? Renverser presque un Noir qui porte un plateau et qui évite l'ouragan blond à la dernière seconde ? Pourquoi taper avec le pied — en signe d'impatience — dans l'ascenseur, lorsque celui-ci s'arrête un peu trop souvent ou bien quand la liftière attend paisiblement l'arrivée d'une grosse dame, du bout du couloir. Pourquoi être intéressée par l'Américain ? Que le diable emporte Dorothy !...

Elle retrouve sa chambre avec joie. Une jeune Noire est en train de faire le lit au son de la radio qui hurle un air de jazz.

« Bonjour », lui dit Anouk.

La femme de chambre ne bronche pas. Lorsqu'elle s'éloigne du lit, Anouk éteint la radio. La Noire — revenue — la rallume aussitôt. Anouk se retourne vers elle et lui dit sèchement :

« Je ne veux pas de la radio... Ça me casse la tête... »

Mais elle doit aller elle-même vers la table de chevet pour tourner le bouton.

Elle jette un coup d'œil sur la fille noire. Indifférente, hostile, celle-ci exécute son travail comme une automate. Elle observe aussi, dès qu'elle peut, comme elle peut, la cliente blonde. Avec une impudeur voulue, Anouk s'habille devant elle. « Elle n'a qu'à partir si je lui déplais. » Elle se change devant l'armoire largement ouverte ; la glace, fixée à l'intérieur de la porte, reflète tous ses mouvements. Elle ôte son bikini ; elle reste exprès, pendant quelques secondes, nue. Et après, c'est le slip, le soutien-gorge, le pantalon en coton avec son chemisier, les lunettes de soleil, une casquette en toile, et la voilà, la gavroche sortie de chez un grand couturier de Paris.

Elle prend son sac et quitte la chambre. A peine le seuil franchi, la radio se remet à hurler...

Elle se trouve devant la réception à dix heures huit minutes. A dix heures quinze, elle attend encore. La colère monte en elle. Elle serre les mâchoires.

Elle s'approche de la réception, elle interpelle un des employés.

« Pourriez-vous me donner le numéro de chambre de M. Steve Dale ? dit-elle.

— Voulez-vous épeler son nom...

— Di-é-l-i. »

L'employé se plonge dans un registre.

« Vous dites : Steve... »

Elle s'énerve, il est 10 h 20. « Il ne viendra plus jamais. Il se dégonfle... » Elle pianote sur le comptoir; l'employé cherche. Elle lance en français : « Tant pis », et se dirige vers l'entrée principale de l'hôtel, elle sort sur la plate-forme. Chaleur, couleur, bruits, odeurs l'accueillent.

« Taxi, madame? demande le portier.

— Taxi, oui. »

Sifflet. Cri d'oiseau mécanique. L'air déchiré par le son.

« Taxi, madame... »

Elle se jette à l'intérieur et dit au chauffeur :

« *National Art Gallery...* »

Elle martelle la banquette de son poing gauche fermé, serré.

« Ils sont tous des cons, des sales cons... »

« Française? l'interpelle le chauffeur qui la regarde dans le rétroviseur.

— Oui, dit-elle.

— Joli Paris, fait le chauffeur. C'est tout ce que je sais en français. « Paris joli. » J'y suis allé. Après le débarquement. »

Anouk s'apaise.

« Ils ont quand même sauvé l'Europe », pense-t-elle. Elle a toujours eu 16 sur 20 en histoire.

« Le Blanc est réveillé. Le Blanc est réveillé... »

Robert s'arrache de l'inconscience. Il aperçoit une fillette noire en train d'explorer ses narines.

« Le Blanc a ouvert les yeux », commente la fillette avec ses cheveux dressés en une multitude de petites nattes.

La sonnette retentit. La porte s'ouvre.

« Bonjour, docteur, dit Mlle Muller. Gentil d'être venu si vite... »

Penché sur Robert, un visage noir, encadré de cheveux blancs. Des lunettes dorées.

« Quel âge avez-vous ?

— Trente ans », dit Robert.

Il frisonne au contact froid du stéthoscope.

« Respirez profondément, respirez... Toussez, toussez encore. Pas de complications pulmonaires... dit le docteur en ôtant de ses oreilles les deux tiges du stéthoscope. Une cuillère, Helga...

— Je vais essayer de ne pas souffler sur vous, dit Robert au médecin. Quand vous verrez ma gorge...

— Faites : Ah... Ah...

— Papa, je peux venir voir la gorge du Blanc ?

— Bouge pas, Sarah... Ne dis pas : le Blanc...

— Il est blanc...

— Ils sont terribles les enfants, dit le docteur. Terribles. Il n'y a que les adultes qui soient pires... Votre gorge est une poubelle. Depuis longtemps, vous auriez dû faire enlever vos amygdales... Il ne faut pas trop abuser de la gentillesse de Mlle Muller. Elle veut toujours aider tout le monde. Quand j'ai perdu ma femme, elle est venue à la maison et elle a soigné mes enfants. Pendant trois mois. Dès qu'on peut faire quelque chose pour les autres, elle est là... Je l'ai bien grondée, ce matin. C'est imprudent de s'embarquer dans une histoire comme ça...

— Je me sens capable de me lever, de prendre un taxi et de rentrer à l'hôtel, dit Robert.

— Restez, répond le docteur. Vous rentrerez ce soir... Je vais vous faire une piqûre, on va vous badigeonner la gorge... Un peu d'alcool, Helga... Parfait, merci. Tournez-vous.

— Pourriez-vous faire partir la petite fille ?

— Sarah, va à la cuisine... C'est ma plus jeune fille... Ça vous est égal quel côté je pique ?... J'en ai six... Six filles. Et un seul garçon.

— Aïe...

— Pourtant, j'ai piqué avec beaucoup de douceur... Ne bougez pas... Ça saigne un peu... Votre gorge... Ouvrez la bouche... »

Assis, secoué de frissons, il fait : « Ah, ah, ah »... « Brouf, glouc, aïe... » Excusez-moi, mais ça donne envie de rendre....

— Un mouchoir, Helga...

— Qu'est-ce que je vous dois, docteur ? demande Robert.

— Ce soir... Au revoir, ma petite Helga. Viens, Sarah. »

C'est la paix. De loin, ululement de sirène. Dehors, la police galope.

Le médecin parti, l'Allemande revient vers Robert avec un verre de jus de citron.

« Tenez ! Vous devez beaucoup boire. »

Il boit une gorgée et son visage se crispe.

« Vous n'avez pas mis de sucre.

— Oh ! s'exclame-t-elle, excusez-moi. Pour ne pas grossir, je prends tout sans sucre. Attendez... »

Elle apporte du sucre.

« Merci, dit-il. C'est une histoire idiote, ma maladie ! Vous êtes bien aimable de m'aider...

— Ne vous en faites pas, dit l'Allemande. Reposez-vous. Je dois inscrire mes dépenses dans mon livre de comptes. »

Elle saisit son sac à main, y prend le ticket de l'*International Safeway*.

« Au supermarché, où vous avez oublié votre serviette, il y a des produits allemands... Je prends de la bière ou des *Knödel* préparés à l'avance.

— Pourquoi avez-vous quitté l'Allemagne, un pays en pleine expansion ?

— La guerre, mon petit, dit-elle avec une assez sauvage ironie. Je ne sais pas si vous êtes au courant, mais l'Allemagne a été en guerre. J'ai vu sur votre passeport que vous êtes né en 42. Mais peut-être, par ouï-dire, avez-vous entendu parler des bouleversements de 1939-45.

— Evidemment. Mais je vous trouve bien jeune pour avoir souffert de cette fameuse guerre.

— Je ne suis ni vieille, ni jeune, dit-elle.

— Vous êtes jolie... A vingt ans, vous avez dû être sensationnelle.

— A vingt ans ? Mes vingt ans, je ne les souhaite à personne... »

Et, après un temps :

« C'est vrai, j'étais très bien à vingt ans... Belle. Vraiment. »

Robert s'apaise. La taie d'oreiller est fraîche, les bruits de l'extérieur arrivent assourdis. La pièce ici est calme. Il devine un balcon devant la baie vitrée.

« Mes vingt ans... Quelle pitié... Attendez ! Je vais prendre une bière bien glacée. Voulez-vous un autre jus de citron ?

— Ah ! non » s'exclame-t-il.

Elle revient avec une boîte de bière, y perce deux trous, et la vide. La mousse s'immobilise au bord du verre.

« Certains n'aiment pas la mousse...

— Moi aussi, j'étais mal dans ma peau à vingt ans », dit Robert, timidement.

Arrachée de lui-même, cette vérité l'étonne.

« Vous ? Vous avez dû naître dans une clinique chic et avoir une vie dorée.

— Non », dit-il.

La chambre reprend sa valse lente; l'Allemande semble être assise sur une balançoire.

« C'est une vieille sage-femme qui m'a tapé pour la première fois sur les fesses. J'avais refusé de pleurer, paraît-il. Mon père avait amené, en pleine nuit, mes deux sœurs dans la rue. Il ne voulait pas qu'elles entendent de trop près les hurlements de ma mère. On avait deux pièces. En tout. On était très pauvres.

— Vous avez fait du chemin », dit l'Allemande.

Elle s'essuie la bouche avec le dos de la main.

« La mousse... Ça vous barbouille... »

Elle soupire :

« Ma journée est fichue... J'aurais dû faire les courses, me laver les cheveux et commander les rideaux...

— Ils sont bien vos rideaux », dit-il.

Il aperçoit deux taches orange près de la fenêtre.

« D'une belle couleur.

— Je les ai depuis trois ans. Tout ce que je gagne, je le dépense en ameublement, en vacances et en ordre. L'ordre coûte cher. Le premier mot grossier que j'ai appris à Berlin, c'était bordel. Les gens disaient : « Quel bordel ! »... Et c'est vrai... C'était un bordel. J'ai eu mon compte de saleté, de misère... Là-bas, j'ai rêvé d'ordre... de murs blancs... A quoi tiennent les choses ?...

— Vous êtes berlinoise ?

— Oui. Lorsque Kennedy a dit en Allemagne, lors de son dernier voyage : *Ich bin ein Berliner,* je l'ai traité de démagogue. *Ein Berliner !* L'enfer est un jardin d'enfants à côté de ce qu'était Berlin... Un G. I. m'a sortie de Berlin. Il m'a plaquée aussitôt. Qu'il soit béni quand même. Grâce à lui, je suis devenue citoyenne américaine. »

Elle allume une cigarette, elle se lève, se dirige vers la penderie.

« Quand vous êtes arrivé, j'ai caché les photos de mes parents, et celle de Jimmy. Jimmy, le G. I. »

Elle prend dans l'armoire trois photos encadrées; elle en pose deux sur l'appareil de télévision, et se dirige avec la troisième vers Robert.

Celui-ci est en sueur. Son pyjama est à tordre.

« Voilà Jimmy. »

La photo banale d'un soldat américain, blond et souriant.

« Il est bien », dit-il.

Que dire d'autre ?

« Il m'a aidée à garder la tête hors de l'eau. Il mentait. Mon Dieu, qu'il mentait bien. Ce n'était que *dear* et *darling*, « tu verras ce que tu verras... La bonne vie... Chez nous, en Amérique. On va avoir une maison, un jardin, des enfants... Tu oublieras la guerre, *darling*... »

— Et alors ? » interroge Robert.

Il perçoit comme un bruit de train. Ce n'est que le sang qui bat dans ses oreilles.

« Je ne peux pas t'épouser ici, *darling*... Je vais te faire venir avec un contrat de travail... Et je t'épouserai aux Etats-Unis... »

Elle a oublié la photo sur le lit de Robert et celui-ci la reprend pour la mieux regarder.

« Je t'attendrai à l'arrivée du bateau, *darling*. Personne ne m'a attendue. Sauf les douaniers. J'avais mon contrat de travail, alors j'ai pu rester... Jimmy ? Plus de traces... L'adresse qu'il m'avait donnée était fausse. Mais, sans lui, je ne serais pas là. Il s'est dégonflé en cours de route. Il aurait pu me laisser tomber avant... Je n'ai rien à dire... »

Robert regarde le G. I.

« Il ressemble...

— Ah ! dit-elle, en reprenant la photo... Il ressemble à tout le monde. J'ai imaginé qu'il allait m'offrir une vie comme celle de tout le monde... »

Elle s'assoit sur le canapé. Robert, fébrile, ressent le petit choc.

« J'avais besoin d'entrer dans un système social où l'ordre règne. La petite maison américaine, la pelouse à tondre après le travail, les voisins, la T.V... Tout cela était pour moi l'image du paradis. Etre comme tout le monde. »

Il s'aventure sur un terrain délicat :

« Vous étiez si jeune à l'époque que vous n'aviez certainement pas de métier... à Berlin... »

Elle se met à sourire.

« Métier, métier... *Ach! lieber Gott*... Jusqu'à l'âge de dix-sept ans, j'ai tricoté des chaussettes pour nos héros du front de l'Est. A dix-huit ans, pour avoir des bas, j'ai couché avec des vainqueurs. Ou pour du pain... Pour survivre, il fallait coucher. Je parle pour moi... Et il n'en était pas ainsi parce que je l'avais voulu... Oh! non... Les circonstances... La peau d'une jeune Allemande ne valait pas cher après la défaite... Quel bordel, la vie, à cette époque!... On marchait dans la merde jusqu'aux genoux, on grattait la terre autour des trous et des ruines. On était comme des taupes... C'était dur pour les hommes, cette guerre, d'accord... Mais pour les femmes... Parlons-en... On enjambait des cadavres sans dire : « Pardon. » Ensevelies dans des ordures de toutes sortes, nous tentions de survivre. Pauvres Berlinoises. Loques fatiguées et humiliées, nous devions encore plaire pour qu'on veuille de nous. Dès que les souvenirs de guerre se réveillent en moi, je me mets à ranger. Je hume l'odeur du linge propre, je tâte mon nouveau tapis, joli de couleur, n'est-ce pas?... J'aime bien le rouge avec le blanc, et le marron... Et quelques coussins jaunes... Ici, je fais repeindre, tous les deux ans, les murs, et je cire mes meubles; j'adore l'odeur de la cire; c'est propre, c'est net... C'est un beau pays, un gentil pays ici... Et pour les produits de nettoyage, le Pérou. Vous tournez de l'œil?...

— Non, dit-il. Il me semble avoir fait un chemin qui ressemble au vôtre...

— Vous n'avez jamais été putain pour survivre, dit-elle. Je vous apporte un jus de citron bien sucré. Il faut le boire. »

Elle quitte la pièce irradiée de sa présence. Elle revient et, lorsqu'elle se penche sur Robert pour le faire boire, celui-ci sent une légère odeur d'eau de cologne.

« Je me sens un peux mieux; je pourrais rentrer à l'hôtel... »

Helga regarde sa montre.

« Il n'est que onze heures... Après la deuxième piqûre, ça devrait aller mieux... Il faut encore que vous supportiez une pareille dose d'antibiotique. »

Elle le regarde.

« Vous êtes plutôt joli garçon. Si vous avez la force de parler, vous pourriez me dire, peut-être, pourquoi vous fuyez votre femme ? Avez-vous une photo d'elle ?

— Non. Je n'ai pas de photo...

— Marié depuis longtemps ?

— Treize mois.

— Seulement ?

— Oui.

— Alors ? »

Il tourne la tête vers le mur.

Elle s'adresse à lui d'une manière très calme.

« Si vous n'avez pas confiance en moi... »

Il proteste :

« Mais si; seulement, vous n'allez pas me croire. Si je vous dis la vérité, vous allez me traiter de menteur. Parfois, la vérité est absurde. Je ne peux pas vous raconter une vérité absurde.

— Mais si. »

Il tente de s'asseoir. Elle lui glisse aussitôt, derrière le dos, un autre oreiller.

« J'ai fait, délibérément, un mariage d'intérêt. Comme on dit chez nous, en France : un mariage de raison.

— Jusqu'ici, c'est clair, dit-elle. Elle vous aime et vous aimez son argent.

— Justement non. Elle ne m'aime pas. Elle m'a épousé, sans que je puisse connaître la véritable raison de sa décision; elle m'a épousé aussi bien sous la pression de ses parents qu'en espérant trouver avec moi un peu plus de liberté qu'elle n'en avait dans sa famille. C'est fait. Elle est à peu près libre. »

Helga allume une cigarette.

« Alors, tout va bien. Personne n'aime personne. Vous vivez en association. »

Il hoche la tête.

« C'est plus grave. Je suis tombé amoureux de ma femme. Elle me plaît. Elle est aussi sauvage qu'une jeune panthère; en guerre perpétuelle avec son entourage; elle est très jeune, gâtée à l'extrême par la vie. Je ne peux la dominer qu'en me montrant très dur. Elle admet la victoire et exige la réussite. Je peux l'impressionner avec mon métier, avec ma résistance physique; elle aime entendre les compliments qui me concernent; je la domine au lit, cela lui plaît. La moindre défaillance de ma part me diminuerait à ses yeux.

« Jusqu'ici, je suis toujours venu seul à Washington. C'est mon dernier voyage. Je quitte la firme où je travaille pour entrer dans l'affaire familiale de ma femme. Je suis souvent allé à Washington; j'ai toujours sauvegardé pour moi une journée de liberté. Je ne sais pourquoi, elle a voulu m'accompagner. Elle a réussi. Elle réussit toujours. Dans l'avion, je me suis souvenu de « ma journée libre ». Et j'avais déjà mal à la gorge. Coincé, j'ai inventé une réunion exceptionnelle à Boston. Je n'ai pas voulu dévoiler le secret de « mes journées volées ». Ça l'a plutôt impressionnée, Boston. Elle n'aime que des conquérants, ceux qui sautent d'un avion à l'autre; elle a le goût héréditaire de la puissance. Alors, me voir, comme une loque, dans notre chambre, en faisant « Ah-ah » à un médecin... Me coucher après avoir traversé l'Atlantique! J'en aurais entendu parler pendant toute une vie... Je préférerais crever de médicaments que de m'avouer malade ce soir. »

Le téléphone se met à sonner. Helga décroche.

« Bonjour, docteur. Il me semble que oui... Je la prends tout de suite. Et je vous rappelle... Merci. »

Elle vient de raccrocher. Elle se dirige vers Robert et lui glisse le thermomètre dans la bouche.

« Le docteur veut savoir votre température... Toute une vie! Vous n'allez pas tenir comme ça toute une vie... En se bagarrant... En jouant toujours la comédie. »

Elle reprend le thermomètre.

« Trente-huit neuf. Ça baisse quand même. Qu'est-ce que j'ai fait avec l'alcool? Ah! le voilà... Un instant, je rappelle le docteur. »

Et pendant qu'elle compose le numéro sur le clavier en appuyant sur les touches qui portent les numéros :

« Tant d'embêtements pour de l'argent!

— Non, dit-il. Non. Non.

— Allô, c'est Shirley? Bonjour Shirley... Je ne vous ai pas vue depuis sept jours. Toute une semaine... Ça va

110

avec Tom ?... Pourquoi ?... Ne soyez pas trop exigeante... »

Elle rit.

« Moi ? Exigeante ? J'ai balayé les bonshommes... Ah ! oui... Dites au docteur que le rescapé a trente-huit neuf. C'est vous qui lui donnez la prochaine piqûre... A dix-sept heures... D'accord... Je vous laisserai la clef. »

Elle raccroche.

« Shirley est infirmière. C'est la fille aînée du docteur. Jolie fille. Vous allez maintenant dormir et, moi, faire enfin mes courses. Je laisserai la clef chez le docteur. Il habite la maison à côté. Shirley viendra vous surveiller. Je vais rentrer dans une heure et demie.

— Je garderai un souvenir ému, dit Robert.

— Ah ! non, s'exclame-t-elle. J'en ai marre des souvenirs émus. J'en ai à revendre. »

Il perd du terrain. Le changement de l'Allemande l'inquiète.

Elle ouvre d'un geste violent la penderie et en sort une petite robe en toile blanche. Devant Robert ahuri, elle ôte sa robe verte et reste une seconde en soutien-gorge et en slip, le temps de remettre l'autre robe.

« Je ne vais pas me gêner devant un pauvre malade », dit-elle.

Elle se met à se brosser les cheveux devant la glace qui double l'intérieur d'une des portes de la penderie.

« Je vous ai parlé aussi franchement que j'aurais parlé à ma mère », dit-il.

L'Allemande se retourne vers lui :

« A votre mère ?... Merci. Je n'ai jamais eu de gosses, ni de famille, et les débris que je ramasse se mettent à évoquer, chaque fois, leur mère... »

Elle change de sandales. Ses jambes sont longues et, sur ses pieds fins, les ongles éclatent d'un vernis rouge.

Elle est belle, soignée. Sa petite robe blanche vient de sortir d'une housse transparente.

« Helga !

— Qui vous a autorisé à m'appeler Helga ?

— L'habitude américaine de s'interpeller par le prénom...

— Je suis allemande et vous, français. Alors, restons-en à monsieur et madame. Tenez, avalez ça. »

Dans sa paume bariolée de lignes — une vraie grille — deux gélules. Il ne rate pas l'occasion de saisir cette main, et prend les médicaments avec ses lèvres, directement de la paume quadrillée.

« Comme un cheval, dit-il, pour alléger l'atmosphère. Restez une seconde. Ne partez pas fâchée...

— Juste une cigarette... »

Elle consent à s'asseoir.

Sa robe est impeccable; « les jambes aussi », pense Robert; et il voudrait dire quelque chose de gentil.

« Les Allemandes sont souvent belles...

— Ah! oui? l'interroge-t-elle tout en allumant une cigarette.

— Belles, sensuelles, bonnes ménagères aussi... Souvent on cherche la femme parfaite de ce côté-là...

— Qui?

— Les sociologues.

— Parce qu'il y a des sociologues qui voudraient définir le comportement et l'appartenance de la femme parfaite? »

Il continue :

« Elle s'abîme, la femme allemande, en buvant de la bière. Elle grossit.

— Merci, dit Helga.

— Mademoiselle Muller...

— Oui...

— Vous me tirez d'un très mauvais pas... Rendez-moi un service.

— Quoi?

— Me dire ce que j'ai pu faire pour vous énerver ainsi... »

Elle hausse les épaules.

« Les hommes sont souvent sots, dit-elle. Je tente de vous sauver; je me ferai engueuler par la gardienne; le médecin, un vieux copain, me regarde comme si j'étais mûre pour l'asile. J'ai le cœur léger, je me sens épanouie, en pleine action, j'organise; mes instincts se réveillent, non maternels, je vous en prie, des instincts de pionnière : lutter, organiser, gagner... Tout cela pour apprendre que la chère victime est amoureuse de sa

112

femme et que, par-dessus le marché, vaniteux comme un paon, il préfère quémander la charité que de se coucher dans son lit, à l'hôtel. »

Sa main tremble légèrement. Il ne reste que la moitié de la cigarette.

« Cela me rappelle trop de choses du passé, ajoute-t-elle. Je dois être rassurante en diable. J'en ai marre d'être réconfortante. Tenez, par exemple, à Miami... Je vais parfois, pour mes vacances, à Miami. Entre les deux saisons. En hiver, Miami n'est pas dans mes prix. Donc, à Miami, il y a deux ans, j'ai rencontré un Allemand, naturalisé américain. J'avais ma vie dorée à l'hôtel, ma chaise longue marquée à mon nom. Pour dix jours ! Ma chambre était un vrai paradis, avec une haute moquette verte, des murs blancs, une baie vitrée... Tout un mur de verre. Et, à mes pieds, le spectacle. D'un côté, la mer et, de l'autre, la rue, avec les voitures qui y circulent. Vues du 26ᵉ étage, elles sont minuscules. Se réveiller à l'heure qui vous chante, décrocher le combiné, commander le petit déjeuner, et, après, descendre au bord de la mer et nager tout son saoul. Parfois, les requins se délectent de la chair de touristes. Les gros n'ont qu'à se tenir à carreau. Lors de mes dernières vacances à Miami, je menais une vie paisible : le corps au tiroir et l'âme en veilleuse. Pas de sentiments, pas d'amour. La paix. Un type épais, épargné par les requins, m'a accostée. Un ex-compatriote. *Liebe, Liebe, liebe,* je n'entendais que *liebe* ou *liebchen* à longueur de journée. Il en faisait même un peu trop. Il en tenait pour la *Gemütlichkeit.* Il se mettait en quatre pour me plaire. Il ne cessait d'essuyer son front où la sueur dégoulinait. Le soir, on écoutait la musique ensemble, on se promenait... A Miami, on peut se promener... A Miami, vous sortez le soir et vous marchez dans la rue. Sans blague... Vous marchez... Personne ne veut vous tuer, à Miami... On a un sentiment de liberté quand, venant d'ici, on arrive à Miami... Le soir, on est comme un convalescent, qui vient de jeter ses béquilles.

« L'ex-compatriote ne me quittait pas d'une semelle. « Vos jambes, *Liebchen* »; « vos hanches, *Liebchen* », et puis des sornettes sur la Bavière et sur ma beauté germanique. Le bonhomme était moche, mais il parlait bien. Qu'est-ce que j'ai écouté comme bobards sur la « patrie perdue » ! Avant la guerre, il avait été négociant en vins et, pendant le grand massacre, il s'était terré dans un village avec sa mère. Il avait à peine connu la misère, et il n'avait jamais vraiment eu faim. Je me laissais bercer par le flot des paroles en allemand. Ça me donnait à la fois la nausée et une sorte de jouissance. Je me délassais dans la chaise longue, au bord de la piscine de l'hôtel, j'écoutais l'homme, et j'essayais de l'imaginer derrière un bureau en digne homme d'affaires. Lorsqu'il me touchait, à chaque coup le dégoût me secouait ; je n'aurais pas pu en dire la raison. Sa main sur la mienne, et mon estomac partait en balade. Comme une chaloupe. J'aime les gens de belle prestance, les costauds bien baraqués, une démarche pesante, ceux qui avancent comme un camion en rupture de freins. Vous déguerpissez ou ils vous écrasent. Mais, quand le poids passe sur vous, c'est du plaisir ! Mon bonhomme, je le revoyais tous les jours. Sous le soleil éclatant, dans la mer bleue. Gras, il flottait sur la surface. Une vraie bouée. Pendant qu'il barbotait dans l'eau, je nageais dans l'ignorance. Il avait débité son passé en tranches, mais son présent ? Même pas une miette. J'ai mis carte sur table et je lui ai annoncé mes couleurs ; je n'étais ni mariée ni engagée. Je lui ai fait savoir que le champ était libre, mais miné d'expérience. Qu'il fallait faire attention où mettre les pieds. J'attendais le numéro qu'il me sortirait. Je les connais, les disques des bonshommes... Chacun sa bobine, enregistrée et utilisée. Avec chaque femme. De la même manière.

« Je les connais tous ! Celui qui, par exemple, se met à vous tripoter les mains et qui radote : « Je ne pourrai « jamais divorcer ; ma femme est malade, malade de la « tête ; elle est zin-zin. Mais pas suffisamment pour la « faire enfermer. Malade nerveuse, la pauvre. Difficile à « expliquer tout cela aux juges. Ma légitime n'est cin- « glée que lorsqu'il s'agit de la vie quotidienne, ou si « jamais il fallait qu'elle gagne sa croûte. Elle trouve « que la vraie solution de sa vie, c'est le mariage avec

« moi. Avec les exigences matérielles qu'elle manifeste,
« elle devrait faire l'amour comme une putain, pour
« justifier son existence. Rien. Un vrai sac rempli de
« neige carbonique. En cas de divorce, elle piquerait
« une tête du cinquième étage. Histoire de voir un peu
« enfin ce qui se passe sur un trottoir. *Liebchen,* j'ai
« besoin de vous. Vous serez à la fois ma fleur bleue et
« le sexe de service. Je vous aimerai en secret, *Lieb-*
« *chen.* Deux fois par semaine. Et je vous donnerai un
« peu d'argent pour vous aider. »

« Il y a l'affectueux, celui qui, pour vous épouser,
attend la mort de sa mère. Maman l'accapare. Maman
l'occupe. Il ne faut pas faire souffrir Maman. Maman
désire le voir disponible. A elle. Maman a quatre-vingt-
neuf ans. Selon les médecins, dans onze ans, c'est ou
bien la célébration de son centenaire ou bien celle de
notre noce. Patience, chérie. »

« Le célibataire encroûté dans ses habitudes, qui fait
la fine bouche. « Une présence féminine », il n'est pas
sûr que cela serait plus efficace que les rendez-vous
furtifs. Ses habitudes, ses pantoufles, son steak à
mâcher. En face de la T. V. Seul. « Quelle belle aventure
sentimentale que la nôtre. Mais pas plus de deux fois
par semaine. Et chez toi, *darling...* » Qu'est-ce que c'est
donc que cette cadence à la sauvette ? Ces deux fois par
semaine. Ils évoquent cette possibilité comme une
clause de jurisprudence. Comme une règle biblique.
Deux fois par semaine. Pourquoi ne pas en faire un
slogan électoral ?

« Et ces putains de veufs. Quelle comédie à perpé-
tuité. Une vraie concession d'hypocrisie. Ils se cachent
derrière les souvenirs. Ils collent des photos de tous les
côtés. Ils vous en donnent comme cadeaux. Un échantillon de leur défunte. Les veufs ? Quelle misère ! On a
beau les bichonner, câliner, se moucher avec eux aux
moments délicats des évocations, rien n'est assez. Celle
qui est partie est toujours la perfection. « Le steak est
« bon, mais le steak de Joan était incomparable. Vous
« avez de jolies nénettes, mais les nénettes de Joan,
« c'étaient les nénettes des nénettes. » Il y a l'inévitable
séance de sanglots ; ils ne vous épargnent guère leur

« hoc, hoc, hoc ». Vous attendez la fin des « hoc, hoc,
hoc » pour entendre le verdict : « Joan était unique.
« Personne ne pourrait la remplacer. Non, pas question
« de mariage. Se substituer à Joan? Jamais. Hé, mon
« sexe est aussi mou qu'une nouille! Voudriez-vous le
« taquiner? Joan me rendra impuissant. Depuis
« l'au-delà. »

« Ne parlons même pas du cocu. Le cocu vous prend
pour une revanche. Il coucherait même avec un veau,
pour se venger de l'infidèle. Le pire des amants, c'est le
cocu vengeur. Mauvais comme une teigne, le cocu. Pour
qu'il se croie fortiche, il ferait de vous le dindon de la
farce. Plus vous vous indignerez, plus, lui, il rigolera. Le
cocu est malhonnête. Il trouve que l'« amant » en soi
est une catastrophe. Et lorsqu'il devient catastrophe
lui-même! Le cocu devenu amant ferait tanner la peau
de sa maîtresse. L'aventure avec un cocu peut vous laisser anéantie. Par terre.

« Le plus agaçant est le bon père de famille. Le gars
qui sait donner le biberon. Il vous confie son jouet
cassé, son zizi en repos. « Réparez mon zizi. Dès que je
« pense à mes enfants, je deviens impuissant. Il fau-
« drait qu'il fonctionne au moins deux fois par
« semaine. » — Je vous assure, une vraie obsession, ces
deux fois par semaine! — « Depuis que ma femme est
« mère, c'est tintin pour le reste. Ma femme, une sainte
« femme. Elle ne pense qu'à ses gosses. Je ne pourrais
« jamais la quitter; mais vous, vous pourriez me rendre
« le goût de la vie sexuelle. Aidez-moi. » Je vous assure
qu'on a envie de le flanquer au berceau, cet attardé.

« Le pieux? Le pieux est au niveau du cocu. Le pieux
couche avec la tentatrice et l'engueule après.

« J'ai eu affaire à un pauvre type qui se plaignait
d'être démoralisé par sa femme. Elle lui disait qu'il
était bête, bon à rien, pantouflard. Alors, pour le conso-
ler, je lui affirmais le contraire : « Vous êtes intelligent,
« vous êtes génial, vous êtes un vrai aventurier qui
« s'ignore. » Je me suis donné un mal inouï, avec l'espoir que celui-ci ne verrait pas d'objection au divorce,
et qu'il m'épouserait. Après. Eh bien, non. Attaché à sa
tortionnaire par un magot, il aurait été plumé en cas de

divorce. Il a préféré rester avec elle que de casquer. Il a continué à gagner de l'argent, elle à répéter : « Tu es « bête, tu n'es bon à rien, tu es pantouflard », et moi, à débiter : « Vous êtes intelligent, vous êtes génial, un « vrai aventurier qui s'ignore... » Jusqu'au moment où j'en ai eu assez...

« Inutile de vous dire que j'attendais avec impatience le numéro de l'Allemand. Qu'inventerait celui-ci pour ne pas m'épouser ? Allait-il être veuf, cocu, pieux, esclave, ou bon père de famille en vadrouille ? Je l'attendais au tournant, mon grassouillet. J'étais sûre qu'aucune surprise ne me saisirait. Parce que j'avais tout vu.

« Le dernier jour de notre tête-à-tête, mon Allemand m'a offert un vrai dîner français. Un régal. Vins français, blanc et rouge, mais oui ! Foie gras avec des pointes d'asperges, un steak de la taille d'une soucoupe volante, du fromage; vous ne le croirez pas, du camembert à Miami, et un soufflé. Arrosé de champagne. De la veuve Clicquot. La seule veuve qui ait jamais eu ma sympathie. Tout engourdis du repas, nous avons quitté le restaurant pour nous installer au clair de lune, sur la grande terrasse qui surplombe l'Océan. Un peu grise j'ai reluqué mon type. Sa présence m'a agacée à un tel point que j'en tremblais. Pour me tirer de mon désarroi, j'ai essayé de tâter du côté métaphysique. L'âme ! Depuis qu'on en parle... « Pourquoi ! te préoccupes-tu de « sordides questions physiques ? me suis-je demandé. « Ce monsieur qui a une position sociale respectable te « proposera le mariage; dis oui, et pour le reste... » Si je ne l'avais jamais vu autrement qu'habillé, ç'aurait été plus facile. J'aurais aimé qu'il soit quelqu'un de bien. Savant, poète, écrivain, musicien, ou que sais-je ? J'aurais voulu être frôlée par une certaine grandeur; qu'il fût spéléologue en retraite ou professeur de musique, quelle importance ? Savant, chercheur; de la race de ceux qui cherchent un je ne sais quoi pendant toute une vie... Aux frais de l'Etat. Je l'aurais souhaité écrivain. J'aurais eu des histoires à lui raconter; il aurait pu en tirer plusieurs romans. Parce que, je vous assure, ma vie est un vrai roman ! Sous le clair de lune, j'ai éprouvé le besoin de servir un homme, même moche. Enfin, il s'est prononcé : « *Liebchen,* il est temps que je vous « parle de moi. A cœur ouvert. Sachez que je suis... »

« Je me méfiais d'avance.

« Il m'a serré la main et s'est mis à mouiller les phrases; il gloussait : « Je suis un homme seul... Un « grand solitaire. » J'attendais qu'il déballe la raison de sa solitude. Je me cramponnais à mon siège en fer forgé blanc.

« — Ma femme a disparu. »

« Je suis restée figée d'horreur. J'aurais à me taper le souvenir de la chère disparue qui — c'est le comble — peut rappliquer à n'importe quel moment et reprendre sa place.

« Il a tapoté ma main, pour me calmer peut-être, et il a continué : « Ma femme a été officiellement déclarée « disparue, il y a trois ans... C'est au bout de vingt ans « de lutte que j'ai pu faire reconnaître son décès. »

« — Etes-vous sûr qu'elle ne reviendra pas ? » ai-je demandé, d'une voix que j'ai voulue aussi respectueuse qu'émue. « Jamais », a-t-il dit, en me prenant le genou à pleine main. Plus sa main avançait, et plus j'avais la nausée.

« J'aurais pu épouser une Américaine, *Liebchen.* Toute réflexion faite, une Allemande me conviendrait mieux pour mes vieux jours. Pour parler l'allemand, pour boire ensemble de la bonne bière et pour chanter parfois « *Ich hatte einen Kameraden* »... Aimes-tu ça, *Liebchen* ? »

« Tout marchait à merveille. Je me pâmais; c'était enfin la grande porte ouverte vers une situation sociale. Pour être sûre que je ne regretterais pas ma décision, je lui ai jeté, en biais, un coup d'œil. Il était aussi répugnant qu'une chenille.

« — Je ne connais même pas votre vie... Ni le métier « que vous exercez...

« — J'ai une entreprise de pompes funèbres. Je « suis le patron. J'ai quatorze employés. Mais, lors- « qu'on tient vraiment à mon art — ce sont surtout les « très riches qui le demandent — alors, les dépouilles, « je les maquille moi-même. »

« « Je n'ai fait qu'un seul bond en avant. Un vrai
« sprint.

« « — Où courez-vous, *Liebchen* ? »

« Il s'est vite déplacé. Il a cru que c'était l'émotion
qui m'avait projetée jusqu'au bord de la terrasse. Je me
suis penchée sur le rempart en béton et j'ai regardé les
vagues s'écraser à nos pieds. Il a glissé son bras droit
sur ma taille, sans se rendre compte une seconde que je
tremblais. De dégoût.

« Devenir *Frau* à ce prix-là? Jamais! Je préférerais
rester une vieille *Fraülein*. A ce moment, j'ai entendu,
joué par l'orchestre de l'hôtel *Le Beau Danube bleu*.

« Parfois, a-t-il dit en allumant un gros cigare, on
« m'appelle quand ils sont encore vivants... Je les
« guette. Souvent, des moribonds se laissent défigurer
« par des convulsions. Ils s'enlaidissent, on le dirait,
« exprès. Enfin morts, transportés chez moi, je vous
« assure, *Liebchen,* qu'ils changent d'aspect. Ils sont
« beaucoup mieux qu'ils n'étaient vivants... De vraies
« splendeurs. Mon affaire est florissante : tu auras ton
« vison, ta voiture. Je te paierai même une femme de
« ménage. Et tu apprendras le métier. »

« Je me suis mise à courir sur la grande terrasse.
J'entendais des « *Liebchen, Liebchen* ». A d'autres! Je
me suis précipitée dans ma chambre. Et j'ai dit au standard qu'en cas d'appel, j'étais sortie! L'artiste des macchabées, je ne l'ai jamais plus revu... Heureusement. »

Elle écrase furieusement sa cigarette dans le petit
cendrier.

« C'est une vieille histoire, mais j'en ai encore la
chair de poule. Vraiment, cet été-là, je n'ai pas eu de
chance à Miami... »

Robert l'écoute avec une sorte de tendresse. Des paumés... Il les connaît. Il en est.

« Venez plus près, lui dit Robert. C'est drôle, ce que
vous racontez; c'est tragique aussi. La vie à rebrousse-
poil. Il existe des êtres qu'on caresse toujours à
l'envers. »

Elle se rapproche.

« Ne me passez pas votre angine. J'ai eu assez de
pépins cet hiver. Ça me fait tout drôle de vous parler.

Seule, on prend l'habitude de se faire les discours à soi-même. Au magasin où je travaille, c'est le « bonjour, bonsoir. » Après la fermeture, ni vu ni connu. J'ai eu une seule amie; un jour, j'ai entendu qu'elle m'appelait : « La Boche ». Alors, c'était fini.

— J'aimerais voir vos yeux... »

Elle se met à sourire.

« Tout cela n'est pas grave...

— Vous êtes mal dans votre peau...

— Par à-coups, répond-elle. J'aurais voulu me marier, tenir ma maison, avoir des gosses. Ne plus être l'éternelle *Chleue*. Il y a trois ans, ç'aurait pu changer.

— Il y a trois ans ?

— Vos mains sont brûlantes, dit Helga. Je vais encore baisser l'air conditionné; j'ai peur que vous attrapiez froid...

— Quoi, il y a trois ans ? »

Helga se lève.

« Pas la peine d'en parler. Pour vous, ce n'est rien; pour moi, ça ferait trop mal.

— Vous allez pleurer... »

Elle s'exclame :

« Pleurer ? Ah ! non, alors. Mes yeux rougissent d'énervement... »

Elle hésite.

« Votre femme...

— Ma femme ?

— Elle a quel âge ?

— Vingt ans.

— Très jeune », dit Helga, hostile.

Et elle ajoute :

« Brune ?

— Blonde.

— Décolorée ?

— Non, une vraie blonde.

— Qu'en savez-vous ? On peut raconter n'importe quoi à un homme. Une vraie blonde ! Facile à dire !

— J'en ai la preuve.

— Quelle preuve ?

— Ma belle-mère m'a donné une mèche des cheveux d'Anouk. Une mèche de ses onze ans. Ma belle-mère a voulu presque se réconforter elle-même en m'offrant cette petite mèche. Elle m'a donné cette mèche après une discussion sanglante que j'aie eue avec Anouk. Ma belle-mère m'a pris à part et m'a dit : « Je vous assure « qu'elle n'est pas méchante. Elle a été une vraie petite « fille. Les petites filles grandissent... Regardez cette « mèche... Touchez-la ! Vous sentirez la tendresse de ses « cheveux. Ils sont morts, ces cheveux-ci, mais ils ont « gardé leur éclat. De vrais cheveux d'ange. Ayez un peu « de patience avec elle... Récemment, elle a eu un choc. « Un grand choc. Mais je vous en supplie, je vous « demande votre parole de gentilhomme, pas un mot à « ce sujet. Je demande votre silence. »

— Quel choc ? l'interroge Helga.

— Je n'en sais rien, dit Robert.

— Vous avez entendu parler d'un choc, et vous continuez à dormir sur vos deux oreilles ?

— Ce n'est pas une famille où on se renseigne. Lorsqu'ils ne veulent rien dire, vous vous butez contre un mur de silence. Vous vous cognez contre une forteresse. Du béton.

— Sont-ils riches ? demande Helga.

— Trop riches.

— Peut-on être trop riche ?

— Oui. Je n'ai pas demandé autant du destin. »

Il ferme les yeux.

« Vous devriez dormir, dit Helga. A tout à l'heure... »

Elle referme la porte doucement. Lentement, elle descend les marches larges de l'escalier en marbre. Distraite, elle laisse traîner sa main sur la rampe en bois lourd. Elle est fascinée par la présence de Robert.

Elle devait la guetter; la Portoricaine cueille Helga en bas des marches.

« Alors ? Le malade... Ça va ? »

Helga aimerait se dégager.

« Ça va... »

La Portoricaine continue :

« Aujourd'hui, vous ne travaillez pas, mademoiselle Muller. Vous pouvez soigner votre ami. Qu'est-ce qu'il dit, le docteur ?

— Une angine », dit Helga.

La Portoricaine se met à sourire.

« Ça me fait plaisir... de vous voir moins seule...

— Moins seule? Depuis une petite heure... » dit-elle.

La Portoricaine attrape la main d'Helga.

« Gentille petite mademoiselle Muller... »

Celle-ci tente de se libérer.

Comme une sangsue, la Portoricaine colle sur elle :

« Vous êtes une locataire modèle... Silencieuse, propre, et vous faites peindre votre appartement à vos frais... Vous êtes un peu moins seule aujourd'hui. Ça fait du bien... de la compagnie.

— Il est marié, dit Helga. Il aime sa femme. »

Elle dit ces phrases exprès. Pour se confirmer à elle-même la vérité. Pour ne laisser planer aucune équivoque dans son esprit. Elle ajoute :

« Un camarade... Ce n'est qu'un camarade...

— Oh! mon Dieu, mon Dieu! » s'exclame la Portoricaine.

Elle se signe et se met à marmonner une rapide prière. Elle se signe encore.

« Il y a trois ans. Il y a trois ans juste, mademoiselle Helga. J'ai dû prier parce que son âme venait de m'effleurer... Il y a les âmes qui reviennent. Son âme vient de me toucher... »

Dans le hall sombre, la silhouette de Helga est dessinée comme avec de la craie blanche sur un tableau noir. Elle devient toute pâle.

La Portoricaine se penche vers elle :

« Ne me dites pas que vous l'avez oublié... »

Helga essaie de se libérer. Le visage de la Portoricaine est près du sien.

« Pauvre M. O'Connelly, quand je pense qu'on lui a fait sauter le crâne, ici, dans cette rue même... Vous ne l'avez pas oublié, mademoiselle Muller, n'est-ce pas? Vous n'avez pas pu l'oublier...

— Non, dit Helga, d'une voix rauque. Non. Je ne l'ai pas oublié. Il est inutile d'en parler.

— Vous l'auriez épousé, mademoiselle Muller?... J'en suis sûre. Flic ou pas flic, c'était un bel homme. Rassurant. J'aimais bien ses visites... Qu'il était poli,

M. O'Connelly ! Il a laissé un vide... Et depuis sa mort, plus personne chez vous ! Une vraie misère. Pour une si jolie femme. Vous avez tort. La vie passe vite. Moche ou laide, plus personne ne voudra de vous. Vous aurez des regrets... Profitez-en. Profitez de la vie. »

Helga est déjà à la hauteur de la cabine téléphonique lorsqu'elle prononce :

« C'est vrai. Si on n'avait pas tué M. O'Connelly, je serais sa femme... »

La Portoricaine vient la rejoindre. Elle tend la main devant elle :

« Peut-être est-il là... Si on pouvait le saisir...

— Laissez-moi avec vos histoires morbides ! s'exclame Helga. Il faut laisser les morts tranquilles. »

Helga est partie, déjà, depuis quelques minutes, lorsque la Portoricaine rentre dans sa loge et se met à chercher dans le fouillis d'un de ses tiroirs.

« Je sais que j'ai une photo d'eux... Je le sais... Mais où ai-je bien pu la ranger ?... La voilà... »

C'est une photo prise à travers la fenêtre. Les deux silhouettes sont comme mitraillées par les reflets du soleil.

« Me plaquer ! Etre plaquée par un Amerloque ! » se dit Anouk dans le taxi.

Washington n'est constituée, par ici, que d'avenues larges et bordées d'arbres, de monuments.

Le taxi s'arrête devant la *National Art Gallery.* Lorsqu'Anouk le paie, le chauffeur lui souhaite un bon séjour.

La jeune femme pénètre dans le musée. Dans le hall, au comptoir des renseignements, elle prend le plan des salles consacrées aux différentes écoles de peinture. Baignée dans une musique classique, elle monte au premier étage. Ici, le musée ressemble à un mausolée découpé en alvéoles flanqués de canapés, sur lesquels les visiteurs s'assoient face aux chefs-d'œuvre pour les admirer à leur aise. Anouk se renseigne auprès d'un gardien. La musique n'est pas habituelle, l'orchestre du musée répète aujourd'hui.

Anouk s'arrête devant « Un concert public à Deauville en 1900 », peint par Eugène Boudin. Tandis que son regard se fixe sur le tableau, elle se replonge dans ses souvenirs et se retrouve auprès de son grand-père, à Deauville.

Deauville, le seul endroit où Anouk avait eu un semblant d'apaisement. Un bonheur passager venant juste après le malheur de Londres. A l'époque, le petit vieux avait déjà vendu les chevaux, mais il avait gardé la grande maison, cette somptuosité surannée qu'Anouk avait adorée. L'affreuse aventure de Londres avait permis à Anouk d'être plus franche avec son grand-père.

Celui-ci avait toujours refusé qu'on le ménageât à cause de son âge.

À Deauville, il avait son état-major habituel : le cuisinier chinois, les deux valets, une femme de chambre, jeune et jolie — « juste pour pouvoir lui taper sur les fesses quand elle passe à côté de moi », avait dit grand-père en ajoutant : « N'aie pas un air horrifié; à treize « ans, je jouais encore au football sur un terrain vague. « J'ai gardé la nostalgie des rondeurs; encore faut-il « que je les paie cher, pour les bien apprécier. »

À cette époque, grand-père connaissait la plus sensationnelle de ses aventures dites sentimentales. Il avait aperçu dans un music-hall des jumelles hollandaises, deux beautés tout en jambes, en larges sourires et deux regards froids, de « belles bêtes » scintillantes le soir, satinées d'argent. Le petit vieux avait été fasciné à l'idée d'avoir l'une d'elles à Deauville, et l'autre à Paris. « L'une pour l'hôtel particulier, l'autre pour le domicile secondaire. » Pattemouille avait été tellement choquée par l'immoralité flagrante de cette double installation qu'elle s'était imposé une retraite pour se purifier. C'était la première fois qu'elle avait perdu son sang-froid. Elle avait crié d'une petite voix désespérée : « Il nous condamne tous à l'enfer. »

Et le petit vieux avait répliqué : « Allez-y, chez vos chers curés. Pour une fois, je suis pour le social; je vote pour votre retraite anticipée. »

« Si elles ne sont pas à acheter, je les épouse », avait déclaré le petit vieux.

C'est père qui avait dû négocier l'affaire avec la mère des jumelles et avec leur impresario.

« J'en aurai marre d'elles dans trois ans, avait crié le petit vieux. Mais je les veux pour trois ans. Faites un contrat pour trois ans. Comme si j'étais au music-hall. » Père avait fait un effort colossal pour les avoir; l'accord avait été signé par lui, par le petit vieux, par l'impresario et par la mère. Les jumelles, plus bêtes que jamais, tout en jambes et en sourires carrés, avaient une valeur certaine. Leur présence avait été acquise par cent millions anciens. Le petit vieux s'était tapé sur les cuisses. Il avait fort ri. « Tout est à vendre. Tout. Tout... Hi-hi-

hi-hi. Tout. » Quelques mois plus tard, il avait déclaré :
« Daisy et Maisy sont aussi bêtes que des pur-sang. Mais
elles ne donnent pas de coups de pied. » Et, rationnel, il
avait ajouté : « Par paresse. »

Au moment où Anouk avait trouvé son refuge à Deauville, Daisy occupait le deuxième étage de la maison, et
Maisy habitait rue des Feuilles à Paris, dans l'hôtel particulier du petit vieux. Celui-ci faisait la navette entre
les deux, et il était aussi réjoui de sa trouvaille qu'un
enfant d'un jeu réussi. Quitter une femme, et retrouver
la même, deux heures plus tard, dans un autre endroit !
Il avait adoré cela.

« Tu es d'une immoralité à toute épreuve, lui avait
dit Anouk.

— La moralité est faite pour les pauvres. Pour les
mieux tenir.

— Grand-père, tu rendrais révolutionnaire même un
mouton...

— Non. Il bêlerait d'admiration devant moi.

— Grand-père, c'est quoi, pour toi, le peuple ?

— Une masse hybride, d'où j'ai pu sortir. J'en suis,
moi, du peuple. Alors, j'ai le droit de le critiquer.

— Grand-père, dans un régime socialiste, tu seras
liquidé, nationalisé.

— Je mourrai avant qu'ils prennent le pouvoir. Et
j'aime la vie. Crois-moi, on a du temps devant soi.

— Grand-père, n'as-tu jamais eu le désir de donner ?

— Des envies, oui... Quant au peuple, lorsqu'on a été
coincé parmi eux, comme moi, on en a le dégoût...

— Grand-père, tu donnes cent millions pour garder
ces jumelles avec toi. Te rends-tu compte du bien
qu'avec cet argent tu aurais pu faire ?...

— Aux autres ? Je me le fais, ce bien, à moi. Je ne
suis ni altruiste, ni charitable, ni hypocrite ; j'aurais été,
à la rigueur, un moraliste, annonceur du paradoxe,
mais je n'ai pas eu une culture suffisante pour jouer à
penser dans l'abstraction.

— Qu'est-ce que tu aimes, grand-père ?

— Moi.

— Tu es un monstre.

— Parce que je ne suis pas hypocrite ? Regarde-moi

127

bien. Ne suis-je pas formidable ? Avec un coup de téléphone, un seul, je peux regagner tout l'argent parti
pour les jumelles. Mais je ne le donne pas, ce coup de
téléphone. Pour embêter ton père.

— Grand-père, ne voudrais-tu pas perpétuer ton nom
en léguant des tableaux de maîtres à Deauville ? Pour y
faire un musée.

— Léguer, léguer ! Tu me pousses vers la tombe.

— Non, vers une bonne action.

— J'ai horreur de donner. Dans des housses remplies
de naphtaline, j'ai encore de vieux costumes d'il y a
trente ou quarante ans. Donner ? Pourquoi ne pas arracher un morceau de ma chair ?

— Grand-père, tu as dit que l'air de Deauville te pro-
longe la vie...

— C'est vrai. Alors, à quoi bon parler de la mort ?

— Grand-père, tu as combien de Boudin ?

— Onze. Sept aux Etats-Unis, dans des chambres fortes. Et quatre à Genève.

— Pourquoi ne pas les donner à Deauville ? »

Il s'était mis dans une rage noire.

« Dis-moi, dis-moi donc, et sois franche : combien de
fois sommes-nous allés à Honfleur pour voir le Musée
Boudin ?

— Sept fois, grand-père.

— Et alors ?

— C'était toujours fermé. Mais peut-être avons-nous
mal choisi le moment. Nous ne nous sommes pas ren-
seignés avant...

— Et tu veux que la même aventure arrive à Deauville ? Avec mes Boudin...

— Donne aussi ta maison, et suffisamment d'argent
pour entretenir le musée T. Fais-le. Te souviens-tu de ce
que tu as dit de Deauville ?

— Je me souviens quand ça me plaît.

— A Deauville, on est bien reçu trois cent soixante-
cinq jours par an. Alors ?

— C'est vrai. Je l'ai dit. Alors ?

— Donne, grand-père.

— Une fondation ? Ils trouveront toujours une
excuse pour y accrocher un horrible truc moderne. »

Il s'était penché vers elle.

« Si tu n'étais pas contaminée par l'époque, je t'aurais refilé des tuyaux... les noms de quelques figuratifs vivants qu'il faut acheter, et celui d'un vieux qui fait de la peinture abstraite... Le vieux ? Le plus jeune de tous. Si tu avais du sang de marchand de tableaux dans les veines, je te dirais : achète donc Fontené... »

Elle avait hoché la tête.

« Grand-père, le médecin a dit que tu devrais faire attention à toi...

— Pas à Deauville. Ici, l'air me lave de toutes les conneries que j'écoute ailleurs.

— Il a dit, le médecin, que tu devrais aller nager... A la piscine.

— La piscine ? Je l'achète. Combien ?

— Tu ne peux pas...

— Comment ? Je peux tout.

— Tu ne peux pas acheter quelque chose qui n'est pas à vendre.

— Tout est à vendre.

— Non.

— Si.

— Non.

— Alors, je vais me faire bâtir la même... Devant ma maison.

— Ça prendra beaucoup de temps, grand-père. Et tu es âgé. Tu mourras peut-être avant qu'elle soit terminée. »

Alors, le milliardaire avait dû faire un aveu.

« J'ai trente milliards, mais je ne sais pas nager... J'étais un enfant pauvre.

— On te l'apprendra... la nage...

— A mon âge...

— A ton âge...

— Après les heures ouvrables ?

— Pendant les heures creuses. Si tu veux vivre, a dit le médecin, tu dois nager...

— L'eau doit être froide, avait-il dit.

— Non. L'eau est chaude.

— Je suis trop vieux.

— Tu es orgueilleux.

— C'est dommage, ma petite fille, que tu sois de la troisième génération. C'est dommage. On se serait si bien entendus... Toi, plus âgée...

« Si vous voulez vivre encore quelques années, allez nager. »

Le petit vieux était arrivé en grommelant au bord de la piscine des enfants! Emballé, comme un sucre d'orge, dans un peignoir de grand luxe. En slip de bain, il était maigre et difforme.

« Vous apprendrez, monsieur, la nage dorsale...

— Il veut me commander? » s'était-il écrié en regardant son professeur.

Anouk avait répliqué :

« Pour une fois, obéis! »

Il avait dû entrer dans l'eau, bardé de ceintures en liège et de bracelets gonflés. Il avait dû s'asseoir d'abord dans l'eau, et se pencher en arrière. Le professeur, près de lui dans l'eau, le tenait par la nuque.

« Soufflez, serrez vos jambes... Soufflez...

— Moi qui n'ai jamais eu le temps de souffler, avait-il dit à Anouk. On m'oblige à souffler...

— Soufflez, monsieur... Détendez-vous...

— L'eau est chaude, avait dit grand-père. Es-tu sûre qu'on ne me regarde pas?...

— Personne ne te regarde...

— Soufflez, ne poussez pas avec la pointe des pieds, mais avec le talon...

— Il me prend pour une ballerine! » s'était exclamé le petit vieux.

Et il avait avalé sa première « tasse ».

« Grand-père?

— Oui.

— ... Soufflez, serrez vos jambes...

— ... Grâce à cette piscine...

— ... Ecartez et soufflez...

— ... Tous les enfants de Deauville et des environs savent nager...

— Et alors?

— Le musée... Ils pourraient aussi connaître la peinture, grâce à toi... »

Pour sa première traversée du grand bassin, grand-père avait fait venir Maisy et Daisy. Au départ, c'est Daisy qui lui avait fait le petit signe d'adieu, et, à l'arrivée, cinquante mètres plus loin, c'est Maisy qui l'avait accueilli. Il faut dire que les jumelles en bikini avaient fait sensation à la piscine.

Le petit vieux avait pris ainsi l'habitude de longer le grand bassin, entre ses très chères jumelles.

Un jour, le petit vieux avait dit à Anouk :

« Dis donc, j'ai quelque chose à te dire...

— Oui, grand-père.

— D'abord, tu me vois aimable et maniable avec toi, ça ne veut pas dire que j'ai oublié le coup du corbillard. Je suis rancunier comme un éléphant.

— Oui, grand-père.

— Deuxièmement, il faut dire merci au directeur de la piscine qui m'a appris à nager...

— Vas-y...

— Non. Je n'ai jamais dit merci à personne.

— Il est temps, grand-père. »

Quelques semaines plus tard, lorsqu'il était sorti de l'eau, il s'était adressé à son professeur.

« Monsieur...

— Oui.

— Merci.

— Pas de quoi.

— Si.

— Je vous en prie.

— Ecoutez-moi...

— Oui.

— Je suis très riche.

— Ça m'est égal, monsieur. Vous nagez, c'est ce qui m'intéresse.

— Je voulais dire, simplement, avait dit le petit vieux, que sans vous, sans l'eau, je n'aurais jamais su ce qu'est la liberté. La liberté, pour moi, c'est nager... »

« Fais donc venir un notaire. Que veux-tu que je donne à Deauville ?

— Les onze Boudin, les deux Vermeer, les deux ou trois autoportraits de Van Gogh que tu as...

— J'en ai sept...

— Donnes-en trois.

— D'accord. Et quoi encore ?

— ... Des Clouet, des Manet, des Monet, les Berthe Morisot... Ton Rembrandt... Celui qui est dans ton bureau... A Paris.

— Mais ça m'embête, s'était-il écrié, de donner mes Boudin. Il est indécent d'exposer les Boudin. C'était un génie secret. Regarder un Boudin en public, c'est se confesser à un prêtre sourd. Imagine donc quelqu'un qui hurle ses péchés dans une église... « J'ai fait telle chose, tant de fois, mon père. » « Bien, mon fils, continue mon fils... » C'est scandaleux de livrer les Boudin à un public inculte.

— Le public qui viendra ne sera pas inculte, grand-père ! »

Il s'était retourné vers elle, blême :

« Et ceux qui osent frissonner encore devant un Toulouse-Lautrec... Les bonnes femmes se pâment devant Toulouse-Lautrec et disent : « Ah ! ah ! c'est immoral ! » Tu crois qu'il faut leur montrer les tableaux ? Non. Tu m'embêtes avec ton musée !

— Grand-père, comment peux-tu être aussi injuste ?

— J'ai tous les droits. J'en ai bavé pour les avoir, mes droits.

— Tu es vraiment un réactionnaire, grand-père.

— Non, je suis un homme riche.

— La révolution... Grand-père.

— Quant aux révolutions... »

Il avait eu un geste de mépris.

« A dix-sept ans, il n'y a que des veaux qui ne rêvent pas de révolution. La révolution n'est qu'une crise de croissance, un spasme... La conclusion rapide d'une sur-tension. Un soubresaut.

— En Russie, elle dure depuis cinquante ans, la conclusion rapide, avait-elle dit d'une petite voix métallique et elle avait ajouté :

— Pense donc au musée T. de Deauville... Pourquoi ne pas entrer ainsi dans l'éternité ?

— La donation est une montée vers la gloire par

132

l'escalier de service. La donation est une forme de chantage. Utilisée par ceux qui veulent être vénérés *ad vitam aeternam.*

— Tu ne peux rien contre la mort... avait-elle dit. Rien. Tu vas mourir un jour.

— Hélas! avait-il répondu. Et si je fais un musée, ce sera pour embêter ton père. Il a peur que je dilapide. Ton père est un besogneux angoissé. Il s'accroche à la fortune. C'est un instinctif qui manque de flair.

— Un jour, j'aurai tout, avait-elle déclaré avec un gentil sourire. Et je donnerai tout à l'Etat.

— Mais non, avait répondu le petit vieux. Mais non! Nous avons trouvé le système pour te dompter. Tu vas être privée de tout. Tu auras très peu d'argent, le juste nécessaire. Si ton père n'a pas un accident qui l'emporte avant terme ou une grave maladie, tu n'auras rien avant la cinquantaine. Rien que la soif et la faim de la possession. Des obsessions. L'imagination qui travaille : « Si j'avais fait ceci, si j'avais fait cela. » Et puis, lorsque ta vie va être bien broyée, la fortune te tombera dans les bras. Tu vas dévorer les possibilités, essayer de brasser les affaires, tu vas vouloir davantage... Tu vas être la plus féroce de nous trois...

— Je serai plus forte que l'argent...

— Mais non, ma petite fille, mais non. Et je peux te tenter mieux que le diable. Tu aimes la peinture. Tu as l'amour de la peinture dans ton sang. Imagine donc une arrivée à New York, ou à Genève, où tu es reçue par quelques hommes solennels. Tu prends place dans une immense voiture, on ne fait qu'un signe de la tête pour que le chauffeur démarre — au niveau où nous nous trouvons, on travaille avec des signes —, tu arrives dans une banque, tu descends, toujours accompagnée, dans les sous-sols où, la gorge serrée d'émotion, les employés, te regardent. Avec un petit geste, tu écartes les inutiles et tu pénètres dans une de tes chambres fortes. Alors, seule, avec le sous-fifre — il deviendra, après la séance, sourd, muet et aveugle; il rampera de dévotion —, avec son aide, tu commences à dérouler les toiles. Tu ressens, dans un état de jouissance, le bonheur de posséder. Dans la chambre forte, je me délecte. C'est là-bas que j'ai mes Vermeer. J'ai ma dentellière à moi ! Baignée dans une lumière irisée, elle semble rêver. Vermeer a peint son regard ! J'ai comme une liaison avec elle. Je la séquestre dans une chambre forte, pour qu'elle me reste fidèle. Je possède, avec ce tableau, l'essentiel du génie de Vermeer. Sa tristesse nacrée, ses ombres marron, l'angle douloureux d'un meuble, le voile perlé, le scintillement pudique.

« Et puis, le tête-à-tête avec un autoportrait de Van Gogh ? Se plonger dans son regard illuminé. Le dévisager. Un duel. J'ai ces autoportraits ; ils sont plus vrais que n'était l'homme lui-même ; l'empreinte du génie dépasse les limites de l'art et frôle les frontières de la psychanalyse. Les autoportraits de Van Gogh, il faut les affronter, ma petite fille. Il faut avoir de la carrure pour rester seul avec l'image que l'artiste a arrachée de lui-même. Parfois, je décèle dans ce regard de feu un certain mépris ; parfois, je m'apaise auprès de lui ; nous conversons. Dans ces moments-là le sous-fifre n'est jamais là... Il me laisse seul, sur mon ordre. Nous nous fixons, Van Gogh et moi, dans une chambre forte, une crypte qui ne s'ouvrira qu'à ma demande, pour me laisser partir, moi. Le regard de Van Gogh domine ma vie.

« Les Boudin, je les aime avec la tendresse d'un enfant. Un jour, si tu avais l'occasion d'aller à Washington, regarde donc les Boudin de la *National Art Gallery*. Regarde donc « le Concert public à Deauville », et « la Plage de Villerville ». Regarde religieusement ces tableaux dont la lumière te remplira l'âme, les longues robes de ces dames, leurs jupes froufroutantes qui frissonnent dans le vent, et le frémissement de leur voilette sur leurs chapeaux. Tu auras envie de mouiller ton doigt pour sentir toi-même le vent. Admire le rouge de Boudin. D'abord, tu es submergée par le gris perlé. Tu n'es plus qu'une pauvre chair molle qui s'accroche à une paroi nacrée ; tu claques des dents parce que les nuages accumulés déversent bientôt leurs eaux sur ta tête ; mentalement, tu mets une écharpe autour de ta gorge, tout en respirant profondément l'air du grand large. Alors, le rouge te réchauffe. La note rouge de Boudin sur un tableau, c'est la cape d'une dame, le bas d'un drapeau, la veste d'un enfant, qu'importe! Le rouge est là.

« Ma petite fille, si tu pouvais vieillir vite, pour apprécier la vie... »

Anouk lui avait dit :

« Grand-père, tu ne t'en fais pas pour ceux qui crèvent.

— C'est ce qui m'a permis de m'occuper de moi-même. Il est impossible d'avoir en même temps un idéal et de l'argent. L'un chasse l'autre.

— Grand-père, pourquoi as-tu un tel mépris pour l'humanité?

— Parce qu'elle a permis ma réussite. Parfois, je rougis en pensant aux sots que j'ai doublés dans des affaires où tout est permis. Qu'est-ce que j'ai vu comme sots honnêtes...

— Grand-père, crois-tu dans la justice?

— Si on est du bon côté, elle est belle, la justice.

— Grand-père, en quoi crois-tu?

— J'imagine que l'enfer, le paradis et le purgatoire existent. J'ai peur de l'éternité.

— Que ferais-tu au paradis, grand-père?

— Je leur offrirais une Pieta, d'une bonne école italienne...

— Et que ferais-tu en enfer, grand-père?

— J'achèterais le diable, pour qu'il chauffe moins...

— Grand-père, c'est quoi, la famille?

— Une certaine morale que tu fabriques pour toi-même.

— Et la patrie, grand-père?

— Un piège à loups! La patrie?... Un mot pour dupe sentimentale... Un prétexte pour mourir...

— Et lorsqu'on tue dans une famille dite bourgeoise? Regarde-moi, grand-père! Tu sais de quoi je parle. Regarde-moi bien... »

Alors, il avait haussé les épaules.

« Je ne peux pas te répondre. Tuer? C'est quoi? Tuer? Je ne sais que vaincre. Et ça veut dire souvent : voler. »

Après sa mort, père avait, avec quelques juristes, inventé des vices de forme au codicille, et Deauville n'avait pas eu son musée. La ville n'avait jamais su de quel trésor on l'avait dépossédée.

ANOUK s'exclame :

« Oh !... »

Elle se retourne, l'Américain se tient près d'elle, presque derrière elle, et il fait « chut », en mettant l'index devant la bouche. « Chut. »

« Il ne faut pas crier ici, on pourrait croire que vous voulez voler un tableau et que je vous prends la main dans le sac. »

Un léger mouvement des gardiens. Ils se concertent entre eux, ils hochent la tête et, aussitôt après, ils s'éloignent pour retrouver leurs places initiales, où ils restent figés, presque immobiles, le regard rivé sur les salles, et leurs mains croisées derrière eux. Dans le dos. Il y en a un seul qui tient sa ceinture chargée d'armes, comme s'il s'y accrochait.

« Vous m'avez fait peur... dit Anouk.

— Peur ? Avec tant de gardiens autour de vous ? Vous auriez dû attendre quelques minutes de plus dans le hall de l'hôtel. Vous êtes partie trop vite... J'ai dû téléphoner à Dorothy; sa ligne était occupée, j'ai recommencé plusieurs fois. Il fallait que je lui parle... Arrivé en bas, plus d'Anouk. Fini. Partie.

— Il ne fallait pas vous déranger, dit-elle.

— Rien ne m'y oblige, répondit-il. J'ai dit à Dorothy que je sortais avec vous. Elle est parfois un tout petit peu jalouse, mais elle ne le dit pas.

— Vous la rendez jalouse ? »

Il se met à sourire.

« Il y a des filles partout, au bureau, dans l'ascenseur. Je descends toujours en ascenseur avec quatre ou cinq filles. Partout il y a des filles... Elle est jalouse. Parce qu'il y a trop de filles...

— Mais pourquoi lui dire que vous m'avez rencontrée ?

— Parce que nous nous disons tout, avec Dorothy. Un ménage n'est bien réussi que lorsqu'on se dit tout. Vous voulez rester encore longtemps dans ce musée ?

— Je viens d'arriver, dit-elle.

— Demain, dit l'Américain, demain, vous reviendrez... Je ne serai plus là... C'est beau ici. Très beau. Ce sera aussi beau demain.

— Monsieur... »

Elle corrige et dit, un peu gênée :

« Steve... Où va-t-on ?

— Partout. Il est dix heures quarante-cinq. Je dois retourner voir mon ami malade près d'Annapolis vers seize heures. Et je prendrai l'avion ce soir pour rentrer chez moi à New York. Il y a toujours des avions pour New York. Comme des autobus.

— Je reviendrai demain », dit Anouk.

Elle a une profonde envie de regarder l'Américain. Pas à la dérobée. Mais vraiment. Comme un enfant qui regarde un arbre de Noël.

Il s'arrête, ils sont maintenant dans une galerie peuplée de statues. Plus loin, dans une rotonde, entourée de colonnes en marbre foncé, une fontaine. L'eau illuminée jaillit autour d'une statuette de jeune garçon.

« Il faut vraiment vous traîner... Comme un enfant...

— Je suis la fille d'un marchand de tableaux, le musée m'intéresse, surtout celui-ci. Un des plus beaux du monde...

— Demain, dit-il. Vous verrez tout cela demain. A votre aise... La ville est intéressante aussi... »

A cause d'un groupe qui les croise, ils sont obligés de s'écarter un instant. Anouk regarde enfin Steve.

Il est grand, l'Américain. Ses cheveux courts sont, ici et là, éclaircis par le soleil.

« A quoi pensez-vous, Anouk ? »

Lorsqu'il parle le français, il a un accent assez fort.

Anouk est devenue à nouveau Anjouk. Il se penche sur elle. Un grand garçon, sain, plutôt beau. Ses vêtements clairs sont impeccables.

« J'aimerais... dit Anouk.

— Quoi ? »

L'Américain la tient par le bras.

Elle a un moment de panique. « Il faudrait que je me sauve, se dit-elle.

— Qu'est-ce que vous aimeriez ? »

Elle n'ose pas dire qu'elle aimerait fuir. L'Américain l'attire et l'effraie. Cette frayeur est créée par le sentiment de la crainte d'une éventuelle dépendance, physique ou morale. Il a beau parler de Dorothy, de son petit garçon, de sa vie rangée, Anouk a l'impression que, derrière cette façade, il y a un autre homme, peut-être un cavaleur; sinon un rêveur, quelqu'un qui pourrait avoir une emprise sur elle.

« J'aimerais boire un café...

— Au rez-de-chaussée, il y a une cafétéria... »

Il la précède de quelques pas. Pourquoi cette hâte ?... L'homme semble impatient. Fragile aussi. « Qu'est-ce que je suis en train de penser ? se dit Anouk. Un atlhète fragile, c'est ridicule. C'est un homme comme un autre. C'est aussi la différence de race qui m'attire. Son accent, sa démarche. Une multitude de petits mystères que quelqu'un d'un autre pays transporte avec lui. D'autres habitudes, d'autres mœurs. Un passé inconnu, donc séduisant. »

« La musique ne vous énerve pas ? interrogé Steve.

— M'énerver ?

— Oui.

— Non. Au contraire. »

Steve se mord la lèvre inférieure.

« Vous vous rongez les ongles aussi ? lui demande Anouk.

— Je ne sais pas de quoi vous parlez...

— Celui qui se mordille la lèvre se ronge aussi, souvent, les ongles, m'a-t-on dit.

— Je ne me ronge pas les ongles, dit l'Américain. Chez nous, on n'a pas l'habitude de faire des observations sur les autres...

— Excusez-moi, dit-elle. Ce n'était que de la conversation. Ce qu'on appelle en français : le bavardage. Parler pour ne rien dire.

— On ne bavarde pas en Amérique, dit-il. On n'a pas le temps. »

Ils descendent rapidement l'escalier; ils retraversent l'entrée; ils passent devant la dame qui distribue aux visiteurs le plan — gratuit — du musée.

« Par ici », dit Steve. Et il la guide le long de couloirs ouatés. Ils arrivent vers la cafétéria.

« *You must take the line* », dit l'Américain.

Anouk se remet dans le rang de ceux qui attendent de pouvoir passer devant le comptoir, en faisant glisser leur plateau de plus en plus chargé de victuailles au fur et à mesure qu'ils avancent. Le terminus est la caisse.

« En Amérique, il faut toujours faire la queue et attendre son tour... Il ne faut jamais vouloir passer devant quelqu'un d'autre...

— Juste un café », dit Anouk à la serveuse.

Elle se retrouve, aussitôt après, avec un gobelet rempli de café, devant la caisse.

Elle fait semblant de chercher la monnaie.

« Laissez, dit Steve. Ce n'est pas cher. Je vais payer votre café. »

Ils s'installent devant une petite table. Il y a beaucoup de gens autour d'eux. Certains mangent déjà un plat chaud.

« Si vous voulez du sucre... » dit Steve.

Anouk se sert.

« On boit beaucoup de café en France aussi. Mais il est plus fort... votre café... Je suis déjà allé à Paris. Au Quartier latin... Saint-Germain-des-Prés. C'est joli. J'ai habité un hôtel près de la rue de la Harpe.

— Vous avez fait une partie de vos études chez nous ? » lui demande Anouk.

Elle ne sait pas quoi dire à ce garçon serviable.

« Six mois en France. C'est l'armée qui m'a envoyé... Cours de perfectionnement.

— Qu'est-ce que vous faites dans la vie ?

— Je travaille dans un bureau, dit-il. Avant, c'était plus intéressant. Je gagnais plus d'argent aussi. Et votre

mari ? Qu'est-ce qu'il fait, lui ?... Il doit avoir un très bon
job s'il peut vous amener à Washington... Et dans un
hôtel cher...

— C'est votre hôtel aussi, dit Anouk.

— Juste pour une nuit. Je n'ai pas trouvé de place
ailleurs. Trente-cinq dollars la nuit, c'est très cher...

— C'est mon père qui m'a payé le voyage, dit Anouk.

— S'il en a les moyens, enchaîne l'Américain, c'est
gentil de sa part. Il faut encore pouvoir le faire... Vous
dites qu'il est marchand de tableaux...

— Oui...

— C'est un bon métier... Où a-t-il sa boutique ? Dans
quel quartier ?

— Près de la Seine, dit Anouk. Rive gauche.

— Evidemment, la rive gauche. Tous les étudiants
achètent des reproductions... Il vend les cadres aussi, ou
seulement les reproductions ?

— Pas de cadres », dit Anouk.

Et elle pense au cercueil du petit vieux dont les poignées étaient en or massif.

« Au moins, avait-il dit après sa crise d'hémiplégie,
au moins mon fils versera de vraies larmes en me
voyant disparaître. Ça va être hilarant, son chagrin, ma
petite fille. Ton père est un épicier. Lorsqu'il verra descendre dans la terre un kilo d'or sur mon cercueil, il
sera effondré de chagrin. »

Elle regarde l'Américain. Cet homme ne sait rien
d'elle. Elle apparaît comme la petite Française moyenne
qui, par miracle, a pu venir à Washington. Elle est
comme tout le monde.

« Je gagne mille cinquante dollars par mois, dit
Steve. Les taxes diminuent cette somme. Nous avons
une multitude de taxes... Chez vous, c'est l'impôt,
n'est-ce pas ? Est-ce que votre mari gagne cette somme
par mois ?...

— J'imagine... à peu près...

— On n'imagine pas le salaire de son mari, on le
sait... S'il gagne ce que je gagne, c'est qu'il a de la
chance. Mais, il doit gagner plus s'il vous a amenée à
Washington. Avez-vous une voiture à vous ?... Dorothy a
sa voiture...·

— J'ai une toute petite voiture », dit-elle.

L'Américain se penche vers elle, et couvre de ses mains les mains d'Anouk.

« Je ne sais même pas votre nom... »

Elle a le souffle coupé. Ses jambes deviennent inertes. La présence de Steve la désoriente. Qu'il parle de son salaire ou bien des sourcils de Dorothy, cela revient au même. Il est là, péremptoirement. Anouk ferme les yeux. « Je vais me laisser embrasser par lui... en souvenir », se dit-elle.

— Pourquoi fermez-vous les yeux? demande Steve.

— Pour mieux vous voir, répond-elle en français.

— Je ne vous comprends pas... »

Elle se replonge dans l'anglais.

« C'est le décalage horaire... Je suis peut-être fatiguée...

— Terminez votre café, et on s'en va après... dit Steve.

— Je voudrais un Coca-Cola aussi...

— Après le café? Un Coca-Cola?

— Oui. J'ai soif.

— Je vous en apporte un... »

Il trouva cela bizarre, de vouloir boire deux choses. L'une après l'autre.

Anouk le regarde s'éloigner et reprendre sa place dans la file qui se forme perpétuellement devant le comptoir. Son cœur bat fort; elle allume une cigarette; elle a les yeux fixés sur Steve qui va lui acheter un Coca-Cola. Steve lui appartient pendant cette courte période. Ses mouvements lui appartiennent : son trajet jusqu'au comptoir, son geste pour prendre la bouteille. Une dame noire décapsule la bouteille. Steve reprend avec précaution la bouteille. Il continue dans la file. Il va vers la caisse. Il paie. Il revient. Sa traversée de la salle. Son allure d'adolescent. Un soupçon de maladresse lorsqu'il frôle une chaise. Juste ce qu'il faut pour attendrir. Un sourire. « *Excuse me* », dit-il. Tout cela appartient à Anouk. Un charme qui ne correspond pas aux paroles. Se faire toute petite, minuscule, anodine, devenir douce, se dompter, le capter... Bonne petite Française moyenne, boucle-la! Prends le cadeau qu'est cette journée...

« Votre *Coke*... » dit Steve.

Elle boit et dit :

« Vous devez avoir une vie agréable... »

Il se met à son aise sur la chaise. Il s'étire.

« Oui, dit-il. C'est pour ça que j'étais tout bouleversé en revoyant mon ami Fred. Lui, il n'a pas eu ma chance... Mon ami Fred, que je suis venu voir... Un vrai copain...Plus. Un frère... Mieux qu'un frère. Lui...

— Lui, quoi ?

— Il a été très malade.

— De quoi ?... demande-t-elle, distraite.

— Au Vietnam. Moi, je m'en suis tiré à bon compte. Lui... Il a eu une très grave dépression... De contra-riété...

— Qu'est-ce qu'il n'aurait pas voulu faire ? demande Anouk.

— Tuer... » dit Steve.

Et il se met à sourire.

Anouk renverse son verre. Le reste du Coca-Cola s'étale sur la table...

Steve hoche la tête.

« Vous êtes maladroite... Encore un ?

— Non », répond-elle. Et elle se lève. « Partons.

— Vous avez beaucoup bu... Un café et la moitié d'un *Coke*... »

Il dit : c-o-o-k...

Et de nouveau dans les couloirs :

« Il est guéri, maintenant ? »

Steve hausse les épaules.

« A peu près. Il vit avec sa mère... »

Lorsqu'ils se retrouvent sur le trottoir, devant le musée, la chaleur étourdit Anouk.

« Venez », dit l'Américain.

A peine assis dans la voiture, Steve met en marche l'air conditionné.

« Vous le voulez froid, ou très froid ?...

— Froid. »

Ululement de sirène. Une complainte aiguë, un san-glot prolongé, deux voitures passent très rapidement à côté de la leur.

« Dès qu'on entend la sirène de la police, dit Steve, il faut s'immobiliser. »

Il est énervé.

Il démarre. Les policiers sont déjà loin.

« Je vais vous montrer le monument Lincoln. Et après, nous remonterons le Potomac dans le hors-bord de Fred. Il me le prête, lorsque je viens à Washington. Avant le Vietnam, j'ai fait beaucoup de ski nautique avec lui.

— Il est gentil, Fred, dit Anouk.

— Oui. Très.

— Et il travaille ?

— Par périodes.

— Vous ne pourriez pas me dire ce qui s'est passé avec lui au Vietnam ? demande Anouk.

— Regardez plutôt Washington, dit-il. C'est une belle ville... Je pourrais aussi vous emmener au cimetière d'Arlington où le président Kennedy est enterré...

— Qu'est-ce qu'il devient, un soldat qui a une dépression ?

— On le rapatrie... Et on le guérit... Sauf que Fred... Regardez le Potomac... Et les ponts... C'est beau, Washington !

— ... que Fred ?

— Il tuerait n'importe qui dans un moment de crise... Même moi.

— ·Oh ! dit Anouk. C'est horrible...

— Voilà le monument Lincoln...

— Comme un temple en marbre blanc, prononce Anouk.

— Vous voyez, d'ici... La statue, derrière les colonnes.

— Oui, dit-elle. C'est beau. »

Steve arrête sa voiture.

« Pour cinq minutes... Venez, je vais vous présenter à Lincoln. C'était un grand Américain.

— Un grand Américain », répète-t-elle, pensive.

Et puis, elle ajoute sans trop de malice :

« Et vous, vous êtes un Américain comment ? Grand ? Petit ? Moyen ?

— Un Américain, dit-il. Comme les autres. « *Workerman.* »

Elle cherche instantanément la traduction littérale :

« Un travailleur ? Chez nous, on dirait cadre moyen. »
Steve semble distrait.

« La différence des deux langues, dit-il. Vous et moi,
nous ne disons jamais les mêmes choses avec les
mêmes mots. »

Il ne la regarde pas.

« Vous avez l'habitude d'une autre vie... D'autres
mots et d'autres gens... »

Il est distant.

Au bord de la chaussée qui entoure le monument
comme un cercle en béton brillant, la voiture de Steve
se chauffe sous le soleil. D'ici, le monument paraît
admirable. Les marches en marbre blanc se prêtent aux
visiteurs jusqu'aux colonnes, elles aussi en marbre
blanc, derrière lesquelles on devine la statue de Lincoln, assis dans un fauteuil en marbre, sur un piédestal.
A travers le pare-brise, le regard d'Anouk effleure une
avenue somptueuse, bordée de parcs. A droite, dans un
immense parterre, une pièce d'eau s'étire jusqu'à la
colonne lointaine derrière laquelle apparaît la coupole
du Capitole.

Il est temps qu'Anouk se décide, qu'elle quitte enfin
la voiture, qu'elle gravisse les marches d'un pas alerte,
qu'elle soit, comme d'habitude, jolie, prête à répondre,
avide d'affronter. Qu'elle se bagarre pour un rien,
qu'elle se montre hautaine. Qu'elle affiche ses connais-
sances et ses impatiences, qu'elle sorte quelques slogans
sur le Nouveau Monde, qu'elle fasse miroiter un certain
petit mépris devant cette crise de gigantisme qu'est
pour elle ce monument Lincoln.

« J'imaginais que Washington était un ramassis de
buildings gris — je cherche des gratte-ciel encore — et
j'ai trouvé une ville toute blanche et verte, comme si
elle avait été conçue à partir du quartier de l'Etoile et
des grandes avenues qui l'entourent, auxquelles on
aurait ajouté les Invalides. Qui peut avoir peur, et de
qui dans une si belle ville ? » dit-elle.

Elle cherche à provoquer.

Toujours par la vitre de la voiture, Anouk découvre
du regard un marchand de souvenirs. Et, aux alentours,
quelques bancs où les gens s'assoient pour attendre les

autobus bleus qui les cueillent toutes les demi-heures pour faire la tournée des monuments.

« Washington est une ville très agréable, dit Steve. Avec les à-côtés de toutes les grandes villes... »

D'un petit geste, il arrête l'air conditionné.

« On raconte tant de choses », dit-elle.

Elle désirait secouer un peu son Américain flegmatique; elle aimerait faire sortir de sa coquille l'escargot; elle aimerait bien voir cette bête nue qu'est un Américain poli, habitué à être maltraité et à se disculper. Irritée par l'indifférence de Steve, elle tannerait bien la peau de l'escargot.

« Qui raconte et quoi ?

— Par exemple, le masseur. Hier soir, je me suis fait masser; il a voulu me faire peur, je crois. Il a dit que tout le monde peut être tué, n'importe où et à n'importe quel moment... »

Steve hausse les épaules.

« C'est comme ça partout. Votre mari, qu'est-ce qu'il vous a dit ? »

Anouk fait de la surenchère :

« Rien. Il aime tellement l'Amérique, il a une si grande passion pour votre pays que, même si on lui tapait sur la tête, il dirait : encore !

— Est-ce qu'on lui a déjà tapé sur la tête ?

— Non. C'était une image. Je voulais donner un exemple.

— Vous me parlez comme à un enfant idiot, dit Steve. Vous voulez toujours tout expliquer. C'est vous qui ne comprenez pas bien ce que je pense ou ce que je dis... On aurait très bien pu taper sur la tête de votre mari, s'il vient, comme vous me l'avez dit, souvent à Washington.

— Je ne désire pas vous agacer, répond Anouk. Je voulais vous dire que mon mari aime tellement l'Amérique qu'il ne lui reconnaît aucun défaut. Il nie l'évidence.

— Quelle évidence ? »

Elle cherche.

« L'évidence...

— Alors... Je vous écoute ! J'attends. »

Elle se tait.

146

Un filet de sueur s'engage sur son dos. Comme le passage d'un insecte mouillé.

« En principe, mari et femme pensent souvent de la même manière, dit Steve. Vous êtes mariée depuis combien de temps ?

— Treize mois...

— Une jeune mariée... ajoute Steve. L'amour... »

Un deuxième filet de sueur démarre de la nuque d'Anouk. Il traverse l'espace délicat entre le col du chemisier et la peau, il dégringole rapidement sur le haut du dos et s'arrête à la hauteur de l'étroite bande qui tient le soutien-gorge.

« Je ne crois pas, dit-elle, prudente. C'était plutôt un mariage... »

Elle veut dire le mot : raison.

« ... Un mariage prémédité... Pas plus. Le grand amour n'est pas à la mode...

— *Big love* », dit-il, pensif.

Et il ajoute, en français :

« Grand amour.. :

— Vous le connaissez, le grand amour ? » interroge Anouk.

Et un troisième filet de sueur naît entre ses seins.

Steve hoche la tête et répond consciencieusement :

« Non. Je ne suis pas fait pour les grands sentiments. J'ai une petite vie tranquille. Dorothy était une amie d'enfance. Nous étions élevés de la même manière; nous avons mangé la même nourriture et vu les mêmes programmes de T.V. à la même époque. Nous savons tout l'un de l'autre. Lorsque je rentre du bureau, je l'embrasse sur le front. Je prends Lucky dans mes bras, je joue avec lui et, après, je regarde la T.V., ou je bricole. Je suis content d'être avec vous, j'aurai de quoi lui raconter, ce soir, à Dorothy...

— Vous avez fait suer une Française dans votre voiture... C'est bon à raconter... »

Anouk est volontairement grossière.

Dorothy l'agace. L'Américain l'agace aussi. Son aspect est trompeur. Ce corps séduisant, ce regard inquiétant cachent un médiocre. Un petit bourgeois américain aussi sot que le serait son équivalent français. On baise bobonne le dimanche; après, on regarde le match à la télé; on bouffe le gigot avec les haricots verts, chaud à midi, froid le soir. On pue l'ail. Et on se dit heureux. Qu'est-ce qu'ils doivent bouffer ici à la place du gigot et des haricots ?

« Faire suer, c'est quoi ?

— Une expression vulgaire. Ça veut dire : faire transpirer. Ça a aussi un autre sens.

— C'est pour vous obliger à descendre », dit Steve.

Elle sort de la voiture que Steve ferme avec soin.

Ils se trouvent maintenant sur le large trottoir. De l'autre côté, des autobus bleus viennent de repartir avec leurs cargaisons de touristes. Une foule colorée et silencieuse monte vers la statue de Lincoln. D'autres gens, très nombreux, en descendent.

Steve prend Anouk par la main. La main de l'Américain est fraîche.

Ils gravissent les trois premières marches en marbre blanc.

« Pourquoi dire des choses vulgaires ? se renseigne-t-il. Pourquoi ? »

Sous le soleil cuisant, elle compte les marches. Elle pense à son grand-père qui comptait ses pas. « Douze, treize, quatorze, et zut... se dit-elle. Je ne compterai plus. »

Les gens arrivent en grappes. Parfois, il faut même s'écarter. Ils descendent en masse, en force, en rouleau-compresseur. Anouk perçoit des mots allemands, des bribes de français aussi, et quelqu'un chuchote près d'elle en italien. Comme si on lui avait glissé un secret à l'oreille. C'est un Italien qui parle à un autre Italien. Très près d'eux.

« Vous ne m'avez pas répondu. Pourquoi êtes-vous grossière ?

— Ça soulage, dit-elle. Et c'est à la mode... Et puis... »

Elle ajoute très rapidement en français :

« Nous sommes une génération enculée. Il n'y a pas de quoi être délicat...

— Je ne comprends rien du tout, quand vous parlez si vite, dit Steve.

— Ça ne fait rien, dit-elle. Vous ne perdez rien. Je

suis odieuse, Mr. Dale. Et il vaudrait mieux me laisser tomber. Je vous agacerai trop. Vous vivez dans un monde rétréci.

— Dans un monde quoi ?

— Rétréci, s'écrie-t-elle. Allons donc voir votre Lincoln. Excusez-moi à l'avance si je vous dis zut. Je déteste les monuments. Je n'aime que les êtres vivants, les gens de la rue, les quartiers interdits... C'est bien ma chance de n'avoir pas été draguée par un intellectuel de gauche, mais par un... »

Elle le regarde pour mieux le définir :

« Par un brave type. »

Steve l'observe. Il garde son sang-froid comme s'il n'était pas concerné.

« Brave type, c'est « *good man* », n'est-ce pas ? Oui, je suis un brave type... La preuve : je perds mon temps avec vous... J'ai envie de vous ramener à l'hôtel tout de suite. Ce qui m'a plu en vous, c'était la distinction, la retenue, une sorte de réserve. Une disponibilité de bon aloi. Vous êtes aussi désagréable que les filles d'ici qui se disent hippies, qui portent des blue-jeans et qui ne se lavent pas les cheveux. Moins propre que vous l'êtes maintenant, vous seriez très bien à votre place, le soir, à Georgetown... »

Ils viennent d'arriver sur la plate-forme, une sorte de galerie ouverte, bordée de colonnes.

Anouk évite de regarder le monument. Elle dit méchamment à Steve, pendant que la foule les entoure, les déplace, les bouscule :

« Il y a de quoi s'en faire chez vous... Et de quoi se droguer... Ce qu'on doit s'enquiquiner dans votre milieu !... »

Le « enquiquiner » en français désoriente Steve. Mais le reste le chauffe de colère. Il serre le bras d'Anouk pour l'empêcher de dire trop de sottises.

« Aïe ! s'écrie-t-elle. Encore un peu, et vous me cassez le bras. »

Steve la lâche soudain.

« Je voulais juste vous faire taire. Excusez-moi, dit Steve. Je suis navré. »

Anouk lève la tête vers Lincoln. Elle ressent une violente sympathie pour cette statue, plus humaine que son compagnon Steve. Lorsqu'elle avance, la foule lui laisse le passage. Hypnotisée, elle se cognerait contre n'importe qui. « Si Dieu il y a, si Père il est, Lincoln lui ressemble », pense-t-elle.

Dans un coin de l'immense salle, se trouve une sorte de guérite. Un homme y est assis et il distribue, à la demande, un fascicule de renseignements sur le monument. Anouk passe devant lui et prend deux prospectus.

« Vous en prenez deux parce que c'est gratuit ? Ou parce que vous en avez besoin ? » demande Steve.

Elle hausse les épaules.

« Je n'en sais rien. Parce que c'est gratuit.

— Alors, prenez-en un seul. Une personne ne doit prendre qu'un seul exemplaire. Pourquoi gaspiller ? »

Avant de repartir, elle lit attentivement l'inscription qui se trouve derrière la statue :

> *In this Temple*
> *As in the hearts of people*
> *For whom he saved the Union*
> *The memory of Abraham Lincoln*
> *is inschrived for ever.*

« J'ai faim, dit-elle. J'ai même très faim.

— Je vous emmène manger du poulet, dit Steve. Venez... Il est midi dix... Je vous emmènerai dans un endroit où les touristes de votre genre ne vont jamais. Dans un endroit pour « *workers* ».

— « *Worker, worker* », répète-t-elle. Avec vos voitures somptueuses, je veux bien être « *worker* », moi aussi !

— Nos voitures épatent les Français... Ils oublient les distances que nous avons à parcourir. Comment faire un long trajet en « deux chevaux » ?

— Il faut circuler en avion...

— L'avion est cher, dit Steve. Le déplacement d'une famille nombreuse de la classe moyenne est plus économique en voiture qu'en avion. Tout le monde n'est pas riche en Amérique. Quand nous allons voir ma belle-mère en Pennsylvanie, Dorothy, ma mère, Lucky et moi,

nous y allons en voiture. Pour quatre, c'est moins onéreux que l'avion. »

De nouveau, sur les marches.

« J'ai très chaud, dit-elle.

— Tout le monde a chaud... Mais il fait encore plus
chaud en juillet, en août. Ceux qui le peuvent s'en vont
d'ici, en été. »

Ils descendent les marches.

Anouk obéit à une impulsion et lui tend la main...

« Si on faisait la paix... »

Il la reprend par la main. Et un groupe de touristes
japonais qui monte les marches se sépare pour les laisser passer.

« J'aimerais acheter un souvenir, dit Anouk. On peut
aller au kiosque ?

— Bien sûr. »

Il la tient toujours par la main.

Anouk regarde attentivement les objets exposés dans
la vitrine du kiosque. Elle aperçoit la reproduction de la
statue de Lincoln. Un presse-papier.

« C'est en plastique ? demande-t-elle.

— En marbre. Douze dollars... dit la vendeuse.

— J'en prendrai un. Un blanc.

— Ils sont tous blancs, dit la jeune fille noire. Tous.

— Des cartes postales aussi...

— Vingt-cinq *cents,* la carte.

— Cinq... Non, quatre.

— Treize dollars. »

Anouk tire un billet de vingt dollars de son sac. Steve
n'est pas du tout gêné. Il ne regarde pas ailleurs,
comme ferait un Français. Il ne va pas juste demander
un renseignement à l'agent. Il ne noue pas avec soin ses
lacets. L'achat terminé, Anouk imagine que Steve proposera de porter son paquet. Mais non. Comme ils
retraversent la chaussée, grâce à un agent, au milieu du
flot des voitures, Anouk doit presque précipiter le pas
pour ne pas perdre Steve. Ils reviennent vers la voiture,
Steve l'ouvre de son côté, s'y assied et ouvre de l'intérieur l'autre portière. Anouk s'assied sur le cuir brûlant.
L'air conditionné la baigne aussitôt dans une fraîcheur
agressive.

151

« Mon mari est sensible de la gorge, dit-elle. Chez vous, il passerait sa vie au lit; ces changements brusques de température sont dangereux.

— Pour ceux qui n'ont pas l'habitude, peut-être », dit Steve.

La voiture s'engage dans le flot des véhicules.

« On va où ? demande Anouk.

— Vers le centre. Vers F-Street. Là-bas, il y a des bars où on peut manger un sandwich au poulet. L'Amérique en vit. Il y a ceux qui fabriquent le poulet industriel et ceux qui en mangent. C'est l'aliment le moins cher. Le bifteck est très cher. »

« Comment dans un corps si séduisant peut se cacher un raseur pareil ? » se demande Anouk. Et elle dit :

« Supposons que je sois avec votre ami Fred, me parlerait-il aussi de poulets industriels ? »

Steve hausse les épaules.

« Pas sûr. Il vous aurait fait, peut-être, la cour. Avant qu'il ait eu le choc qui l'a détraqué, Fred était coureur; il avait des aventures. Des filles, beaucoup de filles. A l'époque, il m'a déconseillé le mariage avec Dorothy. Il a dit que j'allais m'ennuyer dans la vie conjugale... Il s'est trompé. Nous n'avons pas la même nature. D'ailleurs, c'est ça qui nous a rapprochés ! Il était un peu... Comment vous expliquer ?... Presque... Un aventurier patriote. Oui, presque un aventurier... Dans le bon sens. Regardez, c'est le pont d'Arlington... »

Un pont élégant sur le fleuve étincelant, aveuglant d'éclats métalliques. Des perspectives. La grandeur. Des distances. Soleil.

« Voulez-vous voir le cimetière d'Arlington ? Le président Kennedy...

— Pas de cimetière, l'interrompt-elle. J'ai horreur des cimetières. Ils me font peur...

— La mort vous fait peur ? » demande l'Américain.

Ils sont maintenant dans une avenue à grande circulation. Leur voiture n'avance qu'à vingt à l'heure.

« La mort rapide m'est égale, dit-elle. Mourir dans un éclatement. Crever comme un ballon et rendre l'âme dans un sifflement... Mais j'ai vu l'agonie de mon grand-père... La lutte pour les minutes, pour les secondes... J'ai constaté l'extrême lucidité de mon grand-père qui disait « adieu » à tout ce qu'il aimait. Il était terrorisé par l'idée de la mort...

— Vaut-il mieux mourir sans le savoir ? se demande Steve. Je n'en suis pas sûr.

— Moi si !... s'exclame Anouk. Vous n'avez jamais dû voir mourir quelqu'un... Jamais... Autrement.

— C'est un théâtre, ici », dit Steve.

Et il montre un bâtiment sur une petite place.

« Le théâtre de la ville de Washington. On a joué « Hair » ici... J'ai vu l'affiche... Vous avez vu « Hair » ?...

— Oui, dit-elle. A Londres.

— A Londres ? »

Feu rouge.

« A Londres. Avec mon grand-père.

— Ce n'est pas un spectacle pour grand-père !

— Mon grand-père n'était pas un grand-père comme les autres...

— Ici, c'est la 10ᵉ Rue, dit Steve. On va laisser la voiture dans le parking. C'est un mauvais quartier. Un peu le bas-fond.

— Chic alors ! dit-elle. La beauté, ras le bol.

— Comment ? Vous parlez trop vite le français.

— J'ai dit que je serai contente de voir une partie de la ville qui est moins impressionnante... »

Ils descendent de la voiture et ils la laissent dans le parking sous la surveillance de deux employés.

« J'espère que vous n'avez rien laissé dans la voiture, dit Steve, plus loin. On vole tout ici.

— Même dans un parking ?

— En principe. N'aviez-vous pas un appareil de photo ?

— Non, dit-elle. Rien que mon sac. Et le voilà.

— Venez. »

Il la prend par le bras.

Une foule sans visage se meut sur les trottoirs. De l'autre côté, des affiches sans équivoque...

« Un cinéma porno », dit Anouk.

Elle le montre.

« N'est-ce pas que c'est un cinéma porno ?

— Oui, dit Steve. C'est pour les hommes qui aiment les sales choses. »

Il dit : *Dirty things.*

« Ces cinémas sont toujours pleins de chômeurs qui y dépensent leurs indemnités. Pas tout; mais une partie. Cinq dollars la place, c'est cher. Dix dollars pour deux personnes. Pour voir quoi!... Venez... »

Ils avancent dans une avenue transversale.

Steve marche assez vite, Anouk doit presque courir à côté de lui. « Quel personnage bizarre, se dit-elle. Son univers est clos. » L'Américain a une démarche souple. Il est vraiment très mince, son corps est séduisant. C'est un corps qui semble en appeler un autre. « S'il pouvait ne pas parler, il serait merveilleux, se dit Anouk. Mais dès qu'il ouvre la bouche, c'est le désenchantement. »

Ils passent devant un immeuble qui occupe la largeur de tout un bloc.

« C'est quoi?

— Je ne sais pas très bien. »

Et il regarde mieux.

« Un hôtel. »

Ils passent à côté de l'entrée principale de l'hôtel, et soudain, Steve s'arrête devant la porte vitrée d'un snack-bar.

« C'est ici qu'on va déjeuner. Ça va?

— Oh! » s'exclame Anouk.

Et elle désigne du doigt un avertissement affiché sur la porte.

« Tous vos mouvements sont filmés et enregistrés en images. Ne faites pas de hold-up inutilement. »

« Oui, dit Steve. C'est normal. C'est pour avertir ceux qui voudraient faire un hold-up qu'ils seront reconnus... C'est bien... Non? »

Ils entrent dans la petite salle, dont un côté est occupé par un comptoir et par des présentoirs remplis de sandwiches et de morceaux de poulet, emballés dans du papier argenté. Plus loin, des appareils : l'un pour le Coca-Cola, l'autre pour le lait, un troisième pour le café. Et une serveuse rêveuse qui prend l'argent en pensant à autre chose.

« *Take the line* », dit Steve.

De nouveau, Anouk fait la queue devant un comptoir ; elle tient son plateau que Steve charge d'un morceau de poulet, de sel dans un sachet, de sucre dans un autre, d'un gobelet et d'une boîte en carton.

« Du lait, dit Steve à la serveuse.

— Du café, dit Anouk.

— Je paie pour vous, dit Steve. Ce n'est pas un endroit de luxe... Il y a un restaurant français à Georgetown, très cher, très bon. Nous y sommes allés avec Fred avant notre départ pour le Vietnam. C'est lui qui a voulu ce dîner dans un restaurant français... »

Enfin, dans le rang des tables occupées, deux places libres.

Un écriteau dit : « Laissez la table dans l'état où vous aimeriez la trouver. »

« Pourquoi ce carton vide qu'on nous a donné ? demande Anouk. Pourquoi ?

— Vous mettez les os de votre poulet dans le carton, le sachet entamé de sel aussi, le gobelet...

— Et alors ?

— Et alors, vous mettez le tout dans une des poubelles. »

En effet, trois immenses poubelles occupent les trois coins principaux du snack-bar.

« Où allez-vous ?

— Au *lady's room*, dit-elle, avec une distinction très bostonienne.

— Avez-vous de la monnaie ? demande Steve. Pour ouvrir la porte ? Dix *cents*... »

Il lui met dix *cents* dans la main.

« Voilà. C'est ce qu'on appelle : un nickel. »

La salle du snack-bar se termine par un couloir. La cuisine se trouve au bout de ce goulot d'étranglement. Le « nickel » ouvre la porte.

Malgré la médiocrité de l'endroit, elle y trouve un lavabo, une poudre de savon qui va, d'ailleurs, lui brûler les paumes pendant au moins deux heures, et des serviettes en papier. Elle revient avec ses paumes brûlantes vers Steve qui l'attend paisiblement. Du bout de la salle, elle le regarde. Le personnage extérieur de

Steve n'est guère assorti à cette salle fréquentée par des employés voués aux travaux médiocres, à des êtres contraints à une existence à la petite semaine.

Steve est perdu dans ses pensées; ses yeux gris-vert fixent l'invisible. « Il est vraiment blond », pense Anouk. De plus en plus, Steve évoque pour elle un adolescent qu'on aurait fait basculer dans le monde des adultes.

« Il a l'air d'avoir vingt-quatre ans, se dit Anouk. Vingt-trois, vingt-quatre ans... » Elle lit une sorte de chagrin sur ce visage en liberté. Pendant une fraction de seconde, les traits perdent de leur harmonie. Il serait aisé d'affirmer que Steve est tourmenté. Ce furtif effleurement de la lèvre inférieure par le bout de la langue. Ce geste rapide de vouloir lisser des cheveux légèrement bouclés. Dorothy n'est pas forcément le paradis, et ce mari heureux n'aime pas forcément être un modèle de vertu. Il existe, selon Anouk, une profonde contradiction quelque part, à l'intérieur de la carapace de Steve.

« A quoi pensez-vous ? »

Anouk submerge l'Américain par sa présence.

Elle est décontractée, sûre d'elle-même. Elle s'attaque à son poulet, elle y arrache avec ses dents de jeune fauve des parcelles de la molle cuisse d'une pauvre volaille qui a passé son existence hormonale entre l'œuf et le fourneau, sans avoir jamais bougé.

« *Berk!* dit-elle. Ça a un goût de poisson. C'est dégoûtant. »

Elle rejette la cuisse dans la boîte en carton.

« On pourrait mettre tout cela à la poubelle, sans l'entamer. »

Steve est secoué par un petit rire. Il s'amuse.

« Une question d'habitude... dit-il. Tous les Français que j'ai connus les ont recrachés... Tous... Chez nous, le poulet industriel est souvent nourri de poisson.

— C'est dégoûtant, répète Anouk, furieuse. Pourriez-vous m'acheter un gâteau ?... Tenez... »

Elle prend dans son sac un dollar et le met devant Steve.

Les deux autres personnes, qui sont assises de l'autre côté de la table, viennent de terminer leur repas. Elles s'en vont avec leurs boîtes en carton et les jettent dans les grandes poubelles.

« Allez-y vous-même, dit Steve. Vous choisirez mieux... Et puis, ici, tout le monde fait son propre service... Je peux ne pas connaître vos goûts... »

Anouk se met à sourire, elle ramasse son dollar et allume une cigarette.

« Merci, je n'en ai plus envie. Il me suffit d'avoir ma cigarette avec le café... Et après, nous pouvons repartir... »

— Je vous ramène à l'hôtel ? demande Steve. Ou bien voulez-vous de la randonnée sur le Potomac ?

— Steve, dit-elle, vous êtes... »

Elle hésite. De quel droit voudrait-elle que son interlocuteur soit différent...

« Vous ne vous occupez que de la vie quotidienne, n'est-ce pas ? »

Il la regarde.

« De quoi voulez-vous que je m'occupe ? Tout ce qui dépasse la vie normale me fait peur. Oui, peur. A cause de Fred. Lui, il était un être exceptionnel. Il est très fatigant d'être exceptionnel. Au collège, il était le plus brillant de nous tous. Un crack. Intelligent et sportif. Les deux. Un joueur de rugby formidable. Et un mathématicien. Même pianiste. Ça va de pair, paraît-il, les mathématiques et la musique.

— Comment est-il, physiquement ?

— Bien. Il est bien.

— Grand ou petit ?

— Grand.

— Plus grand que vous ?

— Je ne crois pas. Un peu moins, peut-être.

— Steve ?

— Quoi ?

— Est-il marié ?

— Qui ? Fred ? Oh ! non. Le mariage et lui...

— A-t-il une petite amie ?

— Je n'en sais rien.

— Si vous êtes son meilleur ami, vous devriez le savoir...

— Je ne le sais pas. Je le savais, avant.

— Avant ?

— Avant... avant qu'il tombe malade...

— Comment s'appelle la ville où il habite ?

— Annapolis.

— C'est loin ?

— Non. »

Un jeune couple s'assoit en face d'eux. Steve engage vite la conversation avec eux.

« Hello », dit-il.

Et les autres disent « hello » aussi.

« Mon amie française n'aime pas le poulet...

— Pourtant, c'est bon. Vous êtes française ?

— Oui.

— Bonjour, dit la fille. Je m'appelle Jennifer. »

Le jeune garçon en face d'eux dit :

« Et moi, Tom. J'aimerais savoir le français, mais c'est difficile... »

Steve explique :

« Elle est venue avec son mari de Paris. Son mari est parti pour Boston. Il revient ce soir. Je lui montre, à cette *french girl,* Washington.

— C'est bien, dit la jeune fille. Où avez-vous si bien appris l'anglais ? » demande-t-elle à Anouk.

« Gouvernante, *Finishing-school,* richesse... Ne pas en parler. »

« J'ai travaillé en Angleterre. »

Comme c'est facile de mentir. Pourquoi diable Steve s'occupe-t-il de ces inconnus ?... Comme si elle n'était plus là, Anouk.

« Ma femme est à New York, ajoute Steve. J'ai aussi un petit garçon. Il s'appelle Lucky, c'est un diminutif. Il a eu la polio. Mais ça va bien, maintenant.

— Tant mieux, disent les jeunes gens. Tant mieux. »

Jennifer mange avec appétit son poulet.

« Nous ne sommes pas mariés, dit-elle. Pour le moment, on fait un essai. Ça a l'air de marcher. »

Tom acquiesce.

« Plus tard, on se mariera certainement, mais nous ne sommes pas pressés.

— Il vaut mieux ne pas être pressé », dit Steve.

Il désigne Anouk.

« Elle, elle a été pressée. Vingt ans, et déjà mariée.

— Heureuse ? » demande Jennifer.

Anouk se sent dépouillée de son âme, de ses vêtements. Peut-être vont-ils demander la marque de la pilule qu'elle utilise pour ne pas avoir d'enfant.

« Heureuse », dit-elle.

Et Tom demande :

« Pas encore un bébé ?...

— Non », dit Anouk.

Elle se rend compte qu'on ne la fait pas marcher du tout. Cette conversation est normale, et Jennifer et Tom s'intéressent vraiment à son bonheur.

« Je suis très heureuse, dit Anouk d'une voix glaciale. Je vous souhaite le même bonheur. »

Tom et Jennifer sont heureux de tant de gentillesse.

« On verra, on verra, disent-ils. Nous réussirons peut-être. D'abord, il faut pouvoir gagner notre vie. »

Anouk a une profonde envie de pleurer. Tout cela lui échappe. Rien ici n'est familier et, pourtant, tout est trop familier. Si elle avait été accompagnée par Fred, est-ce que celui-ci parlerait aussi avec des inconnus ?

« Elle a peur de la mort, *my french friend*, dit soudain Steve.

— Comme tout le monde », dit la jeune fille.

« Est-ce qu'il va raconter aussi que je suis allée au petit endroit, qu'il m'a donné un nickel ? »

« Il faudrait l'emmener à Georgetown, ce soir... Avec son mari, dit le jeune homme.

— Encore Georgetown ! s'exclame Anouk. Tout le monde en parle. »

Steve ajoute en souriant :

« Elle dit « tout le monde » et elle ne connaît personne. Sauf un masseur et moi.

— Partons, Steve, demande Anouk soudain angoissée. Partons, il est déjà une heure...

— Toujours pressée, remarque Steve.

— Pourquoi toujours ? Vous ne me connaissez que depuis ce matin... Toujours ?

— Les touristes sont toujours pressés », dit le jeune homme.

Steve se lève, il serre les mains. Anouk serre aussi les

mains. Comme s'ils avaient quatre mains, six mains, dix mains...

Ils quittent le snack-bar. La chaleur est pesante.

« Vous avez vu de vrais Américains, dit Steve dehors. Ils étaient sympathiques, ces jeunes. »

Le quitter maintenant, prendre un taxi et rentrer à l'hôtel. Nager à nouveau dans la piscine. Aller chez le coiffeur. Et attendre Robert. Etre même aimable avec lui. Une forme de sécurité : Robert. Un homme sans secret.

« Alors, dit Steve. Je vous laisse rentrer à l'hôtel... Seule... Vous serez contente de ne plus me voir... Je vous déplais.

— Où pourrais-je trouver une station de taxis ? demande-t-elle.

— Il n'y en a pas.

— Comment pourrais-je avoir un taxi ?...

— En levant le bras. En faisant signe. »

Il prend le visage d'Anouk dans ses deux mains et il l'embrasse sur le front.

« Au revoir, Anouk... C'est mieux comme ça... »

Elle reste une seconde, immobile. Les yeux fermés.

« Vous m'en voulez ? demande Steve. Je n'aurais pas dû ?

— Si, dit-elle. Je suis un peu troublée. Je vous trouve mystérieux. »

Le premier éclat de rire de Steve.

« Oh ! *boy.* »

Elle va adorer cette expression pendant tout le temps qu'il lui reste à vivre.

« Moi, mystérieux... Vous avez de l'imagination... Demandez à Dorothy si elle me trouve mystérieux... »

Ne pas le quitter tout de suite. Comme la journée va être vide et longue sans Steve ! La journée, ce qu'il reste de la journée, deviendra un poulet industriel. Au goût de cendre.

« Et la maison natale de Washington ? demande-t-elle, presque humblement. Vous me l'avez promise...

— Vous aurez peur sur le bateau... C'est un hors-bord. Un vieux hors-bord qui saute sur l'eau comme un caillou. Qui fait beaucoup de bruit. Attention, ne

confondez pas... Je vous ai dit : *boat* et non pas *ship*...
Boat. Hors-bord.

— Je n'ai pas peur, dit-elle. Et sa gorge se serre. Je
suis une très bonne nageuse. Si on tombait à l'eau, je
nagerais...

— Je vous emmène si vous me dites la vérité... Pourquoi vous êtes-vous fait tatouer le signe dit de la paix
sur le cou ?

— Pour protester contre ma famille... dit-elle, sur un
ton confidentiel. Je voulais montrer que j'étais différente d'eux. Ce n'était peut-être pas très malin, mais je
me suis vue plus forte, après...

— Juste autour d'une veine, dit-il. Ça a même dû être
dangereux.

— Quelle importance, fait-elle. Tout cela n'a aucun
intérêt... Je n'aimerais pas rentrer seule à l'hôtel...

— On va reprendre la voiture », dit Steve.

Et plus tard, il ajoute, lorsqu'ils sont déjà dans le flot
des autres véhicules :

« Vous êtes imprudente... J'aurais pu être n'importe
qui... Heureusement pour vous, je suis un brave
homme... »

Elle se laisse porter et bercer par l'air conditionné.

« Vous m'avez inspiré de la sympathie, dit-elle. Une
grande sympathie... »

Steve se met à sourire et, parce qu'ils arrivent dans
une avenue dégagée, il accélère.

« Je suis une paumée... »

Elle lâche la phrase d'une manière assez provocante.
Elle aimerait bien qu'on l'assure du contraire. « Mais
non, mais non, belle, riche, jeune, vous avez tout. Vous
parlez dans un moment de cafard... » Elle souhaiterait
vivement qu'on conteste sa phrase ; elle désirerait écouter
la liste de ses qualités ; elle absorberait, avide, le chape-
let habituel des consolations à la petite semaine, grande
spécialité de sa mère. Elle ne demande qu'à être rassurée et qui pourrait le faire mieux, cet habituel travail
de reconstruction morale, que cet Américain bienveillant ?

« Une paumée », répète-t-elle.

Et la terreur l'envahit. Personne ne la réconforte.
L'Américain, devenu distant, conduit en regardant la

route. Son visage s'est durci; il ne semble plus aussi disponible qu'il y a quelques instants.

« Vous êtes paumée complètement ou bien partiellement ? se renseigne-t-il.

— Parfois complètement, répond-elle. J'ai raté tant de choses...

— A vingt ans, vous avez déjà des regrets, constate Steve... Que ferez-vous à trente ans, à quarante ans, et ainsi de suite ? »

Elle haussa les épaules.

« Je ne sais pas. »

Elle a une envie épidermique d'être franche. D'être plus que franche. De se confesser. Avec cette minutie odieuse que réclame pour lui le parfait petit catholique. Les péchés à la bouche. Il suffit de plonger dans le subconscient, et on en ramène des saloperies. Fouiller même dans les replis de l'âme, chercher les vices comme la mère chimpanzé cherche les puces. Avec soin, en examinant chaque poil.

Pour Anouk, dans la confession, il y a aussi le côté choc, une sorte d'intrusion violente dans l'univers de l'interlocuteur. Elle avait pratiqué ce sport, lorsqu'on l'amenait à l'église de force, et la gouvernante ou petite Maman attendait devant ce cercueil debout qu'est le confessionnal. Enfermée comme un animal qu'on aurait pris au piège, elle s'agenouillait en faisant le plus de bruit possible, et guettait le visage qui allait apparaître. Elle brutalisait jeunes et vieux prêtres avec la même hargne.

« J'ai péché, mon père. En long et en large. Consciencieusement. Sans omettre une possibilité de vice. Si je n'ai pas tout fait, c'est qu'il me manque l'expérience. Je m'emploierai, mon père, à en savoir plus. J'ai baisé comme sur le pont d'Avignon, tout en rond. Si vous m'avez comme cliente, mon père, vous changerez de métier... D'ailleurs, ce n'est pas un métier que d'écouter les petits trucs dégueulasses des autres...

« A votre place, j'irais ailleurs, je changerais d'horizon... C'est déjà moche, l'être humain qui joue la comédie, mais alors, quand il devient sincère, ça doit être dégoûtant... »

162

A la sortie du confessionnal, mère l'accueillait avec un bon sourire, tout en affichant une expression de digne souffrance sur ses traits réguliers : « Ma petite fille, vous voilà sur le chemin de la vérité. »

Se livrer à Steve, sans l'assistance familiale. Lui dire certaines choses, sans vouloir le choquer, juste pour tâter le terrain. « Non, se dit-elle, je suis en train de me mentir à moi-même. J'aimerais que Steve sache tout de moi. » Et simultanément, une autre voix proteste : « Il est plus con que nature. Que veux-tu de ce type qui marche aussi régulièrement dans la vie qu'une horloge de cuisine? Replet dans sa bonne conscience, tranquille père de famille, explorateur distrait du sexe sans surprise de Dorothy, que veux-tu de ce type? »

« Je n'en sais rien, se dit-elle. Mais il y a autre chose. Il m'attire. Il suscite ma confiance. Peut-être parce qu'il est si équilibré, si loin de la vie tourmentée... Evidemment, j'aurais pu tomber sur un drogué entre deux doses, ça ne me dit pas grand-chose, ou bien sur un hippie, qui serait un intellectuel déguisé en clochard, sur un gauchiste qui tape dans toutes les directions pour faire table rase; ç'aurait été infiniment plus intéressant. Mais est-ce la faute de ma gueule distinguée de n'attirer que les gens « bien »?... De ne plaire qu'aux « réacs »?

Elle tend le bras et tourne vers elle le rétroviseur.

« Eh, dit l'Américain, vous êtes folle? Laissez mon rétroviseur... »

Elle a aperçu juste son visage. L'espèce de hargne qui colle sur ses traits.

« Paumée veut dire aussi cinglée? » se renseigne l'Américain.

Il dit : « c i i i i i n g-l é è é ». C'est joli, c'est exotique. L'accent fait vibrer les syllabes. Le mot se balance comme un oiseau sur une branche. C i i i i i n g-l é è é.

« Ça n'a rien à voir, dit-elle. Une paumée est lucide, tandis qu'une cinglée... »

A quoi bon expliquer? Pour sentir ce mot, il faut naître en France, il faut se frotter aux paumés et apprendre le mot de force parce que le destin pourrait vous l'avoir écrit sur l'épiderme.

Une avenue s'étale devant eux, la circulation y est dense, une file de camions ralentit l'allure générale des véhicules.

« On ne peut pas dépasser ici, dit Steve.

— Avez-vous lu « *Do it* » de Jerry Rubin ? demanda Anouk.

— De quoi ?

— « *Do it* ». C'est le titre américain. Jerry Rubin est à la tête du mouvement « hippie ».

Le visage de Steve se referme.

« Je ne sais pas ce que c'est...

— Il faudrait lire le livre, insiste-t-elle. Il s'agit quand même de votre pays. Ou des gens de votre pays.

— Vous en savez des choses ! » s'exclame-t-il dans une rapide colère.

Il se tourne vers Anouk.

« Nous avons beaucoup de problèmes. Les hippies, c'est du folklore, des drogués. D'après tout ce que j'entends de vous, je me demande ce qu'on dit de nous en Europe...

— Alors, vous savez quand même qui est Jerry Rubin... dit-elle.

— Non. Mais je devine bien de quoi il s'agit dans le bouquin. C'est toujours la même chose. Je ne supporte pas les drogués, ni leur littérature. Tout cela n'a aucun intérêt. Mais l'Amérique est si grande qu'il est normal qu'on ait ici toutes sortes de gens. Des bons et des mauvais. Il y a trop de monde et trop de distances. »

Des stations-service à n'en pas finir. Une banlieue industrielle lourde et plate.

« Je ne vois pas très bien où on va », prononce Anouk.

Elle est furieuse contre Steve et contre elle-même. Comment a-t-elle pu être attirée par ce garçon ennuyeux ? « C'est un peu déshonorant quand on est épidermiquement séduite par un sot. Mais est-il sot ? De quel droit peut-on critiquer quelqu'un de si correct, si aimable même dans l'absence d'amabilité ?... Comme en tout, pense-t-elle, mes réactions sont à l'envers. Je suis raciste parce que je constate qu'il fait partie d'une autre

164

race. Cet Américain moyen ne ressemble pas à un Français moyen. Je suis intéressée physiquement par le comportement éventuel de quelqu'un d'une autre race. L'accent m'intrigue. Il m'excite. Même les sottises ont une auréole lorsqu'elles sont exprimées dans une autre langue... »

« Et les Noirs? » dit-elle.

Elle se voit se promenant parmi des tonneaux d'explosifs.

« Et les Noirs?

— Comment, les Noirs?

— Avez-vous des amis noirs?

— Votre question n'a pas beaucoup de sens, dit Steve. Noir ou pas noir, cela revient au même. Il se trouve que je travaille dans un milieu blanc. Alors, je n'ai pas d'amis noirs. »

« Il tergiverse », pense Anouk. Et elle commence à s'ennuyer.

« J'aimerais quand même savoir où nous nous trouvons...

— Nous allons dans la direction du National Airport qui se trouve pratiquement au bord du Potomac. Prenez une carte dans la boîte à gants. »

Elle ouvre la boîte et y prend une carte; elle l'ouvre, la regarde et pense à autre chose qu'au trajet.

« Vous avez pris une mauvaise carte, dit Steve. Ce sont les environs de Washington que vous regardez. Vous prenez le Maryland et Virginia...

— Vous voulez le redire encore une fois, s'il vous plaît, dit-elle presque avec tendresse. J'aime votre accent.

— Maryland, dit-il. Virginia... Vous êtes bien la première personne à aimer l'accent américain. A Paris, je devais parler très lentement et, chaque fois, j'entendais, comme un reproche : « Oh! Votre accent guttural! Ce « que vous dites est à peu près incompréhensible... Len- « tement, lentement... » Vous êtes différente d'eux, Anouk. Vous parlez si bien l'anglais... D'ailleurs, quand on vous entend, on dirait que c'est une Anglaise qui parle et non pas une Française. »

« Ce compliment mérite quand même un peu de

réflexion, pense-t-elle. Du matin au soir, j'engueule ceux qui m'ont engendrée, qui me donnent des conseils et de l'argent de poche, depuis vingt ans. Alors, coup de chapeau à mes parents réactionnaires! Sans cette éducation, je n'aurais qu'à la boucler; il pourrait me débiter, mon Américain, toutes les belles choses du monde, je ne comprendrais rien. »

« Vous aurez vu de belles choses jusqu'à ce soir, dit Steve. La maison de Washington à Vermont est une vraie merveille. Les gens y vont évidemment plus fréquemment en voiture ou en car. Le hors-bord est plus original comme moyen de locomotion.

— Je vais vous agacer, je peux? »

Elle joue à la candeur. Lui, il semble prendre ce ton pour une vérité enfantine.

« Oui, agacez-moi...

— Vous ne ressemblez pas à un père de famille qui travaille dans un bureau, qui a pris deux jours de congé, qui a un gosse et une femme... Vous ressemblez à Peter Fonda ou bien à un jeune Christ... A un Christ qui hésiterait entre sa mort et le salut des autres...

— Pourquoi voulez-vous que cela m'agace? dit-il avec un grand sourire aimable. Les femmes ont besoin de fabuler.

— Parce que, quand même, dit-elle, en comptant le nombre de ses pétards mouillés, vous savez quand même qui est Peter Fonda... *Easy Rider,* ça vous dit quelque chose?... C'est un vieux film, mais génial! »

Steve est de plus en plus souriant.

« *Easy Rider,* encore une histoire de drogue... Pauvre Amérique!... N'empêche que c'était un bon film. Je l'ai vu avec Dorothy... Il y a longtemps de cela...

— Si Fred est malade, pourquoi son hors-bord est-il resté au bord du Potomac? » demande Anouk.

Elle aimerait mettre un peu d'ordre dans ses idées, et dans celles qu'elle est en train de recevoir. Trop rationnelle pour les histoires vagues, elle décide de s'employer à voir un peu plus clair.

« Nous sommes rentrés du Vietnam il y a juste un an. Lui, deux mois avant mon rapatriement à moi... Sa mère avait d'autres problèmes à résoudre que de s'occuper d'un hors-bord. Plus tard, lorsqu'il se rétablira, nous reprendrons peut-être nos promenades...

— Et pourquoi avait-il un hors-bord près de Washington ? Il a toujours habité Annapolis ?...

— Non. Il a travaillé à Washington. Avec le gouvernement. Il n'en a été qu'un petit rouage, mais quand même, on faisait attention à lui... Après le Vietnam, sorti de l'hôpital, il s'est installé, avec sa mère, dans la petite maison de celle-ci. Et moi, je viens le voir de New York dès que je peux venir... »

La voiture a quitté la banlieue; elle roule sur l'autoroute à une vitesse raisonnable.

« Si on pouvait aller plus vite, dit Anouk.

— Pour rouler plus rapidement, il faut aller au Texas, le seul Etat où il n'y a pas de limitation de vitesse. Ailleurs, c'est partout 80 miles à l'heure.

— C'est combien en kilomètres ?

— Peut-être cent, dit-il. Je crois, cent kilomètres à l'heure...

— Pourquoi s'occuper de moi ? dit-elle.

— Pourquoi dire que vous êtes une paumée ? »

Elle pousse un soupir.

« Ma peau me serre. J'y suis très mal. Pourquoi vous encombrer de moi ? »

Il hausse les épaules.

« Je n'en sais rien. Au début, je vous ai aperçue juste au moment où vous vous êtes cogné la tête contre la paroi de la piscine; je voulais vous dire un petit mot... Et après, j'avais envie de rester avec vous... J'ai même eu peur de vous perdre lorsque vous êtes partie pour le musée... Pour le reste... ça fait passer le temps... Ça me permet d'exercer mon français... J'ai maintenant envie de vous embrasser... Mais il faut que vous soyez d'accord et que vous n'ayez pas de remords après... Le baiser, je ne le dirai pas à Dorothy. Pas de permission, pas de baiser. Et sans rancune. »

La voiture quitte maintenant l'autoroute et s'engage sur une « bretelle » qui lui permet d'arriver jusqu'à une petite baie, cachée dans un des tournants du fleuve, qui s'étend là, jaune, semblable à un reptile préhistorique, mou et couvert de boue.

« Il se paie ma tête, pense Anouk. Il se paie ma tête, il demande la permission de m'embrasser, comme un, comme un... » Elle ne trouve pas la comparaison : comme un quoi?... Entre deux collines plates, recouvertes d'herbes jaunies sous le soleil tropical, se tapit un hangar à bateaux en tôle ondulée.

Steve conduit d'une main sûre, il connaît les lieux. Avant d'entrer au hangar, il fait demi-tour pour y pénétrer en marche arrière.

« Pour accrocher la remorque, dit-il. Regardez, il y a quatre ou cinq hors-bord. Celui-ci est le bateau de Fred. »

La voiture s'approche d'une remorque, et Steve arrête son véhicule. Il tourne même la clef de contact. Un grand silence s'abat sur eux. Ce silence est comme une épaisse couche de coton hydrophile, percée parfois par le bruit des réacteurs des avions qui passent au-dessus des collines.

« Avez-vous réfléchi! Etes-vous d'accord pour que je vous embrasse?

— Oui », dit-elle.

Et son étonnement est profond.

« Oui. »

Les lèvres de Steve sont lisses et chaudes.

Anouk lui offre une bouche fermée apparemment indifférente.

Les lèvres de Steve sont sur les siennes; une tendresse fragile naît; une interrogation muette s'installe dans les yeux d'Anouk. Lucide, elle se défend, elle pourrait encore se détacher et se déclarer libre. Une délicate attente. Lentement, les lèvres de Steve s'entrouvrent, et le bout de sa langue parcourt les lèvres d'Anouk. Elle se cabre; sa respiration s'accélère; la langue de Steve force les lèvres d'Anouk; cette langue est agile, dure, chaude. Anouk entrouvre sa bouche. La chaude langue de Steve l'envahit. Anouk ferme les yeux.

Dans la chaleur de la voiture, Anouk n'est plus qu'une bouche sans visage.

Steve se dégage et dit :

« Il fait chaud... »

Il quitte le véhicule, il accroche la remorque à la voiture, et revient vers Anouk.

« Ça va ? » demande Steve.

Et la voiture se met à rouler lentement, et quitte le hangar fantomatique, surchauffé, où les petits bateaux sont entassés, pêle-mêle.

Lorsque la voiture ressort dans la lumière blanche de la baie, Anouk se réfugie derrière ses lunettes de soleil.

Steve doit avoir l'habitude de mettre le bateau à l'eau. Au bout de quelques manœuvres, il arrive à amener la remorque juste au bord du fleuve.

« Descendez, dit-il à Anouk. Vous allez tenir la corde... »

Anouk quitte la voiture, attrape l'épaisse corde que Steve lui lance, et observe comment, avec l'aide d'une manivelle, Steve abaisse la remorque et arrive à faire glisser le bateau sur l'eau.

« Venez, dit-il à Anouk. J'espère que vous savez nager... Mais le bain est déconseillé ici... l'eau est pourrie... »

Elle embrasse du regard le fleuve dont la rive, sur un côté, est peuplée d'usines. Au loin, un énorme pont se dessine sur l'horizon.

« Il fait au moins trente-cinq degrés, dit Steve. Si vous avez trop chaud...

— Je crève de chaleur, dit-elle en français. Mais cela m'est égal. »

« Il a une seule qualité, mon Américain, se dit-elle, il me désoriente. Dans la même situation, un Français m'aurait prise dans la voiture, ou sur le sol même du hangar. Il aurait réclamé à boire aussitôt après. Il aurait maudit la chaleur. D'ailleurs, la comparaison ne tient pas debout, continue-t-elle à penser. Un Français avec une fille aussi disponible que moi n'aurait fait aucune randonnée ; il aurait cherché le premier lit libre. »

« Vous restez là ? demande Steve. Ou vous venez ?... Décidez-vous. »

Anouk retrousse son pantalon en toile jusqu'aux genoux ; elle fait quelques pas dans l'eau visqueuse. Steve la soulève presque ; elle se retrouve dans le bateau.

« Asseyez-vous, je vais essayer de mettre le moteur en marche... On ne sait jamais, avec ce genre d'engin. »

Elle est assise; elle constate que le bateau est petit et que le fleuve est énorme. L'immense reptile préhistorique semble être recouvert d'écailles. Une épaisse mousse jaunâtre enveloppe l'eau de la baie.

Steve tire sur la ficelle qui devrait mettre le moteur puissant en marche. Et vroum, et vroum, et vroum. Soudain, c'est « vroum, vroum, vroum, vroum... »

« On y va », dit Steve.

Il prend la corde et la jette dans le bateau, il s'assoit à côté d'Anouk et accomplit quelques manœuvres. Enfin, ils sortent de la baie et Anouk éprouve un moment de peur. Steve accélère et le tout petit hors-bord se met à galoper sur l'eau jaune, comme une coquille de noix qu'on aurait lancée sur une piste mouillée. L'eau épaisse s'ouvre devant eux et, des deux côtés de l'embarcation, des vagues se soulèvent à leur passage. Ils avancent dans la brûlante vapeur tropicale. Anouk est mouillée de la tête aux pieds, aussi bien de sa propre sueur que de l'eau qui tombe sur eux. Même avec ses lunettes noires, elle souffre des yeux; l'étincellement des vagues lui blesse la rétine. Sous la casquette en toile, ses cheveux sont ruisselants. « Comme une toupie dans un bain turc », pense-t-elle.

Elle enfonce bien la casquette sur ses deux oreilles; elle regarde Steve qui, à côté d'elle, l'oubliant peut-être tout à fait, serre dans ses deux mains le volant qui vibre sous l'effet de la rotation.

Tout en remontant le fleuve, ils passent devant l'aéroport. Le bateau provoque un tel bruit qu'Anouk entend à peine le vrombissement des réacteurs. Pourtant, sans cesse, d'énormes Boeing atterrissent et décollent.

« C'est loin ? crie Anouk.

— Quoi ? »

Steve se tourne vers elle. Il porte des lunettes fumées, sa chemise est ouverte jusqu'au milieu de la poitrine. Son visage est dur; plus rien ne ressemble au Steve tatillon et économe, ni à l'autre Steve qui l'a accostée à l'hôtel, ni à celui qui a demandé la permission de l'embrasser. Ses cheveux courts sont légèrement mouillés, son regard est invisible derrière des hublots noirs.

« Quoi, loin ?...

— La maison de Washington, crie-t-elle.

— Loin. Au moins une heure de trajet avec ce petit bateau.

— C'est trop, s'écrie-t-elle. Tout est si moche par ici. »

A droite, les cheminées crachent de la fumée.

Steve accélère. La bateau ne tient sur l'eau que par l'arrière, le devant est bien au-dessus de l'eau parfois, le nez du bateau touche l'eau pour s'en détacher mieux une seconde plus trd.

« On va décoller... » hurle Anouk.

Steve n'entend plus rien. Elle est livrée aux éléments inconnus.

Elle se fait petite sur la banquette, et tente de poser sa tête sur le bras de Steve.

Steve se dégage. Son visage est à moitié caché par les lunettes noires. Anouk essaie de cacher sa peur. Elle se voit attachée à une roulette de dentiste, où une fraise lui fouillerait la moelle épinière.

Ils arrivent maintenant sous un pont en acier. Elle lève la tête et regarde avec envie les minuscules voitures qui y circulent.

Le pont dépassé, la coquille de noix rapetisse encore sur le fleuve qui s'élargit; il ressemble maintenant à un bras de mer; ici et là, des îlots sauvages recouverts de végétation tropicale se tassent dans le liquide jaunâtre. Le bateau fragile avance sur l'eau stagnante. Parfois, le bruit de l'embarcation suscite un mouvement d'oiseaux paresseux. Ceux-ci s'envolent avec de lourds battements d'ailes et se posent aussitôt après parmi les feuilles épaisses de plantes tropicales.

Steve serre Anouk contre lui. Elle se détendrait même. Mais peu à peu, elle découvre que l'attitude de Steve n'est guère réconfortante; elle ne pourrait pas dire si on la tient pour l'empêcher de tomber à l'eau ou, au contraire, pour l'y précipiter. Elle éclate de rire; c'est un rire sans gaieté, un rire plus que nerveux; c'est un spasme de peur qui la fait rire. « Je veux bien rendre l'âme, avait dit, un jour de confidence, le petit vieux, mais qu'on prouve avant que j'en ai une. Je me suis toujours arrangé dans la vie sans m'encombrer de l'idée de Dieu, mais il est difficile de l'ignorer quand la mort est dans la proximité immédiate. Lorsque les affaires allaient très mal, j'ai considéré que Dieu m'ignorait. Je le boudais; je prétendais même que les maçons l'avaient acheté. Mais, quand ça allait bien, j'étais le premier des dévots. Je m'affichais en tant que catholique; je militais pour l'église, et je sortais mon carnet de chèques de ma poche-revolver. La malchance, je l'ai toujours attribuée aux complots, dus aux maçons, aux communistes, à l'extrême limite même aux socialistes; la chance, je l'ai toujours mise au compte de Dieu. » « Et la mort, Grand-père? » « Céline n'avait pas raison », avait hurlé Grand-père. « Il n'y a jamais eu de mort à crédit. La mort, on la paie, en espèces. »

Steve entoure de son bras droit les épaules d'Anouk. Une barre en acier ne serait guère plus aimable que ce bras qui semble davantage vouloir emprisonner que protéger. Steve fait voltiger le bateau; un énorme tam-tam résonne sur la coque, comme si un géant débile et bavant de colère tapait sur ce pauvre fond en bois qui, en continuant à cette allure-là, devrait éclater.

Le fleuve s'élargit encore. L'eau stagnante pue; le bateau avance en dessinant sa trace dans un épais liquide jaune et il laisse son sillage dans une écume rance. Steve accélère; le bateau, à la limite de sa puissance, avance maintenant par à-coups précipités. Une grenouille atomique. Et parfois, à cause de la vitesse exagérée, on penche à droite ou à gauche. Est-ce que Steve tient Anouk pour la retenir ou bien pour l'aider à mieux glisser dans le néant crémeux du fleuve?

Elle crie, en français :

« J'ai peur...

— Pourtant, la mort est rapide par ici, répond-il. Tu n'as peur que de la mort lente... »

Il hurle pour se faire entendre. Son français est parfait.

« Ne me faites pas peur... »

Elle essaie de lutter contre sa terreur. Ce bonhomme est un fou du volant. Il ne peut pas faire de la vitesse sur la route, il se déchaîne ici. Tenons bon. Ne pas se trahir trop, ne pas s'affoler. « Les chevaux sentent la peur et ils s'emballent, avait dit Grand-père. Méfie-toi d'un cheval qui a compris que tu as peur; il te tuera dans une crise d'hystérie. »

L'Américain est devenu un cheval fou.

Le nez en l'air, tout en ricochant, le bateau se projette en avant. « Je suis la prisonnière d'un caillou dingue... » Personne ne saura où elle a disparu. On va la chercher longuement, méticuleusement. Elle reçoit un paquet d'eau en plein visage. Elle s'essuie avec le dos de la main. C'est dommage de crever aussi bêtement.

Grand-père avait pensé à tout, sauf à la disparition due à un petit bateau ridicule. Un autre paquet d'eau dans le visage. Anouk se met à taper sur le bras de Steve, elle se dégage de lui, elle le martèle. Autant vouloir faire mal à un robot en acier.

Steve se tourne vers elle. Son visage est crispé et ses yeux sont invisibles; les hublots noirs cachent l'essentiel de son être. Le bateau tangue. Le fond va lâcher bientôt; il va se décoller comme une vieille semelle, d'un seul coup.

« Steve, vous m'entendez ? Steve ! Steve !... »

Elle hurle.

« Steve !... »

Elle arrache les lunettes de l'Américain et, avec un geste sauvage, elle les envoie dans l'eau. Steve lâche le volant d'une main; il cache ses yeux avec l'autre. Ivre de fatigue, le bateau ralentit; les chocs sur le fond de l'embarcation s'amenuisent.

« Vous n'auriez pas dû, dit-il, hagard. Je suis aveuglé par le soleil... J'ai les yeux fragiles...

— Vous alliez trop vite.. répond-elle, sèchement. Il faut que je rentre à l'hôtel... Mon mari va m'appeler à dix-sept heures. »

Mon mari !... Robert est plus lointain qu'un souvenir d'enfance. Robert...

« Nous rentrons », dit Steve.

Tremblante, elle se met à genoux dans le bateau, cherche son sac; elle le retrouve au milieu de la barque. Le sac est mouillé mais, à l'intérieur, les cigarettes sont intactes. Toujours à genoux, elle porte une cigarette à ses lèvres, sa main tremble tellement qu'elle a la plus grande peine à l'allumer avec son petit briquet.

Elle s'assoit mollement sur la planche dure qui sert de siège et dit :

« Je vous paierai vos lunettes. »

Steve hausse les épaules. Il tient le volant d'une main, et le hors-bord avance maintenant au ralenti. Le soleil leur martèle le dos.

« J'en ai une autre paire dans la voiture. Je suis navré si je vous ai fait peur.

— Excusez-moi pour les lunettes, dit-elle.

— Moi aussi, je crois... » fait l'Américain.

L'immense pont apparaît.

Anouk s'affaiblit. Ses yeux sont en larmes.

« Ne pleurez pas, dit Steve.

— J'ai voulu me suicider, dit-elle. Il y a dix-huit mois.

— *Nervous break-down ?*

— On m'a fait avorter, dit-elle. J'avais un gosse de trois mois et demi dans le ventre. Je n'ai pas eu la force de résister à mes parents.

— Et votre mari ?

— Il n'y avait pas de mari. On m'a vidée comme un poulet. Dans une clinique chic. A Londres. »

Elle rend un peu de salive écumeuse.

Elle se redresse et s'essuie.

« La grossesse, j'ai pu la cacher pendant trois mois et demi. J'ai tenu à cet enfant. Je l'ai voulu. Il aurait été à moi. Mon enfant à moi. J'aurais fait de lui un être heureux. Libre. On l'a sorti de moi en morceaux. Je suis complice d'un meurtre. J'ai accepté qu'on sorte une vie de mon ventre. Je n'ai pas eu le courage de tout plaquer. J'ai cédé. Bêtement. Je suis une lâche. »

Un bateau blanc arrive à leur hauteur. Sur le pont, des touristes. Ils vont visiter la maison natale de Washington à Vermont.

Les réacteurs des avions traumatisent l'air.

Les usines et leur fumée noire.

« Ils ignorent qu'ils m'ont touchée à mort, dit-elle en larmes. Mon mari n'en sait rien. »

« Bon Dieu, qu'il ne me parle pas famille, patrie, religion, qu'il ne me débite pas de banalités sur l'éternel recommencement, ni sur le pardon, ni sur la haine, ni sur la pitié ! »

Le sillage du bateau blanc ébranle le hors-bord.

Steve se tourne vers Anouk. Le bateau, saoul de liberté, va à la dérive.

Anouk se réfugie dans les bras de l'Américain. Redevenue un enfant, elle désirerait retourner dans le chaud secret de sa mère.

Il n'y a plus rien au monde que Steve, son silence, ses bras, son odeur, et la lente valse d'un bateau.

Steve saisit le visage d'Anouk. Celle-ci ôte ses lunettes noires et les jette dans le Potomac. Aveuglés, ivres de chaleur, ils se devinent. La coquille de noix tourne sur le fleuve.

« Je ne suis pas un homme libre, dit-il. Je ne suis pas un homme libre... Pas un homme libre...

— Nous avons encore jusqu'à ce soir, dit-elle. Nous avons encore quelques heures... »

Les touristes du beau bateau agitent des mouchoirs pour les saluer...

« Si toi, dit-elle, tu pouvais me pardonner le meurtre de cet enfant... Le seul pardon que j'accepterais, ce serait ton pardon... »

Steve embrasse Anouk. Sur les yeux. Plus tard, il démarre. Le hors-bord se dirige vers la baie.

« Je ne suis pas un homme libre », dit-il.

Elle est calme maintenant, résignée aussi; elle a sur les lèvres l'arrière-goût des moments qui suivent une confession. Elle salue avec allégresse l'aéroport; le va-et-vient incessant des Boeing la rassure; les cheminées crachent toujours leur fumée noire et la petite baie apparaît enfin.

Elle effleure l'épaule de Steve; celui-ci se retourne vers elle.

« Qu'est-ce qu'on fait maintenant, Steve?... »

Elle aimerait qu'il s'explique. « Je vous aimerai, je vous amènerai à New York, je dirai à Dorothy que... » « Que dire à Dorothy et comment affronter le regard d'un enfant? Lucky est ma malchance, pense-t-elle. On peut quitter une bonne femme avec qui on a fabriqué des pâtés étant gosses, mais jamais un enfant malade. »

« On va remonter le bateau sur la rive, dit Steve. Et après, je vous amène à Annapolis; vous verrez un peu la campagne américaine. On a râté la maison de Washington. C'est ma faute. Vous pourrez y aller demain, avec un car... Ça vaut la peine. »

Demain ?

« A Annapolis, vous connaîtrez la mère de Fred, et Fred aussi, s'il le veut. Ne prenez surtout pas l'attitude de la spectatrice condescendante qui vient voir un être bizarre; n'ayez aucune compassion sur votre visage. Tel qu'il est, même diminué, Fred nous met tous dans sa poche.

— Je suis crasseuse et en sueur, dit-elle. Il faudrait me changer.

— On va s'arrêter dans un motel, dit Steve. Vous prendrez un bain et je donnerai vos affaires à nettoyer... Il y a des motels avec des services express de nettoyage, repassage; vous serez toute neuve après. »

Le bateau se heurte à la rive.

« Descendez, dit Steve. Prenez la corde et tenez bien le bateau... J'espère que vous avez assez de poigne... »

Elle quitte le bateau; elle marche dans l'eau jusqu'à mi-cuisse; le contact gluant du sol la fait frissonner de dégoût...

« Il faut avoir un drôle d'estomac pour faire du ski nautique sur cette saloperie... dit-elle, ragaillardie.

— Saloperie ? dit Steve.

— Je voulais juste dire que votre fleuve est une diarrhée chimique, qu'il pue, que ce n'est plus un fleuve, mais la honte qui coule ici. »

Steve hoche la tête, il s'affaire autour du bateau, il le hisse sur la rive et, avec l'aide d'un treuil, il le fait glisser sur la remorque.

« Un si petit bateau qui m'a fait une si grande peur... » dit Anouk.

Elle reste sur la rive pendant que Steve reprend sa place dans la voiture afin de conduire la remorque dans le hangar. Anouk est là, désœuvrée, un peu inutile; elle tient ses chaussures dans ses mains et son sac mouillé est de nouveau en bandoulière. Elle marche, pieds nus, sur les gravillons brûlants. Elle cherche refuge plus loin, sur l'herbe desséchée. Elle s'assoit par terre; elle chausse lentement ses sandales; elle est vidée de toutes sensations; la fatigue la terrasse; comme perdue dans le désert, les lèvres sèches et les yeux douloureux, elle s'endormirait ici.

Steve se trouve près du hangar. Il lui fait signe de venir. Elle n'a plus envie de bouger; la terre chaude est accueillante.

« Hé-ho, hé... crie Steve, venez... Venez... *Anjoook*... »

Qu'il vienne la chercher ou bien qu'il l'oublie ici, n'importe !

« *An-joook...* »

Elle s'allonge davantage sur l'herbe brûlée; elle s'y abandonne; elle entrerait volontiers dans la terre, comme un animal qui, pour se défendre, se creuse un trou. « C'est comme ça qu'il faudrait mourir, pense-t-elle. Devenir terre et herbe. Et silence. Et poussière. »

Steve revient. Il s'agenouille près d'elle et lui caresse le visage.

« Vous êtes toute barbouillée de larmes, dit-il. Venez... »

Elle fait non de la tête, elle est en proie à une profonde exaltation. Elle souhaite la mort.

« Non, dit-elle. Je ne veux plus bouger, je ne peux plus bouger... »

Passif, il l'observe.

« Venez, on va trouver un motel.

— Steve », prononce-t-elle.

Et elle le voit à peine parce que le soleil est en face.

« Steve, je ne veux pas que le temps passe; si nous restons, le temps s'arrêtera... On va devenir vieux ensemble, au bord du Potomac. »

Steve commence à couvrir le visage d'Anouk de petits baisers furtifs. Il embrasse les yeux fermés d'Anouk. Et ses lèvres.

Anouk l'entoure de ses bras et lui dit :

« Je ne veux pas que le temps passe. »

Il la prend dans ses bras; elle se laisse manipuler comme une marionnette; la terre tourne, le ciel aussi. Steve la porte vers la voiture.

« Comme au cinéma, se dit-elle, comme au cinéma... »

« Vous soulevez comme ça cinquante-deux kilos ?

— La voiture n'est pas loin heureusement », répond Steve.

Il la pose près de la voiture.

« Allons ! Courage ! Dans une demi-heure, nous serons dans un motel et vous, dans votre bain... »

Elle s'assoit dans la voiture.

« J'ai soif aussi... »

Sur la route, il l'interroge. Il vient de reprendre son accent guttural, comme si lui-même, instinctivement, voulait rendre la phrase difficile à comprendre.

« De qui était l'enfant ?

— D'un garçon blond qui avait un slip de bain bleu, une petite chaîne avec une médaille autour du cou. Il devait avoir le même âge que moi, dix-sept ans peut-être. Ou dix-huit. Je n'en sais rien. Nous étions en vacances... Il faisait chaud... C'était dans le Midi... Il m'avait éclaboussée dans la mer... J'avais encore une gouvernante.

— Une gouvernante ? »

Minimiser. Ne pas l'effrayer.

« Une Anglaise...

— Vous avez dit avoir appris l'anglais en Angleterre. En travaillant.

— J'ai menti.

— Vous mentez souvent ?

— Presque tout le temps. C'est infiniment fatigant de mentir tout le temps. Mais je suis obligée de mentir.

— Et si vous disiez la vérité ?

— La vérité ?

— Oui.

— Je dis la vérité... Maintenant. »

Sur l'autoroute, la réverbération est aveuglante. Les voitures avancent en ordre méticuleux.

« Alors ?

— Il me suivait du regard. Nous jouions dans l'eau comme les jeunes dauphins. Nous n'avons pas échangé un mot. Nous nous sommes effleurés dans l'eau. Il me touchait. Partout. Sous l'eau. »

Tout dire.

« Pour échapper à la surveillance de ma gouvernante, je me suis mise à nager; lui, il me suivait. Lorsque nous étions assez loin, il est venu très près de moi et, dans l'eau, il m'a serrée contre lui. Nous étions comme deux poissons, j'ai avalé la tasse. Avec son foulard, la gouvernante me faisait des signaux furieux. Je nageais de nouveau dans la direction de la plage. Il me suivait, il me caressait dans l'eau. Mon dos, ma poitrine, mes jambes, la plante des pieds. Je nageais en riant. Sur la plage, la gouvernante m'a engueulée :

« — Allez vous changer tout de suite, a-t-elle dit. Et
« revenez vous reposer sous le parasol. »

« Goguenarde, je suis allée vers notre cabine de luxe. Aussitôt entrée, j'ai entendu gratter sur la porte. C'était lui.

« Il était ébouriffé, mouillé, éclatant de sourire. Il s'est glissé dans la cabine comme une anguille. Une seconde après, nous nous sommes trouvés nus; il m'a renversée sur le sol; je ne savais pas très bien ce que je devais faire, lui non plus. Je me demandais si le verrou était fermé, mais je n'osais pas me lever et vérifier. Le petit blond a écarté mes jambes, et j'ai ressenti une étonnante douleur. Une sorte de gros couteau entre mes jambes. Un couteau qui me pénétrait. Le garçon avait les yeux fermés. C'était un mélange d'ange et de jeune animal qui se balançait sur moi. Peu après il s'est effondré. Bien installé en moi, reconnaissant de son plaisir, il m'a embrassée. Ses lèvres avaient un goût de pomme. La cabine était environnée de bruits : « Anouk, Anouk », a crié la nurse. « *Where are you?* »

« Il s'est dégagé de moi; et s'est mis debout; en dansant presque sur un pied, il a réussi à enfiler son slip bleu, et pendant que, moi, je cherchais le mien, le garçon blond m'a dit : « Au revoir. » Et il a quitté la cabine.

« — Que sais-tu du salaud qui t'a violée? » avait demandé mon père trois mois et demi plus tard. « Ce
« n'était pas un salaud, il ne m'a pas violée, j'étais plus
« que consentante.

« — Que sais-tu de lui?

« — Les poils autour de son sexe étaient blonds. J'ai
« vu ça lorsqu'il était debout, et moi, encore par terre.
« Des poils tout blonds. »

« Deux gifles reçues de mon père. Je les sens encore. »

Dans le paysage plat apparaît un motel. *Paradis-Inn,* dit l'enseigne.

« On va s'arrêter ici, dit Steve. Je vais prendre deux chambres. Vous me donnerez vos vêtements à nettoyer. »

La voiture entre dans le demi-cercle d'une route secondaire qui mène vers le bâtiment principal du motel.

Steve descend devant la réception. Quelques minutes plus tard, il revient avec des clefs.

« C'est le 24, dit-il. Un peu plus loin... »

La voiture s'arrête devant une des cases en béton.

« Venez. »

Anouk le suit. Steve ouvre la porte et ils se retrouvent à l'intérieur d'une pièce fraîche, flanquée d'une salle de bain.

« Allez et donnez-moi vos vêtements. »

Anouk pénètre dans la salle d'eau.

Elle se déshabille, ramasse ses vêtements et les passe à Steve.

« Voilà...

— Je les rapporterai nettoyés. »

Et puis, après une courte réflexion, il entre dans la salle de bain. Il embrasse Anouk longuement sur la bouche, sans toucher à son corps.

« *Anj-ook...*

— Oui...

— Vous l'aimiez ?

— Qui ?

— Le jeune garçon...

— Je n'ai pas eu le temps de l'aimer... Je sais moins de lui que de vous...

— Vous savez tout de moi, dit-il.

— Tout ? »

Pour s'habituer à la douleur, elle dit :

« Je sais seulement qu'il y a Dorothy et... et... l'enfant... Autrement, peut-être, pour le reste, vous mentez aussi... un peu... Comme tout le monde.

— Au revoir, dit-il, toujours un peu absent. Au revoir... A tout à l'heure...

180

— Si vous me laissez là, sans argent, sans vêtements...

— Je reviendrai », dit-il.

Il s'en va.

Elle subit le contrecoup du choc qu'elle a eu sur le
Potomac. Dans l'eau tiède de la baignoire, elle somnole.
Plus tard, Anouk se savonne. Le petit savon glisse parfois au pied de la baignoire, et il faut le repêcher. A la
fin il n'en reste qu'une grande pastille visqueuse. Anouk
se met debout et se livre à la douche; l'eau de la douche
la martèle et dégringole sur le visage d'Anouk. Elle évoque une publicité d'Air-France qu'elle avait adorée, un
texte ainsi conçu :

Le mystère a du charme,

Mais il vaut mieux inscrire sur vos bagages

Votre nom

Votre adresse

Votre destination.

« Mon nom : Anouk. Mon adresse : Paradis-Inn. Ma
destination ? Que devrais-je inscrire sur un bagage ? »

L'eau devient glaciale, et elle pense, amusée, que,
peut-être, Steve est en train de prendre une douche, lui
aussi. Serait-il dans la chambre voisine ? Jamais un
Français n'aurait pris deux chambres. Il ne l'aurait pas
laissée seule non plus. La manière française de s'offrir
une petite bonne femme est certainement plus rationnelle. Anouk ferme la douche; elle quitte la baignoire et
prend avec un plaisir incontestable une large serviette
de bain, assez grande pour qu'elle y soit emballée des
épaules jusqu'aux chevilles... Elle se dirige vers la glace
qui surmonte le lavabo; la glace est tachetée, souillée
presque ici et là; un long cheveu noir, solitaire et
courbe, gît sur le rebord du lavabo. Elle détourne la
tête avec dégoût. Elle se regarde; par endroits, le soleil
a dévoré sa peau; elle a le bout du nez rougi, et le front
aussi. Elle va chercher, fébrile, un peigne dans son sac,
et son rouge à lèvres. C'est tout ce qu'il lui reste d'un
monde qui jadis fut le sien. Un peigne et un rouge à
lèvres. « Le mystère a du charme, mais... »

Mais il ne faudrait peut-être pas se promener sans
papiers d'identité, sans avoir même la carte de l'hôtel

de Washington dans son sac. Elle se peigne; se maquille les lèvres.

Le souvenir d'une conversation avec sa mère restera dans sa mémoire. Un souvenir ineffaçable, humiliant. A en rougir jusqu'au cercueil.

« Ma chérie, j'ai quelque chose à te dire. Viens dans mon bureau... »

Elle appelait « son bureau » une ridicule pièce garnie de soies froufroutantes et de lampes cachées sous des abat-jour plissés et enrubannés. Elle y faisait ses comptes sur un bureau Louis XV, étouffé sous la marquetterie.

« Assieds-toi... »

« Et j'ai posé mes fesses sur son pouf », pense-t-elle tout en se peignant.

« La femme de chambre me dit...

— Quoi ?

— Je lui ai demandé que chaque mois elle me signale le nombre de tes culottes tachées de sang. »

Elle est figée sur le pouf.

... Elle se regarde dans la glace du motel et la rougeur monte comme une bouffée de chaleur.

« J'ai besoin d'un contrôle. C'est mon devoir de mère... »

Pourquoi s'excuse-t-elle ? Pourquoi cherche-t-elle des faux-fuyants ?...

« Depuis bientôt deux mois, la femme de chambre n'a pas vu de culottes tachées de sang. Alors, j'ai dû en déduire que tu utilises des serviettes périodiques qui préservent mieux le linge, ou bien que tu jettes tes slips maculés...

— Ça ne vaut pas la peine de faire les poubelles, dit-elle, tremblante de rage; je suis enceinte...

— Ne plaisante pas si cruellement, dit Maman. J'ai les nerfs solides, j'en ai besoin, ton père n'est pas commode à vivre, mais ce genre de plaisanterie me dépasse. Pourquoi jettes-tu tes slips ? '

— Je ne les jette pas... dit-elle. Je suis enceinte. Depuis trois mois et demi, j'ai un enfant dans mon ventre. Un enfant qui sera à moi... »

Sa mère est devenue verte...

Devant la glace ternie du motel, Anouk se souvient bien de la couleur verdâtre de sa mère.

« Tu ne peux pas me faire ça...

— C'est déjà fait... »

Sa mère l'avait regardée avec horreur.

« Anouk, dis que tu as plaisanté... »

Elle avait eu un moment de pitié.

« Dans mon ventre, j'ai un enfant à moi... Si vous voulez un verre d'eau... »

On frappe à la porte, et le battement du cœur d'Anouk s'accélère.

« J'arrive », dit-elle.

Emballée dans sa serviette de bain, bien peignée, le corps propre et l'âme à la dérive, elle se dirige vers la porte.

« Hello, dit Steve dans l'embrasure de la porte. Ça va mieux ?

— Entrez, dit-elle. Où sont mes affaires ?

— Je les ai données il y a vingt minutes... Ne soyez pas trop impatiente... Regardez ce que je vous apporte... »

Et il lui donne un petit sac en plastique blanc marqué de lettres rouges :

« *Keep America Beautiful* »

« *Compliments of Firestone, the mile age specialist* »

« On peut vider l'âme dedans ? » demande Anouk.

Steve referme la porte derrière lui. Doucement Anouk se penche vers lui et dit :

« Vous avez la même odeur de savon que moi...

— J'ai utilisé la même savonnette que vous, dit-il. Un lien de plus entre nous... Vous ressemblez à une poupée. »

Il dit cela en français.

« Une poupée... »

Il soulève Anouk délicatement et la pose sur le lit. Il ôte la serviette. Anouk reste nue sur le lit ; elle a presque froid maintenant ; l'air conditionné arrive vers elle en un souffle puissant.

« Je n'ai pas pu donner mes affaires à moi au nettoyage, dit Steve. Je n'aurais pas pu circuler en slip, en attendant...

— Sauf si vous sonnez pour y envoyer vos vêtements maintenant, dit-elle avec le désir de démystifier tout ce qui peut se passer entre eux.

— Il n'y a pas de service dans ce genre de motel », dit-il.

Les volets de la chambre sont fermés. Quelques rayons pénètrent. La pièce est zébrée de lumières.

« On va faire l'amour maintenant, dit-il, pensif, en se laissant glisser sur le lit à côté d'Anouk. Est-ce que je dois prendre des précautions ou non ? »

Elle ne sait pas si elle doit être ulcérée ou flattée. Est-ce que Steve est délicat ou maladroit ?...

Il pose sa main droite sur le cou d'Anouk.

« J'ai de très grandes mains.

— C'est vrai, dit-elle, tout en sentant les doigts de Steve sur son cou.

— Vous avez déjà été enceinte une fois, ce n'est pas le moment de recommencer... Je devrais savoir aussi si vous êtes entièrement consentante. Réfléchissez... Vous êtes mariée... Comment regarder votre mari ce soir, lorsqu'il rentrera de Boston ? Il faudra subir son regard. Vous serez obligée de mentir... Si cela vous fatigue, je ne vous toucherai pas... »

Elle le regarde et lui dit :

« Vous avez le même problème... »

La main de Steve devient pesante sur son cou.

« Exactement le même problème. Il faut rencontrer Dorothy ce soir, l'embrasser, et prendre Lucky sur vos genoux...

— Ne vous occupez pas de moi, dit-il, presque hargneux.

— Si vous m'étranglez, dit Anouk, le problème d'adultère ne se posera pas... »

Elle est effrayée par sa propre phrase, mais la main de Steve était devenue trop lourde sur son cou.

« Excusez-moi, dit-il, poli comme s'ils étaient dans un salon. Excusez-moi, j'ai dû m'appuyer trop. »

Anouk a l'impression que Dorothy est là, dans la pièce même, qu'elle est assise dans le petit fauteuil et les regarde paisiblement. Elle s'éloigne de Steve.

« C'est vous qui avez des remords... Pas moi. Moi, je

n'aime pas mon mari... J'ai dû l'épouser pour échapper à d'autres choses... Mais vous, vous avez un foyer, un gosse et l'amie d'enfance dans votre lit... Pour moi, dit-elle, pour faire semblant de garder un peu de son indépendance de jadis, pour moi vous êtes une aventure de passage, et rien d'autre...

— Je le sais, répond Steve. Vous êtes, pour moi aussi, une aventure passagère. Vous ne pouvez pas imaginer comme c'est difficile d'avoir une aventure aux Etats-Unis. Il faut toujours espérer la rencontre avec une étrangère. Les Américaines veulent toutes être épousées. Et même si quelqu'un trompe sa femme avec sa secrétaire, au bout d'un certain temps il sera obligé de l'épouser et d'entretenir deux femmes; l'une est devenue aussi ennuyeuse que l'autre. »

Il caresse la poitrine d'Anouk.

« Et je l'ai pris pour un type mystérieux, se dit-elle, furieuse. Quelle erreur! Il me déballe ses sottises. Pourquoi diable avais-je besoin de lui parler?... Tant pis. Je vais faire l'amour avec un Américain moyen... Ça fait partie du tourisme. »

Son regard rencontre le regard de Steve. Les yeux bleus de l'Américain l'explorent. L'expression de ces yeux n'a rien à voir avec ce qu'il dit.

Elle se familiarise maintenant avec l'idée de l'adultère. « Robert ne le saura jamais. Et, au fond, je ne le trompe pas. On ne peut tromper que celui qu'on aime. Et je ne l'aime pas. »

Ils sont lents, un peu méfiants, tous les deux. Chacun a l'impression d'être observé par l'autre.

« Avez-vous eu d'autres aventures françaises? » demande-t-elle pendant que la main de Steve descend le long de ses jambes.

Cette main pensive et caressante.

« Beaucoup, dit-il, amusé. Ces sauterelles — il dit cela en français — ces sauterelles de Saint-Germain-des-Prés qui prêchent l'anti-américanisme vous tombent dans les bras instantanément. « Je n'aime pas l'Amérique », disent-elles en vous mordant l'épaule pour moins gémir de plaisir. Entre deux râles de jouissance, elles débitent des sottises sur le Vietnam. Parfois, il faut leur dire d'aller prendre un bain. Vos compatriotes sont souvent sales, Anj-ook...

— Ce n'est pas moi qui vais pousser des râles de jouissance, dit-elle, hargneuse. Qu'avez-vous à m'explorer si longtemps? »

Elle grelotte.

Steve est là; il est partout; sa présence physique emballe Anouk dans une sorte de cocon. Comme s'il y avait plusieurs Steve. L'un pour la regarder; l'autre pour la parcourir de petits baisers furtifs; le troisième pour la caresser longuement et le quatrième pour sourire, et le cinquième pour... pour... Elle ne voudrait pas céder. Pour rien au monde.

« — Je n'aime pas les Américains », disent-elles toutes. Et puis elles viennent frapper à votre porte. Et elles sont toutes aussi impatientes que vous. Les Français ne prennent donc pas leur temps pour faire l'amour? Votre mari est-il si pressé que ça? »

Anouk déteste ce moment. Steve, décontracté, a amené dans cette chambre tout ce qui aurait dû en être banni. Il a suscité en quelques phrases un passé parisien haïssable. Il installe Robert à côté de Dorothy, dans l'autre fauteuil.

« Pourquoi parler d'eux? s'exclame-t-elle, furieuse.

— Pour que vous soyez consciente de ce que nous faisons... »

Il ferme les lèvres d'Anouk par un long baiser. Sa langue dure et chaude occupe la bouche d'Anouk. Il est couché sur elle; ses bras couvrent les bras d'Anouk, ses jambes les jambes d'Anouk; son sexe raide est exactement à la hauteur du sexe d'Anouk; elle est comme camouflée sous ce corps enveloppant; elle ne vit que par sa bouche, livrée à la bouche de Steve. Elle essaie même de dominer sa respiration qui a tendance à devenir de plus en plus précipitée. Le poids du corps de Steve l'excite à l'extrême. Cette attente prolongée dans l'infini la ferait trembler d'impatience, mais, pour rien au monde, elle ne voudrait se trahir. Elle se laisse manipuler comme si elle était une poupée de chiffons. Elle joue l'indifférente. Le corps expert de Steve ouvre le passage. Elle se domine de toute sa force pour

186

ne pas trahir son excitation. Elle crierait pour qu'enfin Steve la pénètre. Elle essaie de respirer normalement, jusqu'au moment où elle sent simultanément le sexe de Steve en elle et la langue de Steve jusqu'à sa gorge.

« Si Dorothy a cette ration de volupté chaque samedi, c'est qu'elle est vernie et qu'elle doit se moquer de la libération de la femme », pense-t-elle.

Elle se domine de plus en plus difficilement.

« Quelqu'un a dit que les Américains étaient des amants minables... » Elle essaie de se souvenir : « Qui a dit cette sottise ?... Si Steve est un échantillon de la qualité nationale... »

« Laisse-toi aller... » dit-il dans un français parfait.

Cette langue contre sa langue, et leurs corps immobiles. Elle sent la présence du sexe de Steve dans son ventre. Ils semblent soudés ensemble.

« J'ai tout mon temps », dit-il.

Allait-il raconter la semaine prochaine à ses copains : « Et puis elle a commencé à crier de plaisir, exactement comme ses compatriotes de Saint-Germains-des-Prés. Les Françaises adorent l'exotisme, et tout ce qui est en dehors de leurs frontières est exotisme. Jamais vu des bonnes femmes aussi friandes de corps étrangers que ces petites qui ouvrent les cuisses plus rapidement que leur sac. »

« Non, dit-elle. Je n'accepte pas.

— Quoi ? » dit-il.

Et maintenant, c'est l'oreille d'Anouk qui est explorée par la langue chaude.

« Je n'accepte pas d'être racontée aux copains et même peut-être à Dorothy...

— Sotte, dit-il sans accent. Sotte... »

« Et zut alors, se dit-elle. Je n'en peux plus... » Et elle se met à pleurer de plaisir.

Elle détourne la tête, et, lorsque Steve se détache d'elle, elle tire le drap sur sa tête. Dans la pénombre du lit, elle respire profondément, comme un enfant qui désire s'abandonner au sommeil. Le va-et-vient de Steve est familier. Ils se connaissent peut-être depuis toujours; ils resteront ensemble jusqu'à la fin de la vie... Anouk joue avec ses phantasmes. Elle se sent en sécurité. Parce que cachée.

« Je vais voir si vos vêtements sont prêts », lui annonce Steve.

Il écarte un peu le drap pour voir le visage d'Anouk; aussitôt, elle change d'expression; elle attaque pour mieux se défendre :

« Une de plus sur la brochette... Content ?

— Voulez-vous boire quelque chose ?

— Qu'on me parle encore de la moralité des Américains... Belle bande d'hypocrites...

— Tout le monde est hypocrite... dit Steve. Vous n'avez même pas voulu accepter le plaisir... Le moindre animal l'éprouve...

— Parce que vous m'avez observée ? s'exclame-t-elle. Merci pour l'animal !

— Et vous, dit-il paisiblement, vous faites quoi depuis ce matin ? Vous m'observez ! Vous regrettez peut-être que je ne sois pas un négro. Les Françaises sont très friandes de négros. Sous prétexte qu'il n'y a pas de différence entre un homme blanc et un homme de couleur, elles galopent après les Noirs. Pour bien montrer au lit qu'elles ne sont pas racistes. Elles se font empaler sur les sexes noirs et, après, elles militent pour Angela Davis.

— Ce qui me console dans mon aventure minable avec un homme marié, dit Anouk, c'est qu'il est méchant parfois, ledit homme marié. Qu'il n'est pas si paisible que ça, qu'il en a parfois marre de sa chère Dorothy, et qu'il se défoule dès qu'il peut, avec une poire de passage.

— Ça va, dit-il. Vous êtes tout à fait réveillée... Alors, Cooola, ou cooofé ?...

— Un thé au lait, dit-elle, acerbe. Et si vous avez besoin d'argent, mon sac est là-bas sur la table... J'ai encore quelques dollars. Cette chambre, je vous la rembourserai... »

Steve s'amuse. Élancé, alerte, c'est un fauve blond dans l'étouffante pénombre de cette chambre où on entend le vigoureux *zzzzz* d'une mouche.

« Votre fichu air conditionné est mort, dit-elle

furieuse. Quel pays! Tantôt on y crève de chaud, tantôt de froid; entre les deux extrêmes, on transpire et on est tout le temps affamé!

— Vous voulez aussi un sandwich? dit-il. Je vais vous en chercher un, avec le thé. Et vos vêtements nettoyés, je les apporte en même temps. »

Elle reste agitée. De grosses vagues d'amertume la secouent. Elle ne se pardonne pas sa faiblesse. On peut faire l'amour comme on veut, quand on veut, avec qui on veut, mais tout en restant en dehors d'une vraie passion. Regarder de l'extérieur, chronométrer la jouissance, fixer sur l'autre un œil critique, aussitôt après parler de performances, de forme physique et de style, ça oui, mais ne jamais éprouver de sentiments. N'importe quoi, même la crève, mais pas de sentiments... « Je risquerais d'être attachée à ce type bizarre », se dit-elle. Il serait temps que la journée se termine. Et au revoir. Ni vu, ni connu. Elle est rassurée par ce qu'elle croit être de l'indifférence.

« Evidemment, ma petite fille, avait dit son père, évidemment nous ne t'obligeons pas à te faire avorter. Ce n'est pas une obligation absolue... Non. Nous te conseillons expressément ce procédé parfois condamnable, mais, hélas! souvent si utile. Tu as le choix... D'éviter, au prix d'un malheur moindre, une catastrophe...

— Quel choix? Que m'offrez-vous comme choix? »

Elle était là, piaffant de nervosité. Qu'il s'explique, qu'il annonce carrément les couleurs. Pour le moment, il essaie de camoufler l'essentiel... Il atténue le scandale. Pianissimo.

« Quel est mon choix possible? M'offrez-vous de l'argent suffisamment pour que je puisse mettre cet enfant au monde?

— Le bâtard dans une nursery? s'était-il exclamé. Vas-y. Raconte ce que tu veux..., »

Attentif, il s'était penché vers elle, tout en s'accoudant sur son bureau.

« J'imagine pouvoir rester à la maison. Je serai discrète. Le bébé portera notre nom. Il s'appellera Thierry T. Je changerai, je serai moins odieuse avec vous. Si je me marie un jour, Thierry gardera le nom de notre famille. Je le voudrai à moi, Thierry. »

Elle avait guetté le visage de son père. Elle aurait aimé se réconcilier avec lui. Tremblante d'émotion, elle aurait désiré la compréhension. Avide de tendresse, elle avait continué :

« Cette affaire est pénible. Pour vous... Je m'en excuse... Lorsque je me suis rendu compte que j'étais enceinte, j'ai été saisie d'une peur panique. Au bout d'un mois, je me suis habituée à l'idée de mon enfant. Je me suis attachée à lui. Je ne me serais jamais crue aussi maternelle. Normalement, j'aurais dû avoir envie de m'en débarrasser. Mais non. C'est le contraire. Je l'aime, mon enfant. »

Le visage coloré par le flux et le reflux du sang, son père l'avait écoutée. Presque une conversation concernant une affaire mineure.

« Parce que c'est à mes frais que tu voudrais élever ton ?... »

Il avait fait une grimace. Il avait dû se féliciter d'avoir pu résister et de n'avoir pas prononcé le mot : bâtard.

Elle avait dit :

« Vous avez souvent exprimé des regrets quant à moi... De me voir aussi « mal dans ma peau ». Je deviendrai plus stable. Parce qu'il servira à l'éducation de Thierry, je haïrai moins l'argent. J'ai juste le temps de passer mon bachot.

— Tu te fous de ma gueule ? s'était-il exclamé. Tu te fous de ma gueule ? Tu me ridiculises devant tout Paris et tu établis le calendrier de l'arrivée de Bébé. Anouk T ? Qui est-ce ? Il suffit que je donne un ordre par téléphone, et tu disparais de Paris.

— Faites-moi engager dans une de vos galeries... Dans l'anonymat. Vous me donnerez le salaire que vous donnez aux autres. Et j'irai habiter ailleurs... Dans un petit studio...

— Si tu veux garder ton bâtard, tu décampes d'ici aujourd'hui. Pas demain. Aujourd'hui.

— Avec cinquante francs dans la poche ? avait-elle dit.

— Mademoiselle découvrirait-elle l'utilité de l'argent ? Tu es dans la merde de tes idées révolutionnaires. Et tu oses réclamer de l'argent ? Un peu de bon sens ! Dans quel monde vivons-nous ?

— Je demande une aide.

— Une aide ? Sous quel prétexte ? Tu n'as jamais eu le moindre sentiment de solidarité avec ta famille. Il paraît que tu m'as désigné, devant une partie de mon personnel, comme « le roi des cons ». Tu fais trop confiance aux valets, ma petite fille. Ceux qui t'applaudissent pour tes idées viennent ensuite me manger dans la main... Et on me raconte tout... On rigole bien lorsque la fille du patron tape sur le système capitaliste; on rigole bien.

— Vous devez m'entretenir jusqu'à ma majorité... avait-elle dit, pâle. Je crois que la loi est ainsi faite. Vous ne pouvez pas me mettre à la rue.

— Intente donc un procès ! Tu en verras le résultat ! Paie donc à l'avance les avoués, les avocats; déballe tes niaiseries, tes sentiments de bonniche, l'histoire de ton accouplement dans une cabine de bain... Crois-tu qu'on a envie de gagner un procès de ce genre-là contre nous ? Qui oserait s'attaquer à nous ? Personne ne se mouillera. Peu à peu, tu verras les visages se refermer. Les cabinets douillets des avocats absorberont tes paroles comme le papier buvard. Ceux-ci ne commenteront pas, ils te mettront en garde simplement, ils se référeront au destin malheureux d'un enfant non souhaité, illégitime. Avec beaucoup de délicatesse et d'une voix feutrée, ils se renseigneront quant à tes possibilités pour les provisions à leur donner.

— Je demanderai un avocat de l'Assistance judiciaire... avait-elle dit.

— Nous sommes une famille particulièrement riche, avait-il répondu. Nous sommes sinon la plus riche, du moins une des plus riches familles de ce vieux monde. Alors, l'avocat gratuit...

— Je m'adresserai à grand-père !...

— Son cœur est branlant; tu peux le faire péter, son cœur, avec une pareille nouvelle... Je te le répète : nous ne t'obligeons pas à te faire avorter, tu feras ce que tu voudras. Si tu désires devenir fille-mère, sois-le. Mais ailleurs. Ecris au courrier du cœur d'une publication pour femmes. Demande conseil à la radio. Mais déguerpis d'ici. La rue, ou Londres...

— Et si j'écrivais à mes publications préférées... Pour leur raconter ce que vous faites avec moi... Que vous voulez m'obliger à me faire avorter... Si je dévoilais les secrets de la grande famille T...

— Ecris donc et tu verras leur réaction... Tes publications préférées te prendront pour ce que tu es... Pour une sotte affolée par sa grossesse... Crois-tu que cela les intéresse ?... »

Se tourner vers sa mère. C'est ça qui lui restait. Lui demander, à elle, une aide. La possibilité de s'installer dans une de leurs somptueuses propriétés à la campagne... Logée et nourrie.

« Maman, vous devez avoir de l'argent à vous, un compte en banque à vous ; vous n'allez quand même pas me laisser tomber ?

— Il m'est bien difficile d'aller contre la volonté de ton père, avait-elle répondu. Nous étions toujours d'accord pour les décisions importantes ; je n'ai pas l'habitude de lui mentir ; et il est à peu près impossible de lui mentir : il devine la vérité. Moi, je rougis si facilement. Je me trahis. En revanche, je ne comprends pas, ma petite fille, ton attachement déraisonnable à ce fœtus. Ce n'est même pas le fruit d'un grand amour, mais la triste conséquence d'une rencontre fortuite. Tu m'arraches le cœur, ma petite fille, mais je n'ai jamais désobéi à ton père ; quant à cette chose que tu as dans... dans... »

Elle n'avait pu prononcer : dans le ventre...

« ... quant à cette chose, ça s'enlève. Ce sont de tristes pratiques, mais que veux-tu ? On est bien obligé d'y recourir... Je n'ai jamais eu la moindre indépendance pécuniaire, ma petite fille. Même les livres de compte de la cuisine sont regardés par ton père. Il paie mon coiffeur et ma masseuse par chèques. J'aurais souvent aimé le voler un peu ; ce fut impossible. »

La clinique était chic. Un vrai hôtel particulier dans

un quartier résidentiel de Londres. Les chambres étaient bleu et rose. L'une d'elles était fleurie. Recouverte du plafond au sol de papier fleuri... Un champ printanier renversé sur la tête de celles qui étaient couchées dans un lit à la couverture assortie au mur. Une vraie valse que celle des infirmières amidonnées. Leur regard était, lui aussi, amidonné et, souvent, tacheté d'insultes muettes. Quelques filles fantomatiques dans les couloirs; des filles vêtues de peignoirs de luxe. Une valse mortuaire autour des vies qu'on ôte. Ici, aucun cri de bébé ne déchire la surdité opaque des lieux. Ici, on gratte les entrailles pour enlever à la cuillère — en vermeil, pourquoi pas? — les produits des surprises-parties, les fœtus-hémorroïdaires qui piqueront ainsi de leur tête difforme dans des seaux élégants. Et une future génération conçue entre deux voyages, celui de la drogue ou de l'abandon tout bête, s'en va à l'égout. Ici, on fait entrer la « cliente égarée » la veille de l'intervention. On la palpe; on lui fait une ou plusieurs prises de sang; les examens sont complets; personne ne mourra ici dans une sauvage hémorragie... Ici, l'argent permet le meurtre parfait. Ici, les filles qu'on a jusqu'ici serrées dans une carcasse de moralité sont élargies de force. Toute une nuit avant l'intervention. Empalées sur un instrument stérilisé.

« Un gros morceau. Presque quatre mois, avait dit le médecin. Vous avez mis du temps pour vous décider... »

Et on lui avait tendu à l'instant une cuvette, fleurie elle aussi, parce que cette phrase l'avait fait vomir.

Déjà, elle avait souffert le martyre lorsqu'à Paris elle avait été obligée d'aller chez le gynécologue de sa mère, un monsieur d'un âge certain, avec un air de gourmet replet, muni de lunettes à monture dorée. C'était vraiment infâme, ce voyage mondain et malsain dans un passé immédiat.

« Ne me dites rien... Je sais tout. Je sais toujours tout. Venez, déshabillez-vous, petite fille... »

Se déshabiller dans une cabine occupée par une table d'examen gynécologique, une table munie de bizarres étriers.

« Et vos talons là, mon enfant... Quand je pense que

c'est moi qui ai annoncé votre présence à votre chère mère... Quand je pense... Ne vous contractez pas, ma petite... »

Il n'a qu'à ne pas penser, ce sale con; il a vraiment la tête de l'emploi. Et, dans le ventre, le contact obscène d'un spéculum.

« Je ne vous fais pas mal, mon enfant? »

Et plus tard :

« On est bel et bien enceinte », avait dit le sale con.

Sa tête de vieux jouisseur était apparue au-dessus de la tête d'Anouk.

« Je vous ai connue petite fille », avait-il dit.

Et il semblait regretter de n'avoir jamais été un perverti spécialisé en petites filles. Il les aurait élargies avant de les prendre. Juste ce qu'il faut.

« C'est quoi, le truc que vous avez mis en moi? »

Elle s'était mise à se rhabiller d'une manière furtive, à la hâte...

« C'est un spéculum. »

Et il avait ajouté :

« En or... Je vous ai accordé la faveur de vous examiner avec mon spéculum en or; il m'a été offert par une princesse orientale qu'on allait virer, faute d'héritier. Je lui ai annoncé la bonne nouvelle, la présence du descendant. Elle m'a offert ce spéculum en or. »

Elle s'était retrouvée face au vieux gourmet. Et, en griffonnant une ordonnance bidon, ce sordide con-là avait osé prononcer :

« Vous prendrez des vitamines; vous vous reposerez beaucoup... Un peu de calcium aussi... »

Ne savait-il pas que demain, ou après-demain, elle allait être expédiée à Londres?... Etait-ce lui ou non qui avait suggéré le recours possible à un pays voisin? « Ils sont beaucoup plus évolués que nous, ma chère », aurait-il pu dire à la mère d'Anouk. Il avait une gueule de faux puritain, une voix de chapon, une face blême d'inquisiteur en chômage. Son regard s'était voilé derrière des verres épais. Une vilaine pupille mouillée.

« Au revoir, ma petite... Votre chère mère me tiendra au courant... »

Et puis, par habitude, parce qu'il était fatigué, ou

bien distrait, ou bien seulement salaud, ou peut-être de bonne foi (elle ne le saura jamais), il avait prononcé de sa voix mécanique la phrase stéréotypée :

« Ça va être un beau bébé... »

Quelques jours après, on s'était tapé la grande rigolade ! La traversée en hydroglisseur.

« Peut-être les vibrations déclencheront-elles quelque chose, avait dit Maman. Ce serait une bonne solution. Cet engin secoue tellement. »

Les vibrations, mon œil ! L'enfant était accroché en moi, bien au chaud, et j'allais le livrer aux longs couteaux. J'aurais dû être « héroïque »; j'aurais dû lutter, quitter la maison, gagner ma vie. Mais ce genre de chose est pour le courrier du cœur. La vérité est dans la défaite. On se rend, on se fait charcuter, on chiale, et on berce des rêves de vengeance. Parce qu'après... Sortir de la narcose dans une chambre fleurie. Et cette connarde de mère, qui m'a foutue dans la chambre pleine de fleurs... Cette vieille pucelle, ma mère, fête l'avortement comme si c'était une naissance... D'ici qu'on envoie des faire-part...

« Enlevez ça, avait-elle dit, dégoûtée. Enlevez ça.

— Voulez-vous une glace pour vous voir ? avait demandé l'infirmière, la main rêche de désinfectants.

— Je me débecte.

— Comment ?

— Merde.

— Je crois qu'il vaut mieux que je vous laisse seule... Souvent, pourtant, « elles » veulent se voir... »

Alors, cette solitude qui vous écrase; les murs fleuris; le plafond : une coupole fleurie; un monde fleuri qui vous enferme dans l'aquarium fleuri. Regarder le plafond et, avec l'aide d'un bras qui s'allonge à l'infini, dessiner une guillotine, voir Papa décapité. Et clac, pour la troisième fois sa tête dans la corbeille. Et clac. Quatre. Les anéantir. Je n'ai pas eu la force morale de résister au meurtre, donc je ne peux rien contre eux. Rien. La main d'un médecin sur son pouls. « Normal. » Et de nouveau, le plafond fleuri. « Une loque, je suis une loque... Une grande gueule édentée. Il a gagné, mon salopard de père; il a gagné, parce qu'il a raison : je suis une faible. J'aurais dû me réfugier dans une maison spécialisée pour filles-mères. »

« Vous voulez parler à votre mère ? Elle vous appelle de Paris », lui avait dit la standardiste.

Une vraie boîte de luxe, cette clinique ! Quand on tire sur votre laisse, on vous annonce de quelle part... Les bonnes manières.

« Allô, allô... »

La voix de Maman était faible. Une mère ? Cette chiffe peureuse, qui ne montre même pas une solidarité de femme ? Rien. La salope !

« Salut, grand-mère, avait-elle soufflé au téléphone. Ton petit-fils est en train de téter. C'est fou ce que j'ai comme lait... Une vraie nourrice, la petite Anouk... Et toi, Mémée, ça va ? Tu es impatiente de bercer, il y a de quoi... Il est beau, mon Thierry. »

Sa mère avait raccroché.

Anouk était restée à la clinique « pendant quelques jours », comme on le lui avait dit. Elle attendait. Ecœurée.

A peine sortie dans la petite rue calme, elle avait découvert une Rolls qui s'était dirigée lentement à sa rencontre. C'était le petit vieux qui l'avait invitée à s'asseoir à côté de lui, et qui avait tapé sur la vitre pour dire au chauffeur : « Au Savoy... »

« Que fais-tu là ? avait-elle demandé.

— Ils me l'ont dit hier seulement, tes parents, ce qui s'est passé... Tu aurais dû t'adresser à moi... On l'aurait gardé, cet enfant... »

Tout ce qu'il peut dire maintenant, le petit vieux, tout cela n'a plus d'importance. C'est du volapuk, le basic-sentiment, la consolation à rebrousse-poil. Et pourquoi croire que ç'aurait pu être vrai ? Pourquoi ?

« T'as une Rolls ici aussi ? avait-elle interrogé machinalement.

— Partout, dans toutes les capitales, j'ai une Rolls à ma disposition. Il suffit de donner un coup de téléphone et, partout, une Rolls m'attend aussitôt, avec un chauffeur du pays, devant l'hôtel où je descends. »

Elle se tasse dans un coin du véhicule; elle s'enroule presque sur elle-même. Escargot de luxe, elle donnerait cher pour pouvoir se transformer en une vipère. Et mordre...

« Je suis venu pour t'accueillir... On m'a dit que tu allais sortir vers midi... J'attends depuis dix heures trente. Je ne voulais pas que tu rentres seule à Paris. Nous pourrions passer la soirée ici à Londres, et repartir seulement demain. En avion. Si tu veux, je t'emmène au théâtre... Voir un spectacle quelconque... Si cela t'amuse...

— Ne te fatigue pas, grand-père... avait-elle dit. Je suis sous calmants, donc maniable et gentille. Je vais voir ce que tu veux, mais ne me demande pas d'être une joyeuse compagne. Ni de faire semblant d'être autre chose que ce que je suis : une loque. Veux-tu sortir avec une loque ? »

Les doigts agiles et desséchés du petit vieux avaient tapé inlassablement sur le pommeau en argent massif de sa canne.

« Evidemment, tu souffres. »

Et il avait ajouté, comme s'il devait clore la conversation :

« Tes parents ne pouvaient quand même pas louer l'Arc de Triomphe pour te fêter...

— Ils n'ont qu'à déposer une couronne devant le mouflet inconnu, avait répliqué Anouk. L'enfant qu'on m'a sorti du ventre, c'était un garçon... »

Le petit vieux avait esquissé un mouvement de recul; il se serait laissé glisser volontiers sous le cuir cousu-main de son siège. Il était maigre et plat. Un vrai Chinois.

Le petit vieux ? Il avait la capacité d'encaisser. On lui avait déjà enlevé, sous le nez, deux Watteau, et son fils avait raté l'achat d'un Rembrandt dont le prix relativement bas — cent soixante-dix millions anciens pour un portrait de médecin — le faisait encore râler de colère. A l'époque, une nervosité latente le rendait périodiquement aphone. Il avait fait venir un jeune comédien « plein de promesses », et il avait fait enregistrer sur un magnétophone : « Espèce de con, tu ne comprendras donc jamais rien à rien. Quand je te dis d'acheter, achète donc... Et n'arrête pas, terrorisé, juste au moment où tu pourrais emporter le morceau. »

« Pourquoi juste cette phrase, monsieur ? » lui avait demandé le jeune comédien.

Le petit vieux avait répondu en écrivant sur son bloc : « Pas de question inutile, enregistrez... » Et puis il avait ajouté : « C'est à l'intention de mon fils. Articulez, mon ami, scandez, remplissez vos poumons d'air, avant d'ouvrir votre bouche. »

Au début de l'enregistrement, il y avait eu quelques heurts... Le gaillard s'était pourtant bien lancé dans sa tirade : « Es-pè-ce... de... » Et c'est ici que les difficultés avaient surgi. Il avait prononcé : « c-ô-n-e... » Chaque fois, le petit vieux l'avait interrompu, en lui tendant un papier sur lequel il avait marqué : « Il n'y a pas d'accent circonflexe sur le O ! Et puis, qu'est-ce que c'est que cet « e » muet que vous me foutez à la fin... Il faut que ça claque : C.O.N. ... Mettez l'accent tonique sur le C, laissez-en donc une miette au O... Pour le N, vous le faites s'évanouir... presque comme un E muet. »

Le comédien lui avait répondu en écrivant sur un papier : « C'est laid, enregistré ! » « C'est une phrase laide, monsieur ! »

Le petit vieux était entré en transe... « Pourquoi m'écrivez-vous ?... Je ne suis pas sourd, je suis aphone. »

Depuis, le petit vieux avait gardé l'appareil — d'une extrême puissance sonore — à sa portée. L'hôtel particulier avait résonné, vibré; la voix du jeune comédien était entrée jusqu'au fin fond des casseroles à la cuisine. Partout, on avait entendu tonner :

« Espèce de C.O.N. ...

Quand je te dis d'acheter...

A-chè-tee dooon... c !! »

Et puis, il y avait un bruit de dessins animés, la bande qu'on faisait revenir en arrière : ring-bong, tranzum-oh-him... Très vite, très vite... Le petit vieux était en train de chercher un passage; et soudain l'air vibrait à nouveau : « Tu ne comprendras donc jamais rien à rien... »

Anouk avait jeté un regard sur son grand-père. Il ressemblait à un Chinois... Il était recroquevillé sur lui-même. La phrase d'Anouk l'avait transpercé. Il avait essayé de supporter le goût du malheur qui envahissait sa bouche. Serait-il plus lésé que lors d'un achat raté?

« Des racontars, avait-il dit, furieux. Des racontars de bonne femme...

— L'infirmière savait exactement ce qu'elle disait », avait répondu Anouk.

Par les vitres impeccablement propres de la Rolls, Londres s'offrait à eux, comme une ville sortie d'un conte de fées raconté aux vieux enfants d'un asile. Londres se faisait prier par cette journée pluvieuse. Londres était distante, Londres n'était pas condescendante, Londres boudait. Sortis d'un livre d'images, les agents de police réglaient la circulation dense. Le petit vieux se réfugiait derrière son aspect physique presque asiatique. Tout était vieux sur lui : la peau fatiguée se plissait sur les os, des rides transformées en sillons sauvages parcouraient ce visage, dont les yeux, profondément enfoncés dans les orbites, étaient camouflés par une arcade sourcilière saillante, couverte de broussaille blanche; il y avait même un long poil qui brinquebalait au-dessus de l'œil droit et lui ôtait ainsi son aspect sauvage; ce long poil solitaire était le signe de la défaite. Depuis l'âge de quarante ans, on l'appelait « le petit vieux », mais, bientôt, quelqu'un allait l'interpeller en lui disant « Monsieur ». Une injure. Le petit vieux avait toujours été une puissance redoutée. Lorsqu'on l'appellera « Monsieur », il sera un type riche en direction du cimetière.

« Raisonnablement, avait-il dit, raisonnablement, tu n'as quand même pas pu imaginer que ta mère allait commencer à tricoter la layette lorsque tu lui annoncerais... l'accident? Elle est sotte, ta mère, une charmante sotte, mais pas à ce point... »

Elle avait regardé les Anglais qui sortaient de leurs bureaux, qui portaient de charmants chapeaux melons et qui ouvraient leurs parapluies avec grâce. Charmants Anglais, sous les parapluies, charmants.

« Combien tu paies, au Savoy, par jour? »

Il avait énoncé le prix; il n'avait pas hésité une seconde. Il le savait par cœur. Elle avait haussé les épaules. Cette somme aurait été un mois de vie pour l'enfant.

« On m'a dit, grand-père, que tu as le cœur malade, et que je devais me taire pour t'épargner... Mais, parce qu'ils mentent toujours, c'était peut-être faux...

— Le moteur se fait vieux, avait-il dit d'une manière un peu abstraite. Il faut dire qu'on est servi, avec toi. J'y ai passé en premier, avec les couronnes sur ma Rolls. Tu étais une enfant de seize ans... Mais ton père, lui... Sa hantise, c'est d'être ridicule... Tu lui envoies le scandale en plein visage. Uniquement parce que nous sommes milliardaires... Si tu étais la fille d'un ouvrier, tu te tiendrais sur tes fesses, tranquille... Tu nous punis pour notre argent...

— Il pue, grand-père, votre argent...

— Je me suis fait à la force du poignet... J'étais commis dans un magasin où on vendait des reproductions... Qu'est-ce que tu as à me reprocher ? Ma réussite ? Imagine ! Si tu étais la petite-fille d'un vieux manutentionnaire, tu dirais : « Il est brave, mais bête... Il est resté commis toute sa vie... » Evidemment, mon fils n'est pas à la hauteur. Je le sais... C'est un inculte. J'ai dû acheter tout le cours privé où il allait, pour qu'il puisse passer d'une classe à l'autre... Tout le monde était payé par moi; il était quand même difficile de le garder en sixième jusqu'à quatorze ans... Le bachot, c'était autre chose. C'est, avec le Conseil d'Etat, un des rares endroits où l'argent ne sert à rien... Et, à son époque, le niveau était élevé... Maintenant, il passerait son bachot haut la main... Mais il ne l'a jamais passé, son bachot.

— Tu lui transmets le pouvoir, avait-elle dit d'une voix éteinte. C'est ça qui est injuste. Il n'a pas eu à lutter... Et il n'ose pas trancher... Il croit connaître son métier, mais il mourrait de peur s'il allait dans un atelier; il ne sait rien de la peinture... Il distingue une aquarelle d'une toile peinte à l'huile, c'est tout... Et tu lui as donné le pouvoir.

— Tout le monde devient paranoïaque avec le pouvoir à la clef, avait dit le petit vieux. Prends donc un ouvrier de chez Renault.

— Ton exemple, je le refuse; tu les prends toujours chez Renault, tes exemples... Je prendrais, moi, un métallurgiste...

— Prends ton métallurgiste, et donne-lui des milliards... Et une entreprise colossale... Il va être dans le coma pendant des mois, mais, lorsqu'il comprendra ce qu'est le pouvoir, il va être transformé aussitôt en un Néron médiocre; il ne sera plus accessible à aucun raisonnement; il croira ferme que la fortune lui est tombée dans les mains parce qu'il sait quelque chose... Son ignorance intolérante prendra des proportions effroyables...

— Et toi, grand-père, es-tu paranoïaque? »

Il avait ri comme un gosse.

« Non. Tu sais pourquoi? Parce que j'ai toujours eu des bonnes femmes dans ma vie... Après cet incident à la clinique, je peux te parler en adulte... Ce que j'aurais eu comme surcroît d'orgueil, je l'ai dépensé en sperme. Lorsque je constatais que je me mettais à ressembler aux potentats, lorsque j'avais l'impression que tout ce qu'on me disait était faux, parce que j'étais le seul à savoir la vérité, alors je tirais sur la sonnette d'alarme. On peut se guérir des milliards sur un beau corps. Quand un vieux se met au lit avec une beauté de vingt ans, je t'assure qu'il a soudain sa dose de lucidité. D'abord, on sait le pouvoir de l'argent; la preuve flagrante est là, au lit... Une ravissante qui te sourit à toi, vieux schnok dégarni, ce n'est pas parce qu'elle t'aime, non, non, tu peux l'acheter, et, honnête, ou sublimement intéressée, elle t'en donne pour ton argent... Tu la possèdes, plus ou moins bien. Tu rêves de ton sexe de jadis et elle se met à louer ton pauvre pénis fatigué. Alors, tu comprends que le moment est venu de faire attention. Si la fille te dit d'une voix étranglée, (elles croient toutes qu'après l'amour il faut prendre l'aspect d'une chose anéantie et qu'il faut chuchoter; j'en ai eu une, une seule, qui criait comme un putois... Vu mon âge, elle avait cru que j'étais sourd), si elle te dit : « Chéri, c'était bon », alors c'est grave. Si tu la crois, c'est que tu es paranoïaque... Tu es foutu... Tu vas imaginer que tu as, à soixante-quinze ans, le pouvoir divin de la faire jouir... En même temps, dans l'Entreprise, tu croiras aux flatteurs... Grâce aux femmes, j'ai toujours pu rester lucide... Un type qui avançait bien dans l'Entreprise m'a dit, un jour, d'une voix étranglée — mais oui, j'ai cru entendre : « Chéri, c'était bon » — : « Monsieur, vous ne vous trompez jamais. » Je l'ai foutu dehors. Il avait voulu flatter en moi le paranoïaque qui se serait ignoré; il voulait me caresser, me faire croire que j'étais infaillible. Quel danger !... Une affaire en fausse érection; si tu y crois, tu es perdu... »

Et après un silence, il avait ajouté :

« Je ne suis qu'un homme, ma petite fille... Un homme très riche, mais un homme... Tu auras un jour un autre enfant... Je te le promets... »

Un autre enfant ? Jamais. Son ventre ne servira dorénavant qu'à la vengeance. Elle a sa petite idée, informe encore, mais bien ancrée dans son esprit. Une idéefœtus. Il faudrait être drôlement costaud pour gratter cette idée de sa tête...

Comment oublier l'arrivée de cette infirmière dans sa chambre, juste une heure avant son départ ? Cette femme bizarre, parce que si silencieuse, une sorte de pieuvre qui prend la fuite tout en se défendant avec un nuage d'encre projeté dans l'eau derrière elle... De cette femme se dégageait un parfum de mépris.

« Je ne vous connais pas encore, lui avait dit Anouk.

— Ici, on n'a pas le temps de se connaître », avait-elle répondu.

Et elle avait ajouté :

« Il vaut mieux ne pas se connaître... Les souvenirs que l'on emporte d'ici sont déjà, quoi qu'on pense, ineffaçables. »

En quelque sorte, elle avait condamné Anouk aux tourments perpétuels. A une mémoire qui allait devenir un instrument de torture.

L'infirmière avait posé son regard noir sur Anouk; ce regard évoquait certains portraits de femmes de l'Ecole hollandaise du début du XVIIIe siècle. Un regard noir, un peu distrait. Le cœur d'Anouk s'était serré d'angoisse. Cette femme allait lui faire mal.

« On m'a dit de prendre encore une fois votre température... »

Le petit thermomètre dans la bouche. Le bout de l'objet d'abord froid. Pourquoi essaie-t-on d'enrouler la langue autour de ce fragile instrument de verre ? On veut tenir bien l'objet; on veut montrer qu'on se concentre, qu'on est bonne fille...

L'infirmière avait pris le thermomètre, l'avait regardé, de loin, l'avait secoué et l'avait déposé.

« Rien. Vous pouvez vous habiller. On vous attend dehors... »

Elle aurait aimé rester seule pour s'habiller. Mais l'autre était là, contemplative, les mains croisées devant, sur le tablier amidonné.

Anouk lui avait tourné le dos; elle avait laissé tomber par terre sa chemise de nuit en soie; elle en était sortie, comme d'un cercle magique. Elle avait dû se mettre sur un pied pour faire glisser l'autre dans le slip. Enfin, le slip l'avait recouverte aussitôt. Puis, ç'avait été le numéro de la femme-serpent avec le soutien-gorge...

« Il ne faut pas oublier votre bracelet... »

Elle lui avait apporté le bracelet, ces quatre cents grammes d'or. Un cadeau de Noël.

« Il est lourd, avait dit l'infirmière. Et n'oubliez pas votre ceinture; elle est jolie, votre ceinture. »

Naturellement qu'elle est jolie. Elle vient de la rue du faubourg Saint-Honoré. « En bébé-crocodile, mademoiselle... On enlève la peau du bébé-crocodile encore vivant... Ainsi la peau reste souple... On ne parle pas de ces bêtes; tout est pour les bébés-phoques... Qui pleurerait un bébé-crocodile déshabillé vivant de sa peau?... Il reste un tas de chair qui bouge... Un tas de chair rouge... Il paraît qu'ils sont vivaces, les bébés-crocodiles... 960 francs, mademoiselle... Payé par chèque?... Ah! c'est madame votre mère qui paie?... La caisse est par ici, madame; vous connaissez le chemin... Mes hommages, madame T... Nous étions ravis de vous revoir, madame T... » Et puis, à la caisse : « Ne faites donc pas attendre Mme T... Vite... Vite... »

« Vous avez aussi un foulard, dit l'infirmière.

— Ne pourriez-vous pas me laisser seule? »

Sa voix avait résonné, comme celle qui faisait écho dans les souterrains des souvenirs, vivaces et, comme les bébés-crocodiles, déshabillés à vif... « Seule... Seule... Seule... »

« Je fais mon travail, miss. »

Elle dit « miss » comme si elle disait : « Merde. » Miss Merde. Avec votre pognon, vous auriez pu avoir cinq, six gosses... Vous êtes sportive, bien faite, et vous avez du pognon... Miss Salope...

« Je ferme la valise, miss...? »

Et son regard pesant avait expliqué bien clairement qu'on devrait pouvoir se faire avorter en dessous d'un certain niveau de vie, tandis que les pourris de fric devraient peupler le monde.

« Votre bague, miss... Votre sac, miss... Vous ne vous maquillez pas?... Un peu... Celles qui sortent d'ici se mettent presque toujours du rouge sur les joues... Forcément, elles sont pâles... »

Anouk s'était regardée dans la glace. Elle avait dessiné deux triangles avec son rouge à lèvres sur ses joues. Elle les avait étalés après; elle était devenue rose. Dans la glace, le visage de l'infirmière était apparu.

« C'était un garçon, miss... »

Anouk n'est soudain qu'une bête que quatre cow-boys tiennent pour la marquer avec un fer rouge. La bête se débat. On sent l'odeur de la brûlure. L'odeur des poils et de la chair grillés.

« C'était un garçon.

— Des racontars de bonne femme! s'était exclamé le petit vieux. Elles disent n'importe quoi. Je les connais... »

Anouk avait regardé Londres. La pluie fine tendait un voile sur les vitres de la Rolls. Londres apparaissait floue, difficile d'accès, une ville qui accepte le passage des étrangers, mais reste indifférente à leur égard. Une ville secrète.

« Il y a aussi des fourreurs exceptionnels, et des bijoutiers, dont certains me connaissent, et pour cause. Veux-tu que je t'achète un ravissant petit manteau de vison blanc? C'est joli pour une blonde, et après, tu te choisis un bijou... un beau bijou...

— Je ne pourrais que faire des additions, avait répondu Anouk. Un manteau, tant. Tant de vie pour l'enfant. Un bijou? Il y a des bijoux qui auraient pu suffire à l'amener à l'âge adulte... Je ne veux rien, grand-père. »

Regent-Street. « J'aime Londres, s'était-elle dit. C'est l'endroit où je me sens invisible. C'est une ville qui m'efface... Me sort de ma coquille et me jette dans l'infini... A Londres, c'est l'anonymat... »

Elle avait prononcé, un peu malgré elle, comme à regret, une phrase qui lui avait fait mal :

« J'ai honte de vous... de la famille...

— Je te croyais plus intelligente! s'était exclamé le petit vieux. Beaucoup plus intelligente. Je me trompe amèrement. Tu ne vaux pas plus que ta génération.

— Tu ne sais rien de ma génération, s'était-elle écriée. Rien. Ceux qui ont de l'argent ont un destin différent de ceux qui n'en ont pas... On peut faire partie de la même génération et être aussi éloignés l'un de l'autre que si on appartenait à deux mondes différents.

— Alors, choisis donc, avait crié le petit vieux. Qu'est-ce que tu attends pour rejoindre ceux qui sont dans « l'autre monde »? Hein? Qu'est-ce que tu attends? Tu veux tout avoir... Tout garder... Le confort, l'utilité des relations des T., les sports d'hiver à Saint-Moritz... au palace, l'habitude qu'on range tes vêtements toujours laissés en désordre... Le premier signe de l'argent, c'est le désordre des sous-vêtements; mais oui, j'ai gagné trente milliards dans ma vie, et j'ai toujours jeté moi-même mon slip sale dans la corbeille à linge sale... J'ai toujours tout rangé. Tu admires les ouvriers. Va donc vivre avec eux...

— Personne ne veut de moi... Dès que je prononce mon nom, le sourire se transforme en rictus... Tu ne sais rien de tout cela, grand-père. Tu trembles pour ton sale fric... Tu vas être nationalisé et tes tableaux retrouveront leur juste place dans les musées. Tu les enfermes dans des coffres, au lieu de les exposer...

— Mais ils sont à moi, avait crié le petit vieux. Je les ai gagnés, mes tableaux; j'ai trimé pour mes tableaux... Tu m'ôterais le droit de posséder ce que j'ai gagné moi-même? Tu n'as aucun sens de justice... Fiche le camp, et je t'estimerai; travaille de tes deux mains et je te dirai : « Voilà, c'est quelqu'un. Elle a été contaminée par des « idées politiques qui ne sont pas les miennes, mais elle

« fait face à ses idées... » En attendant, ne gueule donc pas d'un lit où les draps sont en soie... Merde !

— Je ne parle pas forcément de toi, avait-elle dit d'une petite voix qui annonçait un grand orage. Je parle de ton fils, de mon père... Il navigue dans ta fortune et il commence à imaginer qu'il a fait quelque chose pour elle; il te juge même; il critique ta politique d'achat et de vente... Alors, non ! J'accepte ton droit de posséder parce que tu as gagné toi-même ce que tu as... J'accepte même qu'on hérite de l'argent. Ce que je n'accepte pas, grand-père, c'est lorsqu'on transmet le pouvoir par héritage. »

Et elle avait continué, d'une petite voix froide :

« L'héritage d'un pouvoir, c'est le vol délibéré... Je suis peut-être une meurtrière, mais je ne désire pas être une voleuse... »

Le petit vieux s'était cabré, mais il se dominait encore.

Elle était allée plus loin; elle lui avait dit, d'un ton goguenard :

« J'imagine que tu fumes encore, grand-père, en secret... Malgré l'avis des médecins... Passe-moi une sèche...

— Tu sors d'une clinique, mais pas d'une maison de redressement... avait-il dit, glacial.

— Une sèche », avait-elle répété, assez incertaine.

Le petit vieux avait frappé avec le pommeau en argent sur la vitre qui les séparait du chauffeur. Le chauffeur s'était retourné et, ayant fait glisser la vitre qui le séparait de son maître, avait demandé :

« *May I help you, Sir ?*

— *Stop here... Please...* »

Et il avait ajouté, dans son anglais rocailleux :

« Mademoiselle va descendre... »

La Rolls s'était dirigée vers le trottoir et s'était arrêtée au feu rouge. Le chauffeur avait quitté la Rolls et contourné la voiture pour ouvrir la portière du côté d'Anouk.

« Descends ! avait dit le petit vieux. Le trottoir t'attend. »

Elle avait obéi. Elle s'était trouvée au bord du trottoir. Avant que le chauffeur referme la portière, le petit vieux s'était penché vers Anouk et lui avait dit :

« Si tu veux dîner, tu rentres au Savoy. Tout le monde connaît l'appartement des T. Je le loue à l'année. Je dîne à vingt heures précises. Allons-y, James. Je suis pressé. A quatorze heures, j'ai une vente chez Sotheby. Allons-y... »

La poupée en chiffon était restée sur le trottoir... Le feu était passé au vert. La Rolls avait démarré. Le petit vieux n'avait même pas jeté un regard derrière lui.

« Vous dormez ? » demande Steve.

Anouk ouvre les yeux et le regarde. L'Américain a changé de vêtements. Il porte un blue-jean et une chemise apparemment neufs. Il est plus grand, plus mince, et d'allure plus souple que jamais. Il tient un plateau à la main.

« Je ne dors pas, dit-elle. J'ai pensé à mon grand-père... »

Steve se met à sourire.

« A votre grand-père... Et pourquoi juste à votre grand-père... ? »

Elle s'assoit et se couvre, comme elle peut, avec le drap.

Steve pose le plateau sur les genoux de la jeune femme.

« Il n'y avait pas de thé. Et parce que vous buvez beaucoup, je vous ai apporté un café, un coook et aussi un sandwich. »

Il ajoute, en souriant :

« Pas au poulet, au jambon. Pourquoi avez-vous pensé juste à votre grand-père ? »

Anouk boit avidement son café et mord dans le sandwich.

« Parce que c'était quelqu'un d'énorme... Il a fait une fortune colossale... »

Elle mordrait sa langue aussi, après le sandwich. Elle vient de se trahir.

« Que votre père a dilapidée... non ? demande, un peu goguenard, l'Américain. Quand on parle de fortune, on

207

ajoute toujours le nom de celui par la faute de qui il n'en reste rien.

— Il en reste, dit-elle, pensive.

— Tant mieux pour vous », dit-il.

Et il pense à autre chose.

« Le blue-jean vous fait encore plus jeune, dit Anouk.

— J'ai dû acheter des vêtements propres; les sales sont dans le coffre de la voiture. Je les donnerai à nettoyer à New York. »

Elle ressent une douleur à peu près intolérable... et ses yeux sont inondés de larmes. Elle s'essuie avec le dos de la main.

« Ça m'a fait quelque chose...

— Quoi?

— Que vous parliez de New York...

— Il faut bien que je rentre...

— Justement, New York veut dire, pour moi : séparation.

— Il est 4 heures, dit-il. Nous serons vers 17 h 30 chez Fred... Si vous voulez toujours venir... Sinon, je vous reconduis à l'hôtel.

— Je veux venir, répond-elle. Il m'arrive une chose bizarre. Je dois être fatiguée. Je n'ai plus envie de me bagarrer. J'aimerais être une femme qui n'a aucun signe particulier. J'aimerais être comme les autres...

— Vous êtes comme les autres... Vous m'avez parlé d'avortement... Vous n'êtes ni la première ni la dernière à avoir participé à ce genre d'amusement.

— Vous n'avez rien compris, dit-elle, amère.

— Mais si, mais si... Je voudrais juste vous guérir un peu. Vous dramatisez à souhait. Vous avez subi une intervention qui se fait tous les jours, et vous êtes une femme comme les autres... Il n'y a pas de quoi attraper une crise de nerfs...

— Je n'ai pas attrapé une crise de nerfs, dit-elle, acide. En revanche, j'ai envie de vous envoyer le plateau à la figure... Vous m'agacez au-delà de toute expression...

— Bravo, dit-il. J'ai réussi à vous réveiller... »

Il se penche en avant, comme s'il voulait faire une confidence.

« Vous avez tué, tout en obéissant à un système qui vous a entraînée... Vous n'êtes pas une meurtrière, mais une victime...

— Comme Fred ? » dit-elle.

Elle ne sait pas pourquoi elle a le courage de parler d'un inconnu, apparemment déséquilibré. Pourquoi ce nom lui vient-il sur les lèvres ?... Pourquoi éprouve-t-elle le besoin de le connaître ?...

« Comme Fred, dit Steve. Il a cru que la guerre était un acte de patriotisme; il a découvert que c'était une boucherie...

— Et vous ?

— Moi, dit-il, je ne pense pas trop... Je me laisse vivre... Il y a trop de monde sur la terre pour s'en préoccuper... On pourrait devenir fou si on voulait résoudre les problèmes des autres... Dès que vous montez d'un cran, vous voyez que d'autres horizons s'ouvrent devant vous... L'escalade n'a plus de fin... J'ai choisi la paix. La paix morale. La paix de la classe moyenne.

— Me permettrez-vous de vous poser une question ? »

Elle utilise maintenant son anglais distingué en diable. A côté du langage simple de Steve et de son accent guttural, la diction d'Anouk devient une sorte d'offense. Elle le fait exprès.

« Allez-y.

— Pourquoi m'avez-vous fait peur sur le Potomac ?

— Peur ? dit-il. Peur ?... »

Il donne l'impression de quelqu'un qui répète un mot dont le sens n'est pas clair. Et puis, la belle blague, il prend un autre accent et dit comme un acteur de Stratford-sur-Avon :

« Vous aurais-je fait peur malgré moi ? »

Et il éclate d'un grand rire.

« Oh ! *boy*... Comme les femmes fabulent... Elles ont une imagination !... Moi ? Faire peur à quelqu'un ? »

Il se lève, et enlève le plateau des genoux d'Anouk.

« A votre place, chère madame, dit-il dans un français impeccable, je me résoudrais à prendre une bonne douche, froide, pour me calmer. »

Elle s'empaquette, plus ou moins bien, dans le drap;

elle quitte le lit : le drap est drapé sur elle; elle s'approche de Steve :

« Vous savez admirablement le français... Comment l'avez-vous appris, ce français pur et presque sans accent ?

— *U.S. Army*, madame, dit-il. Fred et moi, nous avons eu la chance de suivre un entraînement spécial. Parfois, notre grand pays a besoin de types qui parlent d'autres langues que l'américain. On a fait des tests. Nous nous sommes révélés aptes à apprendre le français. Beaucoup de Vietnamiens parlent encore le français... A la douche, madame. »

Elle laisse dégringoler sur elle le puissant jet d'eau tiède de la douche. Elle se cache derrière le rideau liquide. Elle voit Steve comme s'il était une image troublée; elle le voit perlé d'eau. Elle avait vu ainsi, un jour, Londres à travers une vitre couverte de pluie fine. Elle a tout son temps pour réfléchir. Elle sort de la douche, elle s'essuie, elle commence à s'habiller et, devant la glace tachetée, elle tire ses cheveux mouillés en arrière, en queue de cheval.

Lorsqu'elle est habillée, elle fait face à Steve qui l'attend, paisible, en sifflotant.

« Il m'arrive une chose épouvantable, dit-elle en français. Une connerie sans bornes. Heureusement, je peux vous dire cela en français. »

Il sifflote et jette un coup d'œil sur ses espadrilles. Il a dû mettre ses chaussures aussi dans le coffre de la voiture. Il semble jeune, et plus inaccessible que jamais...

Elle se rebiffe :

« Je ne peux pas parler à quelqu'un qui siffle. »

Il ne siffle plus.

« Une connerie monumentale, répète-t-elle, désorientée.

— C'est tout ce que vous voulez dire ?... »

Et il se remet à siffloter.

« Je suis en train de tomber amoureuse de vous, dit Anouk. Je suis furieuse.

— Vous pouvez l'être... dit-il en se levant. Parce que, vraiment, tout vaut mieux que d'être amoureux de moi...

— Si tu voulais une toute petite seconde me prendre dans tes bras », dit-elle.

Son français est rapide, intime.

Il arrive vers elle. Il sent encore le soleil et les vêtements neufs.

Elle se blottit contre lui; elle murmure :

« Je suis en train de tomber amoureuse de toi... J'aurais une envie folle de tondre le gazon avec toi, de regarder, comme tu dis — et elle l'imite — la *Tiii-Viii* avec toi; j'aurais une envie irrésistible de vivre avec toi... Dorothy, ça m'est égal... C'est ton fils qui est l'obstacle... On ne peut pas faire éclater un mariage où il y a un enfant malade...

— Hé », dit-il.

Et il se retranche soudain derrière sa langue maternelle. Il refuse l'intimité de cette langue française, de ces mots directs dont les syllabes deviennent impudiques, comme certaines femmes qui se promènent nues devant leur conjoint blasé.

« *He, you forgot something...*

— Quoi ? dit-elle. Quoi ?

— C'est que vous n'êtes pas seule dans cette affaire... Vous croyez à un amour, vous l'oublierez demain, c'est sûr, mais vous ne posez même pas la question si moi je peux vous aimer ou non.

— Vous ne m'aimerez jamais, répond-elle, étranglée de chagrin. Je le sens. Vous aimez Dorothy, Lucky, et puis je ne suis pas votre type de femme... Vous m'avez accostée dans l'espoir d'une aventure... C'est fait... »

Il la regarde, pensif.

« Que savez-vous de mon type de femme ?...

— Rien, dit-elle. Je ne sais rien. »

Elle lève la tête vers lui et dit :

« Vous protégez déjà un éclopé, votre copain Fred. Je m'inscris dans le rang des déséquilibrés à protéger. J'ai besoin de vous. Vous êtes l'homme le plus rassurant qui existe. Dans vos bras, je n'ai peur de rien... C'est marrant, non ?

— C'est ma-rrr-aaa-nte, dit-il, en français, avec une bonne dose d'accent. A votre disposition pour le réconfort... Vous me devez un aveu... Un tout petit... Pourquoi avez-vous fait tatouer sur votre cou le signe que les bienheureux appellent le signe de la paix?

— Parce que c'est la seule chose en laquelle je crois, dit-elle d'une voix intime. Il me faut sentir une appartenance...

— Et vous avez choisi ça? »

Il met délicatement sa main sur le cou d'Anouk. Quelle grande caresse, quelle merveilleuse caresse enveloppante et, surtout, lorsqu'il pose l'autre main aussi, les deux paumes emprisonnent le cou comme une écharpe vivante.

Elle regarde Steve dans les yeux.

« Steve? »

Sur ses deux veines, les chaudes paumes de Steve.

« Oui?

— Je vais vous dire une chose folle... Il faut me pardonner. J'ai l'impression que, parfois, vous avez envie de serrer...

— Serrer? Quoi? » demande Steve.

Et ses beaux yeux scrutent le visage d'Anouk.

« Mon cou... C'est une idée... »

Il la lâche, comme brûlé par une flamme vive.

« Oh! *boy*... Les femmes... Elles sont toutes folles... Allons, allons vite... Avant que vous inventiez d'autres sottises...

— Pardon, Steve », dit-elle.

Elle le suit. Devant la case en béton, le soleil est écrasant. La chaleur les enveloppe et, aussitôt assis dans la voiture, Steve déclenche l'air conditionné.

La voiture glisse sur le béton brillant; un homme derrière la porte vitrée de la réception leur jette un coup d'œil indifférent. Il ne les regarde pas; ce sont eux qui passent dans son champ de vision.

« Ne racontez pas des sottises à Fred, dit Steve sur l'autoroute. Lui, il n'a pas ma résistance nerveuse, ni ma connaissance des Françaises... Et surtout, ne lui parlez pas de la guerre, d'aucune guerre... Parlez de Paris... Ça va l'intéresser, Paris... »

Plus tard, sur l'autoroute qui se déroule devant eux comme un immense ruban en métal, il dit :

« Mon seul grand amour est...

« — Est ? demande-t-elle. Quoi ? Qui ?

— New York. »

Et, avec un accent traînant, en se rendant à peine compréhensible, en parlant de la gorge, et la langue contre le palais, il dit :

« *I am in love with* New York...

— Vous êtes amoureux de New York, répète-t-elle.

— Cette ville est la seule femme qui m'intéresse vraiment », continue Steve.

Anouk se laisse bercer par cette langue américaine nasillarde, presque chantée. Elle éprouve une profonde volupté en l'écoutant.

Et Steve continue, comme s'il se parlait à lui-même :

« Beaucoup de monde à New York... Une ville gigantesque. On est toujours seul à New York. Dans la foule, on est plus seul que Robinson sur son île. Et il n'y aura jamais de Vendredi... La solitude à New York... La Sixième Avenue éclairée et vide, à trois heures dans la nuit. Et un homme qui marche, seul... C'est moi...

— Et Dorothy ? »

Steve éclate de rire.

« Elle dort. Dans la banlieue. Je ne me promène pas tous les jours... Mais parfois... C'est ma liberté... New York. Vide. Dans la nuit. »

Elle se penche en avant et embrasse la main de Steve. Celle qui tient le volant...

« Attention, dit-il, d'une voix sèche. Un accident est vite arrivé. »

Dans l'obscurité de cette vieille maison, jadis élégante, située en plein cœur de la 16ᵉ Rue, dans l'opaque crasse de ce patio à ciel fermé, les yeux de la Portoricaine sont phosphorescents. Pour elle, ce cercle noir — à peine illuminé par le vieux lustre dont les ampoules anémiques claquent et deviennent aveugles, les unes après les autres — est le noyau de l'univers.

Blottie contre sa porte vitrée, dont elle écarte à peine le rideau de soie haché en lamelles par l'usure, elle observe le jeune locataire, celui qui téléphone tout le temps comme si sa vie en dépendait. Vêtu d'un blue-jean gris et d'un T-shirt dont l'apparence extérieure même sent la sueur, le jeune garçon téléphone; il semble insouciant, il n'est pas pressé; il écoute surtout et répond par de petits sons de contentement. Parfois, auréolé par la lumière jaune de la cabine téléphonique, il joue avec son propre aspect fantomatique; il s'étire en longueur et penche la tête à droite et à gauche. Il s'abandonne aux effets d'un produit qu'il vient d'avaler. Ses cheveux sont longs, sa peau est rugueuse; un ange déchu fait trempette en enfer.

La Portoricaine le contemple avec l'appétit du drame qu'elle souhaite. Elle déteste ce petit fumier, ce fils de riches propriétaires terriens au Texas, cette espèce d'avorton, la poche remplie d'argent et de marijuana; elle voudrait bien tanner la peau du salopard, la voir coupée en lamelles, comme si elle était en soie, cette peau de merde, et qu'elle soit lentement et sûrement mangée par le temps, décomposée par lui. Les copains du fumier sont aussi écœurants que lui : le même style, la même nonchalance. Ces ordures n'ont pas de problèmes; ils sont nés américains; ils n'ont jamais été émigrés ni pauvres. Les parents les installent à Washington, et les laissent avec des dollars à gogo, dans des studios meublés où les vermines font la noce; hirsutes et hilares, lorsqu'ils ne roupillent pas, ils rigolent.

A qui peut-il téléphoner, ce fils de putain ? Il ne parle presque pas; il fait : « Aha, aha, aha... » et il se met à sourire, à sombrer dans un rire idiot qui se transforme en un « hi, hi, hi, hi »... De quel droit occupe-t-il la cabine qui doit être à la disposition de toute la maison ? Et si la police appelait...

Le grand chagrin de la Portoricaine, c'est que la police n'appelle jamais. Elle vient si on la prie de venir. Et encore, il faut presque insister. « Avec leur bordel de liberté, ils vous rendent dingues, ces agents... A Georgetown, par exemple, où il faudrait ramasser ces fumiers de jeunes à la pelle, et les envoyer dans les décharges publiques, ils ne font rien, les policiers; ils les enjambent, ils se frayent un passage dans la pourriture; ils n'interviennent qu'en cas de vraie bagarre. »

La Portoricaine éprouve un violent amour pour la police. Elle vit accrochée au fil usé de son appareil téléphonique qu'elle garde jalousement auprès d'elle. Elle n'a aucune autre défense contre ces ordures que son téléphone. Le numéro de la police, elle le connaît par cœur. Elle fait remplir des fiches à tous ceux qui entrent dans cette maison; elle aimerait exercer son pouvoir presque dictatorial à l'aide de ces petits papiers sur lesquels les gens écrivent n'importe quoi. « L'ami d'enfance de Mlle Muller a écrit « Dupont », pense-t-elle tout en surveillant l'ange déchu qui se secoue, toujours à l'intérieur de la cabine, dans un grand rire silencieux. Elle a tellement peur, la Portoricaine, d'un geste obscène, qu'elle n'ose pas aller vers lui pour interrompre l'interminable conversation.

Il y a quelques jours, lorsqu'elle les avait interpellés en pleine nuit — ces dégueulasses, ils montaient dans l'immense escalier en chantant. « Ne faites pas tant de bruit », leur avait-elle crié —, ils étaient revenus vers elle, la braguette ouverte, avec leur vilain sexe qui pendait, comme un gros ver mort. Ils avaient constitué, devant sa loge, un vrai mur humain, mangé, grappillé par les vers géants accrochés à leurs sales blue-jeans. Et puis ils s'étaient mis à l'injurier, la Portoricaine. Elle avait refermé sa porte et, par le rideau tiré, elle les avait observés et, sans les entendre ni les comprendre, elle avait imaginé les injures que les charognes avaient débitées de l'autre côté. « C'est pour ça ? s'était-elle dit, c'est pour ça que je suis devenue citoyenne américaine, gardienne d'immeuble, confidente de la police, hélas ! si nonchalante... C'est pour ça ? » Elle avait observé, fascinée d'horreur, le chœur antique qui s'était formé devant sa porte; elle s'était bouché les oreilles, pour voir enfin ces résidus de poubelles exécuter une vraie danse d'Indiens en se déculottant complètement et en tournant vers elle la face blême de leur être.

Ils savent bien qu'elle a peur d'eux. La loi du nombre étant toujours applicable, elle devrait ne rien dire, s'abstenir dans l'avenir de toute remarque, laisser envahir la maison comme par la vermine, mettre en jeu l'existence des locataires aussi exemplaires que Mlle Muller. Celle-là est tellement parfaite que, parfois, on imaginerait qu'elle exagère exprès, pour faire le contraste avec le monde qui l'entoure. Plus les jeunes locataires sont débraillés, plus elle est stricte et polie; et puis ses bonnes manières avec les petits cadeaux; elle est vraiment parfaite.

Parfois, la Portoricaine essaie d'engager la conversation avec Mlle Muller pour débattre un peu des problèmes de cette ville où tout le monde a peur sans se le dire, sans vouloir le dire. On y cache le fait des agressions, comme on nie la vérole. « Moi, peur ? De quoi donc ? Vous, vous avez peur ?... Tiens, de quoi donc ? » On joue aux guignols, on s'exerce dans la comédie. « Mademoiselle Muller, n'avez-vous pas peur de rentrer à vingt heures ? Vous avez peur quand même, n'est-ce pas ? Deux ou trois minutes de marche entre votre voiture laissée au parking et la maison, n'est-ce pas dangereux ? » L'Allemande, bizarre — être propre à ce degré, c'est presque une maladie — esquisse un petit sourire méprisant et répète : « J'ai vu pire à Berlin... De quoi voulez-vous que j'aie peur à Washington ? D'un couteau dans le dos ? Et alors ? Ça va mettre un point final à ma vie... Chacun son destin. »

La Portoricaine se souvient d'avoir demandé à l'Allemande : « Et le viol ? N'avez-vous pas peur d'être violée ? » « Madame Agero, toujours en quête d'horreurs... A Berlin, toutes les femmes avaient peur d'être violées... Vous n'imaginez quand même pas que je suis devenue Américaine pour avoir peur de la même chose ? » « Sacrée Allemande », pense la Portoricaine. « Elle n'a que Berlin sur les lèvres. » Pourtant, elle avait mal encaissé la mort de M. O'Connelly. Pendant quelques secondes, elle avait hurlé, l'Allemande; c'en était fini de sa belle prestance, de son prêchi-prêcha sur Berlin. Courbée en deux, elle avait hurlé à la mort comme un chien.

Et le fumier téléphone toujours. Il est très risqué d'aller vers lui, il serait capable de ressortir son gros ver blanc et de le lui ballotter devant les yeux ! Du dehors, le ululement des voitures de police pénètre à l'intérieur, ce hou, hou, hou, glissant et nerveux, titillant à l'extrême, ressemblant à un courant électrique qu'on vous passerait dans l'âme, rassure pourtant la Portoricaine.

Elle prend un bonbon, cadeau de Mlle Muller. Le gros paquet diminue à vue d'œil, et les petits papiers multicolores, dépouillés de leur contenu, remplissent un cendrier légèrement fendu. Elle suce le bonbon avec un soin méticuleux; il faut en définir le goût; ces bonbons ressemblent un peu à Mlle Muller; ils sont acides, nets, assez impersonnels... Elle mériterait une leçon, Mlle Muller. Une toute petite leçon... Elle n'a pas le droit de n'avoir jamais peur...

« Que voulez-vous que ces nigauds me fassent ? avait-elle dit, un jour, à la Portoricaine. J'ai dû survivre au passage de quelques armées; alors, ce n'est pas les fils à papa drogués, les fils chéris, ce n'est pas eux qui me feront peur... »

« Alors qui ? » avait demandé la Portoricaine. « La

mort ? » Elle avait éclaté de rire, l'Allemande. De rire !
« La mort ? Vous plaisantez ? J'ai vu tant de morts et si
souvent la mort... La mort à Berlin... La mort
allemande. » « Qu'est-ce qui vous ferait peur, mademoiselle Muller ? » avait-elle insisté sans se désemparer
trop. « Il faut quand même que vous ayez peur de quelque chose. » « Le désordre, avait-elle dit avec une
angoisse soudaine. Le désordre et la saleté chez moi.
C'est ça qui me ferait peur... Mais la mort ?... Non. Je la
connais trop bien. »

Une superbe fille noire pénètre dans le hall. Polie, elle
a même refermé derrière elle la porte d'entrée. Elle
s'arrête juste sous le lustre à moitié aveugle. L'hirsute
de la cabine téléphonique lui envoie un geste d'admiration et resserre sa vilaine bouche en cul de poule,
comme s'il sifflait d'émerveillement.

La Portoricaine laisse un peu attendre la superbe fille
noire. Elle l'a déjà vue ici. C'est la fille du médecin
négro, du copain de Mlle Muller. L'Allemande a dû choisir la rue mixte, cette 16e Rue où Noirs et Blancs sont
mitoyens, pour plus facilement fréquenter son toubib; à
la 16e Rue, on peut se mélanger, tandis que, dans les
petites rues transversales, déjà tout le monde est noir.

« Vous désirez ? demande-t-elle.

— Je viens voir le malade qui est chez Mlle Muller.
J'ai la clef... »

Elle ouvre sa paume et la clef y éclate, elle y étincelle.
C'est une petite clef de sûreté dans une paume rose.

« Allez-y. »

La jeune fille avance vers l'escalier. L'hirsute lui
envoie un baiser soufflé de sa main. « Je t'aime », dit-il,
derrière la vitre crasseuse de la cabine.

La Portoricaine en a bien assez maintenant du
fumier qui joue au galant homme avec cette garce
noire, hautaine en diable. « Pourtant, je ne suis pas tout
à fait blanche », marmonne la Portoricaine; elle se sent
poussée à l'aide de coups de pieds brutaux dans le
bizarre no man's land de ceux qui ne sont ni noirs, ni
blancs. « Café au lait, pouah ! se dit-elle. Y en a marre.
Quand les négros en viendront à massacrer tous les
Blancs de Washington, je resterai saine et sauve, parce

que je ne suis pas blanche. » « Ils ne massacreront personne, lui avait dit, un jour, un Irlandais qui s'y connaissait dans le problème. Personne. Ils naîtront seulement; ils deviendront de plus en plus nombreux. Et le jour où le premier Blanc dégagera le passage devant un Noir, c'est que Washington sera une vraie ville noire. Complètement noire. Avec la Maison Blanche au milieu d'un parc vert. » « Déjà », pense la Portoricaine mécontente, « déjà le président ne sort guère autrement qu'en hélicoptère de sa forteresse; si j'étais leur président... » Mais elle ne sait pas très bien ce qu'elle ferait si elle était le président.

Le jeune Texan semble endormi dans la cabine; le combiné pend dans le vide; quelqu'un parle encore; des « allô » fusent.

La belle fille noire monte très lentement les larges marches de cette maison coloniale, jadis cossue; elle avance d'une marche à l'autre, la jeune Noire, comme un pion qui choisirait lui-même sa place sur un échiquier.

La Portoricaine surgit de sa loge; elle se déplace comme une folle toupie; elle arrache presque la porte de la cabine téléphonique; elle saisit le jeune homme et se met à le traîner, pour le sortir de l'enclos que baigne la fade lumière d'une seule ampoule aux fils malades.

« Salopard, sale bête... »

Le jeune homme se retrouve devant la cabine, assis par terre; sa tête se balance à droite et à gauche; c'est le voyage. La maudite Portoricaine est en train de s'incruster dans le monde fabuleux des triangles rouges, des cercles verts, des taches mauves; la maudite truie voudrait casser en mille morceaux ce palais de verre multicolore; la putain intervient dans le rêve! Lorsqu'on se promène dans le vide, sur une rampe mauve, et quand on veut attraper à pleines mains les étoiles qui vous brûlent la peau, il ne faut pas être dérangé par une limace.

Le jeune homme se redresse plus ou moins bien; il voit la Portoricaine mauve et verte; les yeux de la bonne femme se balancent au bout de fines tentacules.

« Mes copains te sortiront les tripes par le trou du

cul, dit-il d'une voix traînante. Fiche-moi la paix, truie... »

La belle fille noire regarde, assez distraite, la lutte de ce débris blanc. Elle le considère avec mépris. Elle hausse les épaules et disparaît dans le dernier tournant qui mène au palier sur lequel se trouve l'appartement de Mlle Muller.

Baigné dans des couleurs d'arc-en-ciel, traîné dans une violente lumière rouge, le jeune homme se sent déplacé. Il est dérangé dans son rêve multicolore; il se sent précipité vers un gouffre; il pousse un hurlement.

« Ordure! dit la Portoricaine en l'appuyant contre le mur fissuré, juste à côté d'une misérable commode au marbre ébréché. Ordure, je t'en ficherai des voyages... »

Elle lui tâte les poches; elle y découvre quelques cigarettes; elle les porte à son nez; elle les renifle comme un chien de chasse; ses narines palpitent; elle glisse à nouveau les cigarettes dans la poche du T-shirt, et elle se précipite dans la loge. Elle téléphone à la police :

« Cette fois-ci, ça y est, sergent. Venez! Le fumier a des cigarettes sur lui... Venez... Il est dans les vapeurs... Oui, venez, *please*! »

Une main au contact plutôt froid sur le front de Robert. Il ouvre les yeux; il émerge d'un sommeil pesant. Si l'apparition était moins fascinante, il plongerait à nouveau, et avec quel plaisir, dans l'inconscience douillette où il s'est blotti depuis qu'on l'a laissé seul.

La jeune femme noire qui se penche sur lui est de quelle origine? Son nez d'une ligne très fine est remarquable. Ses narines dessinées de main de maître sont évocatrices : colère, passions de toutes sortes, frémissements intérieurs vaguement signalés, ne fût-ce que pour donner une expression encore plus prenante à ce visage, font mouvoir ces narines d'une extrême délicatesse. La bouche est celle d'une statue grecque, charnue et apparemment immobile; les paroles ne gênent guère cette harmonie distante. Les yeux, taillés dans une peau de soie, à peine étirés vers les tempes, font nager, sur leur fond d'un blanc bleuâtre, des pupilles noires parcourues de reflets verts et, parfois, comme dorés.

Robert voudrait dire « Oh », et il se retrouve avec le thermomètre dans la bouche. Un chien savant, les pattes en l'air. Encore quelques visites, et il sera mûr pour un cirque.

« Vous avez encore de la température », dit la jeune femme.

Connaît-elle sa beauté ?

« Mon père va venir vers dix-sept heures et vous fera une piqûre... Voulez-vous boire ? »

Et cette Angela Davis sortie des studios de Hollywood lui apporte à boire. Clap, clap... On tourne. Séquence 253. Clap. « Le pauvre Blanc à la gorge pourrie. » Séquence 254. Clap. On le fait boire, le pauvre Blanc ; ce n'est même pas un Blanc, c'est un chameau paumé ! Clap. Clap. Séquence 255. Approches inutiles et maladroites du pauvre Blanc.

« Vous êtes très belle », dit-il.

Super-Tarzanelle, Miss America de demain, elle répond d'une petite voix anodine. Coiffée à l'africaine comme elle l'est, avec la couronne noire des cheveux autour de son visage, sous l'auréole de cette coiffure qui, après avoir été une idéologie, est devenue une terminologie, avec tout ce décor à la mode, on s'attendrait à une voix solide, consciente de sa puissance. Mais non. C'est la voix d'une fillette qui fuse :

« *Black is beautiful.*

— Je veux bien admettre que « *Black is beautiful* », dit Robert, mais il faudrait vous rendre compte que vous, vous êtes la plus « *beautiful* » de tous et de toutes... Que faites-vous dans la vie ?

— Infirmière. Service de nuit. »

La beauté nue. La voilà. Elle traverse une salle bourrée d'agonisants. Les bras tendus vers elle, de vraies pattes d'araignées... Des araignées désireuses de tisser une toile autour de ce mirage. Elle avance parmi les moribonds. Ses jambes sont musclées et enrobées d'une peau d'ébène. Le triangle d'une jolie broussaille noire — noir sur noir — habille son sexe qui est, dans ses replis, d'un rose provocant. Ses seins pointent en avant ; avec les aréoles des mamelons bien dessinées. Et les mamelons eux-mêmes, durcis comme sous une caresse, se cabrent et se font méchants, hostiles, comme s'ils refusaient la main qui les câline.

« Vous êtes très belle, mademoiselle », dit-il.

Il boutonne sa veste de pyjama et doit retrousser les manches qui retombent sur ses mains. L'ancien propriétaire de ce vêtement était vraiment plus grand que lui; chaque mouvement dans ce maudit vêtement est une allusion au géant, qui aurait peut-être mieux plu, ne fût-ce qu'à cause de sa corpulence, à cette merveille noire.

« *Black is beautiful* », prononce-t-elle de nouveau, d'une manière méprisante.

Elle est en train de vouloir arranger le lit. Robert meurt de terreur à l'idée de sentir la sueur. La « *beautiful black* » se penche sur lui; il a le vertige immédiat de cette proximité; son visage est frôlé par le T-shirt; une seconde, son nez se cogne contre le cou de la beauté.

« Redressez-vous donc, dit celle-ci. Vos oreillers sont froissés... Voulez-vous boire ?

— Encore ? » prononce-t-il.

Et, mentalement, il énumère ses qualités; qu'il soit mâle de premier ordre et technocrate de la même classe, tout cela semble dénué d'intérêt. La beauté ne lui attache pas plus d'importance qu'à un objet à astiquer, à déplacer et à replacer à l'endroit où il est censé végéter...

Le verre d'eau puante de désinfectant, et glacée aussi, ressemble à un nectar. Qui aurait cru qu'un jour il allait savourer chaque gorgée d'une boisson dans laquelle, à Paris, il aurait refusé de tremper les pieds ?

« Vos médicaments », dit la « *black beauty* ».

Et lui, cheval obéissant, il happe de ses lèvres, sur la paume rose, les deux capsules, tout en essayant de toucher la plus grande surface de cette main. L'apparition en mini-jupe s'en va vers la salle de bain. Elle laisse couler un jet d'eau puissant; elle se lave les mains avec beaucoup de bruit, cela s'entend; elle le fait exprès, comme si elle avait eu affaire à un pestiféré.

Elle revient et s'assoit au bord d'une chaise en face de Robert. Elle doit avoir la mission d'attendre pour

bien l'observer ou peut-être de lui tenir compagnie jusqu'au retour de Helga.

« Votre père n'a pas dit qu'il avait une fille si belle...
— Je vous ai dit que : « *Black is beautiful* », répond-
elle, distraite.

Elle se penche un peu en avant; ses jambes sont
repliées presque sur elle-même et, les genoux serrés,
elle prend l'attitude d'une bonne sœur qui va écouter sa
supérieure.

« De Paris?
— Parisien...
— Homme d'affaires...
— Oui.
— Dans quelle affaire?
— Ordinateurs...
— C'est ennuyeux, non?
— Non.
— Vous êtes souvent malade?
— Non.
— Vous êtes tombé malade juste à Washington... »

Elle constate ce fait avec une certaine compassion. Et
lui, il voudrait tellement paraître séduisant, être le
jeune homme d'affaires momentanément immobilisé
par une stupide angine. Contagieux, mais pourri de
charmes. Il essaie. Il s'accoude. Il se met à sourire, et
dit :

« Connaissez-vous Paris?
— Des livres... Le cousin de mon père y est allé... Il y
a deux ans... Il est ingénieur... Il y est allé avec un
voyage organisé. Ils ont habité dans un hôtel qui s'appelle — elle prononce en chantonnant : hôtel de la Gare
Saint-Lazare... C'est bien? C'est bien comme endroit? »

Il est en train de réfléchir s'il donnerait un an ou
deux ans de sa vie pour pouvoir coucher avec la « *black
beauty* ». Il transige à dix-huit mois... Il donne dix-huit
mois de sa vie pour l'amener dans un hôtel. Dix-huit
mois pour une nuit... « Non, se dit-il, le plus avantageux
serait un week-end pour deux ans de ma vie. »

« C'est bien », dit-il.

Il ne sait même pas à quoi il vient de répondre. A
quelle question... ou à quelle affirmation...

Elle croise maintenant les jambes.

« Il m'a dit, mon oncle, enfin, pas tout à fait oncle, il m'a dit qu'on peut se promener à Paris... Qu'on n'agresse pas à Paris... Que personne ne tue personne à Paris... Du moins, pas aux Champs-Elysées. »

Elle dit : « E-lyyy-séées... »

Il a des pensées inavouables. Il se délecte dans ses pensées.

Il voudrait manifester son étonnement et dire qu'il avait toujours imaginé que les Noirs n'avaient pas à avoir peur à Washington. Il se rend compte de son erreur.

« Certains quartiers sont douteux à Paris...

— Mais on peut sortir du cinéma à minuit ? continue-t-elle à l'interroger.

— Oui. A minuit. Même plus tard...

— Et rentrer à l'hôtel à pied ?

— Tranquillement...

— Et sur les portes des chambres, à l'hôtel, il n'y a pas de chaînes de sécurité ?

— Non », dit-il.

Il chasse une vague petite mèche de cheveux de son front et il dit :

« Mais vous, vous ne serez nulle part en sécurité... Vous êtes si belle que vous transformeriez un troupeau de moutons en loups sauvages.

— Tous les Noirs sont beaux », dit-elle en se levant.

Elle domine Robert. Elle tient ses mains sur ses hanches. Ce n'est pas de West-Side Story qu'elle sort, mais d'un paradis spécial que le diable aurait aménagé en salon de torture. « Si vous aviez été bon, pur, charitable, correct et honnête sur la terre, vous coucheriez avec celle-là. » Une série de vues fixes. Elle : les jambes écartées. Elle : de face. Elle : rose et noire. De dos. Noir et rose. Ecartée. De côté. Liane somptueuse greffée de broussaille soyeuse. Elle : avec quelqu'un. Seule. Les bras ouverts en croix. Les jambes ouvertes en purgatoire. Ebène et rouge cardinal. Le diable se tape sur les cuisses. Il rigole. Il se marre, le diable.

« Nous sommes conscients de notre beauté. Pourquoi ne serions-nous pas, nous, un jour, supérieurs aux

Blancs?... Si vous trouvez qu'un Blanc est beau, c'est que vous avez un drôle de goût... C'est laid, un Blanc. Insignifiant. Tous les Blancs se ressemblent. On ne peut pas les distinguer. Ou difficilement. »

Clap. Séquence Black Power.

Il se sent rapetissé, minable. Endive, même pas crue, mais cuite dans l'eau et laissée pour compte sur une assiette ébréchée.

« Et nous fournirons un jour l'élite intellectuelle, dit-elle. Ça va venir. Le temps travaille pour nous... Quelques générations encore et les Etats-Unis seront peuplés de maires noirs, de médecins et d'avocats noirs. »

Elle dit plus tard :

« Mon père va revenir vers dix-sept heures. »

La clef tourne dans la serrure de la porte d'entrée. Helga arrive, chargée de paquets.

« Hello, Shirley! lance Helga à la jeune Noire. Comment va-t-il, mon protégé? »

Elle passe à côté de Robert et pose une seconde sa main sur le front de celui-ci.

« Il me semble qu'il a moins chaud.

— Il a 39 », dit Shirley.

Les paquets d'Helga s'accumulent sur la table du living-room.

« Je m'en vais, dit Shirley... N'avez-vous plus besoin de moi?

— Non, dit Helga... Attends un peu; la police est en train de ramasser un drogué dans l'entrée.

— Il faudrait lui donner à manger aussi, je crois », dit Shirley en désignant Robert qui commence à comprendre l'humiliation perpétuelle d'un chien qu'on tâte, qu'on siffle, à qui on donne à manger et à boire, et de qui on parle exactement comme de lui. A la troisième personne. En sa présence.

« Il aura un peu de compote », dit Helga.

Shirley bâille et elle s'étire. Le T-shirt a une convulsion dans tous les sens; la ceinture vernie se déplace légèrement sur la taille musclée et étroite; la mini-jupe remonte vers la moitié des cuisses.

« Je me suis couchée très tard », dit Shirley.

Et elle bâille encore une fois. Fauve divin avec des crocs en ivoire, avec son palais rose, sa langue écarlate; sa gorge à elle est un gouffre arc-en-ciel.

« Tu es partie danser ? Tu as dansé hier soir ?

— Non. J'étais de garde... J'ai dansé il y a dix jours. »

Danser. Elle danse. Elle se blottit dans les bras de quelqu'un. Salaud de quelqu'un. Profiteur. Un grand dégueulasse. Il la serre si fort qu'elle ne respire presque plus...

« Nous avons opéré. On a eu deux urgences cette nuit. »

Robert gît avec le ventre ouvert sur une table d'opération. Shirley se penche sur lui et dit : « Je lui ai déjà enlevé l'appendice, la vésicule biliaire, j'ai raccourci les intestins et il veut que je continue. Qu'est-ce que j'ai encore à enlever ? »

« Et tu viens encore me dépanner aujourd'hui. Merci ! dit Helga. Tu devrais dormir... Notre Français est devenu muet, continue Helga. Qu'est-ce qui se passe ? Pourquoi ne dites-vous rien, monsieur Brehmer ? »

Il se racle la gorge.

« Je ne veux pas être envahissant... Je me sens déjà tellement encombrant dans votre lit... »

La sirène de la voiture de police se met à ululer. Helga regarde par la fenêtre à travers le voilage.

« Ils sont partis. »

Shirley vient vers elle et l'embrasse :

« Au revoir, Helga. Un coup de fil, et j'arrive... Vous ne voulez pas que je dorme ici ? Il faut peut-être veiller le Français; c'est ma nuit libre; je ne serai pas à l'hôpital ce soir. J'ai plus l'habitude de veiller que vous...

— Il va rentrer sagement à son hôtel », dit Helga, comme à regret.

« Caniche royal, épagneul en crise de conscience, dalmatien imbécile tacheté des résidus d'un amour-propre de jadis, chien chinois rapetissé ? Qu'est-ce que je suis ? » se demande Robert.

« Elles parlent de moi comme si j'étais un animal. Un cheval boiteux qu'on garde en vie grâce à une crise aiguë de sentimentalisme. »

« Je rentrerai à l'hôtel dans la soirée, dit-il.

— Mon père en décidera, réplique Shirley. Au revoir...

— Au revoir », répète Helga.

Son va-et-vient familier rassure Robert.

« Je vais prendre une douche, dit-elle, et après, je viens vous voir, pour vous amuser un peu, pour vous distraire. »

Il commet la maladresse extrême :

« Je n'ai jamais vu une fille aussi belle que cette Noire...

— Pourtant, il y en a... à foison », dit Helga.

Sa voix est devenue glaciale.

« C'est quand même curieux, l'attrait de la peau noire... Surtout les Français... Un Américain, non ! Il est différent... Ce n'est pas à Washington qu'on mélangerait les deux races... »

Elle revient au living-room quelques minutes plus tard. Elle est encore rose et humide de sa douche, enveloppée dans un peignoir couleur abricot.

Elle est en train de s'essuyer le visage avec une petite serviette de couleur abricot, elle aussi.

« Shirley ? Elle n'en voudrait pas, de vous ! Ni d'aucun Blanc. Elle a un fiancé. Beau, lui aussi. Noir comme la nuit. Ça a changé depuis le romantisme de la case de l'Oncle Tom... C'est fini avec l'Oncle Tom. Depuis longtemps...

— Helga, dit-il, soudain réveillé. Helga, j'ai mal à vivre. Helga, j'ai à vous parler... J'en ai un besoin absolu...

— Ah ! dit-elle, agacée... Ah ! *nein*... Je ne veux pas de vos confidences. Vous les regretterez après. On a souvent tendance à vouloir s'ouvrir à quelqu'un qui passe dans votre vie... Et on le hait après... Je préfère rester un bon souvenir... »

Elle lui essuie le front avec un gant de toilette mouillé dans l'eau glacée.

« C'est plus frais... Ça vous gêne si j'allume une cigarette ? *Ach ! Lieber Gott !* Comme les hommes ressemblent aux enfants !...

« Ce besoin qu'ils éprouvent d'avoir une amie à qui

ils peuvent raconter leurs bobards, cette soif de tourmenter une femme avec leurs problèmes, cette satisfaction secrète qui consiste à être consolés par une femme parce qu'une autre les a blessés... Lorsque je suis sortie vivante de Berlin, aucun ne m'a dit : « Dis donc, « qu'est-ce que tu as vécu comme horreurs! Raconte « donc! » Non. On me disait : « Si tu savais ce que j'ai « vécu. Tu ne peux pas en avoir la moindre idée. » Toujours « je » et jamais « toi ».

Et elle continue :

« J'ai pris mes distances avec les bonshommes; j'en avais marre qu'ils pleurent dans ma jupe! Qu'est-ce que j'ai donc pour qu'on attende toujours de moi une consolation. Il est très ingrat d'être « amie intime ». Pendant qu'on a besoin de vous, on vous dérange à chaque seconde, on entre dans votre vie, on balaie votre programme, on vous supplie de venir à tel ou tel endroit, « pour une demi-heure seulement, il n'y a que vous, toi... qui... que... » Bien, on y va. J'ai même éprouvé une fierté secrète en pensant qu'on avait besoin de moi... Mais, dès que votre type est consolé pour de bon, ça y est, c'est fini. Comme un vieux gant, un gant dépareillé; il vous laisse tomber; il vous évite, même... Moi, je ne console plus personne. Je ne veux plus être celle qui comprend tout... Je n'ai qu'à ne pas comprendre... Et je vivrai mieux...

— Moi, c'est différent, dit-il. Je m'en vais dans quelques heures. Vous ne me reverrez jamais. »

Elle semble soudain légèrement désorientée. Elle avait oublié que Robert s'en irait; elle l'avait considéré un peu comme sa propriété, son petit jouet surgi du néant.

« C'est vrai, vous allez partir, dit-elle.

— Je voudrais téléphoner à ma femme... Il est quelle heure, s'il vous plaît ?

— Quinze heures trente.

— J'appellerai l'hôtel, si vous permettez... Ma femme, j'imagine, est en train de dormir. Elle a dû passer sa matinée à la piscine et au musée... Ecroulée de fatigue, elle dort... Elle dort toujours comme un enfant... »

Et pendant qu'Helga apporte l'appareil de téléphone,

un tas d'images surgissent dans l'esprit de Robert : Anouk dormant dans son déshabillé bleu ciel sur le lit... Elle dort comme un petit pantin, désarticulé. Elle est inoffensive. Le décalage horaire l'a assommée. Ce n'est plus la farouche guerrière... Serait-il possible qu'elle se soit endormie en pensant une seconde à lui ? Une seconde...

« Vous connaissez le numéro ? se renseigne Helga.

— Oui », dit-il.

Et il s'assoit.

« Depuis trois ans, je reviens dans ce même hôtel. »

Il appuie sur les touches et instantanément l'opératrice de l'hôtel répond :

« L'hôtel Cosmos à votre service.

— La chambre 742, s'il vous plaît. »

Et le téléphone sonne, sonne, sonne. Les coups de sonnette vont et viennent, ricochant sur les murs de la chambre vide.

« Ça ne répond pas... dit la standardiste.

— Laissez sonner encore, mademoiselle, ma femme a le sommeil profond... »

Helga hoche la tête et se met à sourire. Pendant que Robert écoute la sonnerie qui martèle la chambre 742, Helga dit :

« Pourquoi diable ne voulez-vous pas admettre qu'elle soit absente de l'hôtel ?... Pourquoi vous attachez-vous à l'idée fixe qu'elle dort ?

— Parce qu'elle devrait dormir, répond Robert tout en raccrochant.

— Vous ne savez pratiquement rien d'elle, continue l'Allemande, et vous affirmez qu'elle devrait dormir à quinze heures trente. Pourquoi voulez-vous qu'elle dorme quand toute la ville lui appartient ?... A elle seule. Vous l'avez laissée seule... Elle en profite...

— C'est beaucoup dire que la ville lui appartient... Vous savez très bien qu'on ne circule pas ici comme on voudrait...

— Ah ! s'exclame-t-elle. Les touristes ont leur ange gardien. Et jusqu'à dix-huit heures, on ne craint pratiquement rien.

230

— Elle doit être encore au musée... » prononce Robert, maussade.

Dans son esprit, Anouk est sagement assise, au milieu d'une petite salle, sur le canapé réservé aux visiteurs... Anouk, paisible, regarde un tableau.

Il se réfugie dans la paix de cette image.

« Ou bien elle s'amuse, dit l'Allemande. Elle est en train de s'amuser...

— S'amuser ? A Washington ?

— Oui. On s'amuse partout à vingt ans. Elle est jolie, dites-vous. Il y a toujours des clients pour amuser une jolie fille de vingt ans.

— Ce n'est pas son genre, dit-il. Elle ne se laisserait jamais aborder...

— Qu'en savez-vous ?

— Je le sais.

— Vous n'en savez rien. C'est pour ça que vous êtes si jaloux...

— Jaloux ? Moi ? »

Il s'indigne.

« Jaloux ? Ridicule. Cette fille... cette jeune femme a une nature assez sauvage, et elle est la correction même. Elle a le sens du devoir. Elle a été élevée à la manière de nos grands-mères. »

L'Allemande fait une grimace.

« Même pas nos mères ? Mais nos grand-mères ? Vous allez fort...

— Je veux dire, insiste Robert, même si j'exagère, qu'elle ne ressemble pas aux jeunes filles d'aujourd'hui.

— Vous l'avez eue vierge ?

— Non. »

Il aurait tellement aimé mentir et dire le contraire.

Helga se met à sourire et dit :

« Vous avez épousé une jeune fille de dix-huit ans et quelques mois qui n'était pas vierge... Ma pauvre grand-mère en gigote dans sa tombe... Elle, elle était vierge en se mariant. Ma mère aussi, vraisemblablement... Votre comparaison est nulle. Et qui a défloré mademoiselle ? Une mauvaise position sur un cheval — c'est très utilisé comme argument, une chute peut-être... ou le grand écart si elle a appris un peu la danse...

— Je n'en sais rien, dit Robert. Je vous ai dit que, dans cette famille, il n'est pas facile de poser des questions... Ils ont une manière particulière de saborder votre curiosité... Où peut-elle être à quinze heures trente ?... Si vous permettez, j'appelle encore une fois l'hôtel et je vais la faire chercher à la piscine...

— Allez-y. »

D'un geste distrait, Helga tourne un bouton sur l'appareil de la télévision. Les images apparaissent sans le son.

« Hôtel Cosmos ? Pourriez-vous me passer la piscine, s'il vous plaît ?... Merci. La piscine ?... Pouvez-vous appeler Mme Brehmer au téléphone ?... Oui, j'épelle... Bi Ar... »

Helga circule tout en fredonnant une petite chanson allemande. Elle revient vêtue d'un vêtement d'intérieur. Ses mules sont en cuir doré et la grosse semelle en liège la grandit encore. Elle traîne une légère odeur de parfum derrière elle. Appétissante dans sa propreté méticuleuse, elle ressemble à un fruit coûteux, présenté et mis en évidence dans un petit nid en coton dans la vitrine d'une épicerie de luxe. Des abricots à la pièce. Et en plein hiver. Ou des pêches, peut-être. Oui. Une pêche. Helga ressemble à une pêche.

« Elle n'est pas à la piscine ?

— Non, dit-il.

— Et comment avez-vous connu ce trésor ?

— Quel trésor ?

— Votre petite femme.

— D'une manière assez curieuse... J'ai été invité à un dîner d'affaires. Il y avait, parmi les convives, quelques têtes du gratin parisien. J'ai été placé à côté d'un certain M. T. On m'a prévenu juste avant qu'on se mette à table que c'était lui, le fils du fameux marchand de tableaux, l'héritier officiel d'une fortune colossale. Le vieux T., le fondateur de la dynastie, était déjà âgé ; il ne sortait que rarement.

— Et alors ? demande l'Allemande.

— Le père d'Anouk a commencé à bavarder avec moi. Je lui ai parlé de mes fréquents voyages aux Etats-Unis, de ma conception quant à l'utilisation des ordinateurs. Il a été extrêmement intéressé. Il venait de fonder une maison d'édition de livres d'art. Il allait contre la volonté de son père, mais il croyait ferme à la théorie selon laquelle une nouvelle génération — donc lui — est forcée d'utiliser de nouvelles méthodes. J'attisais son feu, je lui donnais raison à chaque seconde, tout en écoutant ses projets. Je lui ai fait sentir que je le considérais comme génial. C'était le genre de type à embobiner avec des compliments le temps d'un dîner... Sa soif de flatterie était démesurée. Je l'encensais. C'était une sorte de messe basse des mensonges. Je me soumettais tout en lui faisant miroiter les avantages de mon savoir. Ça collait à merveille. Lorsque nous en sommes arrivés au fromage, il m'a tapé dans le dos et m'a dit : « Vous « devez être kidnappé déjà depuis longtemps... Vous « avez certainement une épouse et des gosses. Au « moins deux. — Non, ai-je dit. Le mariage, je m'en « méfie. La carrière avant tout... Je suis célibataire. « Libre, je peux mieux servir une grande cause com- « merciale. — Et vous ne voulez pas vous marier du « tout ? — Mais si. Chaque chose en son temps. Un « jour, sagement. Sans folie aucune. — Vous êtes le « type qu'il me faudrait, a-t-il dit dans un grand rire. « J'ai une fille à placer... Oui. J'ai une fille pour qui je « cherche un bon mari... Un mari qui entrera dans l'Af- « faire, et qui dominera mes ordinateurs aussi. Je veux « lancer des éditions populaires, l'art à la portée de « tous... Je veux donner la couleur et le papier glacé « pour peu d'argent. Il me faut un type dans votre style, « quelqu'un qui peut dominer à lui seul les questions « techniques... et ma fille... Les deux. » J'ai cru apercevoir ma chance. L'immense chance. La chance à saisir. « Mais pourquoi mêler mademoiselle votre fille à tout « cela ? » ai-je dit, terrorisé à l'idée qu'on allait m'amener une monstrueuse vieille fille. « Parce que vous êtes « un beau garçon », a-t-il dit de nouveau en riant. « Et « pourquoi ne pas lier un homme de votre qualité à « notre famille ? — Il faudrait qu'elle le veuille aussi, « ai-je glissé prudemment. — Elle le voudra », a répondu le père... Et c'est le seul moment où j'ai eu la chair de poule en l'écoutant.

— Donc, il avait une possibilité d'exercer une pression sur sa fille, répond l'Allemande, pensive. Ça m'étonne, rien n'est plus difficile, à notre époque, que d'obliger quelqu'un à se marier... Cette affaire n'est pas claire.

— Rien n'est tout à fait clair, répond Robert. Ils sont immensément riches, mais ils la traitent chichement, comme si elle était issue d'une famille de petits-bourgeois : le strict argent de poche et rien d'autre... Un appartement au nom de la mère... Anouk fait ses courses et le ménage.

— Et votre famille ? » demande Helga.

Robert détourne la tête.

« Ça, c'est une autre paire de manches. J'ai voulu plaire à ces milliardaires. Je me suis inventé orphelin. J'ai raconté des bobards sur une famille prétendue mienne, exécutée par des fellaghas.

— C'est quoi ? demande Helga.

— C'est compliqué à vous expliquer...

— Pourtant, je ne suis pas plus bête qu'une autre...

— Ce n'est pas ce que j'ai voulu dire. Vous savez ce qu'était la guerre d'Algérie...

— Vaguement.

— Alors, j'ai inventé que mes grands-parents, qui m'auraient élevé, auraient été massacrés. Mes parents aussi. Lors d'une visite, là-bas...

— Ça fait beaucoup de victimes, dit-elle, amusée. Et votre marchand de tableaux, il a gobé cette histoire ?

— Oui.

— C'est qu'il a bien voulu la gober... Et alors ?

— Alors, il y a eu les fiançailles...

— Et elle ? Elle a dit oui tout de suite ?

— A peu près...

— Et vous ne savez pas pourquoi ?

— Non !

— Gosse ?

— Non.

— Tare secrète ?

— Non.

— Quoi, alors ?

— Je n'en sais rien.

— Et cela ne vous embête pas ?
— Quoi ?
— De ne rien savoir...
— Peut-être n'y a-t-il rien à savoir... Peut-être lui ai-je plu. Peut-être tout est-il normal et je me fais des idées... Parfois, j'ai l'impression que les gens ont une attitude bizarre à mon égard... Qu'ils s'amusent en me regardant. A l'intérieur même de l'Entreprise. Mais c'est seulement une idée... Une idée fixe... Mon travail, je le réussis. Il m'intéresse. Je suis en train de mettre en place deux ordinateurs. J'assure maintenant la distribution de petits livres d'art. L'art pour 5,50 francs... Un peu plus d'un dollar... Je vais être directeur général dans quelques mois. Je dirigerai complètement les galeries ; ils en ont neuf ; et aussi le marché des affaires d'édition. J'aurai fait ainsi une carrière sensationnelle, sauf que...
— Que...
— Elle ne m'aime pas... »

Enfin, la phrase est sortie. Cette phrase cruelle qu'il avait essayé de se cacher depuis longtemps.

L'Allemande se lève et lui donne, dans un grand verre, de l'eau colorée de sirop de grenadine.

« Elle ne m'aime pas, et les gens semblent parfois — je dis parfois — s'amuser en me répondant, en m'obéissant. Je me sens manipulé par la famille et, simultanément, j'ai l'impression que certains savent quelque chose... Mais quoi ? C'et une famille impeccable... Le père est vaniteux, mais pas plus que le serait un autre homme dans sa situation. Il a une grande rigueur morale. La belle-mère est délicieuse. Une fleur de serre qui n'aurait jamais connu l'air libre. Certains sujets même sont bannis lors des déjeuners de famille. La guerre, par exemple. Quelle qu'elle soit, où qu'elle soit. On ne doit pas en parler. Cela ferait peur à belle-maman. C'est une femme qui serait incapable de tuer un moustique. Elle se ferait plutôt piquer par charité...
— Essuyez votre bouche, dit l'Allemande. Elle est toute rose... »

Il s'essuie du dos de la main.

« J'ai comme une impression, parfois, parfois... que les gens s'amusent... C'est tout... Mais cela m'empoisonne la vie... Et puis aussi, Anouk se veut de gauche. Elle se rend ridicule. C'est de l'enfantillage. Peut-être est-ce ça qui nous rend ridicules... Ses déclarations violentes, ses envies de militante... Elle fait des sottises... Elle s'est fait tatouer le signe de la paix; vous connaissez?

— Mais oui, dit-elle.

— Le signe de la paix sur le cou... Et c'est ineffaçable...

— Et vous? demande l'Allemande. Vous sortez de quel milieu?...

— Ouvrier... Un milieu d'ouvriers très pauvres.

— Mais alors, pourquoi jouez-vous donc la comédie? Votre petite bonne femme serait ravie de s'afficher avec quelqu'un qui sort d'une souche populaire.

— Il fallait que je plaise au père d'abord, dit-il. Et après, c'était trop tard. Et puis, je vous l'avoue franchement, en quelque sorte, je suis un renégat. Je n'aime pas mon milieu ni mes origines ni rien... Je voulais être bourgeois.

— Dans un monde où tout le monde rêve d'être prolétaire. Prolétaire de luxe, si vous voulez... Mais prolétaire... Un vrai passeport pour l'avenir... Surtout en France et en Allemagne... Ici, en Amérique, le problème ne se pose pas... Les gens sont beaucoup plus sains. Ils acceptent leur origine avec beaucoup de naturel. C'est de la vraie démocratie... Ici, on crève exactement de la même manière d'une overdose quand on est fils de sénateur ou vagabond noir.

— Je peux appeler ma femme? Je vous paierai les communications...

— Ne demandez pas la permission à chaque seconde. Sautez comme vous voulez sur l'appareil. Amusez-vous, comme elle, elle s'amuse... »

La sonnette d'entrée retentit. Celui qui veut entrer appuie sur le bouton comme si c'était un signal de morse.

« J'arrive, crie Helga. Mais une seconde... Attendez... »

Elle se précipite à la porte, l'ouvre. Robert écoute une conversation haletante. Une femme qui parle l'anglais avec l'accent abrupt des gens de l'Amérique du Sud, se lance dans une histoire; son récit est entrecoupé de sanglots, de respirations retenues.

« Entrez donc, et buvez quelque chose », lui dit Helga.

Robert, de l'îlot paisible de son lit, observe la scène. A l'hôtel, la chambre de sa femme est vide. Personne ne décroche le téléphone. Il revoit la chambre dans son doux désordre. La pantoufle bleu ciel gît au milieu de la pièce. L'air conditionné murmure. Anouk, hissée sur la pointe des pieds, lui tend son front enfantin, son beau petit visage buté, et lui tend aussi sa serviette bourrée de papiers d'affaires, et elle lui dit : « Ne rate pas ton avion. » C'est tout ce qui reste d'Anouk à Washington, cette image tumultueuse, faite d'innombrables détails. Elle était fragile et jolie dans son déshabillé bleu. « Ne rate pas ton avion. » Elle l'avait poussé à partir. Il s'habitue maintenant à l'idée d'avoir été pratiquement viré. Aurait-elle pris un rendez-vous secret avec quelqu'un, sachant si bien manipuler le standard et le volumineux annuaire du téléphone ? Ou bien serait-elle partie de Paris même avec un numéro de téléphone par lequel elle aurait averti de sa visite un salopard de play-boy, un de ces stigmatisés *happy few*, si *few* qu'on en crève pour entrer dans leur clan ! Et, lorsqu'on croit y être, on se découvre ridicule à chaque instant, subrepticement ridicule, sournoisement ridicule, car ces gens ont leur langage, leurs signaux spéciaux. Ils ont aussi la possibilité d'appeler le monde entier par leur prénom et, lorsqu'ils disent Ari, ils ne veulent pas parler d'arithmétique, oh non, au contraire ! Ces gens-là sont nés pour sourire au-dessus de sa tête, ou derrière son dos, avec un petit regard furtif, et le *happy few* se reconnaît sans être obligé de se renifler, il se reconnaît à des signes. Un jour, il avait vu, avec Anouk, une espèce de gnome hideux, un petit bonhomme maigrelet et sans âge, flanqué d'une chevalière qui lui masquait la moitié du doigt; il semblait nerveux, il était plein de tics, et Anouk avait dit : « Je te présente M. Untel. » M. Untel était parti assez vite, ayant échangé avec Anouk quelques phrases sibyllines, ils parlaient de handicap et d'une blessure qu'un connard de luxe avait eue à un genou.

« Qui était-ce, cet avorton ?

— Avorton ? s'était-elle exclamée. C'est le comte Machin, un des meilleurs joueurs de polo de notre époque.

— Tu ne le trouves pas laid ?

— Il faut le voir à cheval, à Deauville et ailleurs... Laid ? A cheval, c'est un démon... »

Et tout en observant la gardienne portoricaine qui arrive dans le living-room, hoquetante et ruisselante de larmes, tout en regardant les mouvements précis d'Helga qui apporte un gant de toilette pour essuyer le visage de la Portoricaine, Robert imagine l'arrivée de l'avorton, à cheval, dans la chambre d'Anouk. Dans les souvenirs bizarres de Robert, la chambre de l'hôtel Cosmos est devenue la chambre d'Anouk où, lui, il n'a été que de passage. L'avorton arrive et dit à la belle blonde sculpturale, sportive en diable :

« C'est avec mon handicap que je vais vous... »

Robert étrangle en lui le gros mot. Depuis qu'il appartient au beau monde, il en a tellement entendu qu'il en est intoxiqué. Auparavant, il n'avait jamais été grossier. Il avait lancé des jurons comme tout le monde, mais la vraie et profonde grossièreté, l'utilisation du vocabulaire exclusif des palefreniers ivres d'il y a cinquante ans, ce vocabulaire-là, il l'avait appris d'Anouk.

La Portoricaine sanglote sur la chaise. Le tas de lard va fondre peut-être ; les larmes dégringolent sur ses joues, s'accumulent sur son menton et, heureusement pour Helga, ces larmes luisantes de graisse intérieure s'immobilisent en formant de grandes taches sombres sur le chemisier clair de la femme.

Elle répète, hagarde :

« Comme dans du beurre... J'aurais presque imaginé qu'il plaisantait, lorsqu'il s'est effondré... Plié en deux. »

Elle fait « ouh, ouh, ouh ». On ne sait pas très bien si elle retient les vagues d'une nausée, ou bien si elle pleure simplement.

« Le deuxième, en trois ans... Comme si l'autre l'avait appelé, parce qu'il se serait ennuyé là-bas...

— Tenez », dit Helga.

Et elle tend à la Portoricaine un petit verre dodu.

« Tenez... Buvez ça... Ça s'appelle un schnaps. »

Elle le boit en une seule gorgée... Aoaoh, aoaoh...

« C'est fort », dit-elle, après avoir émis ses borborygmes vocaux.

On pourrait facilement imaginer sa gorge parcourue de cordes vocales en forme d'intestins.

« Comme dans du beurre... »

Elle se remet aux sanglots, comme si elle se penchait sur un instrument de musique, sur elle-même, elle transformée en cordes tendues sur une grosse caisse.

« Pourquoi sanglote-t-elle en parlant de beurre ? » demande Robert.

Et il voit simultanément un cavalier gnome chevauchant Anouk.

Tout en observant le tas de lard qui se consume en larmes, il voit Anouk les jambes écartées — elle ne les avait jamais écartées si fort avec lui — et surmontée par un fol cavalier qui donne même des coups d'étriers dans les côtes fragiles de la jeune blonde aussi impudique que possible. Tourmenté par cette vision insoutenable, il s'exclame en français pour se soulager. Il a besoin de prononcer au moins une phrase dans sa langue pour se sentir encore dans une réalité quelconque.

« Mais, bon Dieu, dites-moi donc pourquoi le tas de lard chiale... »

Ouf, il est soulagé, et les deux femmes, saisies d'étonnement, se taisent.

« Que dites-vous ? demande l'Allemande. Et pourquoi criez-vous ?... »

Il faudrait que le gnome quitte Anouk avant l'érection. S'il se vide, comme un sac de venin, dans le ventre d'Anouk, il ne pourrait jamais plus faire l'amour avec elle. Le sens de la propriété. Une espèce de morale surannée. L'exclusivité quant à un vagin et à une âme. Avoir pour soi une bonne femme qui porte votre nom, même si ce nom est moche, même s'il a une résonance allemande. Dans leur monde, un nom sans particule et sans fortune évoque l'idée d'un sexe sans testicules. La vision devient de plus en plus insupportable, et l'accouplement semble être perpétré en présence de ces deux bonnes femmes, des deux pleureuses, parce que, maintenant, Helga pleure, elle aussi; ses larmes aseptisées mouillent délicatement son beau visage lisse. Robert s'exclame :

« Non, ce n'est pas vrai... Nooon...

— Il a encore beaucoup de température, dit Helga en pleurant à la Portoricaine dont le chemisier est trempé.

— N...o...o...o...n...A...a...ah... »

Le gnome a vidé son « handicap » dans le beau corps d'Anouk.

« 15 h 45 », dit l'Allemande.

Elle s'essuie le visage avec un mouchoir en papier.

« Le couteau est entré dans son ventre comme dans du beurre, sanglote la Portoricaine. Ce n'est pas ma faute... J'ai dû signaler ce sale drogué. A la fin, que voulez-vous, j'ai dû le signaler... C'est le sergent Malloy qui est venu... Vous le connaissez, le sergent Malloy ? C'est lui qui a remplacé votre pauvre M. O'Connelly... Dehors, la voiture de police émettait son hou-hou-hou... dehors... J'aime ce hou... h... o... uuu... hou-hou-hou... C'est merveilleux, la sécurité... Donc le sergent entre; le hall est obscur. Depuis des années, je réclame en vain un meilleur éclairage... La cabine téléphonique était encore éclairée, mais ce n'est qu'une toute petite lumière jaune... »

Elle reprend son souffle et continue :

« Le sergent se penche sur le drogué pour le ramasser et alors, celui-ci se cabre, comme un serpent qui se décide à piquer; il se cabre; il crache dans la figure de M. Malloy. Celui-ci s'essuie le visage avec la main droite; pendant une seconde, il est découvert, et hop, le drogué lui enfonce le couteau en plein ventre. Malloy a la force de saisir son pistolet, mais il ne peut plus tirer; le drogué trempe maintenant son couteau dans le ventre de Malloy, comme une plume dans un encrier plein de sang... »

La Portoricaine déclame le récit, comme un commentateur d'un match de football.

« Malloy voudrait se lever, il ne peut plus. Le sang gicle de son ventre, le drogué hurle de rire et montre son couteau comme un trophée; il saisit le pistolet de Malloy et le jette loin de ce pauvre flic si gentil. Moi, je me précipite vers l'extérieur et je crie : « Assassin, « assassin... A moi, à moi...! » Les deux autres arrivent; ils désarment le cinglé, qui rigole; il est en voyage; visiblement, il est en voyage; il a bouffé du L.S.D. parce qu'il crie... « Je nage dans le ventre sanglant du flic... Le « monde est beau, et l'Amérique est grande. » Il crie toujours pendant qu'on l'emmène vers la voiture de police : « Je nage dans les tripes... Une vraie piscine « remplie de tripes... Le sang... Le sang... Au secours, je « vais tomber du 29e étage... » N'avez-vous pas entendu l'ambulance? On a emporté M. Malloy. Est-ce qu'ils vont le sauver ou non? »

Helga est pliée en deux :

« Dans le ventre, dit-elle. Ah! quelle horreur. »

« Dans le ventre, pense Robert avec rage. Dans le ventre d'Anouk, dans l'âme d'Anouk. Le sergent, je m'en fous... Mais Anouk... Non. Elle est au musée, et elle regarde les Boudin. Sagement. Elle n'est grossière que pour montrer qu'elle est à la mode... La bonne éducation de ses parents lui tient la tête bien au-dessus de toute saleté... Anouk. Quartz rose, avide petite bête. »

« Parce que, dit la Portoricaine, en happant son troisième verre de schnaps — et son œil commence à devenir vitreux — parce que c'est le troisième anniversaire de la mort de M. O'Connelly... Il a dû rappeler à lui son camarade. »

Et elle se signe.

Elle tend sa main dodue pour avoir encore une fois son verre rempli. Il ne reste presque plus d'alcool dans la bouteille.

« Ça existe, des âmes qui appellent d'autres âmes, des âmes qui sont comme des pieuvres; elles vous appellent de l'au-delà; elles viennent vous chercher; elles ont des tentacules, elles collent leurs vêtements sur vous; elles sucent votre résistance et elles provoquent, par personne interposée, votre mort. Peut-être O'Connelly a-t-il appelé à lui Malloy... Pour être moins seul, ou bien, ou bien... »

241

Elle s'arrête; elle pèse ses paroles; elle ne voudrait pas blesser Helga; elle voudrait juste instiller en elle quelques paroles qui lui rongeront la chair comme font les bêtes.

« Peut-être... »

Elle hésite. Elle pense aux pourboires reçus d'Helga; elle évoque la gentillesse de l'Allemande; elle sait qu'elle va lui faire du mal, mais elle est incapable de s'en empêcher.

« Il reviendra pour vous hanter...

— *Schweinehund!* s'exclame l'Allemande. Vieille taupe! »

Et tout cela en allemand.

« Ne vous fâchez pas », dit la Portoricaine.

Elle bat en retraite.

« Ne vous fâchez pas... Je ne comprends pas l'allemand... *Qué es eso? Schww-ine-hund?* »

Elle se met à parler, elle, en espagnol.

La sonnerie qui transperce le petit appartement les calme.

« *Heraus!* » dit l'Allemande à la Portoricaine.

Et elle la pousse vers l'entrée.

« *Heraus!* Sale bête. J'ai d'autres clients qui viennent me hanter... Les cadavres dans les rues de Berlin! Et les macchabées écaillés qu'on sort des ruines! Et les soldats qui dégueulent sur vous tout de suite après qu'ils vous ont... L'occupant? Le vainqueur?... *Heraus!...* »

Elle pousse le tas de lard vers l'entrée. La sonnerie fait gline, gline, gline...

« C'est le docteur », pense Robert. Ses yeux brûlent. Anouk lui fait mal. L'âme? Elle peut faire mal comme une dent.

« Tout va mal! s'exclame Helga en conduisant le docteur dans le studio. On a tué un agent dans l'entrée, j'ai chassé la gardienne, mon Français chauffe comme un fer à repasser... *Ach, lieber Gott!* Quelle journée!...

— Une journée à Washington, dit le docteur. Calmez-vous, Helga. Passez un peu d'eau glacée sur votre front...

— Je vous laisse l'éclopé », répond Helga.

Elle est fatiguée.

« Je vous le laisse... Mettez-le sur pied, je vous en supplie, pour qu'il s'en aille... Pour qu'il s'en aille enfin... C'est trop aujourd'hui... C'est trop... Je n'en peux plus. »

Tout devient calme après le départ des deux femmes. Le stéthoscope, petite ventouse froide, est collé sur la poitrine de Robert. Celui-ci se laisse manipuler; il est obéissant, et il demande au docteur :

« Je peux vous dire quelque chose?... »

Le médecin montre ses oreilles bouchées par les écouteurs du stéthoscope. Cercle froid sur la cage thoracique. Cercle tiède ici et là. Petit contact presque chaud maintenant juste sur le cœur. Bang-bang-bang.

« Il est rapide, dit le docteur en libérant ses oreilles. Il est rapide, votre cœur; il y a de quoi... »

Thermomètre dans la bouche. L'animal savant, l'animal français muet fait le beau, une fois de plus, les pattes en l'air.

Et enfin on peut parler. Robert s'accoude et dit au docteur :

« Ma femme n'est pas dans sa chambre...

— Et alors? répond le docteur. Vous ne l'avez pas amenée à Washington pour que, enfermée dans sa chambre, elle vous tricote une paire de chaussettes? Elle visite la ville...

— Mais ce n'est pas une ville normale, dit-il.

— Dans toutes les grandes villes, on tue... Tournez-vous... »

Il tape avec la main sur la cuisse de Robert et il enfonce à la seconde même où il tape, l'aiguille de la seringue. Le choc de la main sur la cuisse. « Pourquoi j'appelle ça cuisse? corrige Robert. Ce sont mes fesses. » Le choc amortit la douleur de l'aiguille.

« Si, avec ça, vous n'avez pas une baisse de température, alors je ne pourrai plus rien pour vous. Je vais soigner votre gorge. Faites donc : ah, ah... »

Il est énervé, maintenant.

« Vous ne savez donc pas faire : Ah?...

— A... A... A... A...

— Voilà... »

Et honc et honc... La nausée. Un peu d'eau au goût de

citron sur le drap... Plus une écume mousseuse que de l'eau. Et le bonheur de se retrouver couché.

« Elle est très jeune, ma femme, explique-t-il au médecin qui est en train de ranger ses instruments dans sa trousse. Peut-être est-elle perdue dans la ville...

— Sait-elle l'anglais ?

— Mieux que moi.

— Alors ? De quoi avez-vous peur ?...

— Je ne sais pas, dit-il.

— C'est la fièvre qui vous énerve, explique le docteur. Elle fait du shopping...

— Est-ce que je peux vous payer maintenant, docteur ?

— Pas tout de suite. Il est 17 heures. Je reviendrai à 19h 45. Pour vous revoir. Avant que vous rentriez à l'hôtel. Ne vous en faites pas... Elle est peut-être, tout simplement, chez le coiffeur... »

Robert le regarde avec la tendresse qu'un miraculé éprouve pour son Dieu.

« Le coiffeur... J'ai pensé à tout, sauf au coiffeur...

« *Good bye...* »

Et Robert se met à tapoter sur les touches du téléphone.

« L'hôtel Cosmos à votre service, dit une voix.

— Le salon de coiffure, s'il vous plaît ?

— *Just a moment...* Occupé...

— J'attends... »

Ting-ting-ting-ting-ting-ting.

« *Beauty shop,* dit une voix étouffée. Voulez-vous un rendez-vous ?

— Madame, s'il vous plaît, est-ce que vous pouvez me dire... ? »

Un silence. Il se sent plus bête que jamais.

« S'il y a chez vous une dame blonde, jeune, très jeune, jolie, on peut dire belle... »

L'Allemande revient; elle est pâle; elle l'écoute avec une petite moue de mépris.

« Où, monsieur ? Je ne comprends pas ce que vous voulez.

— Je cherche ma femme... N'est-elle pas sous un séchoir ?...

« — Ne se cache-t-elle pas dans un cendrier parmi des mégots ? ajoute l'Allemande. Ou dans la corbeille à papiers ? »

Un temps.

« Allô ! dit une voix complètement inconnue à Robert. C'est toi, Tom ?

— Excusez-moi, madame, on a dû vous déranger... Excusez-moi...,.

— Mais qui est à l'appareil ?

— Je cherche ma femme...

— Mais qui êtes-vous ?... Et pourquoi me tire-t-on du séchoir ?

— Vous devez être jolie, blonde et jeune... »

L'inconnue se met à rire.

« Qu'est-ce que c'est que cette farce ?... Je suis blonde, c'est vrai...

— Excusez-moi », dit-il.

Et il raccroche lentement.

L'Allemande vient d'allumer une cigarette.

« Elle n'est pas seule à être blonde, jeune et jolie, dit-elle. Le monde est peuplé de filles jeunes, jolies et blondes... Et puis j'en ai marre... de m'occuper de vous... »

Il ferme les yeux. Anouk s'est évaporée. Vers un néant mirobolant de lumières, elle est partie dans un néant psychédélique.

L'Allemande fume et, soudain, elle part dans un éclat de rire. Un rire sans suite. Plutôt une exclamation qui ressemble à un rire.

« Vous coupez les cheveux en quatre... Vous vous cachez pour ne pas vous montrer malade devant elle, et vous êtes malade d'amour... Vous l'aimez, votre fille gâtée... La fille à la galette... Vous l'aimez... Et moi, la bourrique, je vous console au lieu de regarder les vitrines, ou de me promener au Mall, ou d'écouter un concert au *Kennedy-Center*...

— Excusez-moi, dit-il. Je ne savais pas... Je vous jure que je ne le savais pas...

— Quoi donc ?

— Que je pouvais être si inquiet...

— Jaloux, vous voulez dire. Jaloux... Jaloux d'une ville... De quelques heures...

— De quelques heures, répéte-t-il, hagard. C'est vrai, c'est idiot. Je suis jaloux des heures qu'elle passe sans moi dans un musée... »

Elle se verse de la bière.

« Ah! dit-elle. Tout cela n'est rien à côté des vrais problèmes... Vous n'êtes que des gosses gâtés... Gâtés... Et moi... Qu'est-ce qu'il me reste? A moi? Des souvenirs? Des peines? Des spectres? Qui me console, moi? Qui? Qui me demande, à moi, mes sentiments? Qui? Personne. »

Elle se met à pleurer. Gentiment. Délicatement.

« O'Connelly, lui... Le flic... Il m'a aimée, lui. Il m'a prise dans ses bras, lui. Et il m'a dit, lui : « N'aie pas « peur Helga. Je suis là... » Il n'est plus là... Et vous portez son pyjama... Qu'est-ce que j'ai fait? Qu'est-ce que j'ai fait?... Je n'aurais pas dû... Jamais... Jamais... Je n'aurais jamais dû sortir ce pyjama du passé... Il était si bien rangé, ce pyjama...

— Vous permettez, dit Robert, gêné. Vous permettez, je dois absolument me lever...

— Avec tout ce que vous avez bu, c'est normal, répond l'Allemande. Le petit coin est dans la salle de bain... Allez-y... »

Robert quitte le lit. Debout, il se sent un peu plus rassuré. Il passe devant Helga et il se dirige vers la salle de bain rose et grenat. Pendant qu'il se soulage, il regarde, fasciné, la cuvette couleur grenat et, lorsqu'il lève la tête, il retrouve la même couleur sur un papier peint fleuri qui est aussi dans les nuances profondes d'un rouge foncé chaleureux. Il se lave les mains longuement; il se regarde dans le miroir de l'armoire à pharmacie qui occupe le mur au-dessus du lavabo. Il se rafraîchit le visage. Il ouvre timidement un côté de l'armoire et y découvre avec joie deux brosses à dents encore enveloppées dans leur cellophane d'origine. Il dépouille une de ces brosses de son emballage tenace; il vient de trouver un tube de pâte dentifrice; il se lave les dents et se sent aussitôt plus léger.

« Excusez-moi, dit-il en revenant vers le living-room. J'ai ouvert votre armoire à pharmacie et j'y ai trouvé une brosse à dents neuve; je vous la... »

Il n'ose pas dire : rembourserai.

Helga est en train de refaire le lit pour lui; elle vient de glisser l'oreiller dans une taie propre...

« Ça va être plus frais... »

Il s'assoit dans un des fauteuils. Helga le couvre aussitôt d'une couverture.

« N'attrapez pas froid...

— Vous permettez que je vous pose une question ? »

Elle se retourne vers lui et lance d'une manière assez sèche :

« Vous êtes couché dans mon lit, vous utilisez ma brosse à dents de réserve, vous volez ma journée libre... Et vous n'oseriez pas poser une question ?

— Pourquoi habitez-vous dans une rue aussi mal fréquentée ?

— Mal fréquentée ? s'écrie-t-elle. Ce n'est pas vrai. C'est une rue très bien... Et surtout, elle est dans mes prix. Je n'aurais jamais trouvé, dans un quartier tout à fait blanc, un appartement comme le mien pour cent quarante dollars par mois... Je préfère payer moins cher pour mon loyer et décorer mieux mon appartement... Vous ne voulez pas vous recoucher ?

— Pas tout de suite... dit-il. Qui était O'Connelly ?

— Vous portez son pyjama. C'est le seul qui ait voulu m'épouser... On l'a tué... »

Elle s'assoit en face de Robert. Elle est très calme, maintenant.

« Si j'ai pleuré avec la Portoricaine, c'était aussi de rage... Elle transpire tellement qu'elle a laissé une auréole de sueur sur le tissu de la chaise... C'est la saleté aussi qui m'a fait pleurer... Mais ça s'en va... J'ai un produit pour chaque chose... J'ai un vrai magasin de produits de nettoyage dans ma cuisine...

— Helga, dit-il, j'aurais bien aimé vous rencontrer étant sain et libre...

— Mais, vous n'êtes ni l'un ni l'autre, ajoute-t-elle; alors, ça ne vaut pas la peine d'en parler. Des hommes, je ne connais bien que leurs regrets à mon égard. Il y a toujours un pépin. On me rencontre trop tôt, ou trop tard, ou dans de mauvaises conditions... Les autres font la noce, et moi je console, je rabiboche, je suis celle sur qui on peut compter... Si vous saviez comme j'en ai assez d'être charitable...

— Helga, dit-il, avec vous j'aurais eu le courage d'être moi-même... Je n'aurais pas joué la comédie avec vous...

— Et vous croyez que c'est un compliment ? s'excla-me-t-elle. Tout ce que je vous dis vous déplaît...

— Evidemment... Vous avez bouleversé mon ordre...

— Votre ?

— Mon ordre intérieur et extérieur. Depuis trois ans, je vis une vie réglée méticuleusement. Je ne me laisse pas d'autres loisirs que des vacances... Et, en vacances, je me soûle de soleil... J'ai fait le grand nettoyage, j'ai enlevé au maximum les souvenirs, je suis devenue une sorte de robot, heureuse d'être robot; l'argent que je gagne me ravit et, dans mes moments d'angoisse, je dépense de l'argent pour mon appartement. Plus c'est neuf, plus c'est beau, plus je me sens en sécurité. Et vous arrivez dans ma vie comme un accident... Avec votre serviette bourrée de papiers, vous-même bourré de mensonges, de problèmes... Vous réveillez mes vilains instincts d'animal protecteur, et vous me faites râler de colère avec votre amour... Votre amour pour gogos... Votre amour pour une fille qui se moque de vous... Avouez que c'est un accident... Dans ma vie bien réglée, bien vidée de passions, c'est un accident... »

« ACCIDENT? s'exclame Anouk. Pourquoi parlez-vous d'accident? »

L'Américain sourit et dit :

« Il y a quelque chose en vous qui pourrait provoquer un accident... »

L'autoroute est presque vide. Ici et là, quelques passages furtifs de voitures.

Steve dit :

« Regardez! »

Et il lâche le volant. La voiture avance et se met à dévier à droite. Avant qu'elle monte sur le talus qui borde l'autoroute, Steve la redresse. A la dernière seconde.

« La vitesse vous rend nerveux, dit Anouk angoissée. C'est exactement le même phénomène que dans le bateau... La vitesse vous grise... »

Steve lâche le volant et se met à accélérer.

« Vous voyez, je lâche et j'accélère en même temps : l'augmentation de la vitesse maintient la voiture en ligne droite. »

La distance assez large entre eux et l'autre voie de l'autoroute diminue. Cette fois-ci, la grande voiture vire vers la gauche... Steve attrape le volant juste avant d'arriver au bord saillant qui marque le milieu de l'autoroute.

Anouk dit, incertaine :

« J'imagine que tout cela est fait pour me faire peur?

— Non », dit Steve.

Anouk, hypnotisée, ne quitte pas du regard les mains

de l'Américain. Est-ce qu'elles lâcheront encore le volant ?

« Non, continue Steve. Ce n'était qu'une toute petite démonstration. Vous êtes comme cette voiture. Bien tenue en main, vous serez parfaite... Lâchée en liberté, vous vous cognerez contre le premier obstacle...

— Je ne demande qu'à être tenue, répond-elle, avec une certaine humilité qui l'étonne.

— Tenue ?

— Oui. Tenue dans vos bras... »

Elle sait à l'instant même qu'elle vient de dire une sottise.

« Toujours le sexe, s'exclame l'Américain. Vous n'êtes qu'une petite femelle qui court après l'orgasme... »

Elle reçoit la phrase crue en plein estomac. Juste dans le plexus solaire. Ses joues s'enflamment; elle se sent comme une voleuse, la main saisie dans le sac; elle voudrait prendre la fuite. Foncer et rompre le barrage humain. S'éloigner de ce goujat qui ose évoquer la sensation qu'elle aurait aimé cacher dans la foulée de sa respiration.

« Vous n'avez qu'à raconter ce soir même à Dorothy le motel et le reste... Celles de Paris ont dû déjà passer l'examen familial. Ça excite peut-être Dorothy, le récit des aventures de son mari. Peut-être votre sainte Dorothy est-elle une vicieuse, affamée de détails. Votre beau ménage équilibré, avec l'obligatoire sincérité, c'est de l'hypocrisie. Vous essayez de nier l'importance du sexe. Vous n'êtes qu'un sale hypocrite... Fred doit être plus franc, plus net que vous! Lui, il n'a jamais voulu se marier; lui, il a voulu garder sa liberté; lui, il a cru à la guerre, jusqu'au moment où il s'est trouvé désenchanté au Vietnam... Mais vous, qu'est-ce que vous faites? Vous? Vous parlez de lui, vous l'imitez... Il s'engage comme volontaire; vous vous y précipitez aussi. Et lorsque vous encaissez le premier coup de baïonnette, lui, en pleine dépression, rentre à l'hôpital. On le rapatrie. Que faites-vous? Vous vous faites rapatrier à votre tour... Dès que Fred n'est plus là, Mr. Dale se dégonfle, il se fait panser par de jolies infirmières. Fred, lui, subit la crise dont souffre toute une nation. Lui, il découvre que l'Amérique se trouve en défaut... Lui, il voit les choses dans leurs dimensions vraies. Et vous ? Rentré dans la carapace, vous soignez votre cicatrice. Guéri, vous recommencez à faire l'amour avec Dorothy le dimanche, juste avant le match de base-ball de la T.V. Et lorsque vous venez rendre visite, enfin, à votre ami malade, au lieu de coucher chez lui, ce qui aurait été le plus naturel, vous allez dans un hôtel de luxe. Oui, ça ne vaut pas la peine de jouer les modestes, dans un hôtel de luxe. Peut-être dans l'espoir de draguer une môme...

— Ai-je réussi ou non ? » dit-il, avec un curieux sourire.

Elle lui sauterait à la gorge si elle n'avait pas peur de terminer sa vie dans une voiture brûlant comme une torche sur le talus.

« Vous avez réussi, oui ! s'exclame-t-elle. Mais pas parce que vous êtes un « séducteur » ! Non... Uniquement à cause de ma disponibilité... J'étais disponible. N'importe qui m'aurait convenu... Je n'aime pas mon mari. Donc, je ne me comporte pas en femme mariée. Je me considère comme libre. Evidemment, j'aurais préféré passer ma journée avec l'élève préféré de Marcuse, ou bien avec Jerry Rubin... Mais on ne fait pas ce qu'on veut dans la vie... Au moins, j'ai entendu parler de votre ami Fred, et tout ce que vous m'avez dit de lui — hélas ! assez peu de choses — confirme ma haine à l'égard des guerres. J'ai fait tatouer le signe de la paix sur mon cou, autour de l'artère principale, pour protester contre tout sang versé. Mon père m'aurait étranglée en me voyant avec « ça »...

— Il n'est pas le seul, dit l'Américain, en affichant toujours son petit sourire.

— « Chacun est sa propre révolution »... C'est de Jerry Rubin, dit Anouk.

— « A ceux qui demandent : « Et votre propramme ? je tends le programme du *Metropolitan Opera*. Ou je réponds : « Regardez donc à la page des spectacles. Il y « a tous les programmes. »

— Pourquoi dites-vous ça ?

— Parce que c'est aussi de Jerry Rubin. Et peut-être dans le même livre.

— L'avez-vous lu? s'exclame-t-elle. L'auriez-vous lu?

— Non, dit Steve. Moi? Jamais. C'est Fred qui m'a parlé de ces cinglés. Il m'a dit : « Mon vieux, quand on « pense qu'on se fait tanner la peau au Vietnam pour « que ces rigolos puissent se taper en sécurité leur « quantité de drogue quotidienne... »

— Fred me passionne... Et si, en définitive, vous parlez si peu de lui, c'est que vous en êtes jaloux. Fred, lui, semble avoir une conception mondiale des choses... Tandis que vous... »

« Je suis tombée amoureuse de deux Américains, se dit-elle, désemparée. L'un me fascine, parce qu'il sait des choses, parce qu'il est la victime, comme moi, du système malade, et l'autre me dissoudrait dans un verre d'eau. Juste avec le contact de sa peau. »

La campagne se déroule autour d'eux comme un tapis d'herbe synthétique. Immenses prés qui s'étirent dans l'infini où les stations-service apparaissent comme des jouets préfabriqués pour chemins de fer miniatures.

« Encore vingt kilomètres, dit Steve. Et nous arriverons à Annapolis.

— Je suis sûre qu'il est plus délicat que vous, Fred, dit Anouk. Un homme qui a souffert. »

Elle prononce avec tendresse :

« Fred... J'imagine que c'est un type merveilleux.

— J'espère que vous le trouverez merveilleux après l'avoir vu, aussi... répond Steve, amusé. S'il veut vous voir... Ce qui n'est pas sûr... Il déteste les gens... Il a pris l'humanité en dégoût... Il hait les curieux... Jusqu'ici, il n'a pas supporté d'autres présences que celle de sa mère et la mienne...

— La vôtre, dit Anouk, avec un peu de mépris... Vous quittez votre vie pénarde pour lui rendre visite... Et puis, dare-dare, vous repartez... Vous rentrez à New York. Et, au revoir, le copain... »

Steve hocha la tête.

« Mais je dois gagner ma vie !... Je ne peux pas m'absenter trop souvent de mon bureau... Je ne suis pas un infirmier, non plus...

— Zut! dit-elle en français. Zut!... Vous me tapez sur le système...

— Je tape sur quoi ? » demande l'Américain, ayant repris son accent de Chicago.

Sa prononciation est gutturale; il traîne les syllabes; il les fait parvenir à l'air libre par des voies obscures qui ne sont, en général, explorées que par des oto-rhinos...

« Vous m'avez très bien comprise, dit Anouk. Ça ne vaut pas la peine de jouer au « pôvre Amerloque » qui ne comprend rien à rien... Vous n'allez plus me faire marcher... Et puis, j'en ai marre de votre auto, de votre route pépère, et de votre vitesse pépère, et de votre courage pépère. Je voudrais être chez Fred. Et rentrer, après cette visite, à l'hôtel. Et prendre un bain. Et attendre mon mari.

— Me trouverais-je dans une erreur linguistique, si je le désignais, votre mari, en tant que : cocu ?

— Taisez-vous ! crie Anouk. Vous êtes odieux, et vulgaire...

— Je parle comme vous, dit-il. Je fais la démonstration de votre comportement à vous. Cette belle langue française que vous traitez avec tant d'indélicatesse comporte des définitions très précises quant à l'état moral et social actuel de votre époux... Je veux dire sur le plan conjugal... Votre époux est cocu et nous avons commis un acte de cocuage... J'imagine que, linguistiquement aussi, je suis dans la vérité... Si nous voulons être plus clairs, je peux préciser que vous vous êtes prêtée à un commerce illégitime, que lui, à Boston, n'est pas au courant de l'infortune conjugale que vous lui avez infligée; il ne suppose même pas votre inconstance.

— Vous êtes un salaud ! dit Anouk, blême.

— Non. Un bon élève. Quand j'étais à Paris, j'ai couché avec une femme ravissante, qui était professeur de français. Elle trompait son mari avec moi. Lui, il était aussi dans l'enseignement. Dans les mathématiques. Cette adorable petite Française m'a donné des cours sur l'oreiller. La traîtresse avait un charme fou et, pendant qu'elle me comblait de délices, son mari se couvrait automatiquement de déshonneur.

— Vous m'êtes suspect, dit-elle. Vous savez un peu trop bien notre langue...

— Votre langue ?... Elle n'est pas votre propriété privée... Elle est universelle. Il se trouve que vous avez eu le droit d'y goûter à votre naissance. Les étrangers qui savourent le français plus tard le respectent davantage. Vous dites si facilement : salaud. Que faites-vous avec les pourceaux, les saligauds ? Saligaud chante davantage. Vous entendez ? C'est presque de l'opéra-comique. C'est joli... sa... li... gaud... Que faites-vous avec le morveux ou le sagouin ? Vous êtes d'une génération d'ignares, désireux de faire admettre la raison d'être d'un ramassis d'idées exprimées dans une langue aussi grossière qu'appauvrie. »

Anouk est pâle.

« Qui êtes-vous ? » dit-elle.

Elle est inquiète. La soudaine supériorité de l'autre la désoriente.

« Qu'avez-vous fait en France ?

— L'amour et l'analyse logique... La grammaire et le vocabulaire. J'étais avide de mots. Et j'avais horreur de l'argot. J'essaie mon français tout neuf sur le Français moyen. Hilarant... Il a très peu de vocabulaire, le Français moyen. C'est surtout vos putains que j'aimais. Elles sont maintenant très jeunes et de très belle qualité. La concurrence avec des filles de famille est si grande qu'une putain actuelle a beaucoup de mal à se faire payer à sa juste valeur. Une de dix-neuf ans a, un jour, attrapé un fou rire lorsque je l'ai désignée en tant que fille de joie. Elle pleurait de rire...

— Pour me faire marcher, vous m'avez fait marcher, dit Anouk en colère. Pourquoi n'avoir pas dit tout de suite que vous étiez bilingue ? Pourquoi ce jeu ?

— Il faut bien s'amuser dans la vie, parfois, dit-il. Et j'ai été tant de fois injurié en France, ridiculisé, que vous faire marcher m'a fait un réel plaisir. Vos compatriotes sont odieux avec les étrangers. D'abord on prend leur argent et, aussitôt après, leurs illusions.

— Mais pourquoi justement le français ? demande Anouk.

— A cause du Vietnam. J'ai subi un entraînement spécial. Lorsqu'ils ont découvert mon « don » pour le français, j'ai été utile à fond.

— Qui, « ils » ?
— L'armée.
— Alors ? »
Steve s'amuse.

« Ça vous intéresse ? Hou, hou, la vilaine armée, le vilain entraînement, hou, hou... On prend un Américain moyen et on lui inculque le français, oh ! là ! là ! là !

— Ça se voit que vous avez fait connaissance avec l'esprit français chez une « fille de joie », dit Anouk.

— Ne soyez pas jalouse à ce point », réplique Steve. Jalouse ? Dire qu'elle est jalouse ? Quelle idée ! Etre jalouse de Steve ? Jamais de la vie.

« Je ne suis pas jalouse, dit-elle, d'un petit ton acide. Il n'y aurait pas de quoi... On se quitte ce soir, et il est déjà 17 h 15... »

Un tout petit silence s'installe entre eux. Le fragment de phrase : « On se quitte ce soir » plane... « On se quitte ce soir... »

Anouk se met à fumer. Elle est énervée.

« Et alors ? Après ? Quel était votre destin prévu dans l'armée ?

— Vous allez sauter de joie, dit Steve. Ça excite toujours les filles...

— Parce que vous racontez ça à tout le monde ?

— Pourquoi pas ? Ce n'est plus un secret... On aurait dû me parachuter à la frontière entre le Sud et le Nord-Vietnam. Dans un de ces petits villages sournois qui jouent sur les deux tableaux. J'aurais dû apparaître en tant que communiste français en mission spéciale, évidemment en marge de tous gouvernements. Les Sud-Vietnamiens sont si dégoûtés de nous, Américains, qu'ils adorent les Français, même s'ils sont communistes. Ils les adorent parce qu'ils sont partis, eux, les Français. Dans ces villages qui enjambent la frontière, les renseignements sont très souvent exacts. A un communiste français, on dirait, éventuellement, les positions vietcongs...

— C'est dégoûtant, dit Anouk. Et vous avez fait cette saloperie...

— Non, répond Steve, amusé. Non. Il fallait d'abord que je sois plongé dans l'atmosphère du Vietnam. Mais de notre côté. J'étais parfaitement entraîné. En cas de capture, j'aurais débité les slogans communistes aux Vietcongs. C'était du beau travail... Seulement...

— Seulement quoi?

— Je me suis accroché par hasard sur une baïonnette... Lors d'une opération de reconnaissance.

— Et à cause d'une écorchure, on vous a renvoyé? s'exclame Anouk.

— Ecorchure? Avec un poumon déchiré... Ce n'est pas suffisant pour vous, n'est-ce pas?... Ce n'est pas assez spectaculaire?... Il aurait fallu que je sois amputé, borgne, et qu'il me manque un bras aussi. »

Elle répond, très calme :

« Exactement. Je vous aurais mis dans une chaise roulante avec toutes vos décorations sur la poitrine, et je vous aurais poussé devant la Maison Blanche pour protester contre la guerre...

— On aurait fait un joli couple », dit-il, grinçant...

Elle dit, prudemment :

« Si vous aviez pu répéter, en cas de capture, comme vous dites, les « slogans » communistes, c'est que vous les avez appris.

— Evidemment.

— Et cela ne vous a pas aidé à voir plus clair?

— Plus clair en quoi?

— Dans la politique...

— Quelle politique?

— La politique communiste.

— Ce n'est pas une politique, mais une dictature. La dictature exclut la politique. Les dictatures permettent une politique extérieure, mais rien à l'intérieur du pays.

— Oh! s'exclame Anouk. Mon père vous adorerait, mon mari aussi...

— Tiens donc, dit-il.

— ... Ils vous adoreraient en tant qu'Américain anticommuniste. Mon père et mon mari ne jurent que par l'Amérique. L'Amérique, la forteresse anticommuniste, a, à leurs yeux, tous les droits. Vous-même, vous seriez adoré chez nous. Mon père allumerait des cierges en votre honneur. Le saint héros, qui sauve l'Europe et sa fortune à lui, au Vietnam... Je ne vous l'ai pas dit —

d'ailleurs, cela n'a pas grand intérêt —, nous sommes, c'est-à-dire ma famille est effroyablement riche. Ma famille possède une fortune impudique, inadmissible.

— Pourquoi inadmissible? se renseigne Steve. S'ils l'ont gagnée, cette fortune, pourquoi les injurier?

— Parce que ce sont des tableaux de maîtres qui devraient appartenir à la nation. Avec ce que mon père possède actuellement, on pourrait fonder au moins trois musées. Trois. Alors, je fais la course avec lui. Il sait que si, un jour, j'hérite, je vais tout distribuer... Il a décidé de vivre très longtemps pour m'empêcher d'hériter. Et moi, j'ai décidé de lui survivre pour devenir enfin celle qui peut tout donner. Un jour, je vais devenir extrêmement riche.

— Si vous vivez, dit l'Américain, pensif. Qui peut vous assurer de la durée de votre vie? Qui?

— Mon père et moi, nous croyons à notre longévité... Qui vivra verra... N'empêche, dit-elle : si le Front populaire arrive un jour, il ne pourra plus rien, mon père... Sa fortune sera nationalisée. Considérée comme bien national. Moi, depuis que je suis une fille rangée, je ne fais que me marrer doucement... Dans l'attente...

— Qu'avez-vous fait avant? Avant d'être, comme vous dites, « rangée »?

— Les quatre cents coups.

— Comment?

— Comme j'ai pu... En voulant tout casser...

— Tout casser? dit l'Américain, énervé. C'est de la violence. Je hais la violence. La violence n'est pas une solution.

— Mais un aboutissement, dit Anouk.

— L'aboutissement? Quel aboutissement?

— L'éclatement du dégoût qui vous étrangle.

— Vous? Qui, vous?

— Les jeunes, surtout venant d'un milieu aisé, ou riche...

— Pourquoi?

— Parce que, si je juge selon ma famille, elle, la famille, en tant que souche sociale, est la terre féconde de la révolution.

— Vous dites des sottises! » s'exclame Steve.

Et il accélère. Plus loin, un attroupement ralentit la circulation.

« Parce que les jeunes sortis d'un milieu riche savent qu'il n'y a pas de solution. Ils ont appris que leurs parents peuvent tout acheter. Que l'argent crée des relations, que des relations créent de l'argent, encore plus, et encore plus... Et que le pouvoir est l'argent, qui permet tout... Même financer une campagne électorale, et tenir après la dragée haute...

— Chez nous aussi, souvent, les particuliers riches financent, en partie, les campagnes électorales... Ça ne veut pas dire...

— Ça veut tout dire ! s'exclame Anouk. Vous ne comprenez donc pas le phénomène qui incite les jeunes à être gauchistes ? C'est l'idée qu'il n'y a pas de solution. Parce que l'argent est tout-puissant. Un jeune sorti d'une famille ouvrière serait infiniment plus proche du parti communiste, ou d'un parti socialiste, de celui qui offre l'espoir de l'amélioration des destins particuliers... Ce sont des partis d'ordre ! Tandis que les gauchistes n'ont pas de solution. Ils veulent tout casser. Moi...

— Vous, dit Steve, vous êtes, toute seule, aussi dangereuse qu'une épidémie... Vous représentez, vraiment, à mes yeux, ce qui est le plus néfaste dans notre monde... L'incitation à la violence... »

L'attroupement semble de plus en plus proche.

« Un accident, j'imagine, dit Steve, d'une voix métallique.

— A force d'en parler, réplique Anouk...

— A force de vouloir le susciter », dit l'Américain.

Et il est désorientant ; il a prononcé cette phrase avec si peu d'accent qu'Anouk se retourne vers lui, pour s'assurer que c'est vraiment Steve qui lui parle.

« Qui veut susciter un accident ? demande-t-elle.

— Vous... Et les vôtres... La violence n'est qu'une série d'accidents à répétition provoqués artificiellement... Par des inconscients comme vous... et vos copains...

— Je n'en ai plus... de copains... dit-elle, assez anxieuse. L'argent m'a domptée... Jusqu'au moment où...

258

— Vous et les vôtres, répète l'Américain, — et il parle presque les lèvres serrées. C'est la peste, vous et les vôtres... Rien n'est aussi inutile et malfaisant que vous et les vôtres... »

Ses mains sont si tendues sur le volant que les articulations semblent blanches sous l'effort.

« Vous n'êtes bons qu'à être manipulés, pour faire éprouver la nécessité d'une dictature; qu'elle soit de gauche ou de droite, c'est toujours une dictature... »

Ils passent à côté de l'attroupement. Steve ralentit; il s'arrête presque. Avant qu'un agent les fasse circuler, Anouk aperçoit une forme humaine ensanglantée posée sur une civière, et la silhouette d'un tas de ferraille recouvert peu à peu, sous leurs yeux, par une épaisse mousse blanche qu'un autre agent envoie en jet sur ce qui fut le véhicule, afin d'empêcher le feu de se déclarer.

« Circulez, circulez ! » dit un agent.

Et il fait des gestes impatients.

« Allez, allez...

— Je voulais vous montrer la violence », dit Steve.

Il est très pâle et ses mâchoires sont serrées à faire craquer sa peau. Il ferme une seconde les yeux.

Visage ensanglanté. Loque humaine. Le sang qui dégringole en flots épais. L'expression du visage ensanglanté. Peut-être un hurlement qu'aussitôt la douleur étouffe. Ta-ta-ta-ta-ta-ta-ta... Une mitraillette... ta-ta-ta-ta... tatatatatata... précipité... encore plus précipité... Non... Quelqu'un hurle... Quelqu'un hurle... Le hurlement se transforme en râle... N.N.N... o.O.O... n...

« Il vaudrait mieux conduire les yeux ouverts, non ? lui dit Anouk.

— *Shut up!*

— Eh, dit Anouk. Vous me dites : « Ta gueule !... » Quand on est aussi poli que vous, c'est une évolution... Faute de révolution... »

Elle bâille et dit avec nonchalance, toujours avec le désir de provoquer :

« Pour moi, c'est fini... Je me suis mariée parce que j'étais obligée de me plier... Mon père était plus fort que moi... J'ai cédé avec l'enfant que je n'ai pas pu garder...

Et j'ai cédé en épousant un homme qu'il m'a choisi...

— Jamais deux sans trois! dit Steve, et son accent traîne un peu. Je crois que c'est ça, l'exacte expression française : jamais deux sans trois.

— Parfois, vous avez beaucoup d'accent et parfois à peine... Pourquoi? demande Anouk.

— Ça dépend si je fais l'effort ou non de le camoufler... Je n'ai pas souvent envie de faire un effort...

— Je ne céderai pas à mon père une troisième fois, dit Anouk.

— Et pour le mariage, dit Steve, vous avez déposé votre barre de fer au vestiaire? N'avez-vous pas demandé une haie d'honneur constituée de barres de fer pour entrer à la mairie?... J'imagine que ç'aurait été dans vos goûts... »

Anouk hausse les épaules.

« On arrive dans combien de temps à Annapolis?

— Dans une vingtaine de minutes...

— J'attends beaucoup de cette rencontre, ajoute Anouk, pensive. Votre ami Fred est la preuve vivante de la souffrance américaine.

— Tiens, réplique Steve. C'est bien de le définir ainsi... Pour quelqu'un qui n'est que depuis à peine vingt-quatre heures aux Etats-Unis...

— C'est vous qui l'avez dit... Je ne fais que résumer ce que vous avez dit de Fred...

— Lorsque vous le verrez, si vous le voyez, essayez de vous comporter en adulte. Et parlez le moins possible. Attention à la mère de Fred. C'est une dame qui a beaucoup souffert. Cette visite inattendue va la distraire. Elle ne parle pas le français. Vous lui raconterez tout juste que vous êtes venue aux Etats-Unis pour accompagner votre mari qui est en voyage d'affaires. Essayez de ressembler intérieurement à ce que vous êtes extérieurement : une gentille petite blonde, distinguée et réservée.

— Je dois être une garce épouvantable, dit Anouk d'une voix glaciale, pour que chaque bonhomme à qui j'ai affaire veuille m'expliquer le comportement que je devrais avoir. Mon mari m'a donné des ordres dans l'avion; vous me donnez des consignes avant de rendre la plus inutile et la plus rapide des visites à une dame qui ne m'intéresse pas, et à un malade sur lequel je m'apitoie déjà... J'en ai marre des leçons...

— C'est que vous en avez peut-être besoin... » dit Steve.

Elle crie presque :

« C'est que je rencontre des lâches, des prudents, et surtout des gens qui sont tellement éloignés de moi sur le plan humain et moral que, dès que j'ouvre la bouche, ils se mettent à agoniser de terreur... Faites demi-tour, s'il vous plaît, et rentrons à Washington. Depuis que j'existe, tout le monde voudrait me dresser... Y compris vous... Vous... Une rencontre de hasard... Une aventure de passage... Vous qui... »

Elle continuerait volontiers à le démolir, à définir l'inutilité de leurs relations. Elle a mal soudain.

« Excusez-moi, dit-elle. Toute ma violence inutile et inutilisée retombe sur vous... »

L'Américain se met à sourire.

« Je ne vous en veux pas... Vous devez être très malheureuse.

— Très, dit-elle. Et puis... Je ne sais pas pourquoi, j'ai envie de vous dire mes secrets, mes peines... Ne me livrez pas à Dorothy, je vous en supplie...

— Je fais demi-tour ou non ? demande Steve.

— Non. Je vous en supplie, racontez à Dorothy, si vous en éprouvez le besoin, comment je fais l'amour, mais ne lui dites pas comment je souffre...

— Parce que vous souffrez... constate Steve, sans avoir envie de plaisanter, fût-ce une seconde.

— Oui, dit Anouk. Et après vous avoir quitté, je souffrirai encore plus, parce que vous laisserez un vide... Savez-vous que j'ai failli tomber amoureuse de vous ? dit-elle.

— Est-ce vrai ?

— Oui.

— Pourquoi « failli » ?

— Parce que votre intérieur ne correspond pas à votre extérieur... C'est-à-dire votre physique est très séduisant, mais votre système de pensée m'agace. Et puis vous avez une famille. Et puis vous êtes dompté par le système. Et puis, malgré votre « entraînement spécial », vous êtes un homme paisible... Quelqu'un qui n'a rien à se reprocher... Une sorte de perfection bourgeoise. Bon fiancé, bon père, bon patriote, bon employé... Tout est bon en vous... Et en moi, tout est mauvais. Vous êtes aussi linéaire que je suis compliquée. Vous êtes aussi limpide que je suis opaque. Vous avez fait la guerre et vous admettez quand même son utilité. Votre ami, Fred, j'imagine, doit être devenu pacifiste. Il a été touché psychiquement. C'est pire qu'un coup de baïonnette...

— Au fond, dit Steve, si j'ai bien compris, vous pourriez aimer Fred parce que vous le sentez plus proche de vous...

— Exactement, dit-elle. C'est pour ça que je voudrais le connaître...

— Peut-être n'aurais-je pas dû vous parler de lui, dit Steve, pensif.

— Je ne vous aurais pas aimé davantage, réplique Anouk. Ne soyez pas jaloux...

— Jaloux ? répète-t-il avec un petit sourire. Non, je ne suis pas jaloux de Fred. Vous voyez, lui, comme je le connais, il aurait aimé en vous votre apparence. Vous respirez, de l'extérieur, la paix et la sérénité... Et dès que vous ouvrez la bouche... C'est la déception... Fred hait la violence. Lui aussi... On fait demi-tour, d'accord ?...

— Non, dit-elle. A vrai dire, j'aurais beaucoup de peine à me séparer de vous... Et puis, je serai aussi contente de voir Annapolis. En revenant, je m'endormirai ; je meurs de sommeil. C'est le décalage horaire... Il est dix-sept heures trente. C'est-à-dire qu'en France, c'est à peu près dix heures du soir... Steve...

— Oui...

— Merci pour toute votre gentillesse... De vouloir tout me montrer...

— Vous ne m'en voulez pas pour le motel ?

— Non, dit-elle. D'abord, je n'ai aucune moralité quant aux règles établies. Je ne serai fidèle que parce que j'aimerai peut-être un jour quelqu'un...

— Votre mari ?

— Non, il n'a pas besoin d'aide. Ni de dévouement. Ni de protection. Ni de faiblesses qui viendraient de ma part. Lui, c'est une force de la nature. Digne de ma famille sans pitié. Mon mari? Je ne l'aimerai jamais... D'ailleurs, je ne l'ai épousé que parce que mon père m'a mise au pied du mur.

— Comment?

— C'est une triste histoire.

— Pire que l'avortement?

— Non, pas pire. Peut-être un peu plus pitoyable... Si je vous la raconte, vous allez me considérer comme un monstre...

— Et maintenant, dit Steve, et maintenant, je vous considère comment? »

Un motel apparaît sur leur droite.

« Est-ce qu'on pourrait s'arrêter une seconde? demande Anouk.

— Pour boire un café? dit Steve.

— Oui, un café. Autrement, je ne tiendrai plus le coup. »

Il s'engage déjà dans la direction du motel. Il s'arrête au parking.

Anouk descend de la voiture et s'étire.

« Merci, Steve. Vous êtes le meilleur des hommes...

— Ne soyez pas si sûre de ça », dit Steve.

Et il l'embrasse légèrement sur la bouche. Ce n'est qu'un petit bonjour. Presque la petite politesse de l'homme qui se rappelle avoir couché avec la femme qui se trouve à côté de lui.

Un immense chagrin monte dans l'âme d'Anouk. L'idée de la séparation qui s'approche de plus en plus lui serre la gorge. Elle suit ce jeune homme, grand, blond, si propre, si net, si appétissant et, parfois, mystérieux. Elle le suit. Lui, il semble jeune dans son blue-jean acheté dans l'autre motel, avec sa petite chemise de couleur gaie; il semble irrémédiablement jeune.

« Steve, dit-elle, c'est vrai que vous avez vingt-neuf ans?

— Oui, dit-il. Pourquoi?

— Je ne sais pas, dit-elle. Parfois, il me semble que

nous sortons du même volcan... Que nous sommes proches... Très proches... »

Il la prend par la taille.

Elle marche à côté de lui, et leurs pas ont le même rythme.

« S'il n'y avait pas de Dorothy, dit Anouk, je... je...

— Vous allez dire une bêtise », l'interrompt Steve.

Il se tourne vers elle et la regarde bien dans les yeux :

« Dites-le quand même...

— Je... Je...

— Vous n'en savez rien... dit Steve avec beaucoup de douceur.

— Je... »

Steve l'embrasse. Les bras de Steve. Le vertige. Cet abandon. Le sentiment de sécurité... Ce... Ce...

« Venez boire votre café, dit Steve. Nous avons si peu de temps... »

Ils entrent dans la cafétéria du motel. Derrière le comptoir circule un Noir dégingandé; sous sa peau foncée, les articulations et les ligaments semblent s'étirer. Rien à voir avec un géant ou un mastodonte; il est tout simplement long, un peu perdu dans ses vêtements blancs avec un drôle de petit bonnet blanc planté sur la tête. Il les regarde; il attend qu'on lui adresse la parole; automatiquement, à leur arrivée, il se met à frotter la plaque inoxydable du comptoir; le regard perdu et les pensées vagabondes, il tente de faire briller la surface du métal sur laquelle son univers se dessine. Steve change d'allure; il reprend l'usage de sa langue maternelle; dans une phrase prononcée en américain, il se retrouve lui-même comme en un moule. C'est un petit moment de bonheur. Steve est chez lui, dans son pays, dans la cafétéria d'un motel de l'Etat de Virginie; il commande à boire dans sa langue à lui; il est détendu, presque aussi dégingandé que son compatriote noir :

« *A black coffee, and some cheese-cake... Not for me, for the french girl.* »

Il se retourne vers elle :

« Le *cheese-cake*... l'avez-vous goûté déjà, le *cheese-cake*?

264

« — Quand? demande Anouk. J'ai commencé ma journée avec vous et je la terminerai avec... »

Elle a mal. Terminer la journée, c'est quitter Steve, quitter le monde américain, retrouver son milieu français. Revoir Robert, lui dire un bonjour mondain, l'inonder de mensonges.

Cet homme qui est là, avec son blue-jean, sa chemise un peu juste, sa médaille qui bringuebale sur sa poitrine lisse, cet homme va, ce soir, disparaître à jamais de sa vie.

Le Noir n'a qu'à allonger ses longs bras et les tasses remplies de café se trouvent sur le comptoir, le gâteau de fromage aussi.

« Mangez-le », dit Steve avec une certaine douceur.

Et il ajoute :

« Vous avez toujours faim... »

Elle se hisse sur le tabouret casse-cou, Steve s'assoit juste à côté d'elle. Le Noir étiré paraît suspendu dans le vide. Sa présence n'est pas gênante; son esprit est ailleurs.

« C'est le seul souvenir que vous garderez de moi? demande Anouk à l'Américain. Que j'ai toujours faim?... »

Son cœur se serre et des larmes la taquinent.

Steve sort le gâteau de son emballage en cellophane.

« Prenez la petite fourchette... juste à côté de votre assiette... » ajoute-t-il.

Anouk adore cet accent nasal, cette forme de prononciation qui ferait de la plus simple des phrases un hiéroglyphe. Sa parfaite connaissance de la langue anglaise n'est guère suffisante. Parfois, l'oreille aveugle se confie à l'instinct pour chercher le sens de la phrase.

« Vous faites cela exprès, dit-elle, de parler de la gorge...

— Et si vous viviez ici... lance-t-il. Il faudrait bien vous y habituer.

— Ici, en Amérique? répète-t-elle plus émue qu'elle ne voudrait l'être.

— Oui. Si vous vous y installiez avec votre mari. »

Bang. La guillotine a fonctionné. La lame a coupé la tête d'Anouk. Ses cheveux sont pleins de sang. Elle s'essuie le visage avec le dos de sa main droite.

« Vous pleurez comme une petite fille », remarque Steve.

Anouk a l'impression d'être, aux yeux de l'Américain, une poupée de luxe, achetée dans un magasin chic. « Oui, monsieur. Oui. Cette poupée pleure, rit, marche; oui, monsieur, on peut lui laver les cheveux; ah! oui, elle répond si on l'interpelle. E-lec-tro-gui-dée... O.u.i... M.ô.s.i.e.u.r... » La vendeuse en a marre, elle a des soucis; et ce con-là n'est pas encore satisfait. Qu'est-ce qu'il lui faut pour qu'il l'achète enfin cette poupée de merde? Qu'elle montre ses fesses? « Non, monsieur, elle avance seulement. Non. Il n'y a pas de marche arrière... Ce n'est pas une voiture, m.ô.s.i.e.u.r., c'est une poupée. (Le dégueulasse. Il a trop d'argent. Il veut trop de sa poupée.) Oui, monsieur, emballage cadeau. Mais évidemment, monsieur, à ce prix-là, on ne vous mettra pas une ficelle ordinaire... Nous n'avons même pas de ficelle ordinaire, nous n'avons que des rubans dorés. De différentes largeurs, les rubans. »

« Comme une petite fille... répète Steve.

— J'aurais bien voulu aimer quelqu'un », dit-elle.

Tant pis! Que le Yankee rigole un bon coup. Qu'il rigole.

« Dans ma famille, on n'aime pas. On n'aime pas de père en fils et en petite-fille. Chez nous, on n'aime même pas les chiens. Pourtant, tous les Français aiment les chiens... Sauf ma famille...

— Je préfère que vous me parliez en anglais, dit Steve, détaché. Nous sommes en Amérique. »

Se confesser dans une autre langue? Celle-ci représente à la fois une barrière et une facilité. On devient moins bavard et plus impudique.

« J'aurais voulu aimer... » dit-elle en anglais.

La phrase est très Stratford-sur-Avon. « Avant que tu m'étrangles, cher Othello, je t'aurai dit que je t'aime. » Pourquoi cette phrase insensée qui lui traverse l'esprit? Pourquoi donc mêler Othello au *cheese-cake*?... Ce « j'aurais voulu aimer » était un peu du théâtre. Du Shakespeare. Du carton-pâte. La chiasse dorée. Le drame pour gogos.

« Dites... Fred... A-t-il eu un grand amour ? »

Steve éclate de rire. Il rit de bon cœur. C'est la première fois qu'il rit de cette manière-là. C'est un rire séduisant. On a envie de le faire rire. Que ça continue. Il rit à gorge déployée. Comme un lycéen qui aurait réussi la bonne farce. La vraie farce. La médaille bringuebale sur sa poitrine.

« Pourquoi, moi, je devrais être au courant de la vie sentimentale de Fred ? Vous êtes marrante... »

Il dit : *funny*...

« Parce que vous êtes son meilleur copain. Tout cela se dit entre amis. On discute des filles... A tout âge... »

Elle s'assombrit.

« Peut-être nous trouverons chez lui la bonne femme ! Sa bien-aimée.

— Vous faites toute une histoire autour de Fred, dit Steve.

— Parce que, lui, dit Anouk, lui, il a souffert. »

Steve laisse quelques *nickels* pour le Noir.

Des voitures s'arrêtent devant la cafétéria. Dehors, le ciel vire au rose. Prolonger le temps qui permet de rester avec Steve, se dit Anouk, affolée.

« Je vois sur le bout de votre nez que vous voulez un autre café, dit Steve gentiment. *An other one, please...* » lance-t-il au Noir.

Le Noir ramène ses yeux vers le monde réel. Il abandonne la surveillance du temps. Le bruit des trains qui le poursuit depuis toujours le rend songeur. Il pose la tasse devant Steve.

« Venez », dit Steve à Anouk.

Il l'amène vers une table, près d'une fenêtre. D'ici, on voit bien la route peuplée de voitures. Le ciel est rose fortissimo. Il ne peut pas être plus rose qu'il ne l'est. Anouk cherche un mouchoir. Elle ne le trouve pas. Il est difficile, constate-t-elle, d'avaler les larmes avec élégance lorsqu'on a le nez qui coule.

« Utilisez la serviette. Elle est en papier », dit Steve.

La poupée savante se mouche.

« Je suis un peu fatiguée... Fatigué, on voit mieux le néant qui vous entoure.

— Je ne comprends pas vos difficultés, dit Steve.

Vous vous détruisez vous-même. Non? Vous vous acharnez sur vous-même.

— Je n'y peux rien. Il y a eu erreur de distribution. De distribution de peau. La mienne me serre. Ma famille ressemble à une pieuvre. Elle a des tentacules partout. Des relations dues à l'argent. »

Elle lui dira la vérité sur son mariage. Son sourire deviendra distant davantage, son regard plus froid.

Un groupe entre à la cafétéria. Parmi eux, un couple flanqué de deux enfants traînés derrière eux, et un troisième accroché au cou de son père. Celui-ci répète inlassablement : *Daddy, daddy, daddy.*

« L'avortement m'a rendue sauvage, dit Anouk. Je suis devenue un être sauvage. Mon grand-père est mort avant qu'il puisse m'apaiser. Je suis rentrée à Paris, après un séjour de trois semaines à Deauville...

— C'est quoi, Deauville? demande Steve. Une petite ou une grande ville?

— C'est une petite ville élégante que mon grand-père adorait. Je suis rentrée à Paris, assoiffée de vengeance. Il y avait même un certain plaisir dans ce sentiment de vengeance. J'ai cru que tout m'était permis. Mes parents m'avaient fourni le plus inattaquable des prétextes. Je m'étais mise à guetter mon père. Je cherchais son point faible. Je savais qu'il fallait le mordre sur le plan « affectif ». Il aurait aimé m'aimer. Il avait engendré une fille qui se révélait une vipère. Il était déjà frustré sur le plan sentimental. Il avait toujours profondément envié Grand-père pour ses aventures. Grand-père était amateur de femmes. Il se les offrait à n'importe quel prix, comme on achète des juments.

« Lorsque j'ai perdu ma grand-mère, la terreur s'était mise à régner dans la famille. Pourvu que, dans un moment de folie, grand-père ne se remarie pas... Avec notre fortune, la part de la veuve aurait été, pour mon père, une perte colossale.

« Mon père, serré dans le carcan d'un catholicisme affiché, n'avait jamais osé prendre une maîtresse. Parfois, lors du passage d'une jolie secrétaire, je voyais son regard luire de désir. Il avait les yeux écarquillés, les joues roses. Il souffrait le martyre. Il frise la cinquan-

268

taine, mon père. Et coucher avec ma mère? Pas possible. Ma mère ressemble à une vieille fille qui se terminerait en queue de poisson.

« J'ai donc guetté mon père pendant un certain temps.

« Mon père s'était entouré de jeunes technocrates. Trois d'entre eux étaient mariés, le quatrième sur le point de se fiancer. N'oubliez pas que je parle de l'entourage direct de mon père, de ceux qu'il voit forcément presque tous les jours...

— Votre père semble être un *big dog,* dit Steve.

— Oui, chez nous, on dit « grosse légume ». A ce point « grosse légume » qu'avec son carnet de chèques il pourrait changer le destin de la France.

— C'est beaucoup dire, non?

— Non. Je sais de quoi je parle. Il a assez de fric, mon père, pour financer n'importe quelle campagne électorale. Et faire élire l'élu de son chéquier... D'où aussi son souci d'apparaître comme un chevalier de la morale bourgeoise. Il sait très bien la manière de faire chanter quelqu'un. D'où sa propre peur du chantage. J'ai mijoté une double opération. Je voulais l'atteindre, lui, la « grosse légume », aussi bien sur le plan moral que sur le plan psychique. Exactement comme il m'avait atteinte. »

Quelqu'un a glissé une pièce dans le jude-box. Un chanteur hurle et, juste derrière Anouk, le petit garçon, toujours accroché sur le bras de son père, répète : *Daddy, daddy...*

« Il va me rendre dingue, ce gosse », s'exclame Anouk.

Et elle se cabre :

« Maintenant, je les ai pris en horreur, les gosses.

— Non », dit Steve.

Et il pose les mains sur les mains d'Anouk.

« Et vous tremblez...

— Je tremble, oui. Et je suis navrée; je suis dans votre *big, big, big* pays, mais je dois raconter la suite en français. Je ne peux pas dire en anglais. Je ne peux pas, je ne sais pas comment dire : « *I am* a sacrée foutue garce... »

— Chut, dit Steve. Je ne demande rien. Ne vous faites pas souffrir. »

Il se penche vers elle :

« Pourquoi me mêler à vos secrets ?

— Parce que je n'ai jamais pu dire ma vérité à personne.

— Et si je ne savais pas le français...

— Ne coupez pas les cheveux en quatre. Vous le savez. C'est ainsi. Et vous... Et vous...

— Et moi ?

— Et vous, dans votre belle sécurité morale, avec votre bonne conscience de parfait Amerloque, vous allez pouvoir me juger... J'ai besoin d'être jugée... Vous me jugerez. Votre copain Fred m'aurait comprise, lui !

— Pourquoi... lui ?

— Parce qu'on l'a obligé à tuer... Il a dû tuer, comme moi... »

A o o o o o, A o o o... Le chanteur hurle.

Daddy... Daddy... Daddy, daddy, daddy... répète le gosse.

« J'ai accosté les collaborateurs de mon père. L'un après l'autre. L'approche était difficile. Chacun a mis un temps fou pour comprendre que je m'offrais.

— Je ne vois pas la raison, dit Steve. Pourquoi coucher ?...

— Parce que je voulais que leur œil brille ; je voulais qu'ils aient une gueule rigolarde en parlant à mon puritain de père.

— Vous avez voulu qu'on le lui dise ?

— Mes idées n'étaient pas précises... J'avançais à l'aveuglette. J'aurais voulu susciter autour de lui un climat rigolard. J'ai espéré un dénouement douloureux pour lui.

« Imaginez les collaborateurs d'un richissime ignare qui ont la possibilité d'avoir l'héritière dans leur lit. Même pas dans le leur... Dans le lit quelconque d'un hôtel de rendez-vous, près de l'Etoile.

« En sortant de cet endroit moche, je me sentais contente, mais plus bas que terre. Je me traitais de tous les noms. Et je prenais des bains interminables.

« Au bout de six semaines, j'avais eu dans ce lit les

quatre collaborateurs directs de Papa. Chacun en avait tiré une certaine tendance à se comporter différemment. Leur ton avait changé. Leur manière d'être, aussi.

« L'incident que je vous raconterai s'est produit un vendredi. Par l'un des quatre, j'ai eu la description minutieuse du scandale qui avait éclaté au bureau de mon père. Celui-ci les avait réunis, ce jour-là, dans son bureau, à l'Entreprise. C'était une grande pièce, meublée en Empire.

« Derrière mon père, sur le mur, était accrochée depuis toujours une Madone attribuée à Botticelli. Une frêle Madone, une vraie future Mater Dolorosa. Les visiteurs de mon père avaient souvent le regard fixé sur ce chef-d'œuvre. Pour plaire à mon père et pour bien afficher leurs sentiments religieux, ils prenaient un air un peu douloureux, eux aussi. Un visage digne d'une église. Ils semblaient tous renifler l'encens. Il n'aurait manqué que les mains jointes pour la prière et une génuflexion qui aurait, d'ailleurs, bien plu à mon père. Lui, il ne voyait donc que des visages empreints de dignité, de gravité. Tous les gens qui défilaient chez lui utilisaient le même regard pour la Madone et pour Papa. Mais lui, savez-vous ce qu'il avait en face de lui, sur l'autre mur ? Un Renoir. Une bonne femme presque grandeur nature, les cuisses mi-ouvertes, les yeux bovins, les seins débordants de tendresse. Une vraie nourrice. Combien de fois mon père a dû imaginer qu'il allait s'envoyer la dodue soyeuse pendant que les autres, ceux qui regardaient la Madone derrière lui, creusaient leurs traits, penchaient la tête un peu à droite ou à gauche, et baissaient même la voix pour se montrer respectueux.

« Ce vendredi-là, mon père avait réuni son état-major. Il s'était agi du lancement d'un peintre qu'il avait pratiquement acheté ; il avait le droit de regard sur tout ce qu'il peignait, le pauvre mec, la future vedette, une vedette à créer, évidemment artificiellement à coups de publicité. Mon père avait écouté les conseils de son entourage et il avait déclaré aussitôt après : « Je vous ai « écoutés, je vous ai même entendus. Vous raisonnez, « c'est votre métier. C'est pour cela que je vous paie. « « Mais moi, j'ai mon flair. Et il me dit que le proces-

« sus à suivre doit être différent. Vous, vous avez l'habi-
« tude des équations. Moi, je sais les choses. Et je sais
« tout de vous. Aussi. Je lis dans vos pensées. »

« Il y avait eu un petit frémissement de mécontentement. Mon père avait coupé court à toute tentative de
contradiction et il avait ajouté : « Moi, je sais même ce
« que vous n'exprimez pas. » Et ce fut le moment cru-
cial. Un des types qui participaient à la réunion venait
de sortir de mes bras et il s'est mis à rire. D'abord
secrètement. Puis il a commencé à trembler; il a pris
son mouchoir pour camoufler son rire.

« Je ne sais pas si vous connaissez le rire irrésistible,
celui qui vous prend aux entrailles, le rire qui fait culbu-
ter votre système nerveux, le rire qui monte, comme la
lave, presque de la terre même, ce rire fulgurant, toni-
truant, ce rire péremptoire qui s'annonce dans la foulée
d'un immense spasme. On se retient, on tente de se
dominer, on essaie de se raisonner, de penser à des
choses tristes. Rien à faire. L'image la plus sinistre des
catastrophes tourne au burlesque; un enterrement, c'est
une cavalcade avec quelques rigolos qui tremblent, eux
aussi, de rire en secouant la boîte noire, le cercueil
élégant, dans lequel le macchabée imaginé se réveille à
la vie, en se mettant à rire, lui aussi. Ce rire qui inonde
la bouche d'une brûlure au goût de soufre et d'enfance;
ce rire qui va être rançonné, sanctionné; ce rire qui fera
de vous un otage du pouvoir. On imagine la guerre, et
hi-hi-hi-hi, les bombes se transforment en pétards pour
gosses, les cadavres en guignols, tout devient hilarant.
C'est ainsi que l'homme en question, celui qui venait de
sortir de mes bras, s'était mis à rire.

« — Etes-vous enrhumé ? avait demandé mon père.

« — Hrm, hrm, hrm, hrm...

« — Comment ?

« — Hi, hi, ho-ho-ho... »

« Toujours caché derrière le mouchoir. Ses larmes
s'étaient mises à dégringoler. Sa mâchoire se décro-
chait. Sa langue frétillait comme un poisson.

« — Qu'est-ce qu'il a ? »

« Désorienté, mon père s'était adressé aux autres.
Aux trois, qui fixaient leurs chaussures, sentant déjà,

272

terrorisés, la chaleur du rire monter en eux aussi.

« — Qu'est-ce qu'il a donc, monsieur X? Je me le « demande... »

« Le rire était maintenant en contact direct avec le mouchoir que Monsieur X. avait collé devant sa bouche. Le rire avait transpercé le tissu mouillé de salive, et les hi-hi-hi-hi-hi-hi-hi s'étaient mis à virevolter, à ricocher, à cogner entre la Madone et le Renoir. L'homme, voulant sauver sa situation, s'était pourtant dépensé dans un effort insensé pour parvenir à se taire. Il avait failli s'étrangler; il avait viré au violet.

« Mon père avait prononcé d'un air soucieux :

« — Ne croyez-vous pas qu'il faudrait appeler un médecin? »

« Alors, les autres avaient éclaté de rire à leur tour. En se penchant en avant, en se balançant à droite et à gauche, en s'appuyant les uns sur les autres. Un irrésistible rire avait surgi. Il n'y avait plus d'individu seul, ni de technocrate au gosier poli; il n'y avait plus qu'un groupe hurlant de rire. L'un d'eux s'était tapé sur les cuisses et il faisait avec sa voix grave : « Ho Hohoho... « Hooho... »

« Mon père, blême, s'était levé :

« — Messieurs, vous riez? »

« Ç'avait été aussitôt la débandade. Ils s'étaient levés, tous; ils s'étaient dirigés, en titubant, vers la double porte capitonnée; ils s'étaient soutenus l'un l'autre, grands éclopés de ce plaisir inouï qu'est le rire.

« Mon père était resté ébahi entre la Madone et le voluptueux Renoir. Lui, il s'était mis à grelotter. La discipline qu'il avait exigée de tout le monde était gravement atteinte.

« Hurlant de rire, s'abandonnant dans le rire bienfaisant, arrivé à l'extrême limite de la jouissance due au fou rire, le groupe avait quitté le bureau. Il y avait un bras métallique sur la porte capitonnée de mon père, un bras qui retient la porte, qui exige qu'elle soit fermée doucement. Doucement. Très dou-ce-ment...

« Pendant qu'elle se refermait ainsi doucement, les rires fusaient encore dans le couloir. L'huissier, d'abord sidéré, avait été contaminé à son tour; il s'était joint à eux; lui, il ne savait pas du tout pourquoi on riait, mais son rire s'était ajouté à celui des autres qui titubaient, qui se cognaient contre l'huissier lui aussi pleurant de rire.

« Les secrétaires de mon père étaient sorties de leur bureau. Elles étaient seulement joyeuses, d'abord; les yeux en feu, elles regardaient rire les autres. Mais soudain, l'une d'elles, une grande rousse, avait fait : « Ha, ha, ha, ha... aaaa... » Et cela avait été un nouveau départ dans la grande rigolade. C'était la plus belle révolte, l'abandon du faux soi-même le plus total; c'était le rire béni, celui qui a le goût inappréciable de l'interdit.

« Il y avait un homme dans la salle d'attente. Lorsque enfin on l'avait fait entrer chez mon père, il ne pouvait plus parler, il bégayait :

« — Vous... hi-hi-hi... les avez entendus ?... Hi-hi-hi... »

« Lorsque mon père l'avait mis à la porte, il riait encore.

« Mon père n'avait pas eu la possibilité de savoir pourquoi ses esclaves avaient osé rire... Ils avaient ri. Le délit était là. Consommé. Il s'était tourmenté; il avait le visage creusé; il n'avait pas dit l'ombre d'un détail de l'affaire à la maison, ni à Pattemouille ni à moi... Ne savez-vous donc pas ce qu'est une pattemouille ? Vous auriez dû demander les renseignements à votre professeur de français. Bref, j'appelais ma mère « Pattemouille ». »

Steve la regarde. Il n'y a aucune pitié dans l'expression de ses yeux. A peine une curiosité modérée.

« Vous me regardez drôlement, dit-elle.

— Le regard, c'est l'autre, dit-il soudain, en français.

— Et l'enfer, comme vous, c'est les autres ? lance-t-elle. Ce bon vieux Sartre...

— Il vaut mieux être dans votre vie un épisode qu'un père, remarque Steve.

— Vous le trouveriez sympathique, et lui, il vous adorerait parce que vous êtes américain. Vous êtes quittes. Allons-nous-en.

— Et la suite ?

— Pour que vous me détestiez encore plus ?

— Pourquoi me prêter... — c'est ça, n'est-ce pas, le

mot exact... — me prêter des sentiments que je n'ai pas ?

— Il n'y a que des étrangers qui fassent si attention aux mots ! s'écrie-t-elle.

— Actuellement, l'étrangère, c'est vous. Je suis chez moi », dit l'Américain.

Aoooo... On remet le même disque dans le jude-box. Heureusement, le *Daddy-daddy-daddy* vient de partir.

« Qu'avez-vous fait après ?

— Deux jours après le fou rire collectif, je me suis introduite à l'Entreprise, un dimanche soir. Avec deux copains. Pour arranger un peu le bureau de mon père.

— L'arranger ?

— A notre goût... Vous détesterez jusqu'à mon souvenir.

— Parce que vous êtes sûre d'en laisser un ? »

Effacée. Gommée. Liquidée. Il n'y a plus personne. Que le Noir qui se met à bâiller. Le jude-box qui hurle et Steve qui se met à sourire.

Alors, c'est l'aveu. Le suicide. Lui raconter tout. Se faire mal. Se détruire. Comme d'habitude. Vitrioler. Soi-même. Et les autres. Comme d'habitude.

« Avec les copies que j'avais fait faire des clefs de Papa, nous avons pu pénétrer dans l'immeuble. Et nous nous sommes acharnés sur son bureau, l'emblème de sa puissance. Lorsque je me suis trouvée avec les copains dans cette pièce où on sentait jusqu'à l'odeur du dernier cigare, nous nous sommes mis aussitôt au travail. N'attendez pas que j'utilise l'imparfait du subjonctif pour vous raconter l'aventure. Et renoncez donc à votre cher passé composé. Ça vous plairait d'entendre, n'est-ce pas, qu'il s'en serait fallu de bien peu pour que je maudisse le moment de ma naissance, ou pour que j'eusse maudi la seconde où je quittai le ventre de ma mère ? Avec un peu d'effort, je pourrais vous expliquer le déroulement des faits : nous barbouillâmes les deux tableaux de maîtres. Pour vraiment me soulager de ma colère, il eût fallu que je peignisse moi-même une moustache à la Madone, une moustache qui eût ravi ce con de Napoléon III. Que j'eusse peint, moi-même, aussi une verge, de couleur myrtille, entre les molles cuisses

275

de la grognasse de Renoir? Quelle importance? Il aurait fallu que nous revêtissions de saloperies de toutes sortes et de dessins cochons tous les murs. Ce fut fait. Nous avons couvert les surfaces blanches d'inscriptions dans le genre : « Un tyran con sans pouvoir n'est « qu'un con... » Etc. L'un de mes copains a voulu inscrire, sur la grande glace Empire, avec de la peinture blanche : « Fils de pute. » Je l'en ai empêché. J'ai bien aimé ma grand-mère. Je ne voulais pas qu'on y touchât... Ça va? Ça vous plaît? Y eut-il jamais vraiment danger que vous m'aimassiez?... »

Elle s'effondre et se met à sangloter.

« *Just some water* », dit Steve au Noir qui se déplace comme dans un rêve et qui vient vers eux.

Anouk fixe les grandes mains aux ongles impeccables.

« Merci. »

Et puis, en hoquetant :

« On a écrit aussi : « Plus de fric aux banquiers, plus « de fesses aux députés, plus de terre aux « promoteurs. »

— Une gorgée de plus...

— Non. Ça pue le désinfectant.

— C'est juste ce qu'il vous faut. Vous désinfecter. A l'intérieur.

— Le matin où il devait aller au bureau pour découvrir les dégâts, nous avons pris le petit déjeuner ensemble. J'ai toujours détesté...

— Qu'est-ce que vous n'avez pas détesté?

— J'ai tout détesté... Ensemble, donc, on a pris le petit déjeuner, le lundi matin. Je revois la scène...

« Un valet espagnol sert le café; il n'ose pas bâiller; il a fait la noce, lui. Il est là, avec sa cafetière grotesque qui porte les armes d'une autre famille. Garantie XVIIIᵉ. La femme de chambre, émaciée de sommeil, elle aussi, apporte les toasts. Ses sourcils sont encore collés du rimmel de la veille. Elle ressemble à une Chinoise. Juste deux fentes, ses yeux. Et sur un de ses ongles, le vernis est écaillé. Pattemouille est fraîche; elle dort toujours tôt; elle utilise un très léger parfum, démodé. Pattemouille est propre et lâche. Elle sert son maître, mon père, par sa propre présence. Elle est là. Disponible. On ne veut rien faire avec elle, mais elle est là. L'épouse est là. Pourtant, les bâillements retenus du personnel la contaminent. Elle étouffe la révolte entre le palais et la glotte. Etonnée de sa propre audace. Elle a failli bâiller. Papa est fringant. Avec juste une pincée d'ombre sur son visage. Il est l'Empereur. Comment pourrait-il être, lui, totalement détendu ? Il a dû bien dormir, la vache. Il est lisse. Rasé de près. Une peau de soie. Comme les fesses de son Renoir. Pas une ride. Rien. Son sexe en état d'hibernation depuis de très longues années ne l'inquiète plus. Et il n'oserait jamais se masturber, de peur de devenir fou. C'est ce qu'on racontait, paraît-il, aux bourgeois idiots, il y a quarante ou cinquante ans. Qu'est-ce qu'il bouffe proprement, mon père ! Ce n'est même pas un repas, c'est une intervention chirurgicale.

« — Passe-moi la confiture de myrtilles, ma petite « fille... »

« J'exécute l'ordre. Je bouillonne. Il étale sur son toast la confiture de myrtilles. La même couleur que la verge peinte cette nuit entre les cuisses du Renoir. Panique. Soudain, j'étais paniquée. Comment me tailler ? Et où aller ? Et avec quel argent ?... Il va mettre « l'attentat » sur le dos des gauchistes, se faire une publicité monstre, apparaître même avec ses chefs-d'œuvre abîmés dans les actualités télévisées. Il va trouver un biais pour devenir martyr. Comment va-t-il s'arranger ?... Il me regarde. Il est presque bienveillant à mon égard. Hé, faut pas oublier, je suis le grand chagrin de sa vie... Eh oui... J'aurais dû faire le gros dos depuis l'âge de cinq, six ans, le flatter, lui donner toujours raison. Il aurait aimé se pâmer avec sa petite fille blonde, l'Ecole hollandaise, fin du XVIe. Début du XVIIe. « Ma fille, un vrai Vermeer... Ma fille, dans un cocon « d'argent et d'acier empli de principes à respecter, à « aduler. Ma fille qui a appris à la boucler. Ma petite « fille, la digne héritière d'un fric colossal. Pas contes- « tataire pour un sou. Oh ! non ! Une vierge pure, élevée « à l'ancienne. Si vierge qu'il faudrait un bulldozer « pour la déflorer, cette petite. Adorable chérie, avec un « étonnant sens des affaires. Telle fille, tel père. »

« C'est ce qu'il aimerait ou aurait aimé dire de moi, le

salaud. Il a raté son coup. Il ne m'apprivoisera jamais. Et son fric, je m'en balance. Un jour, je posséderai tout. Ça va être mon heure. La grande distribution. Tout au peuple.

« — Encore de la confiture, Anouk ? »

« Je le regarde avec bienveillance. Je le vois déjà, dans son bureau, cramoisi de colère. Je ne veux pas qu'il meure, non... Juste l'humilier un peu. Lui rabattre le caquet... Il est primaire, mon père, mais ses instincts fonctionnent plutôt bien. En me regardant, il est en train de découvrir, de pressentir plutôt, le fait que l'origine du fou rire de ses collaborateurs peut-être ne m'est pas étrangère. Il n'a pas encore la certitude que je le ridiculise. Il ne me prête pas autant d'envergure.

« — De la confiture, Anouk ? »

« Décidément, pour lui faire plaisir, il faudrait bouffer tout un pot de myrtilles. Il a l'habitude haïssable d'offrir sans cesse les choses qui sont sur la table. Comme s'il désirait qu'on lui dise merci chaque fois.

« — Pas de confiture, Papa. »

« Et puis, comme si je crachais :

« — Merci.

« — Un peu de miel, peut-être ?

« — Non. »

« Il tend vers moi le récipient en argent massif.

« — Vraiment pas ?

« — Non, merci, Papa. »

« Faudrait-il lui faire un discours pour qu'il comprenne ? Il happe le merci comme le cheval son sucre.

« — Tu es pâle, ce matin, ma petite fille.

« — Bof...

« — Es-tu fatiguée ?

« — Non. »

« Et je dis, avec un malin plaisir :

« — Non, merci. »

« Et le miel dans ta gueule, dictateur.

« — Tu allais dire quelque chose ?

« — Non, Papa...

« — Est-ce que cette enfant fait des études convena-
« bles ? Je n'ai pas vu son carnet depuis au moins trois
« mois. Le baccalauréat... »

278

« Il s'adresse maintenant à Pattemouille. Pattemouille se précipite pour répondre :

« — Tout va bien, mon cher. Parfaitement. Elle rat« trape son retard. »

« Je rêve, ou quoi ? Ils m'ont fait vider le ventre, et moi, poulet étripé, je me promène avec un stérilet posé à l'endroit de la procréation, comme une flèche envoyée en pleine cible, et ils osent parler d'études ? « Pour ne plus avoir un accident », avait dit Pattemouille à l'époque. « Mais ça peut glisser, ma chérie, le stérilet... » Ma foi, elle est affranchie, Pattemouille. Et elle me prend pour une patinoire...

« Donc, je les regarde, scandalisée. Ils osent parler de moi comme si j'étais une vraie jeune fille... Sans blague. Je sais maintenant comment le « bras droit » de Papa fait l'amour. Il a quarante ans, son bras droit, un juriste. Je sais les difficultés qu'éprouve, dans le lit, son « bras gauche », un polytechnicien; il a failli être impuissant de terreur lorsque je lui ai lancé : « Et si le « patron entrait ? » Je connais les habitudes sexuelles de ses plus proches collaborateurs, et il m'offre le miel. Vraiment, le manque de pudeur des vieux... A vous faire dégueuler.

« Mon Papa milliardaire s'essuie la bouche avec la serviette bordée de dentelle; il boit le reste de son jus d'orange. Il ne laisse jamais rien dans l'assiette. Avare, il viderait les fonds de bouteille dans l'office... Il nous gratifie d'un baiser sur le front. D'abord Pattemouille. Après, moi. On se dévisage. Il s'en va. Je le regarde par la fenêtre. Pour ne pas ressembler à Grand-père, lui, mon père, il a une Mercédès. Il fait démarrer sa voiture. Et soudain, j'ai presque peur de lui. Oui. J'ai peur.

« J'ai beau être près de Washington, j'ai beau vaciller de sommeil, être rongée par le remords d'avoir couché avec vous, oui, le remords, non pas à cause de mon mari, à cause de moi-même — j'ai abandonné une parcelle de mes principes quant à la liberté —, j'ai beau écouter gueuler le jude-box, et voir comment le barman explore ses narines, sentir vos mains sur les miennes, en avoir les jambes molles, ce qui s'est passé chez nous après ma révolte restera gravé en moi, plus que gravé, ça va être mon cinéma permanent.

« Mon père est revenu à la maison à l'heure habituelle. Toutes les terminaisons nerveuses de mon corps étaient en alerte. La curiosité et la peur me démangeaient. Il s'était livré, selon ses habitudes, à des préparations rituelles avant le repas. Il s'était lavé les mains, s'était brossé les cheveux... Dites au Noir de ne pas me regarder! Il me regarde. Mon père me regarde. Raciste comme il est, il serait en transe à l'idée que j'ai osé l'identifier à un Noir... Voilà le cinéma d'Anouk. Regardez donc :

« Dans la salle à manger. Attention. Le film commence. Toujours au même endroit. La porte s'ouvre. José, le maître d'hôtel, se redresse. Pattemouille affiche son plus beau sourire. Moi, je tremble. Donc, la porte s'ouvre. Papa entre. Il est pâle. Il a le visage un peu creusé, les traits alourdis. Il congédie d'un geste José.

« — Laissez-nous seuls. Posez le plat sur la table. « Mademoiselle me servira. »

« Je tremble comme une feuille. C'est physique et psychique. Son calme me tourneboule. Qu'est-ce qu'il mijote encore? Il devrait délirer et il est de glace. Si on ne peut même plus énerver ces pachydermes!... Pattemouille est ravie. Comme d'habitude, elle est souriante. Pour le sixième sens, elle n'est pas douée.

« — Qu'a-t-il fait, José, mon cher? Il me semble que « vous lui en voulez. »

« Mon père, gris comme un éléphant, aussi lourd et effrayant aussi, la fait taire.

« — Taisez-vous, je vous prie! »

« Pattemouille dégringole aussitôt dans sa solitude. Elle vient d'avoir sa dose d'humiliation. Elle n'en redemande pas. Elle se terre. Des champignons à la grecque sur le plateau en argent. On a une cuisinière grecque. Alors, tout marche à la maison au son du *bouzouki*! On bouffe grec, on digère grec. « Pas de politique avec la « cuisinière, a dit mon père lorsqu'il l'a engagée. Il y a « de l'ordre chez eux. Certains osent appeler cela : dic- « tature. Je n'accepte pas que, dans ma maison, on cri-

« tique un gouvernement de militaires. L'armée, c'est le
« salut. L'ordre... »

« — Verse donc un peu de ce bordeaux dans mon
« verre, me dit mon père. Délicatement. La nappe en
« dentelle a coûté presque mille francs. Je viens de
« payer la note. Il ne faut pas abîmer les objets de
« valeur. »

« Je verse son bordeaux. Je tremble. Je réussis le
coup. Pas une goutte à côté. Mais l'effort me rend fla-
gada.

« Papa sonne et José amène un quelconque *zouzouki*.
Je ne sais pas le nom, un mets grec aussi. Avant, on
bouffait italien, et encore avant, espagnol.

« — De l'eau », dit mon père.

« Je verse avec grâce. La carafe en cristal me paraît
peser une centaine de kilos.

« Après, c'est le dessert, un truc qui s'appelle
« bafouzi ». Grec aussi, lui.

« — J'aurai à te parler », dit mon père.

« Il est très calme. Qu'est-ce qu'il faut donc pour qu'il
perde son sang-froid, qu'il ait envie de se casser la tête
contre le mur ?... Qu'est-ce qu'il lui faut ? Je trépigne de
rage, parce qu'il sait se faire admirer. Moi, à sa place,
j'aurais déjà cogné, hurlé; j'aurais eu une crise cardiaque. Chez lui ? Rien. De l'acier. C'est ce qu'on appelle :
de la construction ancienne... Un *blockhaus* ! Que je gra-
touille avec une pelle en plastique. Si vous pouviez comprendre malgré votre attitude bourgeoise devant la
vie...

— Quoi ? dit Steve, attentif.

— C'est que le gauchisme est né de la force de ceux
qu'on ne peut pas entamer. M'inscrire au parti communiste et attendre que celui-ci organise, à son rythme, le
nouveau monde ? Avec autant d'ordre qu'en ont ceux
qu'on désire démolir ? Non.

— Qu'a-t-il dit, votre père ?

— Pour la deuxième fois, Papa joue gagnant. Il me
désoriente. Pas de gros cigare. Je ne peux pas me marrer de son gros cigare; il fume une cigarette. On est
dans son bureau. Clap. Séquence bureau.

« — Tu as volé mes clefs ?

« — Oui.

« — Tu as démoli mon bureau... Certainement pas « seule.

« — Nous étions trois. »

« Et déjà martyre, je gueule :

« — Vous ne saurez jamais leurs noms. »

« Cendrier. Une bouffée de fumée.

« — Ils ne m'intéressent pas, tes copains. Depuis ce « matin, j'ai fait venir tous ceux qui sont susceptibles « d'être congédiés de l'Entreprise sans indemnités. « Pour garder leur place, ils ont parlé. Beaucoup parlé. « Pour une augmentation minime, ils m'ont signé des « papiers. Sur-le-champ. Je n'ai pas perdu une seconde.

« — Quels papiers ?

« — J'ai déjà deux témoignages signés, deux déclara-« tions qui affirment que tu as joué un rôle néfaste « dans la vie de deux jeunes ménages, en attirant les « maris l'un après l'autre — heureusement, un par un, « je t'en félicite, tu n'en es pas encore à la partouse — « dans un hôtel de rendez-vous. Les deux autres appor-« teront leurs témoignages écrits cet après-midi. Tu es « cuite, ma belle. Je vais pouvoir te faire interner. Qui « pourrait m'obliger de supporter les mésaventures « d'une nymphomane (il avale sa salive, ce n'est pas « son language habituel) qui se trouve être ma fille ? Je « vais te faire interner. Pour un temps indéterminé. « Avec mes relations...

« — Vous ne pouvez pas faire ça, ai-je dit. Je ne suis « pas folle...

« — Je le sais. Mais pourquoi voudrais-tu que je « continue à supporter tes extravagances ? Il se trouve « que l'attaque, commise par toi et tes petits copains, « m'arrange. Figure-toi. J'attendais l'occasion de faire « le grand nettoyage à l'intérieur de l'Entreprise. Tu « m'as donné le prétexte pour congédier, et installer un « régime draconien. Les langues se délient. Les gens « mouchardent. Et moi, je me frotte les mains. Tu m'as « rendu service. Un grand service. Sur tous les plans. « Sur le plan politique, d'abord, et on me devra une « fière chandelle. Sur le plan moral, je suis ta victime. « Sur le plan matériel, les assurances paient la réfec-

282

« tion de mon bureau. Quant à mes tableaux ?... Je vais
« te chagriner. On peut les sauver... Quant au scandale
« familial à afficher ? N'y compte pas. Ceux qui signent
« les témoignages vont se taire. Les autres ne savent
« rien. Qui pourrait imaginer que c'est la fille du
« patron qui démolit ?... Ce serait trop beau pour toi !...
« Non. Une bande d'irresponsables a tenté de faire une
« sorte d'attentat. C'est tout. Toi, tu auras tout ton
« temps pour réfléchir dans une cellule...

« — Je me suiciderai...

« — Capitonnée, la cellule, ma petite fille ! »

« Je sens l'odeur de ma propre sueur. Je suis aux
abois. Il peut tout faire. Il suffit qu'il offre un tout petit
tableau à un toubib marron, et on signe ma condamna-
tion.

« — En sortant d'ici, je vais écrire à certaines publi-
« cations. Je vais me défendre. Je vais tout raconter.

« — Qui te croira ? Et qui dit que tu vas sortir d'ici ?...
« Qui ?... »

« Il se lève ; il ferme à clef la porte de son bureau qui
est blindée, exactement comme la porte d'entrée.
Because les tableaux de maîtres.

« J'ai envie de hurler :

« — Vous êtes immonde ! Vous voulez me
séquestrer ? »

« Et il se met à sourire.

« — Pour une fois qu'un patron séquestre... C'est une
« occasion à ne pas rater.

« — Je me suiciderai, dis-je encore une fois. A
« l'asile.

« — Pas d'asile, ma chérie. Clinique privée. Murs lis-
« ses, carreaux incassables, derrière des barreaux en
« acier ; en cas ce crise, camisole de force, porte infran-
« chissable. Le silence. On va dire à Paris, au Tout-
« Paris, que tu as mal supporté la crise de croissance
« sur laquelle s'est greffée une trop grande tension due
« aux efforts déployés pour tes études. Les gens
« oublient vite... Très vite. Et qui aurait intérêt à te
« protéger, à te surveiller ? Personne. Tu n'as pas d'ar-
« gent. Et pour obtenir de certains certaines faveurs, je
« n'ai qu'à donner un ou deux tableaux...

« — Vous allez me faire interner en achetant des
« gens ?

« — Tout ce que tu dis est sans nuances... Acheter...
« C'est beaucoup dire... Parlons de la réciprocité des
« services rendus entre gens bien... Et puis, tu me don-
« nes des atouts inespérés : tu te conduis comme une
« putain et tu as des copains gauchistes... Tu me
« combles. »

« Alors, je lui envoie dans la figure :

« — Et mon enfant ?

« — Quoi, ton enfant ?

« — Vous l'avez arraché de mon ventre.

« — Allons, allons, ne dramatisons pas ta paresse.
« Qu'aurais-tu fait avec ton bâtard ? Qu'as-tu fait dans
« ta vie ? Des études brillantes ? Non. Tu n'as rien fait. »

« J'ai envie de hurler.

« — A quoi bon s'agiter ? Vous achetez tout le
« monde...

« — Ta gueule » ! Tu t'es fait engrosser dans une
« cabine de bains, et moi, je ne me suis pas incliné avec
« respect devant cet immense acte de courage. J'ai sévi.
« Tu voudrais le scandale ! Maintenant ? Tu ne l'auras
« pas. Il te reste l'asile ou l'usine.

« — Personne ne me ferait travailler. Tout le
« monde connaît votre fortune.

« — Sauf à l'usine, dit mon père. Essaie donc l'usine.
« La chaîne.

« — Que je sois votre alibi ? Lorsque le Front popu-
« laire va nationaliser votre camelote... vous aimeriez
« pouvoir dire : « — Ma fille a été toujours progres-
« siste. Pitié ! Laissez-moi donc une partie de mes
« biens. » Je serai votre crime, mais jamais votre alibi.

« — Viens donc voir le suicide... Viens le voir de
« près », dit-il.

« On va vers la fenêtre. Je l'ouvre. Une musique
monte de la rue. Ou d'une autre fenêtre. Quelqu'un
chante. Une bonne chante. Elle chante bien, la bonne.
L'odeur de la vie. Le goût de la vie. L'amour de la vie.
L'émotion. Je me penche. Pour me tâter. Et je sens que
mon salaud de père me tient par mon pull-over, qu'il
suffirait que je m'incline davantage vers le bas, et ce

connard de capitaliste me retiendrait, et je serais capable d'éprouver une forme de reconnaissance à son égard. Parce que j'aime la vie. Il me tient. Il me ferait enfermer, mais il ne me laisserait pas me supprimer ainsi. Devant ses yeux. Et mon venin est plus fort que ma gratitude animale. Je me redresse et je lui dis :

« — Je ne fais pas encore la culbute. Mais je vous
« affranchis avec tout le respect que je vous devrais et
« que je n'ai pas à votre égard. C'est vous et vos sem-
« blables qui créez le gauchisme.

« — Tu es mûre pour l'asile, dit-il, visiblement sou-
« lagé parce que je m'éloigne de sa lucarne. Tu ne feras
« ni le trottoir ni de la politique en portant notre nom.
« Mon nom. Quant au gauchisme, il nous sert comme
« un antidote. Tu iras à la clinique. »

« Je suis glacée. Le vioque ne plaisante pas. Il y va
« carrément.

« — Vous ne me donnez pas le choix? Aucun
« choix? »

« Il me regarde. Il réfléchit.

« — Peut-être pourrais-tu avoir une porte de sortie.
« Avec beaucoup de chance. J'ai fait la connaissance, il
« y a cinq jours, lors d'un dîner d'affaires, d'un type
« merveilleux.

« — Un type quoi?

« — Merveilleux. Jeune, beau, brillant. Célibataire.
« Ambitieux. Sorti d'une famille profondément éprou-
« vée par la guerre d'Algérie. Massacrée.

« — Et lui, on l'a oublié au vestiaire?

« — Ne plaisante pas. Ce type peut être ton salut.

« — Il doit être dégueulasse pour vous plaire.

« — Ce garçon me convient parfaitement pour le lan-
« cement de mes livres d'art en série de poche. J'ai
« même besoin de lui. Il se trouve qu'il est disponible à
« tous égards.

« — Qu'en savez-vous? Et s'il était pédé...

« — Je lui ai lancé en boutade : « J'ai une fille à
« marier... » Il n'a pas dit non.

« Et vous lui avez offert quelques centaines de mil-
« lions à la clef?

« — Même pas. Les gauchistes comme toi cassent
« tout. Les « droitistes », et pourquoi pas ? les
« « droitistes » comme moi, les vieux routiers, eux, il
« brodent, musellent, articulent l'action, dorent les
« chocs... Vous en auriez des choses à apprendre de
« nous... De ces vieux schnoks qui vous manipulent si
« bien... »

« Il s'approche de moi et dit :

« — Je vais l'inviter. Ne l'effarouche pas. »

« L'effaroucher. Il utilise ce mot de 1900. Effaroucher ! Le chasseur de dot ! Quel monde !

« — Si tu l'envoies au diable, je n'aurai pas d'autre
« amateur sous la main.

« — Mais qui vous dit qu'il veut m'épouser, votre
« minable ? »

« Il touche son nez.

« — Mon flair. Lorsque tu le verras, essaie de te com-
« porter en être normal. C'est un garçon très à cheval
« sur les principes. Elevé strictement. Seul au monde. »

« Je m'exclame :

« — Pauvre minou ! Il faut le câliner... Minou, minou,
« minou, minou... Amenez-le ici, le minou... Qu'est-ce
« qu'on risque ?...

« — D'abord, expurge ton langage. Il pourrait ne pas
« supporter l'égout que tu as dans le gosier.

« — Merci, Papa... Il s'appelle comment, le chou ? Ce
« petit chou à son futur beau-papa ?

« — Brehmer...

« — Eh ! Ça doit vous plaire ! Ah ! la belle consonance
« allemande... J'ai entendu parler de vos difficultés,
« après l'Occupation !... Petit Brehmer, grande nostal-
« gie...

« — Quand tu t'appelleras Brehmer, dit-il, furieux, je
« m'en moquerai, de tes exploits. Ce que je veux, c'est
« que tu portes un autre nom...

« — Alors, l'affaire étant à peu près conclue, je peux
« peut-être sortir de votre tôle... »

« Je passe à côté de lui.

« — Il a l'air de souffrir de me faire souffrir. C'est
quand même rigolo, un père ; dans toute sa mocheté, il
doit m'aimer. Il m'attrape par les épaules et dit :

« — Alors, tu vas te comporter normalement avec lui ?

« — Oui, Papa...

« — S'il te convient, tu l'épouses ? »

« Il a l'air presque de quémander.

« — S'il baise bien... »

« Je reçois deux gifles à faire avouer n'importe quoi. Deux gifles à m'envoyer dans les vapes. Le grand voyage grâce aux muscles de Papa. Je crois que je suis à moitié sonnée. Je me secoue la tête, j'ai comme de l'eau dans les oreilles. Il se penche sur moi. On est visage à visage. Presque tendrement. Et, sidérée, je constate que ses yeux sont en larmes. De vraies larmes...

« — Ça me fait vraiment mal. Sale petite bonne « femme, je n'aurais jamais voulu te battre ! »

« Il pleure presque. On dirait qu'il s'est giflé lui-même.

« C'est presque l'armistice. Il aurait mérité mieux que moi. »

Plus tard, dans la voiture, juste avant l'arrivée à Annapolis, Anouk pose sa tête sur le bras de Steve.

« Deux éclopés que vous avez à protéger, Fred et moi... »

Le ciel est mauve, et Annapolis apparaît blanche, et tendre, et vieille, comme un rêve d'enfant. Un rêve qu'on désirerait revoir chaque nuit. Ciel mauve, mer bleu marine, maisons d'une tendre grisaille. Le crépuscule.

« J'aimerais vivre ici, dit Anouk. Ici, à Annapolis. »

La voiture s'arrête dans une petite rue, devant une maison de deux étages.

« Attendez-moi ici, dit Steve. Je vais préparer le terrain. Surtout, ne bougez pas...

— Bouger ? Non, dit-elle. Je vous attendrais, s'il le fallait, jusqu'à la fin de ma vie... »

Steve se penche vers elle, de l'extérieur. Son visage est rose et mauve dans cette subite tombée de la nuit.

« Ce ne sera pas long... »

Elle ferme les yeux. Elle ne sait plus s'il parle de

l'attente ou de la vie... A quoi bon savoir la durée de la vie, la durée d'une attente, à quoi bon s'inquiéter quant à l'étendue intemporelle d'un chagrin, de celui qu'elle portera en elle jusqu'à la fin de sa vie ?

Anouk songe à Steve et à Fred. Elle aurait été, avec joie, le troisième d'un trio. Des copains unis dans l'amitié. Elle est en proie à la sensation qu'elle appelle son « grand vide ». Ce grand vide béant qui s'ouvre comme une blessure en elle.

Nostalgique, elle évoque les grandes amoureuses, celles qui ont pu se consumer d'amour. A la poitrinaire orgueilleuse de Dumas fils — celle qui était perdue par l'argent et gagnée par la tuberculose — et à Anna aussi, Karénine en diable, slave jusqu'au bout de ses ongles, déversant sur le monde ses larmes slaves et posant sur l'univers son regard voilé de mystères. Somptueuse Russe, avec un registre de chagrins à ressort, ses chagrins multiples, ses bonheurs rares et ses profonds tourments la rendent invincible. Anouk évoque avec une tendresse goguenarde le souvenir de l'ex-putain qui avait adoré un borgne, lady Hamilton, s'il vous plaît; même elle, elle est enviable. Et les autres : Scarlett la plus futée des gourdes, la plus gourde des amoureuses, elle est restée toujours à côté des rails, à côté du vrai amour... La malheureuse Sapho, Daudet s'était payé sa tête; il l'avait exécutée ou presque à la fin du roman. Le père Daudet, qui l'aurait cru si cruel ?

Et puis vient en tête la sensiblarde et sublime bonniche, la vedette des courriers du cœur, la chère Emma, coincée à Rouen. Au lieu d'empoisonner son mari, c'est elle qui avait bouffé le poison, pense Anouk, s'arrachant de sa crise de sentimentalisme. Elle allume une cigarette et retrouve aussitôt la gouaille intérieure, l'irrespect qui lui permettent de prendre le contrepied de tout ce qui est reconnu intouchable. Elle rectifie aussitôt : « Non, Emma Bovary n'aurait pas dû empoisonner son mari; elle serait devenue une héroïne de Mauriac. Pouah ! Ce vieux vicelard ! Ah ! non, Emma valait mieux. Au moins, elle avait permis à Flaubert de se défouler, de se laisser aller confortablement à ses tendances homosexuelles, en prenant le masque fragile de la femme qu'il aurait été. Flaubert s'empoisonne, Mauriac empoisonne. C'est toute la différence entre eux. Mauriac, le chrétien, travaille avec de l'arsenic, et Flaubert, le sublime, se meurt en vieilles dentelles.

« Venez », dit Steve, réapparu.

Il lui ouvre la portière.

« Attention, Anouk ! La mère de Fred a l'habitude du langage de l'Américain moyen. Pas de grossièreté. Pas d'éclat. Pas de discours politique. Pour une fois, essayez de vous comporter en femme. En jeune femme bien élevée.

— C'est qu'on a oublié mes gants blancs et mon bouquet de fleurs sur le lit du motel ! dit-elle en quittant la voiture.

— Vous obéissez, dit-il. Ou bien on repart !

— Je vais prendre mon air de première communiante...

— Oh ! *boy*, s'exclame-t-il, énervé. Vous m'avez cassé les pieds pour que je vous amène ici ; alors soyez convenable !

— Mais j'en ai marre de recevoir des leçons, s'écrie-t-elle.

— Vous en avez besoin.

— Zut !... » dit Anouk.

A quoi bon se disputer avec un Américain sur le trottoir d'une petite ville paisible, dans une atmosphère nacrée, légèrement mauve sous les rayons du soleil couchant ? A quoi bon ?

Elle se met à sourire.

« Je vais faire un effort...

— Allons-y... »

Elle se dirige vers la grande porte de la maison, suivie d'Emma, la bonnasse, d'Anna, la Slave, de Scarlett, l'intrépide, de la poitrinaire de Dumas, dont les mouchoirs en papier négligemment jetés tourbillonnent sur le trottoir. Et Sapho rapplique aussitôt ; vieille sorcière édentée, elle balaie la rue. D'autres entrent dans la file : Juliette et Desdémone, et même Ophélie ; elles se pâment, elles se crispent, elles font appel à la vie et à la mort ; elles taquinent le suicide. « Elles avaient toutes la capacité d'aimer, se dit Anouk. Elles ont su aimer ; mais moi, comme d'habitude, je me mettrai à rigoler au moment le plus délicat. Je suis d'un irrespect maladif. »

La porte cochère s'ouvre en grinçant. Une odeur de renfermé. Une petite cour-jardin précède cette vieille maison qui, d'ici, paraît grande. Un rayon de lumière, captif, teinte le jardin de tons ocres. De grandes plantes grimpent sur les murs, des plantes acrobates et fleuries. Oisifs oiseaux, serpents édentés se cachent derrière le feuillage luxuriant, peuplé aussi de petits démons lubriques.

« Etouffant, dit-elle. Une verte prison. »

Un mobilier de jardin prête une allure humaine à cette verdure épaisse.

« Venez... »

Sous la voûte, une porte qui s'ouvre sur la maison.

Anouk se trouve dans un salon meublé bon marché et moderne. Comme un appareil de photo, elle fixe l'image. Un canapé à trois places, des fauteuils, une table basse, et encore des plantes vertes. Par la fenêtre, la vue de la rue cramoisie de soleil.

« Asseyez-vous », dit Steve.

Il quitte le salon.

Anouk regarde sa montre. Il est dix-huit heures.

Accompagné d'une petite dame aux cheveux grisonnants, Steve revient.

Anouk se lève et dit :

« Bonjour, madame.

— Hello ! » dit la dame.

Et elle tend à Anouk sa main inerte.

« J'espère que je ne vous dérange pas », dit Anouk.

Et son regard demande un secours rapide à Steve. « Où est Fred et quoi dire ? »

« Non, dit la dame. Vous ne me dérangez pas... Voulez-vous boire quelque chose ?

— Oui », dit-elle.

Pareil à un collégien qui communiquerait à un professeur les résultats d'une expérience, Steve ajoute : « *A french girl* a toujours soif. »

La dame se dirige vers le coin salle à manger, meublé d'une table ronde et de quelques chaises. La cuisine ne doit pas être loin. La dame revient avec un plateau.

Clac. La capsule tombe sur le plateau. Leurs yeux sont fixés sur le liquide qui coule dans le verre. Anouk a fait peut-être un voyage de plus de six mille kilomètres pour voir cette opération délicate.

« Fred ?... demande Anouk.

— Je viens de parler avec lui, dit Steve. Il ne descendra pas. Il n'en a pas envie. »

Un plateau de petits gâteaux secs présentés à Anouk.

« Vous en voulez ?

— Non, dit Anouk, déçue. Non, merci.

— Je monte au premier », dit Steve à la dame.

Celle-ci fixe le plateau. Elle fait juste oui de la tête.

A peine Steve est-il parti qu'Anouk dit :

« Je ne suis pas là par curiosité, mais par sympathie... »

La dame la regarde avec attention.

« Steve m'a parlé de votre fils... »

La dame croise ses mains sur ses genoux.

« J'ai fait la connaissance de Steve au bord de la piscine de notre hôtel à Washington. »

« Notre ». Expliquer le mari. Attention. Ne pas choquer.

« Je suis mariée. »

Un temps.

« Mon mari est français. »

C'est idiot aussi... Evidemment qu'il est français. Il n'est ni zoulou, ni américain.

« Je suis française. »

De mieux en mieux. Elle s'enlise dans le silence. Même pas le son d'une horloge. Elle se rattacherait volontiers à un tic-tac rassurant. Pas de tic-tac. Serpents et démons jouent à cache-cache derrière les épaisses feuilles vertes du jardin immobile. Un lézard égaré. Tennessee Williams. Bouffer un homme tout cru. L'arracher en morceaux. Et le manger.

« J'aime l'Amérique. »

La dame sourit. Le bas de son visage sourit, mais ses yeux, derrière des verres très légèrement fumés, sont graves. Graves et foncés.

« Lorsqu'il m'a parlé de Fred, j'étais soudain... »

« Attention. Pas l'ombre d'une compassion. Seulement une dépression nerveuse, a dit Steve. On en guérit. Pas de cerveau enflammé pour faire sauter le héros... »

« Nous, les jeunes Français... »

« Au nom de qui parles-tu?... Nous?... Personne n'a jamais été solidaire avec toi. De tous les groupes tu as été rejetée. « Nous »! Tu parles! « Nous », ça veut dire : salut, bonheur, équipe, mêmes convictions politiques. Appartenir, dépendre, commander et être commandé. « Nous », il faut la boucler. Le pluriel, c'est pour d'autres... Je... J'ai... »

« Pourquoi êtes-vous venue? » demande la dame.

Sa voix est douce.

« Difficile à dire. Je ne sais plus très bien. Votre fils est la victime d'une époque... La nôtre. Je hais la guerre. Je suis pacifiste. Lorsque j'ai entendu parler de votre fils, j'ai eu pour lui une très grande... »

Un temps.

« ... sympathie. Et en tant que Française, je voulais dire à un Américain qu'il n'est pas seul. »

« C'est beau, ça. » Elle entend la voix du petit vieux. « Vouloir aimer? Se consacrer à autre chose qu'à l'argent? Mais, pauvre typesse, personne ne te prendra au sérieux! Personne. Il suffirait que tu ouvres la bouche, les idées que tu proclames sont si déplacées sur tes lèvres que tout le monde rigolera. N'as-tu pas encore compris que rien n'est vrai de la grandeur de l'esprit français? C'était jadis. Actuellement, c'est un peuple d'épiciers. Il faut que la marchandise soit classée. On te colle une étiquette dans le dos, et tu peux te faire saigner devant eux, ils te prendront toujours pour un paquet de spaghetti... Si tu portes l'étiquette des spaghetti... »

« Il ne souffre pas, dit la dame. Il va très bien, mon fils. »

« Charité?... Match nul. Sympathie? Tu es ridicule, ma fille. »

« Je suis ravie, dit-elle. Vous permettez que je fume?
— Evidemment. »

Anouk se lève.

« N'avez-vous pas une photo de lui? »

292

La dame se lève, se dirige lentement vers une armoire. A côté il y a un rayon pour quelques livres.

« J'en ai une là... »

Sur la photo tendue vers Anouk, il y a un petit garçon de sept ou huit ans, avec un béret de marin sur la tête.

« Il avait huit ans sur cette photo... »

Anouk est fatiguée. La journée se termine. En haut, les deux copains se moquent de la petite *french girl* qui eût aimé, pour la première fois de sa vie, être romantique. Redevenir monstre. Et vite. Pour se défendre. Vouloir tout casser, parce que plus personne n'ose vous caresser. Démolir parce qu'on ne peut pas bâtir. Ne pas sentir, ni ressentir. Il n'y a que les rigolos qui osent pleurer.

« C'est une bien gentille habitude américaine de vouloir montrer son pays aux étrangers, dit-elle, d'un ton suave; grâce à Steve, je vois l'intérieur d'une maison américaine. Merci.

— Il a été très malade, mon fils », dit la dame.

Le soir tombe comme un rideau.

... Cui, cui, cui, cui, cui... répète un oiseau somnolent. Dans le jardin, il y a des nids. Partout des nids. Cui, cui, cui... Cu... i... u... i... i... i... Et la moitié d'un i. Et plus rien.

« J'ai vécu des semaines d'angoisse. Il marchait dans la nuit. Pour fuir ses cauchemars, il avait besoin de tout revoir... Il entrait souvent dans ma chambre. Je faisais semblant de dormir pour qu'il ne croie pas que je le veillais. Il fallait qu'il ait la certitude que je dormais. L'idée que je dormais le rassurait. On lui a fait très mal, là-bas... Très mal. Il n'avait jamais été un violent. Jamais. Enthousiaste pour sa patrie. Oui. Je l'ai élevé dans l'amour de l'Amérique. Mais là-bas... Il y a eu des choses. »

Le faisceau lumineux d'un réverbère de la rue.

« C'est une vieille ville... Une gentille ville... » dit la dame.

Un temps.

« J'étais seule dans la lutte. Il ne supportait personne de la famille. Ni neveu ni nièce...

— N'avait-il personne qui ?... »

Anouk n'ose pas continuer.

« Des jeunes filles gentilles... Mais pas ce qu'on appelle un amour. Il n'y avait que moi, quand il est revenu. Et il m'avait prise en grippe. Il me détestait. J'étais à son service, et peut-être cette forme d'humilité l'avait agacé plus que n'importe quoi. Il fallait que je fasse semblant de ne pas avoir peur. Ni de lui ni de ce qu'il pourrait faire.

— Quoi ? » demande Anouk, tendue.

Elle est sur la corde raide. Elle avance. Encore un pas.

« La violence le déséquilibre. Les médecins ont dit qu'il faudrait que nous nous installions dans le Middle-West. Vivre la vie des *farmers*. S'occuper de la terre. Etre loin des bagarres... des villes... Surtout, éviter les villes... Depuis six mois, ça va mieux. Et ça va aller de mieux en mieux. Il guérira. Complètement. Si vous saviez comme il est bon et gentil, et prévenant. Et beau, beau...

— Comment est-il ? demande Anouk.

— Une mère peut difficilement décrire son enfant... Beau... »

Elle ne peut donc rien dire d'autre que ce « beau, beau »?... Anouk s'impatiente. Ce n'est pas ici qu'elle jouera son numéro à la Jane Fonda; elle ne serrera aucun héros épuisé sur sa poitrine; elle n'écoutera aucun récit guerrier avec compassion. On lui a montré la photo d'un enfant.

Cette brave dame se comporte comme toutes les braves dames. Anouk est presque soulagée; sa déception l'agace, et la libère de l'emprise de la journée. Elle se lève :

« Si vous permettez, je vais appeler Steve; il faudrait que nous partions pour Washington. Mon mari va rentrer à l'hôtel; il vaudrait mieux qu'il m'y trouve. »

Tout devient simple. Cette dame joue le rôle d'un verre correcteur; tout ce qui risquait de rester flou se précise.

« Encore un peu de Coca-Cola ? »

Une grande fatigue s'abat sur Anouk.

« Je dois m'en aller... Vous allez dire à votre fils un bonjour de ma part », dit Anouk.

Des pas en haut.

« Tout s'entend dans cette maison, dit la dame. Pourtant c'est une bonne construction... Les murs sont épais. »

Et les lunettes renvoient quelques vagues reflets de lumière.

« Il n'est pas facile d'être seule avec lui... dit la mère. Je ne lui suffis pas.

— Lorsqu'il sera tout à fait guéri, vous allez lui suffire », dit Anouk, distraite.

Les pas résonnent dans la cage d'escalier; la porte s'entrouvre; Steve entre et dit :

« Il n'y a rien eu à faire...

— Vous voyez, ajoute Anouk en s'adressant à la mère, vous n'êtes pas seule. Steve est là, certainement toujours à votre disposition...

— Toujours, c'est beaucoup dire, l'interrompt Steve. Je vis à New York. Je ne peux que lui rendre visite... De temps à autre.

— Si on s'en allait ? »

Anouk est pressée. Elle s'ennuie aussi.

L'atmosphère est devenue pesante. Entre le meilleur ami et la mère d'une ombre, la place à prendre est bien étroite. Le petit vieux avait, à l'époque, donné sa définition de son comportement pendant les guerres qu'il avait vécues : « J'ai découvert que j'avais une conscience lorsqu'elle a commencé à faire objection. Je n'avais aucune envie de mourir à cause de quelques malentendus mondiaux. J'ai préféré vider les pots de chambre que de ramasser les tripes encore saignantes des autres. Et, grâce aux guerres, les Français étaient au courant de l'existence d'autres pays... »

« Mon mari va arriver à l'hôtel, répète Anouk, et il va me chercher...

— Il est six heures trente, dit Steve. Nous serons à Washington dans une heure. »

Anouk s'exclame :

« Le masseur ! Je dois payer le masseur. Il va venir, lui aussi, vers huit heures dans la chambre...

— Elle parle bien l'anglais, n'est-ce pas ? dit Steve à

la dame. On ne dirait pas qu'elle est française... Elle parle comme une Anglaise...

— Il ne faut pas la retarder; son mari va s'inquiéter.

— Il parle aussi très bien l'anglais, mon mari, dit-elle. Au revoir, madame. J'étais ravie de vous connaître. Je souhaite beaucoup de chance à votre fils. »

Et plus tard, sous la voûte de la porte cochère :

« Mariée depuis longtemps ? demande la dame.

— Treize mois.

— De jeunes mariés ?

— Ce n'est pas comme autrefois, dit Anouk avant de la quitter. On est moins romantique que n'étaient les gens jadis. Au revoir, madame... »

Et avant qu'elle puisse protester, Steve la prend par la main devant la dame. Il l'amène vers sa voiture; ils marchent la main dans la main, pendant que l'Américaine les regarde de la porte cochère.

« Qu'est-ce qu'elle va penser ? dit Anouk.

— Qu'est-ce que ça peut vous faire, demande Steve, ce qu'elle peut penser ?... Vous ne la reverrez jamais... »

On prend place dans la voiture. Annapolis ressemble à Deauville. Deauville, la merveille. Deauville, le soleil d'hiver.

« Vous êtes bizarre, dit Steve. Vous m'avez raconté une histoire horrible, avec une grossièreté incomparable, et l'idée que cette dame puisse penser quoi que ce soit vous gêne ? Ce n'est pas logique...

— De m'amener ici, pour perdre mon temps, dit-elle, furieuse, ce n'est pas logique non plus... »

La voiture se dégage peu à peu des petites rues, et longe un port peuplé de bateaux blancs.

« Comme à Deauville, répète-t-elle. Il faudrait les jumeler, Deauville et Annapolis... »

Et puis :

« Ça n'a vraiment pas de sens de m'amener chez cette brave dame que j'ai dérangée... Vous auriez dû me reconduire à l'hôtel... avant...

— Et qui m'a « cassé les pieds », — c'est ça, n'est-ce pas, l'expression exacte ? — avec Fred, qui ?

— Moi, dit-elle. D'accord. Moi. Mais c'était pour rien. J'ai compris la vérité. Il a eu une dépression que n'importe qui peut avoir... N'importe quel employé de bureau. Il est à peu près guéri. Et avec ça, mal élevé. »

Il fait noir, un noir doublé de marron et d'ocre.

« La fin de la journée », dit Anouk.

Steve met son bras sur les épaules d'Anouk.

« Vous m'oublierez... Très vite...

— Je n'aime personne, dit-elle, comme pour se défendre. Personne. Heureusement, vous, vous avez des failles. D'énormes failles. J'aurais pu vous aimer. J'échappe bel et bien à un danger. J'ai eu une aventure avec un Américain. Ça fait très bien dans les souvenirs. Lorsque je serai une vieille dame, je répéterai : « En douze heu-« res de liberté, j'ai fait l'amour pendant une heure « avec un Américain. »

Steve ôte son bras des épaules d'Anouk; les phares des voitures d'en face les aveuglent.

« N'empêche, votre ami Fred est un type mal élevé. »

Elle pose sa tête sur le bras de Steve.

« Je vais m'endormir, dit-elle. De ma vie, je n'ai jamais eu si sommeil. »

Elle étouffe en elle avec vigueur le chagrin à venir; Steve doit sortir de sa vie et ne laisser aucune trace.

« Un vrai mufle, votre ami Fred, dit-elle.

— Parce que vous n'avez pas pu faire votre grand numéro de pacifiste indignée, vous lui en voulez...

— Je lui en veux...

— Vous auriez aimé voir un cul-de-jatte sur sa petite planchette, le faire même avancer d'un coup de pied. »

La voix de Steve est froide.

Tout est égal à Anouk. Elle quittera Steve dans trois quarts d'heure.

« Nous sommes tous des Indiens, dit-elle. Nous sommes devenus tous des Indiens. Il y a des Indiens français aussi. Les Indiens américains, on les connaît. On fait partie d'une foule stupide qui se laisse parquer, manipuler, juguler...

— Vous devez vraiment avoir sommeil, remarque Steve. Vous parlez convenablement, sans grossièreté.

— Je ne suis grossière que lorsqu'il s'agit de ma famille », répond Anouk.

Et elle se laisse couler dans un bâillement sans fin.

« N'importe qui deviendrait grossier en les écoutant. N'importe qui... Savez-vous de quoi rêve mon père? Non. D'une dictature militaire. Des colonels. Des messes et des exécutions. Mon père, ce grand catholique, admet la mort dès qu'il s'agit d'un criminel politique. Il hait tellement les communistes, il en a peur à un tel degré, qu'il ferait organiser des massacres préventifs. Pour défendre la foi, l'église, la famille, etc.

— Vous exagérez peut-être, répond Steve. Les Français ne sont pas fascistes. Vous êtes en train de décrire un Espagnol de droite de l'époque de la guerre d'Espagne.

— Vous ne comprendrez jamais, dit-elle, les yeux fermés. Jamais. C'est difficile à comprendre. Certains Français sont aussi rétrogrades et aussi réactionnaires que des Espagnols de jadis. »

Steve accélère.

« Parce que vous préférez une dictature militaire de gauche? dit-il, assez énervé. La victoire du communisme? Parce que, là-bas, il n'y a pas de prisons, ni d'exécutions, ni de fanatisme?... »

Anouk somnole.

« Excusez-moi, dit-elle. Je sais que j'ai touché à un point sensible. Un Américain, paraît-il, a toujours peur du communisme. »

Steve s'énerve.

« Je voudrais savoir pourquoi vous désireriez vivre comme un esclave?

— Ne vous mettez pas en colère, dit Anouk. On va bientôt être à l'hôtel et on ne se reverra plus jamais... Vous ne comprendrez jamais qu'il y a d'autres choses. D'abord, il y a le communisme spécialement français qui n'aura rien à voir avec le système des pays de l'Est; le communisme français respectera l'individu...

— Quelle sotte! s'écrie-t-il. Quelle sotte!

— Je ne vous en veux pas, répond Anouk. Etant américain, c'est votre seule réponse possible. Il y a aussi un socialisme élargi, un système anticapital qui substituerait l'équilibre à l'injustice...

— Je comprends que votre père soit désespéré, dit Steve. Il y a de quoi... »

— Vous êtes aussi borné que lui... répond Anouk, piquée au vif.

— Je n'ai jamais souhaité une dictature militaire, s'exclame Steve.

— Ah! dit-elle, ravie; ça vous agace quand même...

— Nous vivons dans un pays libre, dit l'Américain. Totalement libre

— C'est la liberté totalitaire, dit Anouk.

— Quoi?

— La liberté totalitaire. Vous êtes si libres que vous ne pouvez plus circuler le soir dans certaines villes. Vos assassins sont aussi très libres. Vous n'avez qu'à partager la liberté pour que chacun en ait un morceau. »

Un temps.

« Steve, dit-elle. J'étais bien dans vos bras... Vous êtes quand même un réactionnaire. Hélas!...

— Et vous, dit Steve, vous, un élément dangereux. Une enfant gâtée qui prêche le communisme avec tout le fric qu'elle a, ou qu'elle aura... J'ai rarement vu quelqu'un d'aussi néfaste que vous...

— Alors, on est quittes, dit Anouk. On se méprise mutuellement. Heureusement qu'on arrive. »

Elle ajoute, presque pour elle-même :

« Si vous aviez entendu gueuler depuis votre enfance, toujours, contre les communistes, les socialistes, les radicaux, contre les maçons, les forces occultes qui sont chargées de pourrir cette chère France, vous les vomiriez aussi, les réactionnaires. Ils vous auraient dressé sûrement contre eux. Mais je vois que ça ne vaut pas la peine de me fatiguer, vous ne saurez jamais ce qu'est un être humain dressé. »

La voiture arrive sur la plate-forme de l'hôtel comme un bateau au port.

« Vous pourriez peut-être monter une seconde? Il vaudrait mieux se dire au revoir en haut. Et, parce que je dirai à mon mari que je me suis baladée avec vous, s'il rentre je ferai des présentations. »

Ils sont devant l'hôtel.

« Pauvre homme », dit Steve.

Il est blême. Peut-être à cause des lumières de la plate-forme.

Il gare sa voiture un peu plus loin, il en sort et referme la portière avec un geste sec.

Ils traversent une partie du hall; Anouk se précipite vers la réception; elle ne serait pas étonnée si la clef n'était plus là. Il est huit heures moins le quart.

Elle retrouve Steve devant l'ascenseur; la femme coiffée à l'africaine est remplacée par une jolie fille noire, au regard dur.

« La clef était encore là », dit Anouk.

Trajet bizarre dans l'ascenseur. Ils montent ensemble, muets comme un couple fatigué. « Pour se dire au revoir, pense Anouk, j'étais encore trop gentille. C'est un mufle. Comme son copain Fred. »

Ils pénètrent dans le long couloir sombre.

« Zut, dit-elle soudain à mi-voix et en larmes. Je suis désolée. J'aurais tellement voulu... une chose pure. Ça m'est égal d'être ridicule. Vous... »

Un couple sort d'une chambre. De loin apparaît une femme de chambre noire; elle pousse un chariot chargé de linge.

Steve s'arrête.

Elle n'ose pas le regarder. Elle voudrait cacher son émotion.

« *Good evening* », dit la femme de chambre.

Sa voix chantonnante.

« *Good evening.*

— Que moi?... »

Un homme sort d'une autre chambre. Et il passe aussitôt à côté d'eux.

« Que vous m'aimiez un peu... »

L'homme entend le mot « aimer » et, sans se retourner, se met à sourire. De lointains souvenirs traversent son esprit. « ... vous m'aimiez un peu... » Avec un accent français. Petite Française amoureuse. Belle blonde luminescente.

« Vous demandez trop d'un Américain moyen. »

Steve se tient loin d'elle. Il ne la prendra pas dans ses bras. Peut-être plus jamais.

« Votre clef...

— Ici. »

Elle la montre.

« Le numéro de votre chambre ?

— 722. »

Elle se retourne vers lui.

« Partez donc. Vite. Dépêchez-vous. »

Steve ne l'écoute guère.

« C'est là, votre porte », dit-il.

Elle essaie de l'ouvrir; sa main tremble.

« Donnez-moi cette clef », dit-il.

La porte s'ouvre. L'interrupteur est là. A droite. Trois différentes lumières s'allument dans la chambre. Les lampes au-dessus des lits et une autre sur la commode.

Anouk referme la porte, et prend dans son sac un billet de dix dollars. Elle le dépose sur la commode.

« C'est pour le masseur. Il va venir dans quelques minutes... »

Steve vient de mettre en marche la télévision; il tire un des fauteuils devant l'appareil et, confortablement installé, il se consacre au programme.

Anouk le regarde. Un Américain avec qui elle a couché quelques heures plus tôt monte dans sa chambre et, au lieu de la prendre dans ses bras et de la couvrir de baisers, et de la quitter aussitôt après dans un déchirement, il s'assoit et regarde la télévision !

Le téléphone se met à sonner. Sur l'écran, une voiture de pompiers. « Un feu dévastateur a dévoré un groupe d'immeubles à Brooklyn cet après-midi. » Un pompier grimpe sur l'échelle appuyée à l'immeuble en flammes.

« Allô ! dit Anouk.

— Allô ! dit Robert. Bonjour Anouk. Je t'appelle de Boston. J'ai un retard dans mes affaires... »

Le pompier est en train de recevoir dans ses bras une fillette qui hurle.

« Où as-tu passé ta journée ? » demande Robert.

Sa voix est proche.

« Je t'ai appelée assez souvent, chaque fois que j'ai pu sortir de ma salle de réunion...

— Au musée », dit-elle.

Il est plus pénible que l'on imaginerait de tromper un homme qui vous croit.

« Tout l'après-midi ?...

— Oui. »

Elle serre le combiné contre son visage. Elle se tourne vers Steve. Celui-ci regarde avec intérêt la télévision. Avec la fillette sous son bras droit, le pompier descend l'échelle.

« Est-ce que ça t'ennuie très fort si je reste à Boston cette nuit ?... »

Des flammes sortent de la chambre.

« Non, dit-elle. Non. Tu peux rester tranquillement à Boston.

— Anouk ?... Anouk...

— Oui...

— C'est sûr que tu ne vas pas m'en vouloir ?

— Sûr. »

L'étage est embrasé.

On frappe à la porte de la chambre d'Anouk.

« J'entends beaucoup de bruit, dit Robert. Qu'est-ce qu'il y a ? Tu es seule, non ?

— Ne quitte pas une seconde, dit-elle. Le masseur frappe à la porte; il vient pour son argent. Ne quitte pas ! »

Elle dépose le combiné sur la table de chevet et court vers la porte, tout en prenant au passage le billet de dix dollars. Elle ouvre la porte; c'est le masseur. Par la porte entrouverte, l'homme jette un rapide coup d'œil dans la chambre. Il lui suffit d'une fraction de seconde pour constater la présence de Steve.

« Votre mari est là ?...

— Non, dit-elle, non, c'est un ami. »

Le masseur prend l'argent.

« De longue date, je l'espère... A Washington...

— Je sais, dit-elle, irritée. Merci, merci. »

Elle referme la porte sur le Lithuanien. Elle se précipite sur le téléphone.

« Allô ! tu es là, Robert ?

— Oui.

— Heureusement, on ne nous a pas coupés...

— Avec qui as-tu parlé ? J'ai entendu que tu parlais...

— Le masseur... Je l'ai payé. »

Ils restent, tous les deux, muets au bout du fil. Il n'y a que des respirations à entendre. La respiration de l'autre.

« Parce que, si ça t'ennuie, je peux rentrer...

— Non, dit-elle. Je vais me coucher tôt. J'ai mis les bouchées doubles pour voir le maximum de Washington... »

Elle marque un temps.

« ... et de ses environs... »

C'est maintenant qu'il faudrait parler de Steve.

« J'ai fait la connaissance... »

Steve se retourne vers elle.

« La connaissance de qui ?

— D'où parles-tu ? demande soudain Anouk. J'ai l'impression d'entendre les mêmes sons de télévision que j'ai ici, dans la chambre... Même une sirène de pompiers...

— Comment ?

— D'où parles-tu ?

— Mais d'une cabine téléphonique...

— Tu parles à quelqu'un ? Tu viens d'adresser la parole à quelqu'un ? Non ?

— Moi ?

— C'est la distance qui rend tout bizarre. J'avais l'impression que tu avais mis la main devant ton téléphone pour...

— Mais non. Il y a des gens autour de la cabine et la porte n'était pas fermée. Par contre, toi ? Tu parlais de quelqu'un... De quelle connaissance ? Tu as fait la connaissance de qui ?

— Des gens. J'ai bavardé avec des gens. C'est tout. »

Steve s'étire et se lève. Il se dirige vers Anouk.

« Je raccroche, dit-elle.

— Tu es pressée !

— C'est toi qui dois être pressé...

— J'ai un dîner avec tout un tas de gens ennuyeux... Mais rien ne presse. Je suis à toi.

— A moi ? »

Elle reçoit ce cadeau, comme un ballon qu'elle aurait attrapé en pleine poitrine. Elle en reste titubante. Steve se tient maintenant près d'elle. Anouk le regarde. Avec son index devant la bouché, elle lui demande le silence.

« Anouk ? Pourquoi ne dis-tu rien ?

— C'est que... »

Steve l'attire vers lui. Le corps d'Anouk ressent la chaleur de Steve. Celui-ci se met à l'embrasser; les cheveux blonds, l'oreille qui est libre; l'autre est la prisonnière de l'écouteur.

« Qu'est-ce que tu as ? demande Robert. Ta respiration...

— L'air conditionné est en panne; j'ai un peu chaud...

— Anouk...

— Oui... »

Les lèvres de Steve sur sa nuque.

« Anouk, j'aurai des choses à te dire... Je crois que... »

Steve se penche en avant et embrasse maintenant la joue d'Anouk.

« Tu crois quoi ?

— Je ne peux pas le dire au téléphone... »

Steve retourne Anouk contre lui-même; il ne reste à Anouk que son bras droit libre, celui qui tient encore le téléphone...

« Nous n'avons jamais pu parler franchement.

— J'ai toujours été franche ! » s'exclame la jeune femme.

Ça y est ! Steve arrive à l'embrasser; elle a ce goût aimé sur ses lèvres, ce goût de soleil, d'amour, de bonheur, de l'insolite. Les yeux fermés, elle s'abandonne au baiser; la voix de Robert est proche, malgré l'écouteur écarté; sa voix est là, elle emplit le petit espace entre Anouk et le combiné.

« ... J'ai pris de grandes décisions. Je t'en ferai part. »

La langue de Steve. Son corps.

« ... Je comprends ton étonnement... Parfois, la distance est utile; cette journée passée loin de toi m'a aidé à voir plus clair en moi-même. Il m'est plus facile de te parler lorsque je ne te vois pas. »

Ouvrir la bouche, la laisser explorer. Trembler d'émotion.

« ... Je te sens disponible. Plus douce que d'habitude. Je t'imagine seule, dans ton désordre que... que... que... »

Elle s'arrache de Steve et dit au combiné :

« ... que ?

— Qui te va si bien. Anouk?... Nous avons pris un mauvais départ...

— Ah! dit-elle, avec la main de Steve sur son sein gauche. A demain. Tu me diras ce que tu voudras demain. Au revoir.

— Je comprends que tu sois, toi aussi, émue... Anouk...

— A demain, dit-elle.

— Anouk...Anouk...

— Au revoir...

— Au revoir... A demain...

— Vous, s'exclame-t-elle, ayant raccroché. Vous, vous êtes... »

Il répond dans son français parfait :

« Je dis aussi : au revoir. A ma manière. Au revoir, Anouk... »

Elle se réfugie dans les bras de Steve.

« Il ne revient que demain matin... On a toute la nuit... Si vous la voulez, cette nuit... »

Il va parler de Dorothy. De ce maudit avion à prendre. De son travail. Il va s'en aller. Gagnant. L'Amerloque a gagné. Il est fort. Il joue comme il veut.

« Toute la nuit, dit-il. Alors, moi aussi, je devrai téléphoner. A New York. Pour prévenir Dorothy. Et je vous montrerai Washington *by night*. Vous êtes sûre qu'il ne reviendra pas? Je ne voudrais pas être la cause d'un divorce...

— Je suis sûre, dit-elle. Je vais me changer.

— Vous changer? »

L'Américain la tient prisonnière. Elle adore être tenue, sentir la main de Steve sur sa taille, lui appartenir.

« Habiller?

— J'ai une jolie petite robe de dîner; attendez, je vais vous la montrer... »

Elle s'élance vers la penderie; elle en sort un petit chef-d'œuvre en mousseline multicolore, une corolle de fleurs mouvantes.

« Ça? Vous voulez mettre ça?...

— Mais oui, c'est ma première robe sortie de chez un couturier très connu. Mon père a donné un dîner trois semaines après notre mariage, peut-être pour me montrer, assagie, aux autres... Elle a une allure folle, cette robe.

— Remettez ça dans l'armoire, dit Steve d'une voix sèche. Et venez ici. »

Le ton de commandement est inattendu.

« Voilà... »

Elle se tient devant Steve comme une recrue qui s'expose aux foudres du caporal.

Steve la dévisage.

« Même avec votre pantalon froissé et votre chemisier mal boutonné...

— Mal boutonné ?... Où ?...

— Ne cherchez pas... Même comme ça, vous êtes presque trop bien arrangée pour la nuit...

— Parce que vous m'emmenez dîner à...

— Toujours manger... Est-ce une maladie française de vouloir toujours manger ? »

Elle se tait.

D'un geste assez brutal, Steve ôte la casquette de toile qui retient les cheveux d'Anouk...

« En liberté, vos cheveux... Ils sont beaucoup trop propres, trop bien coiffés. »

Il tente d'ébouriffer les cheveux d'Anouk. Celle-ci recule. La plaisanterie est un peu sauvage et pas forcément à son goût.

Steve lui jette un mouchoir.

« Enlevez ce qui reste de votre rouge à lèvres. »

Lui, il ôte sa médaille et tend la petite chaîne à Anouk.

« Allez. Mettez ça dans un tiroir. Je la reprendrai au retour. Je ne voudrais pas qu'un cinglé tente de me l'arracher. Elle vient de ma mère...

— Comment est-elle, votre mère ?

— Heureuse. Comme toutes les mères américaines dont les fils sont revenus vivants du Vietnam. Elle est heureuse de ne pas me voir mutilé... »

Anouk tient la petite chaîne et la médaille dans sa main. Peut-être est-ce un cadeau d'adieu...

« Ne la perdez pas ! J'y tiens... »

Elle se dirige vers la commode. Le premier tiroir lui a été réservé ; elle y a mis ses mouchoirs, ses slips, ses foulards. Elle jette sur Steve un coup d'œil. Celui-ci est transformé. Est-ce la joie de rester avec Anouk ou le plaisir d'affronter la nuit ? Il s'assoit sur le bord du lit de Robert, demande la ligne du standard et dit à Anouk :

« Ça va aller très vite... »

Il va téléphoner à Dorothy. L'idée en est insupportable. Déjà l'appel de Robert était fatigant; il fallait renouer avec un passé récent, mais qu'on désirait oublier...

« Allô! dit Steve. C'est toi... »

Ce n'est pas une question, mais une affirmation. Pas de bonjour, pas de guili-guili. D'aucune sorte.

« Je ne rentrerai pas ce soir. J'ai à faire. T'en fais pas. Oui. Comme tu dis. Alors, à demain. »

Et ça y est. Il raccroche. Cela n'a pas duré longtemps. Dorothy a été expédiée d'une manière très efficace.

« Vous ne lui avez guère laissé la possibilité de vous interroger... »

Steve se dirige vers elle. Il la regarde d'un œil neuf. Il s'est passé quelque chose, mais Anouk ne saurait dire quoi et quand...

« La nuit, dit-il, les yeux brillants; la nuit, je vous montrerai la nuit à Washington.

— Steve...

— Oui.

— Steve, vous me préparez une surprise...

— Oh! *boy*! s'exclame-t-il. Trop d'imagination. Une surprise? Non... »

Ses yeux deviennent verts et se fendent en forme d'amandes. Son corps est tendu de passion et de plaisir.

« La nuit.

— Si paisible, dit-elle, un peu effarée.

— Quoi, si paisible?

— Vous aviez l'air si paisible, il y a encore une heure. Vous donniez envie de vous préparer une tisane à huit heures et de vous apporter les pantoufles.

— La nuit, dit Steve. Mon refuge. Je sors de ma vie quotidienne pour entrer dans la nuit. La nuit est un monde à part. »

Elle n'est plus du tout aussi sûre de vouloir explorer la nuit à Washington...

« Et les dangers?... » dit-elle, évasive.

Steve est près d'elle.

« A foison. Les dangers. Une seule artère vit à Georgetown. Une seule. Là où les jeunes déambulent. Le reste est mort. Washington est un corps mort, avec une seule artère où le sang circule encore. Le reste est gagné par la gangrène. *Go on* », dit Steve, de nouveau en américain.

Son accent est guttural. Ce n'est plus Steve qu'elle a cru bien deviner, explorer, aimer, mépriser, reprendre et rejeter selon son gré; c'est un autre homme. Il claque des doigts comme les petits truands séduisants de *West Side Story*.

« *We are going to listen some Jig band... Don't be afraid...* »

Les phrases sont ponctuées par des claquements de doigts.

« *What is Jig band?...*

— Un orchestre noir », dit Steve.

Et il ajoute, dans un français provocant de perfection :

« Tu as voulu que je comprenne ton argot, alors sache le slang... *You will see a Jim Crow City...*

— Une quoi?...

— Une ville abandonnée aux Noirs. Avec une seule avenue réservée aux Blancs. Presque tous drogués... Allons, baby...

— Vous jouez à quoi? »

Elle prend un anglais distingué, très style « *tea for two* ».

« Vous sembliez si...

— De quoi aurais-tu peur? demande Steve en s'approchant d'elle. De quoi? De ton paisible « Amerloque »? Trop d'imagination... »

Et les doigts qui claquent.

« La nuit a son rythme à elle... Elle respire, elle vit, elle agonise et tue... »

La chambre est très accueillante. Très. Jamais mobilier n'a été plus amical, ni plus hospitalier. Rester ici, grignoter un sandwich, ne plus provoquer le destin. Gentils lits jumeaux, agréable mari qui téléphone de Boston, père riche, l'argent à foison dès qu'on cède. Se retrancher vite dans une sérénité toute bourgeoise.

« *Go on, Baby*... Que savez-vous de moi, *Baby* ?
— Tout », dit-elle.
Steve se met à sourire.

Quelques minutes plus tard, Anouk se retrouve dehors. La plate-forme éclairée de l'hôtel est vide. Le portier se tient à l'intérieur. Tout le quartier, autour de l'hôtel, sombre dans la nuit.

Steve prend Anouk par la taille; elle est gênée; de l'intérieur de l'hôtel, on pourrait la voir; elle se trouve presque soudée à Steve sur la plate-forme éclairée, îlot clair dans la nuit.

« Si jamais vous avez envie de mourir, dit Steve, vous n'avez qu'à rester là. Il y a une chance sur deux pour que vous restiez vivante. N'importe qui peut tirer sur vous et disparaître. Personne ne saura qui vous a tuée. Vous vous effondrerez sur la plate-forme, couverte de sang. Ambulance . Un drogué, un cinglé ? Qui a tiré sur vous ? Quel intérêt ?... Vous serez déjà morte. En face, il n'y a que des arbres... Les ombres... »

Le portier entrouvre la grande porte à double battant et met la tête dehors.

« Taxi, sir ?
— Non. »

La nuit embaume.

Steve fait presque pivoter Anouk sur elle-même, comme s'il offrait la petite marionnette blonde à l'ennemi.

Et puis la zone d'obscurité. La voiture. Le contact du cuir tiède. Et son odeur. On démarre.

Elle a peur, Anouk. Une idée bizarre la parcourt. Une idée à cacher, à camoufler. A ne jamais raconter à personne. Il serait si facile d'être ridicule.

« On va à Georgetown », dit Steve.

Elle humecte ses lèvres sèches. « Que veut-il, Steve ? » La voiture avance à forte allure dans une avenue déserte. « Une sotte... » Elle aperçoit que, parfois, Steve jette un coup d'œil sur elle. Comme s'il voulait s'assurer qu'elle est bien là...

« Je ne comprends pas, dit-elle à la manière de ceux qui chantent pour ne pas avoir peur.

— Qu'est-ce que vous ne comprenez pas ?

— Pourquoi, soudain, j'ai si peur. »

Steve se met à sourire. Il accélère. Il sourit et il accélère encore plus.

Lentement, il met sa main droite sur l'épaule d'Anouk. Ce n'est pas un geste protecteur.

« Bloquez vos portes... dit-il. On va traverser maintenant les quartiers noirs. C'est-à-dire, nous sortons du ghetto des Blancs. »

Et, une seconde, il laisse traîner sa main sur la nuque de la jeune femme.

« La nuit est fascinante, dit-il d'une voix traînante. Tout peut arriver... La nuit me rend fiévreux. Comme si j'étais malade... Pourtant, je me porte bien. Très bien. »

« Je peux enlever le téléphone ? demande Helga. Ou bien désirez-vous continuer à faire la cour à votre femme ?... Vous ressemblez aux gros pigeons, gonflés d'air et d'élans, qui font des courbettes devant les femelles... Grou, grou, grou, grou... »

Robert l'entend à peine. Il est encore rempli de la voix d'Anouk, de la présence de celle-ci à l'autre bout du fil. Cette journée, qui touche à sa fin, lui paraît interminable. Anouk lui manque. Il ressent une étonnante et agaçante inquiétude quant à leurs relations. Va-t-il être toujours le plus fort, le plus insensible ? Va-t-il être assez costaud pour jouer à l'homme à qui « rien ne fait mal » ? Pour l'impressionner un peu ?

Ou bien va-t-il lui dire qu'il a menti dès le début de leurs relations, qu'il aurait voulu, lui, le prolétaire nègre, passer pour un Blanc ? Il n'y a aucune raison pour qu'elle ne soit pas impressionnée par la réussite fulgurante de son mari; le milieu ouvrier de Mulhouse serait peut-être une sorte de piment aux yeux d'Anouk. Le pittoresque. Le fameux, ce maudit pittoresque qui doit se trouver du bon côté pour bien plaire.

Le médecin avait voulu que Robert passât la nuit chez Helga. Pour épargner au Français le passage de l'air chaud à l'air froid. Pour qu'il restât tranquille un peu.

« Le monde entier m'en veut, dit l'Allemande. Je suis une poire. J'ai ma journée bouleversée à cause d'un grand délicat qui prétend ne pas être au mieux avec sa femme et, quelques heures après l'avoir recueilli, j'écoute sa déclaration d'amour murmurée à l'oreille de la belle.

— Elle m'a attendri, dit Robert avec toute la franche sottise propre aux hommes qui parlent en présence d'une femme qui leur est indifférente.

— Attendri, attendri... Et qui s'attendrit sur moi ?... Qui me consolera pour ma journée perdue ?

— Je suis désolé », dit-il.

Et il pense à Anouk.

« C'est moi qui ai badigeonné la gorge qui se garga-rise de mots tendres... Je vous assure, il faudrait m'ex-poser dans une vitrine et payer pour me voir. Tellement je me sens idiote.

— J'ai eu un moment de faiblesse pour ma femme, dit-il. De loin, elle semble moins redoutable. J'ai été troublé par sa voix, par sa présence, et par sa solitude.

— Extra-lucide ? Depuis quand ?

— Pourquoi ?

— Vous parlez de solitude ? Qu'en savez-vous ? »

Robert est tendre et calme. Il ajoute, distrait presque :

« Ma femme ne connaît personne à Washington... »

Helga hoche la tête. Elle connaît cette crise de bêtise qui s'abat sur certains hommes avec la violence d'une attaque de paludisme. « Ils sont tous les mêmes », pen-se-t-elle avec amertume.

« Ce matin, répète-t-elle, ce matin, elle ne connaissait personne.

— Que voulez-vous insinuer ? »

Robert n'aime pas être dérangé dans sa quiétude.

« Insinuer ? Rien. Mais vous ne pouvez pas affirmer qu'elle a passé la journée seule ni qu'au moment du coup de téléphone elle était seule...

— Mais c'est l'évidence !

— *Lieber Gott !* s'écrie-t-elle. Etes-vous donc sûr qu'il n'y avait pas une femme de chambre avec elle, ou un garçon d'étage, ou un chasseur qui lui aurait apporté un objet oublié, et qui aurait été le témoin de cette conver-sation ?

— Quel intérêt ? » s'exclame Robert. Et il continue, agacé :

312

« Quand je dis seule, ça veut dire qu'elle est ma femme et pas celle de quelqu'un d'autre.

— Et avec ça, distingué, s'écrie Helga. Vous ne connaissez même pas cette petite, sauf son sexe, et ça ne veut rien dire... Et vous affirmez qu'elle n'a pas pu avoir une aventure !...

— Je l'ai quittée ce matin à neuf heures. Il est vingt et une heures. Rien ne peut se passer en douze heures. Rien.

— Pas encore douze heures, dit l'Allemande. Vous avez quitté votre hôtel à neuf heures moins le quart, ce matin, et il est vingt heures seulement. A vingt heures quarante-cinq minutes, donc dans trois quarts d'heure, vous aurez laissé votre femme depuis douze heures.

— Et les marins ? lance-t-il en plaisantant. Lorsqu'ils font le tour du cap Horn !

— Souvent d'énormes bois leur poussent. De vrais cerfs royaux... »

Robert s'énerve.

« Que voulez-vous avancer ?

— C'est que vous ne pouvez pas dire avec certitude qu'elle était seule dans la chambre, ni qu'elle passera la nuit seule. Vous présumez que c'est ainsi, mais vous n'en savez rien.

— Vous insistez lourdement, dit-il, parce qu'elle vous déplaît. Pourquoi la haïr ? Vous ne la connaîtrez jamais... Vous ne la connaissez pas.

— Si ! Par vous ! J'ai vu tant d'hommes menés à la baguette par des garces... Je délire quand je vois de braves types sauter à la corde. Et hop, et hop, et hop ! Sans répit. Et ils disent : merci, après. Et ils en redemandent.

— Elle ne connaît personne à Washington, répète Robert, tenace. Même pas mes collègues ni leurs femmes. D'ailleurs ceux-ci arrivent tous seulement ce soir. Non, à Washington, Anouk ne connaît personne.

— Votre logique à la française, merci. Si c'est ça être rationnel... Je préfère mon bon sens allemand. D'ailleurs, il y a un truc chez les Français. Comme s'ils étaient fêlés. D'où la réussite de l'Allemagne. Sa réussite périodique.

— Ah! non, dit-il. N'allez pas vous lancer dans la politique. Si vous osez appeler « bon sens » la terreur nazie...

— Mais non! s'exclame-t-elle. Qui parle des nazis?... Je parle de notre bon sens, en général, de notre attitude « terre à terre » — qui vaut souvent mieux que votre logique à la gomme...

— Quelle violence! dit Robert, désorienté.

— La bêtise me met dans un état second. Sans rien savoir, vous affirmez qu'elle n'a pu, en douze heures, connaître personne à Washington. Et qu'elle ne fera la connaissance de personne au cours de la nuit à venir.

— Elle allait se coucher... »

Elle crie presque :

« L'avez-vous vue de vos propres yeux?

— Rien ne peut se passer en douze heures.

— En douze heures? dit l'Allemande. Avec la nuit, ça va faire juste vingt-quatre heures. Vous êtes là depuis ce matin. Pouvez-vous affirmer, la conscience tranquille, que rien ne peut se passer en quelques heures?

— Je suis venu ici, j'ai profité de votre accueil inoubliable, c'est tout.

— C'est tout? s'exclame-t-elle. C'est tout? Vous vous êtes installé dans ma vie, dans mon lit; vous avez bouleversé mon ordre; j'ai dû faire venir le docteur trois fois; on a failli tuer un agent de police dans l'immeuble, et vous dites que ce n'est rien?

— Rien d'essentiel, réplique-t-il.

— Oh! s'exclame-t-elle. Vous m'avez sortie de ma coquille; vous avez ouvert une brèche dans mon système de défense; je vous ai raconté, malgré moi, certains épisodes de ma vie, de pénibles souvenirs... A cause de vous, de votre présence, j'ai pu même imaginer, une seconde, ne pas vivre seule!... Et le plus grave, vous m'avez même empêché l'achat d'un chien. J'en ai vu un, il y a quelques jours, dans un chenil. J'ai été comme frappée au cœur. Un besoin de tendresse... Pourtant, combien de fois j'ai pu jurer que je ne deviendrais pas une mémère gâteuse flanquée de son cabot. Rien à faire. L'idée du chien, l'image du chien se sont incrustées dans mon esprit. « Jamais », ai-je dit... Pourtant, j'ai téléphoné au chenil et j'ai demandé au proprié-taire de me garder l'animal jusqu'à aujourd'hui. Je n'ai pas pu y aller à cause de vous. En Amérique, les gens sont de parole. Vous dites que vous venez et on vous croit. Je n'y suis pas allée. Il a dû vendre à quelqu'un d'autre. Après dix-sept heures. J'avais demandé qu'il me le garde jusqu'à dix-sept heures.

— Vous le retrouverez demain », dit-il.

Le torrent du chagrin d'Helga l'épuise.

Elle se recroqueville et se plonge dans un mutisme douloureux. Elle ajoute, plus tard, d'une voix morne : « Demain, j'ai mon travail. De neuf heures trente à dix-sept heures trente. Je ne pourrai plus y aller. Et puis, il y a autre chose... Votre présence...

— Ma présence... »

Elle hausse les épaules :

« J'ai pensé qu'il vaudrait mieux avoir un homme dans ma vie qu'un chien. Mais je me trompe. »

Elle regarde sa montre.

« Il y a douze heures, vous êtes entré dans mon exis-tence comme dans une cabine téléphonique. Vous avez décroché le combiné; vous avez dit : « Allô... » Et j'ai répondu : « Oui. Présente. »

Elle a les traits creusés. La fatigue de la journée la vieillit. Elle est dépossédée de tout. Elle le sait.

« Je vous suis très reconnaissant », dit Robert.

Et plus tard, poli :

« Si vous permettez, c'est moi qui vais dormir sur le lit pliant que le docteur vous a prêté.

— Ah! non, s'exclame-t-elle. Avant que je me recou-che sur mon canapé, je mettrai au soleil toute la literie. Sur mon balcon. Je ne vais pas me coucher dans votre sueur. Tout doit sentir la maladie. Le soleil désinfecte. »

Un temps. Elle réfléchit :

« Je vais vous donner un peu de compote. J'ai fait cuire deux pommes dans l'eau.

— Si vous me prêtez une robe de chambre, je pour-rai me lever, dit Robert.

— Et dîner ensemble, à la table, dit-elle en s'adres-sant presque à elle-même. Pourquoi pas ?... »

Robert se sent en sécurité dans le lit. Debout, il sera

315

vulnérable. Il songe pendant quelques secondes qu'il aurait pu avoir une femme comme Helga. Il aurait retrouvé l'ordre, l'organisation, et le cruel talent de tout aseptiser. Helga est issue d'une famille modeste. De petits bourgeois. Elle lui aurait fait conserver ses inquiétudes; elle l'aurait incité à l'économie; elle l'aurait critiqué lorsqu'il aurait dépensé une forte somme chez un tailleur à la mode. Elle lui aurait ôté ses illusions de jeunesse; elle aurait évoqué l'angoisse de la vieillesse; elle l'aurait obligé à se priver de plaisirs futiles.

Avec des gestes caressants, Helga dispose la belle nappe sur la table. Elle ne supporterait aucun pli dans le tissu dont les couleurs sont assorties au ton des rideaux; ceux-ci, orange, exigent de la nappe une chaleur jaune tendue vers l'ocre.

Robert préfère l'insouciance désordonnée d'Anouk. Son élégance innée, son aisance. Anouk est l'objet qu'on admire, dont la possession enchante.

Avec une femme comme Helga, il serait retombé dans les problèmes pénibles de sa jeunesse qu'il hait. Helga l'aurait contraint d'être prévoyant et économe. Son univers aurait été rétréci à la dimension du trajet entre son bureau et son appartement dans un H.L.M.

« J'aurais bien mis des bougies, remarque Helga tout en distribuant les assiettes. Mais ça fait catafalque. Chaque fois que j'ai posé des bougies sur la table, au bout de quelques minutes, saisie d'angoisse, j'ai dû les enlever. Un de ces jours, je vais acheter une petite lampe, pour la mettre ici, juste au milieu... Voilà ma robe de chambre. »

Elle est en soie.

« Je vais beaucoup mieux... » dit Robert.

Il s'extrait du lit, et il est aussitôt saisi de vertige. Il s'assoit.

« Je suis un convive minable... » dit-il.

Helga organise le dîner. Elle apporte dans un pot en faïence la compote de pommes. Et pour elle, sur une assiette plate, les saucisses de Francfort et une boîte de bière.

« C'est de l'*International Safeway*, dit-elle. Les saucisses. La moutarde aussi... »

Assis devant cette table joliement mise, en face d'une Allemande qui mange lentement, en les coupant en petites rondelles délicates, ses saucisses de Francfort, il se demande, et l'amertume se mêle au goût sucré de la compote, s'il trouvera un jour sa vraie place dans la vie.

« Votre affaire... demande Helga, c'est politique ? Un peu comme l'O.N.U. ou l'U.N.E.S.C.O. ?

— Du tout. Uniquement commercial.

— Le commerce, c'est aussi souvent de la politique... dit-elle. Vous ne voulez pas un peu de bière ?

— Avec de la compote ?... Vous votez pour qui ? demande Robert.

— Le vote est secret. Je ne dirai jamais pour qui je vote !

— Mais vous vous sentez Américaine ou Allemande, en votant ?

— Comment ça ?...

— Voteriez-vous pour quelqu'un dont la politique est proche de...

— De quoi ?

— De...

— Vous voulez faire allusion au nazisme ? Vaut pas la peine. L'affaire est close. A l'époque, je n'avais que seize ans... Alors ? Quant aux Américains, ce n'est pas toujours très glorieux. Leur président le plus intelligent, Truman, était un marchand de bretelles ; il a terminé sa carrière en lâchant sa bombe sur Hiroshima. Celui d'avant, Roosevelt, je l'appelle : le Brocanteur. Ce brocanteur, ce médiocre, a cédé la moitié de l'Europe aux Russes, pendant qu'ici toute l'Amérique tremble de peur du communisme. On a eu aussi leur jeune premier Kennedy ; il a terminé la course en martyr. Il y a eu aussitôt après le cow-boy, le vieux Johnson ; il suffit qu'il apparaisse quelque part, il se répand une odeur de vaches. Ou plutôt de moutons. Il pue le mouton. Et maintenant, nous avons notre Président Poli.

— Comment donc ? dit Robert. Poli ? En quel sens ?

— Poli, répète Helga. Vous connaissez le mot : politesse ? Oui. Alors, lui, il est poli.

— Pourquoi donc ?

— Parce qu'il a fait un voyage de trois jours pour

offrir personnellement Formose aux Chinois. Il n'a même pas attendu qu'on le lui demande. Vous ne trouvez pas qu'il est poli ?... La seule chose qu'il a ratée...

— Quoi ?

— Il n'a pas dit : « *Ich bin ein Pekinger !* »... Après « *Ich bin ein Berliner* », ç'aurait fait la paire. Un peu de compote encore ?

— Non, merci...

— Vous pensez à votre femme... »

Il aimerait bien mentir. Et dire : « Je pense à vous. »

« C'est vrai.

— Elle sait que vous l'aimez ? A ce point ?...

— A quel point ?

— D'avoir la tête pleine d'elle... Vous ne demanderiez qu'une seule chose, c'est de l'appeler. D'être sûr qu'elle est bien dans son lit. »

Elle se lève, reprend le téléphone de la petite table qui se trouve à côté du lit, tire un peu sur le fil et pose l'appareil à côté de l'assiette de Robert.

« Allez-y...

— Non, dit-il. Non, merci. Vous vous trompez... Je... je...

— Vous... Vous êtes drôlement amoureux... Demain... »

Soudain, le silence s'abat sur eux. Demain. C'est quoi, demain ?

« Demain, vous allez lui raconter l'histoire vraie de votre journée ? Ou bien vous allez maintenir Boston ?

— Boston, dit-il comme un naufragé qui se cramponne à un morceau de la coque du bateau déjà sombré. Boston. Il serait impossible de lui dire la vérité.

— Couchez-vous, dit-elle. Je vais débarrasser la table...

— Fumez donc une cigarette avant de bouger... Paisiblement. »

L'Allemande pousse un soupir, et tire une cigarette du paquet qui traîne sur la table.

« Je n'ai que trop fumé aujourd'hui... »

Robert se penche vers elle.

« Vous permettez que je vous appelle, juste pendant quelques minutes, Helga ?

« — A quoi bon ? »

Il se tait.

Elle réfléchit

« Oui. Ce soir. D'ailleurs, après, on ne se reverra plus jamais. Ce qui me reste comme avenir, c'est d'avoir un restaurant chinois. Pour gagner un peu plus d'argent. Offrir aux Américains la choucroute pékinoise, le *knödel* de Shangaï, et la tarte aux pommes Mao. Ils gobent tout, les Américains. Tout.

— Helga...

— Oui...

— J'aimerais vous offrir le chien que vous auriez dû acheter aujourd'hui. »

Elle reste muette. Ses yeux inondés de larmes trahissent leur chagrin.

« Il a dû le vendre. Parce que je ne suis pas venue...

— Vous avez son numéro de téléphone ?

— La boutique est fermée. »

Un temps. Elle réfléchit.

« Il habite au-dessus. Peut-être entendra-t-il la sonnerie. Je veux bien téléphoner, mais vous ne me l'offrirez pas, il n'y a pas de raison.

— Helga... »

Il se lève. Etonnamment léger par une espèce de miracle, il se tient sur ses jambes.

« Venez près de moi...

— Pour que les microbes...

— Helga... »

Elle le regarde déjà comme on évoque un souvenir.

« Vous permettez que je vous embrasse sur les deux joues ?

— Et donnez-moi l'accolade aussi, dit-elle. A l'allemande... En me tapant sur l'épaule, en me cognant dans le dos...

— Merci, Helga. »

Une seconde, fragile et fine comme une ombre, elle est dans ses bras. Les joues lisses. Une odeur de propreté et d'eau de toilette.

« Merci, Helga... Donnez-moi le numéro. »

Elle s'en va pour chercher la petite carte glissée dans une des poches de son sac.

« Le chien était tout petit, tout blond; il avait les yeux noirs. Un regard de conte de fées. Je n'ai jamais eu d'enfance. Ce chien était comme un messager... Il m'aurait remplacé l'enfance que je n'ai pas eue.

— Donnez-moi la carte. »

Elle pleure maintenant.

« On a certainement vendu mon chien. Il n'y en avait qu'un seul de cette race-là. Un petit Ténériffe. Un seul. Et je me suis occupée de vous, et de votre gorge, et de votre vie, et on a dû vendre mon chien. En Amérique, il faut être de parole. Je ne suis pas venue, il a dû le vendre. »

Son chagrin est violent. Elle éclate en sanglots. Il ne reste rien de la belle prestance de la femme solide, de celle qui sait bien ce qu'elle veut. Il n'en reste rien. Que des larmes. Et une profonde tristesse.

« Un petit chien, on a dû le vendre. Jamais je ne le reverrai. »

Robert pianote sur le téléphone et la sonnerie retentit.

« Allô? »

Une voix d'homme.

« Excusez-moi, monsieur, de vous déranger si tard. »

Helga le regarde, transfigurée. On devine, derrière ses traits baignés de larmes, le visage de l'enfant qu'elle a été.

« Avez-vous le petit Ténériffe clair qu'une dame a retenu?... Cette dame... »

Il la regarde.

« C'est ma cousine. L'avez-vous encore, ce petit chien? »

Les yeux d'Helga.

« Vous l'avez encore? »

Le cœur de Robert est soudain si gonflé de bonheur qu'il se met presque à rire.

« C'est parfait. Je suis ravi. Je viens demain matin le chercher. C'est moi qui vais l'offrir à ma cousine. Mais il faut que je vous voie avant neuf heures. Non. Je ne peux pas plus tard. Exceptionnellement, *please*. J'arriverai bien avant neuf heures. Il n'y a pas de danger que vous le vendiez?... C'est fermé! Bien. J'arrive demain. Gardez-le bien. Ce soir, monsieur, rien n'est plus important que ce petit chien! »

Helga lui dit :

« Vous êtes quelqu'un de très bien. »

Robert se recouche. Il regarde le plafond. Le va-et-vient de Helga.

Celle-ci apporte un lit pliant.

Ils sont couchés tous les deux, Robert dans son grand lit, un peu volé à celle qui l'a accueilli, et Helga sur un lit de camp. Dans le noir.

« Vous n'auriez pas pu rentrer, a dit le docteur. Non. Il fallait que vous restiez. Il a dit que, demain, vous serez très faible. Qu'il a fait baisser votre température d'une manière très brutale. Que ça peut revenir, la fièvre.

— Demain, grâce à lui, je vais déjà liquider une journée entière de réunion. Après, il reste encore deux séances. Et c'est le départ. Vers l'Europe.

— Il vaudrait mieux lui dire que vous l'aimez, dit Helga. Elle ne peut pas le deviner...

— Dans quelques années, réplique Robert. Dans quelques années.

— On n'a pas toujours le temps qu'on voudrait devant soi... Supposez que l'un de vous disparaisse; vous auriez vécu dans le malentendu.

— Ce sont les risques d'un mariage », dit-il.

Et plus tard :

« Vous allez l'appeler comment?

— Mon chien? *Kind.* »

Il répète en français.

« Enfant. C'est un nom curieux, pour un chien. Enfant, viens ici; enfant, tu as fait pipi... Enfant, je vais te rosser... »

La voix de l'Allemande est douce.

« Aussi je peux dire : enfant, je t'aime. Je l'aimerai comme on aime un enfant. Je n'ai rien eu de bien dans la vie de la part des humains... Ou si peu... Merci d'avoir téléphoné. J'aurais renoncé. »

Il voudrait dire automatiquement que c'est la moindre des choses. Mais cela ne serait pas vrai. Pour la première fois, il se donne à une action; il accomplit une chose à laquelle il se donne de tout son cœur.

« Je vais être son oncle français », dit-il en plaisantant à peine.

Et il ajoute :

« Ça fait même chic d'avoir un neveu américain. Pour une fois, je vais me vanter de ma famille... Mon neveu américain. *Kindchen.* Le Ténériffe. »

La nuit. Elle aurait toujours aimé la déchiffrer. La connaître. La contourner. La nuit. Elle lui était restée fermée, close. Comme une boîte dont on aurait perdu la clef. Cette fois-ci, la nuit semblait s'offrir. Presque avec insistance. Le ciel est marron foncé. Quelques étoiles égarées se promènent sur ce velours découpé qu'est l'horizon.

Les voitures de police ululent. Le soir, elles n'ont pas de répit. La voiture de Steve, après quelques avenues longées et de petites rues traversées, arrive dans un des quartiers noirs. Anouk aimerait voir l'Américain plus détendu. Le beau robot blond l'angoisse. Comme s'il l'avait prise en grippe. Il n'est pas fâché; il est irrité ou préoccupé.

« Bloque ta portière », dit Steve.

Anouk obéit.

A un feu rouge, dans la nuit marron foncé, un Noir passe devant eux et tape légèrement sur le capot de la voiture :

« ... *white*... entend Anouk.

— Il ne nous aime pas. »

Steve hausse les épaules. A un passage clouté, une Noire pointe son doigt sur eux... et on perçoit à nouveau un « ... *white*... »

Des rues bondées. Une population noire, bien chez elle, y déambule. D'innombrables gosses courent en ricochant, cahotés et rapides.

« ... *white*... »

De nouveau, quelqu'un a tapé sur leur voiture. Steve accélère. Attroupement. Ululement. Chair noire en sang. « Mais non, hurle une femme, il n'a rien fait. » On ne saura jamais de qui on parlait. Petites maisons de trois étages, des balcons, et partout dégouline, comme par des pores dilatés, la population noire. Il fait chaud, on vit, on aime, on mange et on meurt dans la rue. Ululement. Le visage d'un gosse. Les yeux ronds, les cheveux en tire-bouchons. Une beauté noire passe sous les réverbères; ses fesses sont hautes, sous le mini-jupe en satin; ses seins pointent, agressifs, sous le *T-shirt;* elle a des jambes à n'en pas finir; son corps est aussi violent qu'un attentat contre la pudeur.

« ... *white...* » dit quelqu'un.

Et Steve lui dit merci par la vitre baissée.

« Il a dit : *white?* demande Anouk.

— Non. Il a dit : *light.* Je roulais sans lumières... »

Un car de police passe juste à côté d'eux. Deux agents en sortent et empoignent sur le trottoir une ombre noire. Quelques grappes de Noirs. Ici et là. Une foule fractionnée. Une foule au compte-gouttes. Le cœur d'Anouk bat rapidement. C'est joli, la marée montante de tous ces enfants. Femmes et hommes se promènent lentement. Un Noir, de grande taille, porte un *peplum* et tend ses deux mains en geste de bénédiction. « Jésus, Jésus, Jésus »... Un chœur improvisé, les gens debout, à genoux, allongés par terre, répètent en priant : « Jésus, Jésus, Jésus. »

« Steve, dit-elle, vous pourriez peut-être m'adresser la parole. Vous m'intimidez avec votre silence.

— Ce n'est pas assez pour vous? demande l'Américain. Ce que vous voyez autour de vous? »

« Jésus, Jésus, Jésus. »

Assise sur la dernière marche d'un perron, une femme déboutonne son corsage et sort son sein gonflé de lait. Elle l'offre à son enfant. La petite tête noire sur le ballon soyeux.

« Jésus, Jésus, Jésus. »

« Ni Dieu, ni famille, ni patrie, n'est-ce pas? dit Steve à Anouk.

— Je ne vois pas...

— Tout anéantir, démolir, salir... Vous êtes une destructrice. Vous verrez vos semblables à Georgetown, les riches clochards! On y est dans quelques minutes. »

Mélopée lointaine. Un hurlement distinct. Quelqu'un rit. Ululement. Une ambulance passe. Les feux rouges, jaunes et verts scintillent. Morse. Signaux de morse. C'est l'été chaud. La nuit chaude. Un autre monde. « Pourquoi me déteste-t-il soudain? Soudain? Me déteste-t-il soudain, ou depuis ce matin? »

Un mur de chair noire, découpé, en relief. Des membres, des visages, des têtes qui se détachent du mur grouillant; soie noire tendue sur une masse humaine. Une population entière a le deuil dans la peau. Des lumières inquiétantes. Ici et là, des lumières vagabondes. Plus loin, les fenêtres illuminées par rangées entières. Sur leur fond blanc-jaunâtre, des silhouettes noires. Un ciel marron et mauve. L'air épais et scintillant. La matière épaisse qu'on respire, dans laquelle on se fraie un passage, n'est qu'une sorte d'oxygène saupoudré de strass noir. Flux et reflux de la foule, mouvements ondoyants, atmosphère suave, moments ouatés. Une vie sournoise. Elle insinue la fin... Basculée dans un univers fascinant, Anouk se débat contre une douce terreur. Elle lutte pour vaincre se propre exaltation. La peur à peine consciente prend une forme cajoleuse; de caressants frissons parcourent Anouk; un anéantissement affable semble convenir à sa nature devenue friable comme une terre cuite qui s'émiette au premier choc.

Se débattre contre la société où elle vit? Ridicule. Elément docile et manipulé, elle ne désire plus manifester pour ou contre aucun slogan.

Le ululement des sirènes prend l'allure médiévale des mélopées.

La voiture fonce dans l'alvéole étroit de la nuit.

« Du vrai cinéma », pense Anouk. Elle tente de se réfugier dans l'humour. Noir, lui aussi. « Du vrai cinéma, répète-t-elle. Une blonde apeurée à côté d'un jeune premier à la mâchoire dure. Le couple se trouve dans une voiture. Celle-ci avance dans un quartier noir, dans une nuit noire. Normalement, le jeune premier devrait me sauver des périls. » Elle pense à une phrase de Hitchcock : « Dans un film d'épouvante en couleurs, il faut toujours faire trembler une blonde. » La blonde est là; elle frissonne.

« Steve ? »

Le profil de l'Américain. Beau et un peu méchant. Le père Hitchcock serait de la fête. A-t-il prévu la situation où un blond terrorise une blonde dans un quartier noir ?

Si c'était du cinéma, elle se trouverait à côté de Robert. Dans un fauteuil à douze ou treize francs. Aux Champs-Elysées. Pour voir un film en exclusivité.

Nuit noire. Néons multicolores. Des gosses noirs qui traversent une avenue. Freins. Le robot vient de ralentir.

« Steve... »

Aux Champs-Elysées, on fait la queue devant le cinéma. Et Robert dit : « Ça t'embête d'attendre ? Mais j'aime ce genre de film. » Elle acquiesce.

« Steve, je suis là... »

L'Amerloque s'en moque.

La file d'attente devant le cinéma diminue. « On va juste entrer à temps. On sera peut-être très près de l'écran », dit Robert.

Ululement. Un cri dans la nuit. Et quelqu'un au milieu d'un attroupement vocifère.

« As-tu de la monnaie pour l'ouvreuse ? »

« Steve, on va où ? »

Et Robert continue : « Ce que j'aime, dans ce genre de film, c'est le suspense. Et, tu comprends, le *happy end* n'est plus du tout assuré. Avant, on était sûr que l'héroïne allait être sauvée. Plus maintenant. »

« On arrive vers l'artère principale de Georgetown, annonce Steve. Il faut que je laisse la voiture au parking. »

Parking ouvert. Deux employés indifférents. « Là-bas, il y a encore une place. » Et l'employé désigne l'emplacement.

Aussitôt après, une plongée dans un monde hallucinatoire.

« J'ai l'impression... dit-elle.

— Regardez plutôt, l'interrompt-il. Pensez d'abord et parlez après... »

Il lui tend la main. Anouk est envahie par un sentiment de reconnaissance. « Je me fais des idées erronées sur Steve. »

« Qu'est-ce qu'elle est gourde! », dit Robert bien calé dans le fauteuil à douze ou treize francs. « Qu'est-ce qu'elle est gourde! Elle n'a pas encore compris qu'il cherche l'occasion de la supprimer. Si elle était moins bête, il n'y aurait pas de film. »

Bonbon à la menthe délicatement déballé. Quelqu'un fait : « Chut, chut. »

« Si vous croyez m'impressionner, dit-elle, vous vous trompez... Ça existe partout, des quartiers bizarres. »

Une foule déambule. Une foule décomposée en couples. Deux à deux. Personne n'est seul. Deux à deux. Ceux-ci, les cheveux en abondance, poitrines tatouées. L'image du Christ crucifié. La mode. Filles puantes. Dégoulinantes de rêves, et de sueur, et de rimmel. Œil glauque. L'œil qui tourne vers l'intérieur. Les yeux vagues. La main dans la main, des chevelus, des martyrs au rabais, des cloches de luxe. Un jeune couple, assis sur la marche d'un petit perron. Ils sont en voyage. Soudés l'un à l'autre, comme des Siamois qu'on aurait cousus ensemble dans un délire de drogue, ils se balancent à droite et à gauche. A gauche et à droite. La bave coule sur le menton de la fille; son chemisier est entrouvert sur sa poitrine juvénile, pas obscène. Rien. Droguée à mort, elle pourrait ouvrir les cuisses et faire visiter, pour un nickel, son sexe, personne ne s'y intéresserait.

Boutiques des deux côtés de la large rue. Restaurants et bars. *Music. Music.* A. i. o. o. o. o. o. o... Juste une bouffée de musique sauvage; on a entrouvert la porte d'un bar. Coup de massue sur la tête. On s'affaisse sous le poids de la musique.

« A l'intérieur, ils deviennent sourds, non? »

Steve attire Anouk vers le petit bar. Au rythme d'un ululement orchestré, dans une pénombre violette, des êtres hybrides se balancent. Ça pue et ça hurle.

« J'ai la nausée, crie Anouk. Sortons d'ici.

— C'est votre univers », hurle cette fois-ci Steve.

Un orchestre composé de trois personnes sur l'estrade. Sont-ils hommes ou femmes ?

« Tu veux ? » dit quelqu'un à Anouk.

Et il lui tend un mégot mouillé.

« Tu veux de l'herbe ?

— Non », dit-elle.

Plutôt, elle fait signe de la tête : « Non ! »

L'autre, homme peut-être, hausse les épaules et repasse l'herbe à quelqu'un d'autre.

Visages multicolores. Les lumières claquent sur la rétine. Bouffe donc, rétine crétine de bourgeois affranchi, bouffe l'éclatement de ces myriades d'éléments lumineux ! Hurlement qu'on appelle musique. Peaux de bêtes, hommes de Néanderthal sortis des cavernes; visages mauves, violets, jaunes, rouges, bleus. Visages d'enfer. Visages ? Non. Faces. Faces humaines ? Non. Faces d'êtres hybrides.

« Je veux m'en aller. »

« Elle commence à comprendre, aurait chuchoté Robert à l'oreille d'Anouk. N'empêche, quelle propagande anti-américaine !... Il n'y a vraiment que les Américains qui ont ce courage de se montrer ainsi. Parce qu'ils sont très forts... »

« Je veux m'en aller. »

Elle se cache le visage contre la chemise de Steve. Celui-ci se met à la protéger. Il l'entoure de ses bras. Anouk se bouche les oreilles.

« Sortir d'ici. »

Grise, bouillonnante, parcourue d'une lave humaine, la rue.

« Je suis devenue sourde », dit Anouk.

En effet, les bruits sont atténués, comme à travers une épaisse couche de coton.

« S'il vous plaît, j'aimerais rentrer à l'hôtel. »

Polie, la petite. Parce que dépassée par les événements.

Des boutiques vulgaires, pittoresques et bizarres, peuplent la rue. Des vitrines chargées d'objets hippies. D'objets religieux aussi. Pêle-mêle, on accroche le Christ en médaille sur une montre-bracelet. Cinquante cents la médaille. Des posters. Dans une vitrine éclairée à mort, d'un côté, un poster, représentant un immense vagin fait, comme un volcan, de plis et de replis écarlates, entouré d'une fourrure stylisée, d'une sorte de broussaille indécente, flanqué d'un tout petit Américain en photomontage. Le personnage erre au bord de ce sexe. L'inscription est : « L'Américain moyen cherche sa voie. » Dans la même vitrine, de l'autre côté, la Vierge en poster. Pas ridicule une seconde. Elle semble affolée. Un Christ en matière plastique. Deux dollars. Le monde fait la culbute dans un néant putride.

Anouk et Steve se cognent presque, sur le trottoir encombré, contre un jeune garçon déguisé en Christ. Celui-ci se tient, très droit, au bord de la chaussée. Autour de lui, en grappes, assises et debout, des filles. Le jeune homme déguisé en Christ a le visage doux. Eclairé par la lumière intérieure d'un mysticisme qui guette chacun, qui se cherche, se croit-il vraiment près du Christ ? Les filles, un peu sales, des lianes défraîchies, de pauvres plantes poussées sur le macadam, ne sont pas irrespectueuses. Au contraire. Elles sont en quête d'une dose de pureté.

« Je voudrais rentrer à l'hôtel », dit Anouk.

Steve la bouscule.

« Jusqu'au bout. C'est ce monde que vous désirez... C'est ça votre signe de hippie, c'est ça la décomposition que vous cherchez...

— Ce n'est pas vrai ! s'exclame-t-elle. Vous n'avez pas le droit de confondre un pacifisme rationnel avec ce monde de clochards drogués et de mystiques au rabais... Vous n'avez pas compris que...

— Que ? Que ? insiste-t-il, vindicatif. Que quoi ?

— Que j'aspire à l'ordre. Vous confondez mes idéaux avec cette pourriture. »

Elle crie maintenant :

« Vous n'avez qu'à les mettre en tôle »

Steve s'exclame :

« Et que fais-tu de la liberté ?... Ils sont libres ! Libres de crever.

— Non, dit-elle presque en pleurant. Non. Je ne veux pas continuer. Je veux rentrer à l'hôtel. »

Ils pourraient s'affronter plus violemment, personne ne fait attention à eux. Deux agents passent. Ils regardent devant eux. Ils viennent d'enjamber un type dont la tête est dans une flaque d'eau. Un type qui est « en voyage ».

« On va le laisser, la tête dans une flaque d'eau boueuse ? dit Anouk.

— Pourquoi pas ?

— Parce que...

— Il est libre de mettre son visage dans la boue. »

Le jeune homme se tortille sur le trottoir. Lentement, il se redresse. Ceux qui passent à côté de lui l'ignorent. L'homme dont le visage est couvert d'une boue légère — plus de l'eau sale que de la boue — s'assoit, s'installe sur le bord du trottoir. Il est pieds nus, et ses traits sont cachés derrière le masque gris de la saleté.

« *Mea culpa,* dit-il d'une voix claire, *mea culpa* ».

Il se met à genoux et croise ses bras sur sa poitrine, comme s'il revenait de la Sainte Communion. « *Mea maxima culpa.* » Il se lance dans une prière particulière ; les mots se bousculent, se précipitent hors de sa bouche. « Je cherche le pardon. J'ai péché. J'ai gravement péché. Le Seigneur n'est pas avec moi. Je me suis drogué, j'ai volé pour me droguer, je me suis masturbé, j'ai même failli tuer... J'ai besoin d'aide... Qui veut m'aider ? Ma solitude est écrasante. Le Seigneur est loin, et ses serviteurs me méprisent. Ou bien ils ne me voient pas. J'ai besoin d'être absous. Jésus, Jésus, Jésus... Enculé, prostitué, à quatre pattes, à genoux, assis, à cloche-pied, vautré dans la boue, rejeté, l'âme en détresse, en agonie, j'appelle au secours, je cherche le salut. J'ai besoin d'aide. Humblement, je demande l'aide de Dieu. »

Mélopée.

« Qui... qui... qui... pourrait m'aider ? »

Quelques jeunes l'entourent.

« Nous voulons t'aider, mon frère. Acceptes-tu notre aide au nom de Jésus, notre Sauveur ?

— Je vous bénirai pour votre aide. Je me confesse publiquement pour servir d'exemple. L'aide ne vient pas... »

Une fille blême, aux cheveux longs coulés dans le dos, se penche sur lui.

« Sais-tu aimer, mon frère ?... »

Et celui qui est couvert de boue s'accuse :

« Je n'ai jamais appris à aimer mes proches. J'ai besoin d'aimer. Je voudrais aimer. L'amour de Jésus est mon seul salut. »

Il se penche en avant et dit :

« Je crois en Dieu tout-puissant, je crois en son fils Jésus, aide-moi ! »

Et, soudain entouré d'autres jeunes qui s'agenouillent tous à côté de lui, sur le trottoir, celui qui se cherche s'écrie :

« Aidez-moi, mes frères ! Sortez-moi de la solitude ! Le Jugement dernier approche. Serrons-nous les uns contre les autres parce que le ciel s'ouvrira et la terre tremblera.

— Implorons le Ciel, entonnent les autres. Jésus, Jésus, Jésus, viens à l'aide de celui qui t'appelle ! Nous avons tous besoin de toi, nous croyons en toi. Jésus, viens ! »

Et l'avenue continue.

« Je ne sais plus où nous sommes, dit Anouk, bouleversée.

— Nous retournons vers le parking. Je vais reprendre la voiture...

— Steve », dit-elle...

Et elle s'exclame :

« Arrêtez-vous donc une seconde... Pourquoi m'avez-vous amenée par ici ? »

Steve est impassible.

« C'est une avenue pittoresque. Qu'aiment voir les touristes, lorsqu'ils osent s'y aventurer... »

Dans la voiture, Steve dit :

« Les rues transversales sont désertes. Tout est mort autour de l'avenue principale. »

La voiture avance. Le monde hirsute s'éloigne. Steve tourne et ils se retrouvent dans une rue résidentielle, bordée d'arbres. Derrière des arbres, se tiennent, serrées les unes à côté des autres, des maisons de trois étages. Cossues et aveugles. Des réverbères. Et le silence.

Steve se met à tourner dans ce quartier désert de Georgetown.

« Les maisons ont beaucoup perdu de leur valeur. Tout le monde veut vendre. Et il y a peu d'acheteurs. Des Noirs achètent. Ils commencent à gagner du terrain sur le petit ghetto blanc. »

Arbres, lampadaires, volets clos. Ombres furtives qui s'attachent aux réverbères, ombres difformes qui se détachent et se mettent à courir, ou à se déplacer simplement. Un ballet de fantômes.

« On ne voit rien, dit Anouk. Pourtant, ça grouille autour de nous. La nuit est peuplée de gens invisibles. Rentrons à l'hôtel, s'il vous plaît. »

Steve ralentit le moteur et éteint les phares.

« Pourquoi, demande Anouk, pourquoi ralentissez-vous, pourquoi éteignez-vous les lumières ?

— Washington *by night* doit être abordé avec précautions. »

Un long sifflement. La rue est une sorte de tunnel empli d'encre noire. Long sifflement, entrecoupé par deux sifflements courts. Ces sifflements, de vrais coups de fouet, métalliques, déchirent la nuit.

Steve arrête le moteur. Le bruit familier de l'air conditionné cesse : un lourd silence. Anouk voudrait s'arracher de cette voiture et se mettre à courir dans la direction de l'avenue grouillante; elle n'est peut-être pas très loin, cette avenue... S'arrêter à côté d'un agent et lui dire : « Je suis française, j'habite l'hôtel Cosmos, aidez-moi à rentrer à l'hôtel. »

Le sifflement ressemble maintenant à un appel péremptoire.

Une pression sur un bouton et Steve baisse les vitres de la voiture. La chaleur moite les envahit aussitôt.

« On va descendre ? demande Anouk.

— Non, dit Steve. Attendre. La nuit vient vers nous. Imaginez que vous êtes sentinelle, avec une arme serrée dans les mains, seule, dans une nuit peuplée d'ombres. »

Clap-clap-clap-clap-clap-clap. Bruits furtifs. Quelqu'un court sur le macadam. En espadrilles. Clap. Clap.

Sifflement. Plus près d'eux.

« Qui est là ? dit Anouk. Qui est là ?

— L'ennemi. »

Et Steve montre d'un geste las les maisons qui sont là, fermées, soudées dans leur retraite.

« Certaines sont habitées. Les gens qui s'y trouvent entendent, comme nous, les sifflements, mais ils n'oseraient même pas regarder par une fente des volets. »

Clap-clap-clap-clap. Et soudain, le bruissement d'autres pieds. Floc-floc-floc-floc-floc et floc. Dans tous les sens. Les flocs cherchent le clap.

« Chez nous, en Amérique, dit Steve — et il prend son accent traînant comme on enfile ses pantoufles : il est chez lui, on n'a qu'à le comprendre —, chez nous, en Amérique, la police est très rapide. Tout se passe par radio. Deux minutes, une minute trente secondes après une agression, la police est sur place. La police quadrille la ville. Elle est partout. Peut-être avons-nous autour de nous quelques voitures de police, éteintes elles aussi, comme nous. Tapies.

— Votre démonstration a assez duré... »

La voix d'Anouk est posée. Le cheval fou à côté d'elle ne doit pas sentir la sueur de sa peur.

« Vous n'avez rien à craindre dans une voiture... Il suffit de bloquer les vitres et les portes de l'intérieur. Et personne ne peut l'ouvrir. C'est-à-dire qu'il faut du temps pour l'ouvrir.

— Steve, regardez-moi une seconde...

— Deux, si vous voulez... »

Il se tourne vers elle. Il semble tendu, la mâchoire crispée. Les yeux ? Deux fentes. A peine un éclat.

« Steve, c'était une si belle journée... »

Sifflements. Deux courts. Et un long. Et le clap-clap-clap-clap-clap-claplancinant.Clap-clap-clap-clap-clap-clap-clap.

Et une avalanche de floc-floc.

Ils sont près maintenant... Très près.

« Il y a des gens autour de nous ! » s'exclame Anouk.

Un hurlement. De très près. Une fenêtre s'illumine. Sortir de la voiture et courir vers cette maison. Frapper à la porte, sonner, appeler au secours.

« Personne n'ouvrira, dit Steve. Personne. Personne n'ouvre sa porte à Washington. Dans la nuit. »

Clap... Clap... Clap... Lent. Traînant.

D'un geste brutal, Steve allume ses phares.

Dans les faisceaux de lumière crue, apparaît un jeune garçon; il porte un blue-jean; il avance vers eux tendant les bras en direction de la voiture. C'est lui, le clap-clap. De loin, de là, d'ici, d'un peu plus loin, de partout et de nulle part, on entend le ululement des voitures de police.

Les mains de Steve sont raidies sur le volant. Et soudain, une bande apparaît. Les floc-floc. Ils se jettent sur le jeune garçon. Sur le clap. Ululement. Il se dégage, et s'avance vers les phares de la voiture de Steve. Il a le visage ensanglanté. Une bouillie de sang sur deux longues jambes avance vers les phares.

« Oh! non, crie Anouk, oh! non. On est en train de le tuer! Vous êtes un sadique de regarder ça ainsi. Il faut l'aider; il faut le sauver. »

Dans la lumière, la bouillie de sang sur pieds avance. Lentement. Soudain, de tous les côtés, la bande est prise dans les faisceaux lumineux.

« Mais c'est la guerre chez vous! s'écrie Anouk. On tue! Et vous laissez faire... »

Plus d'air. Sa gorge est dans l'étau des mains de Steve. Les yeux de Steve.

Anouk se débat. Des taches noires apparaissent devant ses yeux. Elle essaie de taper sur Steve. Bourdonnement dans les oreilles. Gouffre de souffrance. Res-pi-rer... Ululement. Des pas. Des pas de tous les côtés. Le néant mauve. Et un violent faisceau de lumière sur leur visage.

L'étreinte meurtrière de l'Américain se desserre. Air... Il recouvre Anouk de ses mains; il se penche sur elle. Et, du dehors, le son de ce langage américain.

« *You are all right ?...* »

L'odeur de Steve. Il la protège maintenant des policiers.

« *All right,* dit Steve d'une voix rauque. *I love her. It's not the really good place to lover her...* »

— Miss, miss... »

Elle se dégage lentement. Aveuglée par une lampe de poche géante. Le visage exposé à une lumière crue.

« Je ne vois rien », dit-elle dans un pauvre petit souffle.

On détourne la lumière aveuglante. Elle découvre le visage buriné, la tête casquée d'un agent de police.

Attroupement de tous les côtés. Une ambulance arrive en hurlant.

« *French. She is french*, dit Steve. *She doesn't understand...* »

L'agent regarde Anouk et demande à Steve :

« Pourquoi pleure-t-elle ? »

Elle fait non de la tête; elle fait semblant de ne rien comprendre. Mais elle fait : non. Non à tout. Non à l'évidence.

« Ramenez-la chez elle, dit le policeman. Où habite-t-elle ?

— L'hôtel... »

Il ne faudrait pas qu'il dise le nom de l'hôtel. Si jamais la police voulait revenir demain. Robert. Tout expliquer. Il ne faut rien expliquer. Alors elle prononce comme une élève de sixième, en articulant, lentement. A moitié en français et à moitié en anglais.

« Je pleure *because I love him*.

— Circulez, dit l'agent à Steve. Circulez. Ce n'est pas un endroit pour y amener des touristes. »

Steve fait un petit geste de remerciement. Il tourne la clef de contact. Le moteur se remet à ronronner. L'agent leur ouvre un passage. Leur voiture traverse l'endroit éclairé par les autres cars de police. On vient de refermer la porte de l'ambulance. Quelques types hagards sont en train d'être embarqués dans différents cars.

Et de nouveau, la voiture sortie de la lumière, la nuit noire se referme sur Anouk. Elle tient sa nuque douloureuse, et elle pleure. Silencieusement.

« Cigarette ?

Elle tremble.

Steve allume une cigarette et la lui glisse entre les lèvres.

« Vous avez voulu me tuer », dit-elle.

D'autres rues. D'autres lampadaires. D'autres fenêtres aveugles.

« Vous m'avez lâchée parce que la police est venue...

— Non, dit-il, d'une voix éteinte. Non. Pas à cause de la police. »

Elle pleure, la cigarette est toute mouillée.

« Pas à cause de la police... »

Une avenue large et déserte.

Il pose sa main droite sur la main d'Anouk. Celle-ci porte cette main à son visage et l'embrasse.

« La dame d'Annapolis... »

Un square et des ombres.

« ... Est votre mère... Vous avez inventé l'histoire de Fred pour parler de vous-même...

— C'est exact. »

La main est douce.

Il ralentit et il arrête la voiture au long d'un trottoir bordé de maisons aux volets fermés et aux lumières éteintes.

« Je vous ai lâchée... »

Il la prend dans ses bras. Elle se cache contre la poitrine de Steve.

« ... parce que je dois éprouver pour vous un sentiment... Quelque chose qui ressemble à l'amour. »

Anouk se débat contre une multitude de sentiments mitigés. Le choc était infiniment éprouvant; elle a failli mourir entre les mains d'un homme qui lui a joué, la journée entière, une comédie. Elle voudrait bien articuler une phrase, dire un mot. Muette, elle se terre dans ses réflexions.

Cette vie dont on médit, cette vie qu'on traite de tous les noms, cette vie qui a bon dos, cette vie où on évoque si vite les suicides, les meurtres, les accidents et les guerres — presque pour la taquiner —, cette vie clémente et chaleureuse, aimable et fastueuse dans sa diversité, cette vie maternelle, cette vie supérieure à toutes idéologies, cette vie — une vraie nourrice abondante de solutions et d'accueils — cette vie qu'il faudrait estimer, choyer, fêter, cette vie, Anouk l'apprécie soudain, parce qu'elle a failli la perdre.

Anouk, une professionnelle du désespoir, flirtant avec

la mort à chaque instant, Anouk qui, avec tant d'impudeur, arrivait à souhaiter disparaître, sait maintenant qu'elle n'a aucune envie de mourir.

« C'est curieux, la mort, avait dit le petit vieux, plus on avance en âge, moins on y croit. Et puis, à partir d'un certain moment, quand on a eu la chance de vivre jusqu'à soixante-quinze ans, on commence à la redouter, effroyablement. Un extraordinaire abîme se creuse entre les gens qui sont, à cause de leur âge, de plus en plus près de leur mort naturelle, et ceux qui en sont encore éloignés. En cas de guerre, les calculs secrets sont faussés, et c'est avec une lente et voluptueuse satisfaction que les vieux fêtent la catastrophe. D'autres y passeront avant eux ! Ne me regarde pas avec autant de frayeur, ma petite-fille ; tu sais que le plus raffiné de mes luxes est mon franc-parler. Regarde donc ton propre cas. Indépendamment de la fortune qui t'attend, tu es belle, intelligente, tu as tout pour être heureuse. Et tu broies du noir du matin au soir. Et nous, condamnés à mort par notre âge, nous devrions vous entourer d'une compassion sans limites et nous lancer dans des jérémiades : « Ces pauvres jeunes, désaxés, sans débou- « chés, désespérés, comme ils sont à plaindre ! » Non. Je ne suis pas d'accord. Je mourrai content de la vie que j'ai eue, et vous vivez en vous plaignant à chaque seconde de la vie que vous avez ! »

Washington est devenu une ville déserte. Personne nulle part. La tension d'Anouk monte ; elle est au bord d'une crise nerveuse, son cou lui fait mal, et Steve conduit de nouveau, à côté d'elle, comme un automate.

« C'est un malade, un monstre, un sadique. » Elle a beau vouloir énumérer les vices qu'elle prête à Steve, une immense tendresse la secoue. Elle désirerait se contredire et nier tout sentiment à l'égard de Steve. Toute sa rationalité française est éveillée ; son bon sens inné est pris à rebrousse-poil. A quoi bon être née dans une famille qu'elle qualifie de fasciste, vouloir se promener avec des barres de fer, et rêver des coups à donner dans le plus pur style du parfait joueur de golf ? A quoi bon avoir barbouillé des chefs-d'œuvre dans le bureau de Papa, et gueulé avec les autres contre le système? A quoi bon, si cela n'empêche pas de rester figée de terreur et la gorge meurtrie lorsqu'on se dégage des mains d'un forcené qui a voulu vous tuer?

« Je voudrais descendre de cette maudite bagnole, s'écrie-t-elle. Qu'est-ce que c'est donc, cette ville de fantômes, où il n'y a personne? Même les cafétérias sont fermées.

— De peur d'un hold-up, dit Steve. Je vous ramène à l'hôtel.

— Et vous monterez dans la chambre, et on s'expliquera...

— Non, dit-il. Je ne monterai pas dans votre chambre. Il est trop tard. Et à la réception, lorsqu'on nous verra passer, ils feront des remarques.

— A qui avez-vous téléphoné de ma chambre? s'écrie-t-elle. S'il n'y a pas de Dorothy... à qui?

— A ma mère. Je suis venu la voir avant-hier. J'aurais dû dormir chez elle, à la maison. Je n'ai pas pu. J'étais surénervé. Je ne supportais pas ses remarques quant à mon avenir. J'ai pris la seule chambre libre que j'ai trouvée à Washington. Dans votre hôtel. Je vous ai rencontrée ce matin... Et...

— Et... dit-elle, aussi excitée que provocante. Et... Et vous avez décidé de me tuer?...

— Non, dit-il. Non. Et ne prononcez plus ce mot. Cela m'énerve.

— Je veux descendre! crie Anouk. J'en ai marre de votre ville de spectres.

— Que voulez-vous faire? » dit-il.

Et il conduit lentement.

Elle parle très fort, comme si elle s'adressait à un sourd:

« Marcher. Avoir un peu d'air. Sortir de cette saloperie de bagnole. Et pourquoi m'avez-vous amenée chez elle? Pourquoi?

— J'avais besoin de vous mettre en contact. De vous voir ensemble. Vous êtes la première femme...

— Qui?...

— Que...

— Que?...

— Que j'amène là-bas... Vous m'avez plu, ce matin. Je voulais que ma mère vous voie.

— Je veux descendre, dit-elle. Si vous n'arrêtez pas la voiture, je vais hurler. »

Ils contournent un square.

« Dupont-Square, dit Steve. Le traverser pendant la nuit est plus dangereux que de s'aventurer dans une rizière... Dans un moment de délire, on vous tuerait pour un rien.

— Et pourquoi donc, dit-elle au bord de la crise, pourquoi donc la police ne nettoie-t-elle pas votre bordel de Dupont-Square ? A quoi sert d'avoir une police ?

— Elle respecte la liberté de ceux qui s'y trouvent... »

Elle se met à hurler :

« Et qui respecte la liberté de celui qui voudrait traverser le square ? Qui ? Qu'est-ce que c'est que cette liberté de merde qui protège ceux qui font peur ? »

De l'autre côté du square, une large avenue, et la façade illuminée d'un cinéma : Dupont-Cinéma.

Juste à côté du cinéma, se trouve un parking ouvert, bourré de voitures; des cases peintes en blanc sur le macadam délimitent les places. Steve entre dans le parking et, comme un pion sur l'échiquier, gare sa voiture dans un carré encore libre entouré d'une frontière blanche. Le parking est serré entre un immeuble de quelque douze étages, qui ne montre qu'un triste mur, sordide pour une si belle avenue. De l'autre côté, c'est l'immeuble du cinéma. Avec la cabine de projection, éclairée. Et la fenêtre ouverte. Au milieu du parking, juste assez de place pour que les voitures en marche arrière puissent sortir de leurs cases.

Anouk tape avec son poing sur la portière fermée.

« Ouvrez-moi ça... »

Steve se penche devant elle, et débloque la portière. Anouk s'arrache presque de la voiture. Lorsqu'elle est enfin dehors, elle a à peine la place de bouger. Il faut être mince comme elle l'est pour circuler entre les voitures serrées les unes contre les autres. Anouk se dirige vers le milieu du parking, là où le terrain est dégagé; quelques vieilles feuilles de journal traînent par terre et les lampadaires dessinent un cercle de lumière fade, parsemé d'emballages de chewing-gum.

« Saloperie, saloperie de saloperie de ville! » dit-elle, folle de rage, en tapant avec le pied sur le macadam.

« Oh! parle encore, lumineux ange! Car tu es
Aussi glorieuse à cette nuit, te tenant par-dessus ma
[tête,
Que pourrait l'être un messager ailé du ciel. »

« Ce n'est pas vrai, dit-elle, en larmes, en s'adressant à Steve qui vient d'arriver près d'elle. Vous l'entendez?...

« Oh! Roméo, Roméo! Pourquoi es-tu Roméo?
Renie ton père, refuse ton nom;
Ou si tu ne le fais, sois mon amour juré
Et moi je ne serai plus une Capulet.
L'écouterais-je encore?
Oserais-je lui parler? »

Une grande musique dégringole sur Anouk et Steve, une musique en cascade, un vrai torrent. Est-ce Tchaïkovsky, ce super-dingue, ce monstre sublime qui a trempé tout un siècle dans son bénitier tenu par des diables? Délire musical qui vous transporte comme un fleuve déchaîné, cahotant sur son dos ondulé des épaves d'anciens bateaux, des rochers émiettés, des racines arrachées. Un cadavre, et plusieurs cadavres exsangues, tournoient, poupées de cire, dans les flots gris acier. Cette musique à mépriser parce que trop classique, adorée parce que charnelle, refusée parce que si violente, si intimement proche; indiscrète, cette musique qui vous possède, cette musique est là.

Ennemi pernicieux parce que violemment indiscret, redoutable source d'émotion, fulgurant inquisiteur qui improvise sa tâche... « La musique, je la refuse, avait dit le petit vieux. Il y a quelque chose qui me dépasse dans la musique. Je ne la domine pas, donc je la rejette. La musique est parfois surnaturelle, donc je l'exclus. Je suis un rationnel qui défend sa peau. »

« Anouk, dit Steve. Anouk, je t'ai aperçue ce matin pour la deuxième fois. Je t'ai vue arriver, la veille, avec ton mari. J'étais dans le hall. Je vous ai regardés avec envie. Un couple heureux. Un couple sans histoire. Des Français. Ces Français pour qui j'ai tant de sympathie...

« Il doit être heureux, cet homme, avec sa petite
« femme », ai-je pensé. Et puis, la piscine. La petite
blonde qu'on accoste. Juste pour bavarder. Pas plus.
Sans aucune arrière-pensée. Et soudain, le choc. Le
signe que je hais, sur ton cou... Ce petit cou, fin et
fragile, massacré par ce signe. Dans la seconde même,
j'ai compris que tu appartenais au monde que je fuis... »

Et du cinéma :

    « Quel homme es-tu, toi caché par la nuit
    Qui trébuches dans mon secret ? »

Et Roméo répond :

  « Par aucun nom
  Je ne sais comment te dire qui je suis.
  Mon nom, ô chère sainte, est en haine à moi-même
  Puisqu'il est ton ennemi.
  Et si je l'avais écrit, j'aurais déchiré le mot... »

« Tu me tentais, tu me repoussais, je te désirais, je te
haïssais... Tu aurais pu être quelqu'un sans problème,
une femme reposante, celle que j'aurais aimé avoir
dans ma vie imaginaire... Je t'ai raconté la vie anodine
que j'aurais aimé vivre. Etre un homme sans histoire,
ç'aurait été mon désir. »

Anouk le martèle avec ses poings; il se laisse battre.
Les petits coups désespérés d'Anouk glissent sur lui; il
est trop grand et trop fort pour en avoir mal. Physiquement.

Juliette :

« Quelle satisfaction peux-tu avoir cette nuit ? »

Anouk crie, en larmes :

« Quelle satisfaction ?... M'accoster pour me tuer...
C'est ça, mon grand amour, c'est ça, un tueur... Et je ne
sais même pas pourquoi... Pourquoi ? »

Elle n'a plus de forces. Steve la prend dans ses bras.
Il couvre de baisers la tête blonde.

« Pardonne-moi... Pardonne-moi... Je te hais avec
tant d'amour...

— Pourquoi ? » demande Anouk humblement.

Quel qu'il soit, d'où qu'il vienne, c'est son homme.

Et dire à la peau soyeuse, avec les lèvres qui caressent
cette peau dans l'ouverture de la chemise...

« Pourquoi ? »

Juliette :
   « Avant que tu l'aies demandé, je te l'ai donné,
   Et je voudrais encore avoir à le donner. »
   « Jamais plus je n'injurierai Shakespeare, dit Anouk.
Jamais plus. Ça doit être le film de Zefirelli qu'on joue
à côté... Pourquoi vouloir me ?... »
   Elle n'ose pas prononcer le mot : tuer...
   Il la couvre presque de tout son corps.
   « Entrer en lui, pense Anouk. Devenir lui. Devenir
son cœur. Ses entrailles. Se dissoudre en lui. »
   « ... pourquoi... juste... vouloir... me ?... »
   La musique. A l'intérieur du cinéma, les images doi-
vent défiler en cinérama et technicolor. « Ils vont
mourir, pense Anouk. Ils vont mourir, Roméo et
Juliette. »
   ... Vivre. Vie. Continuité dans la paix. Jours indolores
et incolores, soyez bénis. Souhaités vous êtes, jours
vides de drames et béni soit tout ce que j'ai appelé
jusqu'ici : banalités. Le matin, Steve s'en ira au bureau.
Lui faire signe du seuil de la porte de la petite maison
blanche. Lui envoyer un baiser.
   « La violence, dit Steve. Tu m'écoutes ? »
   Ses deux mains tiennent la tête d'Anouk. Il lui parle
et, en même temps, il voudrait presque l'isoler de ses
propres paroles.
   « L'émotion intellectuelle est le luxe des humanistes.
Pour être humaniste, il faut avoir de la culture. Et ne
pas pousser comme un bouquet d'orties sur un terrain
vague. Les humanistes, parlons-en ! Le vrai humaniste
n'est qu'un maquereau. Entretenu, nourri par les philo-
sophes. C'est comme la musique. Ça vous dépasse. Fou-
taise. Pourtant... J'ai trente milliards, ma petite fille...
J'en donnerais vingt-cinq... pour pouvoir aller à l'école.
Recommencer tout. Et devenir humaniste. Ça te fait
rigoler... Rigole donc », avait dit le petit vieux.
   « ... pourquoi ?...
   — Plus je t'écoutais, dit Steve, plus je te haïssais. Et
plus je t'aimais...
   — ... me haïr ?
   — Oui. Je suis l'Américain dans toute son horreur. A
tes yeux. J'ai cru à la famille, à la religion et à la patrie.

L'armée a découvert que j'avais de l'oreille. Avec quel enthousiasme, j'ai accepté l'idée d'être perfectionné à l'extrême en français et d'être parachuté dans la zone démilitarisée du Vietnam. Servir le pays. Lutter contre le communisme. »

Anouk se cabre dans ses bras.

« Je n'entends que ça depuis mon enfance. Bordel de vie... A peine les parents fascistes quittés, je tombe amoureuse d'un réactionnaire, pire que tout... C'est pas juste... Ce n'est pas juste!... Je veux m'en aller... J'en ai marre d'aimer toujours à côté... »

Juliette :

> « Oh! que mon cœur abhorre
> De l'entendre nommer... »

« Anouk, écoute-moi... Ecoute-moi... »

« Ne les écoute jamais, ceux qui veulent se justifier à tout prix. Ils ont trop d'arguments et toi, trop peu de temps... », avait dit le petit vieux.

« J'étais un patriote. Entraîné à tuer. A tuer l'ennemi. Qu'il soit jaune, rouge, ou n'importe quoi. J'ai subi plusieurs lavages de cerveau. Pour que je résiste mieux aux lavages de cerveau qu'on m'infligerait en cas de capture. Je connais par cœur les slogans communistes. J'aurais dû les débiter en cas d'interrogatoire. J'étais devenu un super-robot. Ecoute-moi, Anouk. Parlant le français comme un Français. Connaissant Marx et Mao. Souple avec ça. Facile à parachuter. Bricoleur de génie. N'importe quel micro branché n'importe où. Codes. Et le reste. J'étais prêt à bondir. A démolir les fossoyeurs. A défendre ma patrie. Le beau robot. La splendide mécanique. J'étais l'homme dressé, Anouk. Et maintenant, je suis l'homme brisé. J'ai besoin de paix, de silence. J'ai besoin d'une autre vie. Je veux me réfugier dans les grandes terres du Middle-West. Je veux devenir un homme de la terre et du ciel. Et de rien d'autre. »

La nourrice :

> « O lamentable jour... »

« Je devrais avoir horreur de lui comme il a eu horreur de moi », pense Anouk. « Je ne veux plus jamais le quitter. Je le guérirai. »

Un clochard noir passe devant le parking. Il est

bourré d'alcool ou d'autre chose. Il est bourré. Il les regarde en dodelinant de la tête. Vaut-il la peine d'avancer, la main tendue, et de demander, de mendier ?

« Il n'y a pas eu de parachutage. Les Vietcongs ont envahi, avant qu'on m'y envoie, la zone démilitarisée. J'ai été blessé. Et après, incorporé dans un corps combattant. Alors, après, il y a eu l'histoire d'un bataillon égaré. Quasi disparu. Perdu dans les rizières sans aucun signe de vie. »

Le Noir explore les lieux. Personne, nulle part. Que ces deux Blancs... Drogués ? Pas drogués ?

Image en balancement assez régulier des deux Blancs. Une avancée vers eux, la main tendue. Pourquoi pas ? Ils sont très grands et très blancs. Parfois, aveuglants de blancheur dans le cercle de lumière d'un lampadaire. Couple de Blancs.

« Fous-moi le camp », dit la fille blanche.

Le Noir bourré de drogue. Trop fatigant d'aller chercher le couteau. Attaché au mollet droit. Faut-il se baisser pour le prendre, ce couteau ? Non. Non. Vaut pas la peine.

« Enculés ! » dit-il d'une voix traînante.

Et il laisse encore sa main tendue vers eux, il ne se rend pas compte qu'il vient de les injurier.

« Fous-moi le camp ! répète la petite Blanche.

— Il fallait aller chercher le bataillon perdu, continue Steve. En hélicoptère. »

Le Noir hoche la tête, leur tourne le dos, et s'éloigne. En titubant.

« J'y suis allé avec un caporal. Nous avons atterri dans l'obscurité. Dans la tiède moiteur des rizières. On a découvert le campement. Ils étaient tous bourrés de drogue. Inconscients. Avec les mitraillettes en bandoulière. Pas question de raisonner. »

« Il n'y a plus un seul Indien vivant dans les environs, a dit l'un d'eux. Hééé, a-t-il crié, hééé, allumez donc ! Pour leur montrer ! Leur montrer... Leur montrer... »

Ils s'étaient retranchés derrière quelques jeeps, dont l'avant était tourné vers les rizières. Ils ont allumé les phares. Et ç'était partout, partout, partout des cadavres.

Visages figés dans l'horreur, bouches ouvertes, bras et jambes distordus, rien que des cadavres.

« Tous les Indiens, en rang, devant les jeeps. Et... Ta-ta-ta-ta-ta-ta... ta-ta... a dit le militaire, toujours avec sa mitraillette en bandoulière. »

A la seconde même, quelqu'un s'est mis debout dans ce champ de cadavres. Je ne sais pas s'il était un homme ou une femme. C'était plutôt un adolescent. Un Vietnamien oublié par la mort. Aveuglé par les phares, les mains levées en l'air, il avançait vers nous.

Alors, le militaire, bourré de drogue, a appuyé sur la détente de la mitraillette. L'adolescent a fait encore deux pas en avant. Le visage en bouillie. En bouillie de sang. Il s'est écroulé. Je me suis jeté sur celui qui avait tiré et je me suis mis à l'étrangler. On m'a amené devant Buffalo Bill. On appelait Buffalo Bill un capitaine qui se vantait de s'entendre avec les « Indiens ».

« Si tu aimes les Indiens... » a-t-il dit. Il n'a pas pu continuer. Je lui ai craché au visage.

Conseil de discipline. Mieux traité que j'aurais dû l'être parce que déjà blessé. Et après, pour moi, le drame. La découverte de la boucherie, la prise de conscience que la guerre était une boucherie. Avec des bouchers parfois drogués. Rapatriement. Et sans cesse, la vision de l'adolescent qui vient, les mains en l'air, vers la lumière. Le seul survivant. Qu'on tue. Et qui me fait tuer. Dans la prison militaire, avant l'hôpital, des gardiens m'ont, un jour, barbouillé le front. Ils ont peint sur mon front le signe que tu portes sur ton cou. Le signe de la paix... « Si tu es pacifiste... m'ont-ils dit. Alors, porte leur signe. »

Roméo :

« Homme, viens ici. Je vois que tu es pauvre.

Prends : voilà quarante ducats, mais donne-moi

Une dose de poison, affaire si rapide

Qu'elle se disperse à l'instant dans toutes les veines

En sorte que l'homme barré de la vie tombe aussitôt
                                                            [mort. »

Musique. Musique.

« Ce qui me reste, c'est la mort », dit doucement Steve.

Anouk lève la tête.

Le visage de Steve est paisible. Déjà ailleurs.

« Parce que je ne guérirai jamais de ce que j'ai vu.

— Pourquoi n'as-tu pas voulu rester à l'hôtel avec moi ? »

Anouk l'interroge avec une douceur infinie.

« La nuit m'appelait. La nuit des rizières. Revivre la même scène et, enfin, être débarrassé d'elle. Impossible.

— Pourquoi m'as-tu lâchée ? A cause des agents ?...

— Non. Je ne voulais pas que tu meures. »

Anouk devient fiévreuse.

« Vivre, dit-elle comme un ordre prononcé. On va vivre. Comme tu as dit. Dans les terres. Loin des villes. Je te guérirai. Je ne te quitterai plus jamais. »

Capulet :

« Ma femme, vois comme notre fille saigne... »

... Pattemouille ne comprendra rien du tout.

« Je te ramène à l'hôtel, dit Steve, las. Et moi, je retourne ce soir...

— New York, c'est vrai ?

— Vrai. Mais, ce soir, je retourne à Annapolis. Et je vais parler à ma mère.

— Je te verrai quand ? demande Anouk.

— Demain, si tu veux, si tu veux encore de moi, demain matin, au monument Lincoln. Réfléchis.

— C'est fait, dit-elle. Je te guérirai. Je t'attendrai. Je t'aime.

— Je suis un infirme, dit-il très lentement. Je ne supporte pas la violence. Et en même temps, elle m'attire. Chaque fois, je désirerais me prouver... Me prouver que je suis guéri. »

« Ne te vante jamais d'être humaniste », avait dit le petit vieux. « L'humaniste est une putain qui fait le trottoir de sa chère culture. » Et puis, avec un rapide sourire : « Pourquoi ai-je donc tant de vertus ? » Et plus tard : « J'aurais aimé être humaniste; j'aurais moins d'argent et plus d'amis. »

« Je comprends tout, dit Anouk. Tout, tout, tout.

— Il faut que je parle à ma mère », dit Steve.

Il embrasse Anouk.

« Tu ne vivras pas en sécurité, avec moi...

— Quel bonheur, dit-elle, de vivre toujours les dernières dix minutes qui vous restent ! »

Elle se serre dans les bras de Steve. Elle a peur de se séparer de lui. Le public commence à sortir du cinéma. Les gens manipulent les voitures, marche arrière, marche avant, phares ; ce couple enlacé les gêne dans leurs manœuvres.

« Vivre dans une ferme, seule avec moi, tu ne le pourrais jamais...

— Si, dit Anouk. Je ne désire que cela. Etre avec toi. »

Les phares sur eux. Les lumières aveuglantes. Enlacés, ils sont là, soudés ensemble.

Le parking se vide.

Le clochard noir erre par là.

Et Anouk dit :

« Pour toujours. Demain. »

Steve la serre contre lui.

LE réveil vaseux dans la chambre, le petit déjeuner qu'on apporte à l'heure précise indiquée la veille, la note qu'Anouk signe avec un petit geste brutal : un grand T. sur le papier, et souligné deux fois, comme un avertissement.

Anouk boit son café, l'œil perdu, absorbée par ses réflexions d'ordre matériel et sentimental. Elle aurait dû conduire la Rolls de son grand-père pendant trente-deux mois et quelques jours pour entrer en possession des trente-neuf millions d'anciens francs... Presque quarante mille dollars. A ce prix-là, elle aurait pu peut-être acheter une ferme modeste dans le Middle-West. Mais il manque trente-deux mois et quelques jours. Et le petit vieux n'est plus là : elle aurait pu lui exposer la situation, lui expliquer qu'elle vient de trouver le seul homme qu'elle aimera jusqu'à la fin de ses jours. Le petit vieux l'aurait comprise. « Va donc aimer dans le Middle-West. Tu constateras qu'au bout de quelques années passées ensemble aucun héros ou aucune victime n'a le même visage. Je te félicite, ma petite fille, pour le sentiment que tu éprouves. Tu aimes. Je sais que c'est vrai, que tu aimes vraiment. Tu as le regard qui fait la fête. Un défilé de 14 Juillet dans tes yeux... Aime donc ! »

Il aurait ajouté confidentiellement : « Pour aimer, il faut avoir du courage quand on a de l'argent, et un romantisme délirant lorsqu'on est pauvre. Je n'ai jamais été romantique, ma petite fille, et après, la fortune colossale ramassée, je me suis découvert un peu chauve, un peu chétif, un peu creux de poitrine, légèrement asthmatique; j'ai découvert que je n'étais pas grand, que je ne possédais pas un profil d'empereur; j'ai découvert que je n'aurais jamais été tentant pour quiconque sans ma fortune. Alors, de la fortune, j'ai commencé à user, à abuser. Et j'en suis ravi. Ma petite fille, sais-tu ce que je regrette? Peu, mais quand même? De n'avoir jamais été dupe. Avec quelle joie je me serais cru grand, beau, séduisant et spirituel! Je n'ai jamais eu ce plaisir! »

« Grand-père, dit-elle. Grand-père, pourquoi es-tu parti? Tu pourrais m'aider... Grand-père, j'aime, grand-père, depuis hier soir, je sais ce que c'est que l'amour. Grand-père... »

Elle prend sur la table, qui fait fonction de petit bureau, une feuille de papier à lettres. Elle s'assoit et réfléchit une seconde. Elle ne sait plus la date. Il faut qu'elle compte sur ses doigts, comme un enfant. Elle se met à écrire. « Cher Robert... » Elle envoie aussitôt la feuille froissée dans la corbeille à papiers; c'est grotesque de lui dire « cher ». « Robert », non! La feuille en boule rejoint la première dans la corbeille. « Robert », c'est trop sec. Heureusement, il reste encore une feuille.

« Excuse-moi, commence-t-elle, mais notre mariage de raison est terminé. Pour toi, dans la déraison, et pour moi, dans l'amour. J'ai rencontré hier... »

Hier, c'était quand, quel jour?... 22, 23, 24?

« ... hier, le 24 juin... »

« C'est idiot, je ne vais pas mettre la date... » Barré, le 24. « ... hier, un Américain que j'aime. Depuis hier. »

Pour qu'il ne croie pas que c'était une vieille connaissance.

« ... Je pars avec lui dans le Middle-West où nous nous installerons. J'écrirai à mon père, dès que j'aurai une adresse. En attendant, vous pouvez déjà faire préparer tous les papiers que les avocats me feront signer pour que tu retrouves (et moi aussi) la liberté. Tu vas voir comme tu seras soulagé de vivre sans moi.

                                              « Anouk. »

Ce n'est pas assez gentil. Il faudrait terminer un peu

mieux, mais comment ? Je ne peux pas dire que je regrette, je ne regrette rien du tout. Sauf mes trois cent quatre-vingt-dix-mille francs.

Elle hausse les épaules. « Je ne sais vraiment pas quoi lui dire de plus. »

Elle mouille avec sa langue le bord fin de l'enveloppe et pose la lettre en évidence sur la télévision.

En quelques minutes, tout est emballé. Elle referme soigneusement l'armoire; elle prend sa valise et se dirige vers l'ascenseur. Personne ne s'occupe d'elle. Elle va vers la petite chambre forte, qui se trouve derrière la réception, et reprend son argent, ses papiers. Aussitôt après, elle se présente au guichet du change et convertit en dollars ses francs français si difficilement obtenus de son père, et en partie fraudés, parce qu'elle en avait apporté plus que ce qui est permis. Elle garde dix dollars, en coupures d'un dollar, dans sa poche, et se dirige vers la sortie. Elle est profondément consciente de ses actes. Elle sait les difficultés qui l'attendent auprès de Steve. Elle sait qu'elle aura encore — ce matin — à le convaincre; elle l'imagine, soudain, plus attendrissant et plus vulnérable que jamais.

La petite médaille que Steve avait laissée la veille se trouve dans le sac d'Anouk. Pourquoi s'était-il défait de cette médaille ? Pour la lui laisser...

« Taxi, Ma... am...

— Taxi... »

Sifflement. Taxi, taxi, taxi... On siffle à nouveau. Elle a mal au cou, Anouk. Les sifflements réveillent les souvenirs à la fois vifs et cauchemardesques de cette nuit.

« Taxi...

— Au monument Lincoln », dit-elle au chauffeur.

Et lentement, elle tourne la tête pour dire au revoir à cet hôtel. Il est huit heures trente. Washington ruisselant de soleil, offrant ses larges avenues et ses monuments blancs et ses îlots de verdure, n'a rien à voir avec le Washington de la nuit. « Deux villes », se dit Anouk. Une ville pour le jour, et une ville pour la nuit.

Avec un petit sourire, elle imagine Robert dans un avion, *via* Washington, tiré toujours à quatre épingles, rasé de près, croustillant de propreté, avec une sorte de perfection un soupçon exagérée, peut-être, dans le choix des cravates. On a une vague impression qu'il écoute les conseils d'une vendeuse. Des vendeuses. Parce qu'il ne sait pas exactement ce qu'il lui faut.

« Plus vite, dit Robert à un chauffeur de taxi noir et somnolent... Plus vite... Il est déjà huit heures trente. »

Il faut qu'il règle l'affaire du chien très rapidement. Il doit encore retrouver Helga chez elle; il doit être de retour avant que celle-ci parte pour son travail.

« ... plus vite... »

Le chauffeur lève les bras au ciel, et montre l'embouteillage. C'est l'heure où les gens vont à leur bureau.

« Plus vite », dit Anouk au chauffeur de taxi.

Celui-ci lève les bras au ciel.

« Et l'embouteillage, miss. C'est l'heure où les gens vont au bureau. »

Robert arrive dans une petite rue proche du quartier de Georgetown. Depuis qu'il vient à Washington, il n'y est jamais allé le matin. Georgetown innocent, presque désert.

« ... Vite, vite... »

Une maison à trois étages. Le chenil est au sous-sol, avec la vitrine donnant sur la rue. La vitrine est vide comme la rue.

... Et je sonne, je sonne, je sonne. Je ne lâche plus la sonnette.

Enfin, un petit homme chétif traverse le minuscule magasin et ouvre laborieusement la porte.

« Bonjour, dit Robert. J'ai téléphoné hier soir... Pour le chien... »

Il cherche déjà son portefeuille...

Le suave et chétif propriétaire disparaît dans l'arrière-boutique et revient avec une petite boule blonde aux yeux noirs.

« Il est beau, dit le propriétaire. Très beau.

— D'accord, dit Robert. Il est très beau... Combien je vous dois ?

— Cent cinquante dollars... »

Fiévreux, Robert lui dit :

« Qu'est-ce que je peux acheter comme accessoires pour ce chien ?

— Une grande boîte-valise pour le transporter...

— Et encore ?

— Un manteau avec les quatre pattes pour l'hiver.

— Nous sommes le 24 juin. Donnez-le quand même... Et encore ?

— Une brosse, un shampooing sec et un autre liquide... Des vitamines...

— Faites l'addition... Que pourrais-je acheter encore ? Je voudrais que ce soit le chien le mieux monté de tout Washington...

— Un collier avec des clochettes... Glin-glin-glin-glin... La laisse assortie... jolie, jolie... Un os en caoutchouc... Et voilà la dernière trouvaille, une pantoufle en matière plastique... Une balle... un lit, un coussin dans le lit...

— Combien le tout ?

— Deux cent trente dollars... »

Et Robert file déjà avec le chien dans sa boîte. Par le couvercle transparent, on voit la petite bête ahurie et ses yeux noirs. Robert se dépêche avec l'os, le lit, le coussin, la laisse, le collier...

« Et le pedigree, monsieur ! s'exclame le propriétaire.

— La dame va revenir le chercher... Gardez-le bien. Au revoir... Allons, allons, dépêchons-nous. Retournez à la 16ᵉ Rue », dit Robert au chauffeur.

Et il dira, plus tard, à l'Allemande :

« Voilà le chien... Il a tout ce qu'il faut ! Vous devez juste aller chercher le pedigree... Je n'ai pas eu le temps d'attendre qu'on l'établisse. »

Helga, fraîche et élégante, prête à aller à son travail, lui dira :

« Merci. »

Et criera dans la cage d'escalier :

« Hé, votre serviette ! Décidément, vous voulez me la laisser... »

Il remontera en courant. Il la prendra, cette serviette.

Et Helga restera, penchée sur la rampe, dans la cage d'escalier, pendant que lui, il descendra...

Au deuxième étage, elle lui dira de tout en haut :

« Dites, ça va ?

— Je suis faible comme une feuille... Mais ça va... Et merci... »

Et puis, il tournera encore une fois dans la cage d'escalier. Et il regardera vers le haut; Helga se penchera un peu plus...

« Hé...

— Oui...

— Dites-lui que vous l'aimez... »

Robert fera « oui » de la tête.

« Merci. »

Tout à fait en bas.

Vue d'en bas, Helga deviendra toute petite.

« Ecrivez-moi un mot... Pas grand-chose... Un petit mot... »

La Portoricaine sortira de sa loge comme une épaisse huître :

« Guéri ? Déjà guéri... »

Elle empochera son pourboire et redira, comme à regret :

« Déjà guéri... C'est dommage pour Mlle Muller. »

Le visage grave offert au soleil, la valise à ses pieds, Anouk attend en haut du Lincoln Memorial. Sur la plate-forme de ce temple majestueux, construit dans le style du Parthénon, elle s'appuie contre une immense colonne de marbre — elle saura plus tard que la colonnade en comporte trente-huit. Anouk est en pantalon et en chemisier; sa fameuse petite casquette est remplacée par un foulard. Son sac en bandoulière, elle le serre contre elle; si quelqu'un l'arrachait, elle serait démunie d'argent. Il est neuf heures et quart. En face du monument, de l'autre côté de l'avenue, les petits autobus bleus se mettent à circuler. Quelques personnes s'attardent devant le kiosque où elle a acheté, il y a une éternité — hier? hier matin seulement? Oui, hier matin — la reproduction en marbre blanc de la statue de Lincoln. La ville est somptueuse dans sa quiétude matinale. Face au monument Lincoln, derrière le kiosque, de l'autre côté de l'avenue doucement incurvée, s'étire l'immense pièce d'eau entourée d'arbres et bordée de promenades, qui aboutit au monument à Washington, au-delà duquel se profile le Capitole.

« C'est à peu près comme si on avait conçu chez nous, pense Anouk, en plein milieu de Paris, un gigantesque monument dans le plus pur style grec, tourné vers la Concorde peuplée d'arbres. Pour aboutir aux Invalides. »

« La journée va être chaude », se dit encore Anouk. Elle n'est ni faible, ni hésitante, ni apeurée. Une volonté de fer apparaît dans le regard bleu, ce regard bleu qui évoquerait si facilement un parterre de myosotis planté pour cacher les ruines d'un blockhaus.

Elle jette un coup d'œil sur sa montre. Neuf heures vingt-cinq. Steve doit convaincre sa mère. N'est-ce pas trop pour une dame, déjà secouée par la maladie de son fils, d'accepter qu'une petite Française fasse intrusion dans leur vie, qu'elle s'y installe, qu'elle lui prenne en définitive son fils?...

« On ira lui rendre visite deux fois par an. » Et elle ne sait pas très bien si le Middle-West est très loin, ou très, très, très loin d'Annapolis. « Nous n'aurons pas beaucoup d'argent, on fera le trajet — comme Steve l'a dit lorsqu'il portait encore le masque de l'Américain paisible — en voiture. Je vais garder ma nationalité française. Je pourrai avoir peut-être la double nationalité. Sinon, je garde la nationalité française. Lorsque j'hériterai de la fortune de mon père, il vaut mieux que je sois française. »

Elle hausse les épaules. « Tout cela est peut-être penser trop loin. Steve. Steve n'est pas un malade mental. Il est atteint psychiquement. Neuf heures trente. Si j'avais un père, un vrai père... Je ne demanderais ni générosité ni grandeur. Mais de la compréhension. Je suis veuve d'un père. Je le méprise et cela me fait mal. Parfois, je me considère comme l'enfant du petit vieux. Il y a une génération de trop entre lui et moi. Papa... Un maître-chanteur qui ne prend même pas les risques d'un maître-chanteur normal. Oh! non. Lui, il fait venir les gens dans son bureau et il fait signer les papiers. Contre sa fille. Est-ce une astuce? Le Minable qui vit dans la terreur secrète, mais perpétuelle, de se tromper. Le faible qui ne peut plus demander de conseils à son père; et qui n'en demande pas à ceux qui l'entourent pour cacher son ignorance. »

Anouk prévoit un divorce qui durera des années, sauf si Robert l'aide. Mais lui, Robert, il est coincé aussi. Il quittera son travail actuel pour entrer dans l'Entreprise. Comment oserait-il aller contre la volonté du père d'Anouk, qui pourrait le vider? Tous les deux, ils sont coincés et tenus par le tyran qui, dans sa frayeur de ne pas agir comme il le faudrait, va les faire attendre. C'est sa force. Accumuler les pouvoirs, couper toutes possibilités à quiconque de prendre une décision, et se mettre en veilleuse.

Anouk s'assoit sur sa valise. Il est dix heures quarante-cinq minutes. Evidemment, le Minable va être hors de lui. S'il n'avait pas fabriqué ce mariage artificiel avec Robert, sa fille mineure serait encore en son pouvoir. Avec quel malin plaisir il l'aurait fait chercher par toutes les polices que la loi aurait mises à sa disposition. « Un peu donc grâce à lui, je suis préservée d'une extradition policière, pense Anouk. J'ai quitté mon mari. Pour un Américian. Un jour, on se mariera. »

Mais si Robert est un homme intéressé, s'il ne demande pas le divorce, alors l'affaire ne sera jamais close... Si Robert désire temporiser, prenant l'air du malheureux mari tristement abandonné, qui attend *ad vitam aeternam* le retour de sa femme? Le comportement de Robert va être décisif. « S'il est un salaud intégral, se dit Anouk, il va flatter le pseudo-chagrin de mon père, essuyer les larmes de Pattemouille; il va devenir presque un fils pour eux, il jouera sur le velours! » Les parents auront la certitude que l'avenir d'Anouk est bloqué.

Donc, Robert pourrait se transformer, pour Pattemouille et pour le Minable, en une sorte de fils adoptif. S'il est un peu futé — et il l'est —, il s'incrustera d'abord dans l'affection de Pattemouille et, après, il poussera des racines auprès du Minable. Celui-ci est complètement perdu avec ses petits livres d'art; la collection marche mal : le Minable n'a jamais compris qu'un « article » — comme il appelle la production artistique — qu'un article qu'on veut vendre doit être lancé d'abord. Il a si peur d'une mise de fonds que, pendant des semaines, il est capable de ne pas signer un ordre de tirage ou de publicité. Il a besoin de Robert. Au moins en tant que bouc émissaire. Le Minable va être atterré : sa fille enfuie avec un Américain! Avec un des dieux, des deux cents millions de dieux qui existent! Pas de veine...

Anouk partie avec un militant communiste, il se

serait frotté les mains tout en répétant : « Cette petite est perdue; je ne la connais plus, que son nom ne soit jamais plus prononcé devant moi... » Et, très secrètement, il se serait assuré quant à l'avenir. « Chers camarades, ma fille a vécu avec vous dès 1972, et ce n'est pas peu dire... Indulgence, s'il vous plaît! » Mais partir avec un Américain!... Qui a fait partie d'une brigade spéciale... Partir avec un ex-militaire... Un monde s'écroulera devant le Minable.

Onze heures. Rien n'a jamais été plus clair ou plus sûr dans l'esprit d'Anouk que son amour pour Steve. Un profond et indestructible amour, physique, moral, global, totalitaire. Enfin, ce cher, cet inaccessible absolu à la portée de sa vie.

« Pardon, mademoiselle », dit une dame, qui désirerait descendre les marches en tenant la rampe en fer.

Anouk, assise sur la valise, la gêne dans son passage.

Soulevant sa valise, elle s'installe un peu plus loin. Encerclée de colonnes, elle regarde derrière elle. Elle n'ose pas se retourner longtemps, de peur de perdre une fraction de seconde du moment où elle apercevra enfin Steve. Elle regarde quand même derrière elle. Elle voit le ruban éclatant : le Potomac. Celui-ci contourne le monument Lincoln. Un Potomac plus apprivoisé que n'était celui de leur randonnée de la veille. Aperçue à travers un rideau d'arbres, une statue dorée. Un chevalier doré regarde le dos du Lincoln Memorial. Un chevalier doré, sur un cheval doré, accompagné par un personnage, doré lui aussi, qui est figé, pour l'éternité, dans sa dorure, à côté du cheval et de celui qui le chevauche. Plus loin — Anouk s'aventure, maintenant, au long de cette plate-forme bordée de colonnes, derrière le monument — Washington s'étend dans une abondance de verdure, d'éclats, de dorures, et plie avec allégresse sous le poids délicatement exprimé de quelques ponts jetés sur le Potomac comme des serpentins ou peut-être posés en équilibre. L'impression est celle que donnerait une maquette grandeur nature. Tout est faux, tout est beau; rien ne semble aussi dénué de réalité que cette ville-mausolée sublime, le plus animé des cimetières de luxe.

« Vous attendez quelqu'un ? »

Elle se retourne, furieuse. Qu'on lui fiche la paix ! C'est un homme encore jeune. Qui pourrait dire son âge ? Il a autant de cheveux qu'en avait Louis XIV sur les gravures; il a aussi une barbe, de beaux yeux noirs. Un hippie, propre, avec un sac à dos.

« German ?

— Non, dit-elle. Je ne suis pas allemande. Je suis française.

— C'est à vous, la valise ? »

Elle a oublié la valise que l'homme lui apporte.

« Je vous ai vue assise sur la valise et, après, partir pour contourner le monument... Elle va disparaître, votre valise...

— Merci, dit-elle. Pourquoi êtes-vous déguisé en Jésus ?

— Je ne suis pas déguisé, dit-il. Je suis comme ça... » Il tient toujours la valise.

« Où je la mets ?

— Où vous l'avez trouvée... »

Anouk retourne vers le devant du monument. Le hippie dépose la valise sur le marbre blanc. Anouk s'y assoit.

L'homme s'assoit sur la dernière marche à côté d'elle.

« Je n'ai pas besoin de compagnie, dit-elle.

— Le monument est à tout le monde. Les marches aussi. Il me plaît de m'asseoir juste à côté de vous. Nous sommes dans un pays libre. »

Anouk hausse les épaules.

Le hippie ôte son sac à dos, l'ouvre, y prend un morceau de pain, le casse en deux, et tent la moitié à Anouk.

« Tenez...

— Pas faim. Merci.

— Plus tard, dit-il. Vous le mangerez plus tard. »

Elle a soudain presque un choc, dû à une terreur quelconque. A une terreur indéfinissable.

« Attention », avait dit le petit vieux...

Dans cette attente qui commence à sembler interminable, elle se réfugie dans ceux de ses souvenirs qui concernent le petit vieux. Elle croit entendre la voix de celui-ci :

« La force de l'Eglise, c'est la mystification. Mais si tu démystifies, il ne te reste rien. Le choix ? Quel choix ? Mystifier ou démystifier ? »

« Beaucoup de monde ici, dit le hippie en mangeant, très proprement, son morceau de pain. Un endroit de pèlerinage national.

— Je vais aller plus loin », dit-elle.

Mais elle n'ose pas bouger.

Onze heures vingt. « Steve ? Steve, je t'en supplie... »

« Vous avez tout votre temps, dit le hippie. Et moi aussi.

— Vous faites quoi dans la vie ? » demande Anouk.

Angoissée, elle désire parler.

« J'ai décidé de parcourir l'Amérique à pied, dit le hippie. Je marcherai pendant toute ma vie. Si je vis longtemps, je verrai une grande partie du pays ; sinon, moins. C'est un peu comme l'éternité... marcher...

— Vous êtes catholique ? » dit-elle, glacée de terreur... « Si Steve ne venait pas... »

« Non, dit le hippie. Je ne suis rien de tout cela. J'ai un contact direct avec Dieu le père ; alors, ses serviteurs... N'ayez pas si peur... Miss... »

Elle lutte contre les larmes. La foule envahit le monument. Les gens s'écartent pour laisser assis ces deux personnages, dont l'un mange un morceau de pain.

« J'ai de l'eau aussi...

— Je n'ai pas soif...

— Plus tard, dit l'homme. Vous aurez le visage brûlé de soleil... Mettez-vous à l'ombre. Levez-vous. »

Anouk se lève. Le hippie prend la valise, avance avec elle sur la plate-forme, et la dépose à l'ombre d'une colonne.

« On ira ailleurs quand le soleil tournera... »

Anouk claque des dents.

Le hippie porte une chemise à moitié ouverte sur sa poitrine, un pantalon en toile. Il boit à une gourde, qu'il vient de détacher de son sac à dos.

« Pas soif ?

— Non », dit Anouk.

Et elle se remet à pleurer. Sans aucun bruit. Ses larmes embuent d'abord ses lunettes de soleil, coulent

ensuite sur son menton et arrivent en minuscules ruis-
seaux sur son chemisier.

Le hippie lui tend un mouchoir.

Elle regarde le petit morceau de tissu blanc. Le clochard a un mouchoir propre.

« Je ne suis pas sale, dit-il.

— Non, merci. Pas le mouchoir.

— Plus tard, vous le prendrez... »

Plusieurs groupes arrivent. Il s'établit un mouvement
perpétuel de foule qui monte et de foule qui descend.

« J'attends l'homme que j'aime, dit-elle.

— Je le sais.

— Comment le savez-vous ?

— C'est visible. »

Elle se lève et commence à descendre les marches en
marbre blanc. Elle compte les marches. De un à vingt-
trois. Une plate-forme. Plus proche de l'avenue bordée
d'arbres, de kiosques, de l'agent qui permet aux gens de
passer. Et après, un... deux... trois... Et encore : un...
deux... trois... Et puis, en bas, elle est en bas.

« Pardon, pardon, pardon ! » disent de tous les côtés,
dans toutes les langues, les touristes polis qui se
cognent contre cette petite femme hagarde, le visage
tout mouillé de larmes, cette petite fille qui semble
chercher du regard, qui court à droite et à gauche, se
précipite vers les cars, se heurte presque contre les voitures...

« Excusez-moi, j'attends quelqu'un... »

En haut, au pied d'une colonne, assis à côté de la
valise, le hippie mange une pomme. Il vaut mieux
remonter. D'en haut, on voit mieux l'arrivée des visiteurs. Remontons. Marbre blanc. Un, deux, trois, quatre, cinq, six, sept, huit... D'abord, huit marches. En
marbre. Steve.

« Si je montais toutes ces marches à genoux... Et
Steve arrivera juste pour me trouver à genoux. Je lui
apparaîtrais ridicule. Venir ici depuis Annapolis, c'est
long. Il l'a promis. » Toute sa douceur est là, dans la
peau d'Anouk. Dans l'âme d'Anouk. Steve... « Dans tes
bras, s'il te plaît. Jamais rien qui pourrait t'agacer.
Accepterai tout. Tout. N'importe quoi. C'est évident. »

Trente et une marches pour revenir jusqu'à la valise.

« Même pas une pomme ? » dit le hippie.

Elle accepte une pomme, pour qu'il ne dise pas : « Plus tard. » Strawberry-Street à Annapolis. Téléphoner peut-être. « Je ne peux pas téléphoner; je ne veux pas quitter cet endroit une seconde. S'il venait pendant que je m'absentais, il repartirait. »

« Vous vivez de quoi ? demande-t-elle au hippie.

— Je travaille juste pour manger, me laver, m'habiller. C'est tout.

— Et pourquoi êtes-vous venu ici, aujourd'hui ?

— J'ai mis dix ans pour y arriver. J'ai vingt-huit ans. Je suis parti à pied du Nevada, il y a dix ans. »

« Méfie-toi de l'interprétation des signes. Sois rationnelle. Pour survivre », avait dit le petit vieux.

« Ce n'est pas une existence, dit-elle.

— Oh ! si. Extraordinaire de richesse. Les gens sont bons, hospitaliers, généreux et justes. Quand on arrive chez eux, à pied. Sans rien. »

Anouk allume une cigarette.

« Vous en voulez ?

— Merci. Volontiers.

— Pourtant, dit-elle, vous devriez normalement faire peur, avec l'aspect que vous avez...

— Je vous fais peur ? »

Elle le regarde.

« Je ne sais pas, dit-elle.

— Vous n'avez pas peur de moi, mais de cette journée. Moi, je porte la paix en moi.

— Steve ! » s'exclame-t-elle.

Mais le jeune homme blond qui arrive en bas n'est pas Steve. Anouk pleure.

« Vous n'avez pas de Dieu ? demande l'homme.

— Dieu ? Quel Dieu ?

— Dieu. »

Elle est désorientée. Il reste si peu de chose d'un catéchisme froufroutant au goût des gâteaux secs que distribuent les dames d'œuvres. Celles qui s'occupent de la foi. Dans de jolis quartiers.

« Vous ne connaissez pas un prêtre ?

— Un prêtre ? Pourquoi ? Non.

— Avez-vous un ami ? demande le hippie. Un ami, un seul ami ?

— Non. dit-elle.

— Vous vous adressez à qui dans le désespoir ?

— A personne. Je n'ai personne.

— On ne peut pas vivre dans la solitude, dit le hippie. Dieu m'a accueilli dans sa grâce lorsque j'ai eu dix-huit ans. Dieu est la paix. »

Anouk se ramasse sur elle-même. Dans sa profonde angoisse, elle ne demanderait que la fuite vers Dieu. Mais comment l'aborder, Dieu ? Sur une marche du Lincoln Memorial ? A genoux ? Comment appeler au secours ?

Le hippie la regarde et dit :

« Vous attendez un homme que vous aimez ?

— Oui.

— Et s'il ne vient pas...

— Il viendra... »

De trois cars, débarquent des touristes allemands. *Wunderschön,* disent-ils. *Wunderschön.*

« Je ne connais aucune autre langue que l'américain, dit le hippie. Je ne suis pas instruit. Je suis pauvre et heureux. L'Amérique est peuplée de gens bien. Celui que vous attendez est français ou américain ?

— Américain, dit-elle.

— Il vous a dit qu'il viendra ?

— Oui. »

Elle a si mal qu'elle se croit paralysée. Elle soulève subrepticement son pied droit. « Je peux bouger encore », pense-t-elle.

« Il devrait venir, dit le hippie. Sauf si vous lui avez fait mal... Nous, les Américains, nous sommes très susceptibles. On nous fait souvent mal.

— Fichez-moi la paix ! s'écrie-t-elle. Vous n'allez pas rester là toute la journée, non ?

— Parce que vous, vous l'attendrez toute la journée ?... »

C'est elle qui s'est condamnée avec cette phrase. Elle s'abandonne déjà dans l'attente.

« Il me laisse vivre, Dieu, avait dit le petit vieux. Je suis trop encombrant pour lui. »

Et plus tard, lors de ces veillées interminables à Deauville : « J'aurais voulu être pieux, vertueux, respectueux, honnête, bon, hi... hi... hi... (il en avait encore ri.) J'aurais eu bien tort; tout le monde se serait moqué de moi. »

« Grand-père... »

« Oui. ».

« Ton esprit corrosif a tout brûlé autour de moi... »

« Me ferais-tu des reproches parce que je t'ai affranchie ? »

« Qu'est-ce qu'il me reste, grand-père ? Grand-père, es-tu sûr de ne pas être le diable ? »

« Dieu se le demande », avait réparti le petit vieux, et il s'était remis à rire. « Je ris, avait-il dit, de tes sottises. Et parce que j'ai peur. » Et, plus tard, le petit vieux avait dit avec une inattendue tendresse : « Il te reste la pureté à trouver, l'innocence à comprendre et l'amour à connaître... Tu passeras peut-être toute ta vie à chercher... »

« Avez-vous une mère ? » demande le hippie.

Elle tourne vers le doux barbu son visage meurtri par le soleil et par les larmes.

« Oui, mais elle ne comprendra pas.

— Et votre père...

— Encore moins.

— Et personne d'autre, personne ? »

Elle baisse la tête.

« Non. »

Et elle tend la main vers le hippie...

« Donnez-moi à boire, s'il vous plaît... »

L'eau coule un peu dans le cou, sur sa poitrine. Un semblant de fraîcheur.

Robert a dû déjà trouver la lettre. Impeccable et insensible, il participe à sa réunion. Le travail avant tout.

L'Américain est en train de devenir un souvenir, de se transformer en une légende. Anouk aurait envie de pousser un hurlement, de sortir de sa placidité, de courir téléphoner à Annapolis. Mais tout cela est impossible. Si jamais Steve venait quand même.

« On aurait voulu aller dans le Middle-West, dit-elle

au hippie. Etre loin des villes. Nous sommes des non-violents.

— J'ai vu le signe sur votre cou, dit le hippie. Je ne crois pas qu'on ait tellement besoin de se marquer pour montrer son appartenance. »

« Steve, amour de ma vie, pardonne-moi; je parle de toi comme si tu m'appartenais. Je dis : nous, mon amour, pour te sentir plus près de moi. Steve. »

Elle parle au hippie. Du vide qui l'obsède. Du désir perpétuel de la mort. « Je suis comme un avare, qui considère que son capital est la mort. Je me sens riche, dans cette indépendance que donne l'idée de la mort. L'anéantissement. »

Elle accepte un morceau de pain. Le soleil tourne autour du Lincoln Memorial. A un moment donné, un agent monte sur les marches en marbre blanc et s'adresse à elle :

« Il faut rentrer chez vous, mademoiselle...

— Elle habite l'hôtel Cosmos », dit le hippie.

Et soudain, il dit à l'agent :

« *It is a good girl...* »

« Une brave fille, je suis une brave fille. »

Des marches de un à vingt-trois. Plate-forme. Et après, trois marches, et après trois. Et trois. Et huit. Et le trottoir.

Le hippie lui tend sa valise, et dans l'obscurité nacrée l'agent avance vers le milieu de la chaussée pour arrêter un taxi.

Un taxi s'arrête et l'agent dit au conducteur :

« A l'hôtel Cosmos... »

Le chauffeur descend et pose la valise dans le coffre. Le hippie reste sur le trottoir, dans la lumière rouge, flamboyante, et il lève la main gauche pour esquisser avec deux doigts le signe du Christ.

Anouk se retourne. Elle regarde par la vitre arrière du taxi. Le monument tout blanc dans le crépuscule ocre se détache presque de la terre, et l'inconnu aux cheveux longs, avec sa main tendue en une fraternelle bénédiction, est auréolé des derniers rayons du soleil.

Aucune excursion en enfer ne peut être pire que ce retour à l'hôtel. Les spectres de l'ancienne vie grouillent autour d'Anouk. Si Robert n'avait pas la gentillesse de garder le secret de cette fugue, le Minable se taperait sur les cuisses, et « ton Américain qui t'a laissée choir » va lui être resservi tous les jours. Et de quelle manière triviale !

Le taxi arrive devant l'hôtel. Le portier ouvre la portière du véhicule. Anouk paie, et un bagagiste s'empare de la valise, avant qu'elle ait pu manifester un refus.

Traverser le hall de l'hôtel, telle qu'elle est, dégoulinante de sueur, le visage encore mouillé de larmes... C'est fantastique, la quantité d'eau dans le corps humain, c'est fantastique ! Pouvoir pleurer toute une journée, toute la nuit, toute la vie !

Strawberry-Street, à Annapolis.

Personne ne fait attention à elle dans le hall, et c'est seulement devant l'ascenseur qu'elle se rend compte qu'elle a oublié ses chaussures sur une des marches du monument. L'indifférence est totale autour d'elle ; le chemisier mouillé de larmes, le fait qu'elle soit décoiffée, meurtrie, pieds nus, qu'est-ce que ça peut faire et à qui ?

On entre dans la chambre ; le bagagiste allume la télévision ; un Indien galope en hurlant « Ha-ha-ha-haha » derrière un Blanc qu'il va scalper...

Pourboire au bagagiste. « Il ne voit donc pas que je suis pieds nus ? » « La meilleure lotion si vous perdez vos cheveux... », et un mec idiot tend un flacon en direction du public, avant que le film reprenne et qu'on montre le scalp en gros plan.

La lettre est sur la commode ; elle est intacte ; Anouk la prend ; cette lettre vient d'une autre vie, d'une existence antérieure.

Le téléphone sonne.

« Madame Brehmer ?

— C'est moi-même. »

Cœur fou qui se met à galoper d'une folle joie. Steve.

« Nous avons un message pour vous... »

S'asseoir sur le lit, s'effondrer, crier : « Halleluia. » Et dire pour la première fois de sa vie : « Merci, mon Dieu ! »

« Un message de M. Brehmer... Je vous le lis : « Je

366

‹ t'attends pour le cocktail à dix-neuf heures dans la
‹ salle A de l'hôtel; après, nous partons tous dîner aux
‹ environs, en autocar. Mets une petite robe de dîner. A
‹ tout à l'heure. Robert. » Voulez-vous que je vous le
relise?

— Non. Merci. »

Elle avait volé, un jour, sur la table de chevet
de Pattemouille, un tube de barbituriques. Pattemouille avait cherché pendant quarante-huit heures son
médicament disparu. « Ça pourrait faire mal à quelqu'un. »

Le Minable avait grogné : « Ne faites pas tant de
publicité à vos drogues, ma chère. Ça pourrait s'ébrui-
ter à Paris que vous dormez avec des poisons. »

Anouk avait voulu se suicider la veille de l'avortement. Elle avait passé des heures devant le verre d'eau
et le tube qui contenait de minuscules pastilles. Elle
était aussi terrorisée à l'idée de se tromper de dose. Et
de revenir à la vie, pour rencontrer le regard goguenard
du Minable qui lui aurait dit : « Tout est un jeu pour
cette sale génération. »

Le verre d'eau et le tube. Les gestes à accomplir.
Déglutir... C'est ça qui doit être le plus dur, tenir dans la
bouche la quantité voulue et l'avaler. Elle n'avait pas pu
le faire à l'époque.

Aujourd'hui? Aujourd'hui, elle les prendrait en pleine
paume, comme des cacahuètes... Mais le tube est à
Paris. Il y a exactement dix mille kilomètres entre elle
et le tube de barbituriques.

« Steve. Il n'y a que toi. Je te veux. Comme tu es.
Cent mille fois la mort plutôt que la vie sans toi. Non.
Ce n'est pas une question de temps. Du tout. Je ne
t'oublierai jamais. Je n'aurai pas le temps de t'oublier.
Je me tuerai après-demain à Paris. »

Strawberry-Street. Ça doit être dans l'annuaire. Par
le standard, on pourrait demander le numéro. Juste
pour savoir s'il est là-bas. Ou à New York.

Et comprendre soudain celui qui s'accuse sur le trottoir de tous les défauts. « Jésus, Jésus, Jésus... Je suis
grossière, je suis dure, je suis intéressée, je suis beaucoup plus calculatrice qu'on le croirait, j'étais putain à

dix-huit ans, j'ai tué, je mens sans cesse. Jésus, Jésus, Jésus, je quémande ta charité. »

Ses vêtements en tas par terre. Loin de toute impudeur, dans la nudité de l'enfance de jadis, elle se recroqueville sous le drap frais. Ses yeux brûlent et, peu à peu, l'oreiller devient humide. Elle aurait aimé sentir la joue d'une mère, humide elle aussi de larmes de compassion.

« Maman, dit-elle à quelqu'un qui n'a jamais été Pattemouille. Maman », dit-elle à la femme qu'elle serait devenue si elle avait pu garder son enfant. Elle sait qu'elle aurait pu être la mère vers qui on court, l'haleine perdue, essoufflé, meurtri. Elle aurait aimé être la mère-havre.

La porte s'ouvre.

« Tu es là ? demande Robert. Pourquoi es-tu dans l'obscurité ? »

Elle ne tourne même pas la tête vers la porte. Elle reste le visage collé contre la taie humide. La seule mère qu'elle ait jamais eue, cette taie, un morceau de tissu. Elle n'ouvre même pas les yeux. Elle sent la présence de Robert qui se penche sur elle.

« Tu pleures, Anouk ? »

Elle reste immobile. Comme la mort serait douce, et clémente, et indulgente, si elle avait l'extrême amabilité de la prendre à la seconde même ! Et encore, comme venant des ténèbres, l'invincible petite voix qui vient de l'au-delà : « Ma petite fille, tu n'es quand même pas une lâche comme ton père ? La mort sur commande est une forme de lâcheté. D'ailleurs, à vingt ans, on croit que c'est facile. »

« Pourquoi pleures-tu ? » demande Robert.

Désorienté, amenant avec lui l'odeur de cigares, d'alcools de toutes sortes, des présences, des mots qui collent encore sur ses vêtements, ce n'est pas un homme seul, mais toute une réunion qui se penche sur Anouk.

« A cause de moi ? interroge-t-il. J'ai cherché à te joindre. Cela ne répondait jamais. Je suis profondément navré de t'avoir laissée seule. Je t'expliquerai. J'ai eu une journé très dure. »

Anouk ouvre les yeux.

« Si tu pleures, tu pleures à cause de moi. Si tu pleures à cause de moi, c'est que tu éprouves un sentiment à mon égard. »

Il s'assiérait bien sur le lit. Mais, à la seconde même où son poids pourrait se faire sentir sur le matelas, Anouk s'exclame :

« Ne me touche pas ! Reste où tu es. »

Robert s'arrête, maladroit. Il attend. Il demeure figé dans un mouvement inachevé. Il se mouille les lèvres. Il se mordille même la lèvre inférieure. Il contourne le lit. Il se dirige de l'autre côté et s'agenouille auprès d'Anouk. Il voit maintenant son visage de très près, ce visage d'enfant meurtri, brûlé de soleil, boursouflé de larmes. Les beaux cheveux blonds sont mouillés de sueur. Il ne reste plus rien de celle qu'il a connue hier et avant-hier et il y a treize mois.

« Qu'est-ce que j'ai fait ? demande-t-il à genoux. Qu'est-ce que j'ai fait de si grave ? Tu ne peux pas être une enfant gâtée, à ce point gâtée, une gosse de vingt ans qui m'en veut à mort parce que j'ai été absent pendant vingt-quatre heures ? »

Alors, elle tend la main à l'aveuglette; elle cherche en tâtonnant le visage de Robert, juste pour mettre sa main sur la bouche de son mari. Elle sent les lèvres de Robert dans sa paume.

« Tais-toi, s'il te plaît, dit-elle. Tu n'es pas en cause. »

Robert prend cette main qui lui avait semblé hier si dure encore, cette main habituée à tenir un volant ou un club de golf, cette main qui n'a jamais eu pour lui la moindre tendresse. Ce n'est qu'une toute petite main inerte.

« Je te demande pardon, dit Anouk. Pour la nuit à venir. Tu dois être fatigué de ta réunion et je vais te déranger. Parce que, peut-être, je vais être bruyante. Parce que je vais pleurer. J'ai tellement mal.

— Mais, bon Dieu ! s'écrie-t-il, regarde-moi donc ! Ouvre les yeux. »

Lentement, les paupières sans fard dégagent les yeux bleus injectés de sang, les yeux cachés à moitié parce que tout, alentour, est gonflé, meurtri. Ce ne sont plus les yeux d'Anouk.

« Parle donc! dit Robert.

— Cela ne vaut pas la peine, dit-elle. Tu ne comprendras jamais. J'aime quelqu'un. J'ai connu hier un type merveilleux et je l'aimerai jusqu'à la fin de ma vie. Ne t'en fais pas; elle ne sera pas longue. Tu vas être le plus huppé des veufs parisiens de fraîche date. A la première occasion, je me tuerai. »

Toujours à genoux, affaibli, il reste muet. Sa vie à lui est en train de s'échapper. Combien de fois, sans qu'il se le soit clairement exprimé à lui-même, aurait-il souhaité être aimé si fort, à la vie et à la mort.

« Où est cet homme? » demande-t-il.

Elle bouge dans le lit. Le mouvement la découvre à moitié.

« Il n'est pas venu, dit-elle. Je l'ai attendu toute la journée. Aujourd'hui. Au monument Lincoln. Tu es un homme raisonnable, Robert. Tu rencontres maintenant la déraison. Si tu avais la gentillesse de tolérer mon chagrin... Je ne demande pas une aide. Juste le silence. Et l'indulgence. »

Il se lève. Il tourne en rond dans cette chambre d'hôtel devenue aussi hostile et inhumaine que la face non explorée de la Lune. Il y a dans cette chambre deux lits, un appareil de télévision muet, deux petites lampes allumées, un tas de vêtements par terre et une femme qui aime... Qui aime quelqu'un d'autre. Maladroit, il se cogne contre une chaise. Il s'allonge presque. Il retrouve tout juste son équilibre. Il prend cette chaise. Une bouée de sauvetage. Il apporte la chaise auprès du lit d'Anouk. Il s'assoit sur cette chaise. Il s'assoit comme un bon élève qui doit attendre que le professeur entre pour expliquer... Expliquer quoi? L'inexplicable.

Il va tenir toute la nuit la main d'Anouk, cette petite main qui pourrait être la main de n'importe quel malade dans n'importe quel hôpital. A un moment donné, avec l'autre main, il caresse le petit visage, sec maintenant. Ses doigts effleurent même les lèvres d'Anouk.

« Veux-tu un verre d'eau?

— Non. »

Toute la nuit, il veillera. Toute la nuit, il entendra :

« Si tu avais une idée de ce qu'est l'amour? Tu es

bien gentil avec moi. Je suis contente pour toi : tu ne pourrais jamais souffrir; tu n'es pas un homme pour aimer... J'ai besoin de ma liberté. »

Il répondra :

« Je te donnerai tout ce que tu veux. Tu auras ta liberté... »

Dans un moment de terreur, elle s'exclamera :

« Mon père va te faire chanter. C'est un maître-chanteur...

— Non, dit-il. Tu auras ta liberté... Qui est cet homme ?

— Un Américain, dira-t-elle. Un Américain... »

Les bruits du monde extérieur arrivent à peine vers eux. Washington est une ville morte dans la nuit. De rares taxis passent devant l'hôtel. L'air conditionné ronfle et on entend un éclat de rire dans la chambre voisine. L'aube va les caresser, les soulager. Les premières lueurs du jour naissant s'infiltreront par les grandes vitres un peu sales.

« Tu as quand même dormi un peu, va lui dire Robert. Qu'est-ce que je peux faire pour toi ?

— Rien, dira-t-elle. Rien. Va à tes réunions et mets, s'il te plaît, sur la poignée de la porte, l'écriteau « Ne pas déranger ! »

Ce n'est pas une cellule de prison. C'est une chambre dans un hôtel, à Washington. On peut faire trente-sept petits pas en partant du côté de la salle de bains pour arriver jusqu'au mur où se trouve la télévision. On peut pivoter sur soi-même et se diriger vers l'immense fenêtre. On s'arrête devant cette fenêtre. Lentement, avec précaution, on pose les deux mains sur la vitre, le regard perdu dans le vide. D'ici, du onzième étage, les voitures semblent petites. D'ici, du onzième étage, Washington semble recouvert d'arbres. Une île de verdure. On peut laisser glisser les deux mains vers le rebord de la fenêtre. Deux poignées sur le rebord de la fenêtre. On peut même s'agripper à ces deux poignées et essayer d'ouvrir la fenêtre. Il est impossible de l'ouvrir. Peut-être à cause de l'air conditionné qui, ainsi, maintient la fraîcheur dans cette chambre d'un grand hôtel, à Washington...

Ce n'est pas une cellule capitonnée. Ce n'est pas Papa

qui m'a envoyée ici. Je suis là en voyage d'agrément. Mon mari est en réunion dans l'hôtel même. Je regarde par la vitre. Elle est opaque. Je pivote sur moi-même et je me dirige vers le lit défait. Je m'arrête une seconde auprès de la table qui se trouve entre le lit et la fenêtre. Le reste du petit déjeuner, un peu de café noir au fond d'une tasse. J'ai prié qu'on ne me dérange pas. Je ne suis dérangée par personne.

Anouk décroche le combiné.

« Oui, dit la standardiste.

— S'il vous plaît, madame, dit Anouk, pourriez-vous me trouver un numéro de téléphone à Annapolis ?

— Oui, madame. Quel nom ?

— Dale.

— Quelle adresse ?

— Strawberry-Street.

— Ne quittez pas. »

L'attente.

« Je vous donne le numéro, madame ?

— Oui, s'il vous plaît. »

La standardiste donne le numéro et Anouk le marque sur le dos d'un carton.

« Pouvez-vous me donner la communication ?...

— Oui, madame. »

Et le téléphone se met à sonner à Annapolis. Anouk revoit le petit salon-salle à manger où elle s'est trouvée hier au crépuscule.

« Ça n'a pas l'air de répondre, madame, dit la standardiste.

— Insistez encore. C'est une grande maison. »

Est-ce une grande maison ? Elle n'en sait rien. Et puis, soudain, une voix :

« Allô ! »

Et Anouk reprend dans un souffle :

« Allô ! C'est Mrs. Dale à l'appareil ?

— Oui. »

Anouk, faible, parle lentement :

« Excusez-moi de vous déranger. Je suis venue avant-hier chez vous. Je suis la *french girl* que Steve vous a amenée. Il m'a tout dit le soir. S'il vous plaît, madame, dites-moi. Est-il là ? Est-il auprès de vous ? »

Un silence. Une multitude de bourdonnements parcourent la ligne fragile entre Washington et Annapolis.

« Etes-vous là, madame Dale ?

— Oui.

— Où est Steve ?

— Je ne sais pas, dit-elle. Il n'est pas revenu hier soir. Ni dans la nuit. Ni ce matin.

— Madame Dale... »

Les lèvres d'Anouk sont si sèches qu'elle a peur de ne pas pouvoir prononcer les phrases.

« Madame Dale, connaissez-vous l'adresse de Steve à New York ? Vous devez la connaître...

— Non, répond-elle, il n'a jamais voulu me donner son adresse. Il a toujours eu horreur de l'idée que je lui rende visite. Que je le surveille...

— Madame Dale, dit Anouk, j'aime votre fils. Je l'aime de toute ma force. Je désire quitter mon mari et rester vivre avec lui. Aidez-moi !

— Je ne peux pas vous aider... »

Et puis, elle ajoute :

« Personne ne peut nous aider. »

« Nous » ? Qui, nous ? Steve et elle ? Ou bien Anouk et elle ?

« Madame Dale, reprend-elle, il faut que je retrouve Steve. »

Et la dame dit :

« Il ne faut pas bouleverser sa vie. Il venait tout juste de retrouver un peu l'équilibre. Il était devenu presque souriant. Il ne faut pas intervenir dans sa vie. Repartez donc en France avec votre mari... »

Anouk serre le combiné. Sa main est humide de sueur.

« Madame, pourquoi ne voulez-vous pas me croire ? »

Et la réponse vient, lointaine et claire :

« Je ne vous connais pas. Je vous ai vue une fois. Mon fils n'est pas une aventure pour une touriste qui s'ennuie. »

Quelqu'un intervient sur la ligne :

« Vous continuez ou je coupe ?

— Ne coupez pas ! » demande Anouk.

Mais Mrs. Dale vient de raccrocher.

La porte de la chambre s'ouvre. Robert entre. Il referme derrière lui doucement cette fameuse porte où les chaînettes de sécurité s'entrechoquent. Il vient près d'Anouk et lui dit :

« Il faudrait que tu manges quelque chose. »

Immobile, le regard perdu, elle se laisse aller dans une sorte d'hébétude.

« Il reste encore un peu de jus de fruit du petit déjeuner. Bois-le. »

Elle fait non de la tête.

Robert s'assoit en face d'elle. Il essaie de capter le regard de cette jeune femme qui lui est aujourd'hui inconnue.

« Explique-moi, dit-il.

— Je ne peux pas, je ne peux pas... J'ai connu quelqu'un avant-hier matin... On s'est connus au bord de la piscine.

— Et alors ? demande Robert. Que sais-tu de lui ?

— Tout, dit-elle. Je sais tout de lui.

— Que s'est-il passé entre vous ?

— Tout, dit-elle. Tout ce qui peut se passer entre un homme et une femme. Nous avons vécu une vie entière en seize heures. »

Comme ce serait facile de dire à Anouk, avec un air indigné ou douloureux, ou même un peu agressif : « Alors, tu m'as trompé ! » Il la regarde. Tout ce qui était faux et artificiel autour de cette jeune femme est devenu clair, plausible et limpide dans une métamorphose sans appel.

« Sois raisonnable », dit Robert.

Elle arrête un geste.

« Ne parle pas de raison.

— Mais si, dit-il. Accepte au moins cette preuve de bonne volonté de ma part, cette preuve qui consiste à te demander des renseignements. J'aimerais t'aider. Comment étais-tu avec lui ? »

Elle se met à pleurer. Et la vision de cette douleur est assez intolérable. Elle pleure sans aucun bruit. Ses larmes coulent sur son visage; elle ne s'essuie pas. Son nez, si orgueilleux, coule aussi; pas l'ombre d'un geste pour en effacer les traces humides du revers de la main. Et lui, il n'ose même pas tendre son mouchoir.

« J'étais agressive, dit Anouk. J'étais violente, intolérante, bête, grossière. J'ai toujours menti à tout le monde. Et à lui, j'ai dit ma vérité... J'aurais dû me taire.

— Quelle vérité ? »

Elle fait « non » de la tête.

« Tu n'en sauras rien. S'il te plaît, laisse-moi seule et n'aie pas peur : les fenêtres sont bloquées. »

Robert quitte deux fois la salle de séances et remonte, en courant presque, dans leur chambre.

« Mange quelque chose. Veux-tu que je te commande des fruits ?...

— Non, merci », dit-elle.

Que sait-il d'elle ? Il tente de définir cette femme, décoiffée et le visage boursouflé de pleurs. Il sait d'elle qu'elle est arrogante, capricieuse, intolérante à toute faiblesse. Et qu'elle a des « espoirs » comme on dit dans les bonnes familles. Des espoirs fabuleux. Il sait d'elle sa manière de faire l'amour ; il connaît bien l'attitude hautaine qui la redresse aussitôt après ; elle quitte toujours très vite le lit, et s'en va dans la salle de bain. Peut-être seulement pour l'agacer.

Il sait la forme de son corps. Il commence à deviner, très difficilement d'ailleurs, ses éventuelles réactions. Jamais, il n'a pu découvrir la vraie raison de ce mariage hâtif.

Depuis hier soir, il constate avec étonnement qu'elle a une capacité de souffrance remarquable. Il ne sait guère si l'aventure qu'elle a vécue pourrait être bénéfique pour leur vie future. Il a promis la liberté à Anouk, mais que ferait-elle de cette liberté alors que l'autre n'existe plus ?

« On a dû profiter de sa candeur ou de son orgueil », pense-t-il. Et il apporte de la salle de bain une serviette de toilette qu'il vient de mouiller à moitié.

« Pour laver ton visage un peu. Le rafraîchir. »

Elle se recouche sur le lit en désordre. Elle se met à fumer. Elle renvoie la fumée comme un petit poisson qui a juste la force de faire jouer ses nageoires.

« D'où est-il, ce type ?... »

Elle hausse les épaules.

« Tu pourrais répondre. »

Elle tourne la tête vers la fenêtre opaque. Il est difficile de nettoyer les vitres quand la main-d'œuvre est rare. Les laveurs de carreaux pour les gratte-ciel sont presque toujours indiens. Les Indiens, paraît-il, ne connaissent pas le vertige.

« C'est quand le départ ? demande-t-elle.

— Ce soir. Nous quittons l'hôtel vers dix-neuf heures. Ma dernière séance se termine vers dix-huit heures. D'ailleurs, je vais redescendre... »

Il ajoute :

« Il faudrait faire ta valise. »

Et c'est le grand travelling du regard d'Anouk, un regard voyageur qui fait escale ici et là, pour s'arrêter sur la valise toute faite qu'elle a ramenée du monument Lincoln.

Robert se lève. Il est soudain furieux. L'enfant d'ouvriers devant qui les belles portes des maisons résidentielles étaient toujours fermées à Mulhouse se considère, ici, comme relégué à l'entrée de service d'un chagrin.

« Je ne sais rien de toi ! s'exclame-t-il. Tu m'as épousé sans amour; tu m'as provoqué; tu m'as flatté, rarement; tu viens de me tromper et...

— Il n'y avait rien à savoir », dit-elle d'une voix sourde.

Il se penche sur elle. Il est très fatigué, bourré d'antibiotiques.

« Je ne suis pas un jouet, dit-il. Tu me considères comme un jouet qu'on casse et qu'on jette.

— Tu te trompes, dit-elle. Je suis une enfant de vieux, ou de relativement vieux. Je n'ai jamais joué. Le Minable avait trente-deux ans lorsque je suis née et Pattemouille, trente-sept.

— Le Minable ? Pattemouille ?... Tu parles de tes parents... ?

— Oui.

— Tu les appelles... »

Le téléphone se met à sonner. Anouk s'accoude sur le lit et se met à fixer l'appareil.

« Tu le prends ? dit Robert. C'est peut-être pour toi... »

Elle décroche le combiné pour entendre :

« C'est bien la chambre de M. Robert Brehmer ? »

Une voix fraîche, pleine d'entrain, une voix qui fait de la gymnastique à chaque intonation.

« Oui. »

Elle tend l'appareil à Robert.

« Le président vous demande d'urgence. Bonjour, monsieur. Excusez-moi de ne pas être polie, mais c'est urgent. Il y a suspension de séance et le président vous réclame.

— J'arrive... »

Il se penche sur Anouk pour l'embrasser sur le front. Celle-ci donne l'impression de quelqu'un qui voit descendre sur son visage une araignée géante.

« Bon. Je ne te touche pas. Sois habillée pour dix-huit heures. Aie un visage à peu près humain pour le départ.

— N'aurais-tu pas, par hasard, un calmant ? demande-t-elle.

— Je ne me drogue pas, dit-il. Je ne suis ni euphorique ni dépressif, je n'ai que des aspirines... »

Et soudain :

« Tu ne vas pas passer des semaines dans cet état-là ? Je vais t'aider... Je vais essayer de t'aider. Je ne crois absolument pas qu'on puisse se mettre à aimer quelqu'un en une journée... Tu fais une sorte de fixation; tu es très gâtée, tu n'as pas l'habitude des échecs...

— Tu ne pourrais pas comprendre. »

« Prenez donc l'escalier de service, mon bon. Pour les livreurs, les arrivistes, les resquilleurs, les clodos qui veulent se glisser d'une classe à l'autre, c'est la porte de service. »

« A ta place... » dit Robert.

Il trouve sa phrase idiote. A la place d'Anouk ? Que ferait-il à la place d'Anouk ? Il faudrait essayer de se glisser dans l'étui de cette peau soyeuse, et expérimenter son âme. Prendre place en Anouk, de la même manière qu'on achète une nouvelle voiture... « Glissez sur le siège, monsieur; vous pouvez le basculer; allez, appuyez donc sur le petit levier; n'hésitez pas; et pour la lumière, voyez-vous, c'est là, le bouton. Là. Si vous oubliez l'endroit où se trouve le fameux petit bouton, vous resterez dans le noir. »

« Tu es bien gentil, dit soudain Anouk. Merci de m'avoir tenu la main toute la nuit.

— Veux-tu que je te fasse couler un bain ? »

Le téléphone sonne à nouveau.

« Prends-le, dit Robert. Et dis que je suis parti. »

La petite voix mécanique fonctionne bien.

« Mon mari est descendu. Il arrive. Oui. Merci. Au revoir, mademoiselle.

— Je laisse le « Ne pas déranger » ?

— Oui. »

Il sort de la chambre et pense à Helga. Avant le départ de l'hôtel, il va tenter de téléphoner à Helga. Elle rentre chez elle vers 17 h 45. Peut-être, avec un peu de chance, il pourrait lui dire au revoir. Et lui dire aussi...

La grille d'ascenseur s'ouvre.

« *Down* », dit la dame noire, coiffée à l'africaine.

Pendant la réunion, il décide de son comportement avec l'enfant gâtée qu'il aime. Le chagrin d'amour qu'elle croit avoir jusqu'à la fin de sa vie durera quelques semaines. Elle va être douce et désireuse d'être entourée, peut-être même aimée.

Robert essaie d'imaginer celui qui est entré dans leur vie. Un petit salopard, un beau parleur. Anouk dit qu'il est américain. Rien ne prouve que cela soit vrai. C'est quelqu'un de l'ancienne vie d'Anouk, du moins de son ancien milieu. Elle qui connaît si bien la fille d'un sénateur de Boston, pourquoi ne connaîtrait-elle pas, aussi, son fils ?... C'est peut-être quand même un Américain... Ça va passer. Tout cela passera. Il a infiniment mal et il essaie de se faire croire à lui-même que la douleur vient de la blessure de son amour-propre. « Je ne sais rien d'elle, pense-t-il. Mais elle ne saura jamais que je l'aime. Nous sommes quittes. »

Il remonte dans la chambre à 17 h 55. Anouk est prête. Ses cheveux sont ramenés en queue de cheval. Elle porte un pantalon et un chemisier, les mêmes vêtements qu'elle avait sur elle pendant sa journée d'attente au monument Lincoln.

« Ça va ? » dit-il.

Et il ne fait aucune remarque quant aux vêtements de sa femme. Il commence à connaître les lois de ce milieu étrange où règne l'argent. Où, pour être chic, on se déguise souvent en clochard. Elle, elle n'a rien d'une clocharde. Elle ressemble à une très jeune femme qui va se livrer à certains travaux ménagers et qui s'est habillée ainsi dans de vieilles défroques.

« La note est payée », dit-il.

Anouk glisse la bandoulière de son sac sur l'épaule. Elle porte des sandales. Trois lanières enfilées dans une semelle de cuir.

« Tu n'as pas... »

Elle le regarde.

Il ne continue pas sa phrase.

La lente valse du départ plonge Anouk dans un état comateux. Elle se voit comme par le petit bout des jumelles. Une minuscule Anouk longe le couloir, prend l'ascenseur; lorsqu'elle arrive dans le hall, elle est si petite qu'elle pourrait être écrasée. Le passage à côté des montagnes de bagages. Pourquoi soudain la vision des valises éveille-t-elle chez Anouk une sorte de nausée? Elle prend un mouchoir, et essaie de ne pas vomir les quelques glaires mélangés d'eau qui s'agitent dans son estomac.

La porte, et la chaleur, et la ville. Cette ville qui la laissera partir, cette ville qu'elle aime avec une tendresse forcenée... Elle se ferait femme de ménage ou vendeuse dans un drugstore, n'importe quoi; elle voudrait rester en Amérique et, chaque samedi, aller à la recherche de Steve. Pourquoi ne pas essayer de s'installer à New York et se mettre à explorer la nuit, foncer, les poings serrés, la tête baissée, le menton dur, et le regard glacé, foncer dans la nuit, et le chercher pendant toute une vie? Steve, Steve. Il fera semblant de ne pas la reconnaître. Steve.

« Veux-tu ne pas rêver? demande Robert avec une immense patience, et tenir cette pochette... Tous nos papiers y sont. Les billets d'avion aussi... Réveille-toi, Anouk! Je te demande de faire attention un tout petit peu...

— Taxi, sir. Taxi, taxi, taxi... »

Sifflement qui déchire le crépuscule rose. Fascinée, Anouk regarde le trottoir en face de l'hôtel. Elle quitte même la plate-forme qui n'est pas encore éclairée et, frissonnante, elle fixe l'autre côté de l'avenue.

Parce que l'Amérique est un pays libre, tout le monde peut s'asseoir, dormir, manger, manifester, aimer et tuer où il veut.

Sur le trottoir en face de l'hôtel est assis le hippie qu'elle a connu la veille. Il regarde Anouk et il lui fait un petit signe de la main.

« Attention, miss, crie le portier... Le taxi... »

Il ouvre une portière. Anouk se trouve déjà à l'intérieur du taxi et serre contre elle, scrupuleusement, une pochette en cuir.

« Mais qu'est-ce que tu regardes ? »

Robert lance au chauffeur :

« A l'International Airport, please ! »

Anouk se retourne et regarde, par la vitre arrière du taxi, le hippie qui se lève maintenant pour mieux dire au revoir peut-être... Et il lève la main gauche qui devient dorée dans les derniers rayons du soleil.

Porteur. Enregistrement des bagages. Les bagages munis d'étiquettes disparaissent dans une trappe. Un immense hall vitré. Les avions argentés semblent presque blancs dans la lumière couleur cuivre de cette fin de journée.

Alors, elle s'arrête au milieu du hall, et dit :

« Je l'aime, je l'aime... »

Elle se met à pleurer. Le monde devient opaque. Elle devine que des gens flous, trop grands ou trop petits, se meuvent autour d'elle...

« J'aime un Américain, dit-elle d'une voix assez claire, comme si elle demandait aide. Je ne peux pas partir...

— Viens, dit Robert, gêné. Pas de crise nerveuse...

— Ce n'est pas une crise, dit-elle, d'une voix de plus en plus claire. Mais il m'est impossible de partir... Je veux rester en Amérique... Je veux Steve...

— Steve », dit-il.

Et ce prénom le transperce. L'inconnu, l'intrus, le profiteur, le salopard, l'aventurier, il prend forme, il a un prénom, ce prénom qui vient d'être prononcé comme ne le sera jamais peut-être le sien.

« Steve... Steve Dale, dit Anouk avec précipitation. Un ancien officier. Blessé. Un homme bien. Qui a besoin de moi. Comme j'ai besoin de lui. Un type merveilleux. Il a besoin de moi... Nous allons devenir des fermiers dans le Middle-West. »

Deux hôtesses élégantes et fraîches comme des bonbons à la menthe passent à côté d'eux, et leur sourient.

Une voix de femme, feutrée et snob, annonce le vol Washington-Paris, avec escale à New York.

« As-tu de la monnaie ? dit Anouk. Pour téléphoner... Des vingt-cinq *cents*... »

Ce serait si facile de dire qu'il a laissé une poignée de monnaie aux bagagistes. Le temps qu'elle change ses dollars, elle sera déjà, presque malgré elle, dans l'huis-clos de la petite salle qui débouche directement, par un couloir mobile, à l'avion.

« Robert, s'il te plaît... »

Cette petite chose tremblante, ce visage mouillé de larmes, presque pieds nus, et son chemisier mal boutonné, était encore, il y a vingt-quatre heures, sa femme. La prendre, presque de force, par la taille, lui murmurer des mots à l'oreille, des mots tendres, insoupçonnés, la tirer vers la porte du salut pour Robert, qu'est la porte de la salle des départs.

« Embarquement immédiat... »

Elle tend vers lui une petite main enfantine. Deux mains. Comme une mendiante. Et sur sa main gauche, une alliance...

Il la regarde, et l'amour morte en lui avec la force d'une source thermale. Il n'est plus rien qu'amour.
« Elle m'a eu », pense-t-il dans un dernier sursaut où il voudrait plaisanter ou dédramatiser.

« ... immédiat...
— Tiens », dit-il.

Et, comme une aumône, il donne une poignée de monnaie à Anouk. Ce regard. Pour la première fois, pour lui, ce regard.

« Merci... »

Elle se met à courir vers une des cabines téléphoniques. Elle s'engouffre dans la première. Elle sait comment il faut téléphoner d'une cabine publique à Annapolis. Il faut mettre vingt-cinq *cents* et demander à une opératrice le numéro, qui dit :

« Mettez trois pièces de vingt-cinq *cents* dans l'appareil. C'est fait ? Merci... »

Et ça sonne.

« ... Porte vingt-sept. Embarquement immédiat... »

Et on décroche à Annapolis.

« Allô ! dit une voix de femme.

— Madame Dale... »

Anouk ne vit plus que par le combiné.

« Madame Dale ? C'est la *french girl*. Je suis à l'aérodrome. Steve... Que savez-vous de Steve ? Je vous en supplie, madame, je vous en supplie, dites quelque chose...

— Il est revenu, prononce Mrs. Dale. Il est dans sa chambre. Je suis montée le voir. Plusieurs fois. Je crois...

— Vous croyez ? »

Elle ne sait pas qu'elle crie.

« Vous croyez que...

— Il attend... »

Et un temps :

« Anjouk... c'est votre prénom, n'est-ce pas ?

— J'arrive, dit-elle. Je prends un taxi et j'arrive. »

Elle raccroche, elle quitte la cabine, elle passe en courant à côté de Robert.

« Merci, dit-elle. Merci... Merci... Ma vie commence... Merci, Robert... »

Elle lui saute au cou. Elle l'embrasse sur les deux joues.

« Pardonne-moi... Mais si tu savais ce qu'est l'amour... »

Elle court, elle traverse le hall. Elle prend le premier taxi dont le chauffeur lui ouvre la portière.

« Annapolis, dit-elle. Je vais à Annapolis. »

La nuit tombe sur Washington. Les avions sillonnent le ciel.

Le hippie ramasse son sac à dos, sa gourde, et, lentement, s'éloigne de l'hôtel. Il continue sa marche dans l'infini..

« Composition réalisée en ordinateur par IOTA »

IMPRIMÉ EN FRANCE PAR BRODARD ET TAUPIN
7, bd Romain-Rolland - Montrouge - Usine de La Flèche.
Le Livre de Poche -

ISBN : 2 - 253 - 02529 - 1   ◈ 30/5449/1